西方伦理学名著讲解丛书

主编:高兆明　廖申白

黑格尔《法哲学原理》导读

高兆明　著

商务印书馆
The Commercial Press
创于1897

2020 年 · 北京

《西方伦理学名著讲解丛书》编委会

主编:高兆明　廖申白

编委会成员(以姓氏汉语拼音为序):

陈真　邓安庆　高兆明　廖申白

谨以此书
献给我的父母、家人
及所有我深爱着的人们

此修订版系
教育部人文社会科学重点研究基地
南京师范大学道德教育研究所
资助项目成果

目　　录

引　言

一

为什么在今天选读黑格尔的著作?

在当代中国盛行着各种现代性与后现代性话语,当代西方哲学家的各种思想已成为知识界的一种时髦。相形之下,黑格尔已失却了昔日在中国大地上的风光与荣耀。这当然象征一种社会进步与思想开放:黑格尔的学说、思想不再作为一种意识形态,而只是作为一种学说、思想被对待——甚至只有在此基础之上,才有可能真正科学、理性、准确地把握黑格尔的思想内容。不过,黑格尔思想并非如一些人所认为的那样可以不屑一顾。黑格尔思想仍然是后人不得不仰视的一座思想巅峰。①

黑格尔以抽象方式对宇宙、自然、人生、社会,对物质、意识、精神的穿透性把握,使人能够真正从中领悟哲学是时代精神之要义。

黑格尔将事物理解为一个历史过程,一切都有其发生、发展的

———————————

① 参见张世英:《自我实现的历程:解读黑格尔〈精神现象学〉》,山东人民出版社,2001年,第1—2页。

内在逻辑思想，在给人巨大历史感的同时，又有深刻的逻辑性。

黑格尔的内在否定性辩证法思想无与伦比，事物运动的内在节律富有美感，并充满革命性。

黑格尔甚至还是现代性解构的奠基者。他以自身特殊方式所表达的关于消弭主客两极对立，关于人与自然、物质与精神的一致性思想，仍然充满活力。当今对于现代性乃至后现代思想的理解，溯源离不开黑格尔。

准确把握黑格尔哲学思想，有助于准确理解马克思主义。马克思主义仍然应当成为我们理解社会历史、改造社会历史的锐利思想武器之一。对于马克思恩格斯思想的真正准确把握，离不开它们得以形成的社会文化历史背景，离不开思想源头。黑格尔哲学思想正是马克思主义的重要思想来源之一。

当然，我们今天读黑格尔的书，并不是要回到黑格尔的思想，更不是要回到黑格尔的时代，而是为了更深刻地认识与理解人类当今时代，更合理地理解与把握中华民族现代化的历史进程，从黑格尔那里获得某种重要的思想资源。

二

黑格尔发表于 1821 年的《法哲学原理》是被后人视为黑格尔最重要、最成熟的政治哲学著作。[①] 黑格尔在 1801—1802 年期间

---

① 参见泰勒：《黑格尔》，张国清、朱进东译，译林出版社，2002 年，第557 页。

曾写过三篇很重要的论文:关于怀疑论与哲学、关于信仰与理性的关系、关于自然权利概念。其中,最后一篇文章可视为《法哲学原理》的最初形式。[①]

根据诠释学理论,理解有个前理解的问题。有人认为《法哲学原理》是一本较为保守的书,这种看法未必没有道理。但是,对这本书是否保守的判断,在很大程度上取决于人们解读的视角与维度。就其最终结论、就其表达形式而言,黑格尔确实表现出对当时普鲁士政府的维护与赞美,在其思想倾向中似乎表现出国家对于个体、个性、社会的压抑。在此意义上,人们称黑格尔为集权主义思想家也不过分。然而,如果我们不是纠缠于其形式及具体表达,而是把握其所隐含的更为深刻的启蒙思想内容,从启蒙的角度来理解黑格尔的《法哲学原理》,不是拘泥于字面,而是深入思想实质,那么,我们就会发现其所包含的合理性内容。[②] 在这本书中,黑格尔以自己的思辨方式,既为"积极自由权利"做辩护,主张社会公共权力在消灭贫困、维护社会成员自由方面应有所作为,也为"消极自由权利"做辩护,对私人领域的不可侵犯性表示了崇高尊重。[③] 如果我们不是在实存的意义上,而是在国家"理念"的意义上理解黑格尔作为绝对真理存在的国家,将国家理解为理想性的

[①] 参见罗克摩尔:《黑格尔:之前和之后——黑格尔思想历史导论》,柯小刚译,北京大学出版社,2005 年,第 115—119 页。

[②] 诸如,甚至从一个特定角度也可以理解黑格尔关于国家的思想中包含着强烈的现代民主精神:每一个人在国家权力面前均是平等的,国家应当无一例外地平等对待其公民。

[③] 参见洛苏尔多:《黑格尔与现代人的自由》,丁三东等译,吉林出版集团,2008 年,第 397、203—231 页。

共同体存在状态,那么,我们或许会读出另一些深刻思想内容。①
正是这些深邃内容,使得《法哲学原理》这本书富有魅力。

《法哲学原理》不同于黑格尔其他著作。这是一本专门研究人
的现实存在及其活动、研究社会与国家生活的著作。法国大革命
的政治思想遗产在黑格尔《法哲学原理》中得到了系统的理论表
达。法国大革命留给黑格尔的政治思想遗产主要有二:对人的普
遍概念的确认与解释,以及政治与经济的内在关系(一个物质一贫
如洗的个体不可能有自己的自由权利)。② 黑格尔直面法国大革
命及其影响,直面由此带来的政治危机与社会问题,试图寻求社会
成员的自由意志(或美德)、社会公共生活秩序与正义的统一。在
这一点上,黑格尔不同于康德。康德分别看到了个人自由意志、社
会权利秩序的价值,但二者在他那里尚处于彼此分离的状态。黑
格尔则试图使二者在现实中得以统一。这体现在黑格尔与康德的
理论架构区别上。康德的《道德形而上学》由《道德形而上学原理》
与《法的形而上学原理》上、下两册构成。而黑格尔的《法哲学原
理》则由抽象法、道德、伦理三部分构成。黑格尔的这种理论体系
构架试图以一种思辨的方式揭示:法权人格、自由意志是伦理实体
中的有机环节,只有在伦理实体中,法权人格、自由意志才能在丰
富多样性规定性中获得现实性;一个自由的秩序,既以法权人格、

---

① 卢卡奇亦已发现并揭示了黑格尔国家思想的革命性内容。如黑格
尔批判了私人所有权的绝对性,坚定地为挣扎着生存的穷人们的最后一片面
包权的"不法"辩护。——参见洛苏尔多:《黑格尔与现代人的自由》,第
370—372 页。

② 参见洛苏尔多:《黑格尔与现代人的自由》,第 395—396 页。

自由意志为前提，又使抽象的法权人格、自由意志成为客观存在的。

黑格尔在《法哲学原理》中以自己思辨方式所做工作的全部旨趣在于：直面他所生活的那个时代，直面社会的前途与命运，思考什么是自由的生活，什么是正义、和谐的社会，并探索自由生活、正义和谐的社会何以可能。抽象法（法权人格）、道德（自由意志）、伦理（伦理实体）只不过是黑格尔用来表达对此问题理解与回答的几个核心理念。在黑格尔的思想中，自由的生活就是在正义、和谐的伦理实体中的伦理性生活。

社会正义、和谐是人类社会生活的永恒主题。黑格尔在启蒙的立场上对此做出了自己的回答。在黑格尔看来，正义、和谐的社会是自由的社会。首先，这个社会以法权人格为前提，没有法权人格，无所谓社会正义与和谐。其次，这个社会的成员是具有自由意志精神的道德主体（而不是没有主体性精神、不能自由思想的机器人，更不是寡廉鲜耻、俯首听命的臣民，无恶不作的恶棍，巧取豪夺的奸商，云雨天下的政客），没有自由意志的道德精神，就不可能有追求正义、创造和谐秩序的自由主体。再次，正义、和谐社会的核心是权利—义务关系的合理安排。社会正义、和谐既是一种社会价值精神，更是一种现实的社会秩序。谈论社会正义、和谐，不抓住自由这个根本，就会陷入庸俗与谬见。这样，就不难明白为何黑格尔在《法哲学原理》中始终以自由为核心探讨他心目中的自由秩序及其实现问题。

读经典原著有两种基本方法：一是逐字逐句逐段注释性地读，一是掌握其基本内容要旨及其逻辑与思想方法。前一种方法属于注解式、考据式的"我注六经",后一种方法属于思想性的"六经注我"。尽管前一种读书方法也有价值,但是对于思想及其创新而言,后一种读书方式更重要。我们以后一种为追求。当然,即使是后一种读书方法,也仍然有两个基本环节:读进去,跳出来。读进去是进入文本的自身逻辑结构,力图把握文本的原本内容;跳出来则是与其对话、反思、批判、诘问。进得去,出得来,缺一不可。

根据这样一种读书理念,我们读《法哲学原理》的基本主旨就有二:其一,厘清《法哲学原理》的基本思想内容及其逻辑。力图以一种经过理解了的语言,介绍或把握黑格尔《法哲学原理》的基本内容。其二,以黑格尔为出发点,展开对法哲学、道德哲学、政治哲学等相关基本理论的基础性学术探究,尤其是对法权人格、道德、伦理、社会正义等问题的探究。以它(《法哲学原理》)为根,以我为主。在此意义上,黑格尔的《法哲学原理》只不过给我们提供一个得以展开学术讨论、进行思想碰撞的平台而已。

晦涩是黑格尔著作的基本特点之一。这种晦涩性当然有其时代性缘由。因为黑格尔生活在"德国不幸的岁月",他不得不采取中国人所谓的春秋笔法,曲笔为文。不过,它更主要的是由于以下两个原因:黑格尔在抽象思维中以颠倒的方式把握世界;将活生生的世界纳入其逻辑过程中。阅读黑格尔的晦涩著作,须注意思想的节律性与历史感这两个要点。所谓思想的节律性是指,在黑格尔那里,思想本身是一个正反合概念流动的否定之否定过程,它有其内在节奏。所谓思想的历史感是指,在黑格尔那里,抽象概念背后隐藏着丰富具体的历史内容,只有读出这种具体历史内容,才能真正把握其精义。因而,我们一方面应对被颠倒的理解以再颠倒的方式理解,这就是马克思所说的倒过来的方法;另一方面应回到黑格尔在抽象思想行程中所表达的那些特定历史时代,把握其抽象思辨语言背后所隐藏着的历史内容,读出历史感,读出时代精神。如是,则相对比较容易把握黑格尔的学术灵魂与基本思想。

就我们而言,阅读黑格尔著作,首先应当具有强烈的时代感与时代精神。以强烈的问题意识为主导,带着问题读;不拘泥于某一字句的具体表达,而是着重把握其思想内容与价值批判精神;不停留于黑格尔自身的字面分析,而是以其作为一种思想资源,在哲学的层面思考与分析当今时代的重大问题。

三

如何把握黑格尔《法哲学原理》?以何种思想领悟、解读《法哲学原理》?自由精神及其定在既是《法哲学原理》的全部思想精髓,亦是理解《法哲学原理》全部奥秘的向导。而一般与个别、普遍与特殊、抽象与具体、必然与偶然、主观与客观,则是思想把握自由精神的基本范畴。在《法哲学原理》中,一般与个别、普遍与特殊、抽象与具体、必然与偶然、主观与客观等范畴,不是一种机械枯槁的东西;相反,它们在思想的恣意流淌中显得那么晶莹透彻、富有灵性。它们使自由精神显得如此丰富而简洁、神奇而美妙。

人是自由的,人、自由、自由意志是同等的概念。人类一切社会现象——无论是可感性直观的,还是具体思想精神的——的存在合理性根据,就在于它们是自由的(定在),是自由的内在环节。这些社会现象所构成的社会生活的真实规定或真实内容是:它们应当属于自由的,是自由精神的定在。自由自身的丰富环节、人类社会的诸多生活领域,都是自由体系中的具体存在。这些不同环节相互间在构成完整的自由(精神及其生活)的同时,各有其特殊规定。正是这些特殊规定,使得人的自由(存在)自身呈现出丰富多样性,而不是一种僵死、刻板、枯燥的绝对同一的东西。

内在否定性辩证法,则是把握整个黑格尔《法哲学原理》思想内容的方法论钥匙。内在否定性是事物自身的内在生命力,它作为事物的内在展开过程,具有生长性以及基于这种内在生长性的强大的逻辑力量。内在否定性作为一种思想过程所具有的节律美,使得思想过程本身亦成为一种享受。一种深刻的思想,不仅具有真的内容、逻辑的力量,还具有美的享受。

第 1 讲　黑格尔哲学体系中的
《法哲学原理》

黑格尔以其抽象哲学体系把握世界,《法哲学原理》是其庞大哲学体系中关于客观精神之部分,亦是其专门论述实践哲学之部分。根据黑格尔自己的说法,《法哲学原理》是《哲学全书》中"包含的关于同一哲学部门的基本概念所作更为详尽,尤其是更有系统的阐述。"①

一、黑格尔的思辨哲学体系

黑格尔的哲学体系由逻辑学、自然哲学、精神哲学三部分构成。逻辑学具体包含存在论、本质论、概念论三个部分。自然哲学具体包含数学、物理学、有机学三个部分。精神哲学则具体包含主观精神、客观精神、绝对精神三个部分。其中,主观精神部分具体包含灵魂、意识、精神三个环节,客观精神部分具体包含法权、道德、伦理三个环节,绝对精神部分则具体包含艺术宗教、天启宗教、

---

① 黑格尔:《法哲学原理》"序言",范扬、张企泰译,商务印书馆,1982年,第1页。

哲学三个环节。①

　　黑格尔的逻辑学是专门研究概念、理念的。在黑格尔看来,概念、理念是世间万事万物之本质或根蒂。然而,此概念不是通常所说的"茶杯"、"计算机"这样一类带有感性杂质的具体个别的概念,而是指一切事物都具有的最基本、最一般的"纯粹概念"。此"纯粹概念"是"非感性"的,没有任何感性杂质。诸如有、无、一、多、质、量、因、果等。正是这些概念,使得万事万物得以被认识与把握。不过,用黑格尔自己的话说,它们是事物存在的逻辑前提,它们使万事万物得以存在。纯粹概念是纯粹抽象的,在现实世界中,任何一个概念都同特定具体事物结合在一起。因而,纯粹概念就必然要具体体现在具体事物之中,必然要"外化"为自然。

　　黑格尔的自然哲学,以其特有的方式揭示或表达了自然界的自然演进过程。力学阶段中讲的是自然界演进中的机械性,相当于逻辑学存在论中概念的各规定性之间"过渡"的关系。物理学讲的是自然界演进中的物理性,相当于逻辑学本质论中概念各规定之间的"反思"的关系。有机学讲的是生命有机体,相当于逻辑学概念论中概念各规定之间的"发展"关系。人是自然的最高发展阶段。人具有意识、精神能力,人超出了自然界。人是具有意识能力的生命。因而,自然实体由于自身的内在运动,就转化为具有自觉

----

① 见黑格尔:《哲学科学全书纲要》(薛华译,上海人民出版社,2002年)、《精神现象学》(贺麟、王玖兴译,商务印书馆,1987年)、《法哲学原理》(范扬、张企泰译,1982年)等著作目录。

意识能力的自由主体,①自然哲学就逻辑地发展至精神哲学。

　　黑格尔的精神哲学就其内容而言,都是讲的人(person, human)及其意识和精神。"主观精神"、"客观精神"、"绝对精神"是精神发展的三个阶段。②

　　"主观精神"阶段大致相当于现代心理学研究的内容,指个人的精神,这是尚未展现于客观,尚未见诸于行为,尚未展现于社会生活(道德、风俗和社会制度)之中的精神。"主观精神"分为"灵魂"、"意识"和"自我规定着的精神"三阶段:"灵魂"是"人类学"研究的对象,"意识"是"精神现象学"研究的对象,"自我规定着的精神"是"心理学"研究的对象。③"主观精神"阶段是人(个人)的"主体性"形成过程:人的意识由原初、低级与禽兽无异的主客体不分状态,经过主、客区分,达到主体主导之下的主客体统一。

　　客观精神是精神的现实存在,是现实性形式下的精神。人不同于万物,就在于人有精神,有自由意志,人的活动是自由意志精神的活动。因而,客观精神阶段,其实就是指的具有自由意志精神的人的存在及其活动。它指人的现实存在及其关系,以及现实的人通过自由意志活动所创造的法律、道德、国家生活等等。所以

---

　　① 黑格尔关于一切实体即主体的论述,讲的是实体的自我运动,尤其是讲的生命有机体的自我运动。但是人不同于其他物,人有自我意识、精神,因而,人是不同于自然实体的自由主体。

　　② 参见张世英:《自我实现的历程》,山东人民出版社,2001年,第44—49页。

　　③ 当然,对于黑格尔所用的这些术语不能完全按通常的意义去理解,它们都有独特的含义。

"客观精神"部分所讨论的内容是法哲学、道德哲学、政治哲学。根据英国学者 W. T. 斯退士的看法,客观精神领域是黑格尔所理解的正义的领域。在客观精神领域,黑格尔事实上关注或研究的是关于社会、国家生活之正义问题。如是,则客观精神阶段又可以被理解为是关于法律正义、道德正义、国家正义的揭示。①

"客观精神"分为"抽象法"、"道德"、"伦理"三个环节,每一环节都是自由意志的一种特殊呈现样式。

"抽象法"是自由意志的外在化和客观化。在"抽象法"阶段,有了法权人格,人获得了人身独立并拥有财产权。不过,人的自由意志若只是作为占有所有物或财产的人格而存在,容易受到外来的侵犯和外物的强制,其所体现的自由还只是抽象、外在的自由。尽管这种自由对于作为主体存在的个人来说是重要的,但是,这种基于"抽象法"的自由,由于其"抽象性",故是偶然性的。②

"道德"是被自觉意识了的自由的法。在道德阶段,法在心中,自由是主体的内部状态,是个人内部的良心。此时,自由意志不再体现于外在物中,而是体现于主体内心之中,它是意志的自我决定。这时的自由意志就是无法被强制、无法受到外来侵犯的意志。这样,"道德"就使自由获得了较"抽象法"更高的基础。在"抽象法"阶段的人,严格说来,还未达到主体性,"道德"阶段才把"抽象

---

① 参见 W. T. 斯退士:《黑格尔哲学》,鲍训吾译,河北人民出版社,1986 年,第 344 页。

② 人仅仅是在一般意义上获得了财产权与宪法意义上的人身自由和人格独立,还不是真正的自由。人要实现真正的自由,还必须要有一种善的道德精神,以及正义的制度性安排。

法"中的人规定为主体。不过"道德"阶段的行为主体只是个体的主观意志,不是普遍的客观意志,因而有可能成为主观片面的。自由意志要成为现实的存在,一方面必须获得自身的客观规定,另一方面必须成为一种正义的社会交往秩序与客观制度性安排。这样,客观精神就由"道德"阶段逻辑地演进至"伦理"阶段。

"伦理"阶段是自由精神的现实存在。这是内与外、主观与客观、特殊与普遍的统一。"伦理"分为"家庭"、"市民社会"、"国家"三个阶段。"家庭"是把独立的二人结合成为一个人,它以爱为原则;"市民社会"则将原子式的个人结合在一起,它以差别性、特殊性为主旨,并以相互承认的主体平等为原则;"国家"则将公民结合为统一体,以正义为原则。从"家庭"经过"市民社会"到"国家"的过程,是自由精神现实存在的具体展开过程。在"家庭"中,黑格尔讨论了婚姻、恋爱、男女平等、子女教育等方面的问题。在"市民社会"部分中,黑格尔探讨了市民社会活动及其关系与秩序问题,例如需要、劳动、财富、等级、司法、警察、同业公会等等。黑格尔认为在"国家"中达到了比"家庭"、"市民社会"更高的自由和主体性。"国家"是现实化了的自由,是"现实的神"。值得注意的是,黑格尔这里所说的国家,不是指某一特殊的国家、制度,而是指"国家"本身或国家的理念。特殊的国家、制度可以是坏的,但国家的理念是"现实的神本身"。在对国家的历史分析中,黑格尔进入了"世界历史"概念。他将世界历史分为"东方王国"、"希腊王国"、"罗马王国"、"日耳曼王国"四个阶段,并认为在"日耳曼王国"中,人的主体性在现实世界中得到了最高体现。

精神的本质是无限。但是,在客观精神阶段所实现的主体性或自由仍然是有限的。因而，精神的发展必定要超出有限进入无限，必定要超出社会历史而进入绝对精神阶段。绝对精神是自由的最高存在。

"绝对精神"分为艺术、宗教、哲学三个阶段。这三个阶段的对象与内容均是"绝对"（黑格尔这里所说的"绝对"不是通常所说与"相对"对立的概念，而是指"真理"）。不过，艺术是在直接性中认识"绝对精神"，因而，艺术就具有感性的局限性。在艺术阶段，精神并没有摆脱外在感性、客体东西的束缚。"绝对精神"乃是"精神"，故，感性形式不能够足以有效地表达"绝对"，它必须通过既含有感性表象成分，又含有思想概念成分的宗教阶段，达到"纯思想"、"纯概念"阶段。宗教就是介于感性表象与纯概念之间的阶段。在黑格尔看来，作为"绝对宗教"的基督教是宗教的最高形态，它是神与人、有限与无限的统一，是基督、上帝、人的统一：此基督是人，人即是上帝；此基督是上帝，此上帝即为人。在宗教阶段，主体或自由意志表现了对"绝对"的内心虔诚，正是在此意义上，宗教意识又吞食了主体的主体性。只有到了哲学阶段，或者说，当人的认识达到了哲学认识阶段，才消解了主客体的两极对立：哲学的纯思想，既有艺术的客体性，又有宗教的主体性。人与"绝对精神"的统一，既是人自由存在的最高境地，又是"绝对精神"的自我实现。

透视黑格尔的整个哲学体系，如果我们不是注重黑格尔的表达形式，而是注重其内容，那么，黑格尔哲学体系在绝对精神运动及其自我实现形式之下所表达的是：事物的自我运动及其展开过程；事物在自身展开过程中，既有内在规律性，又有内在目的性（正是事物的这种内在目的性奠定了事物的价值基础）；自由是人的内在目的性,它既是人类的理想存在状态,亦是人类的最高追求;人类对于世界的思想把握,是宇宙自然历史在思想行程中的再现。

《法哲学原理》在黑格尔整个思辨哲学体系中的位置,决定了其相应的任务,这就是揭示人类社会生活的自由存在状态,认识人类社会正义秩序何以可能。

二、如何认识社会、国家现象

黑格尔给《法哲学原理》规定的任务是"理解"社会、国家。黑格尔明确提出:"它就是把国家作为其自身是一种理性的东西来理解和叙述的尝试,除此之外,它什么也不是。"①而为了完成这一任务,首先必须直面如何理解的问题,用黑格尔自己的话来说,就是"应当怎样来认识"国家这一伦理世界的问题。

为什么黑格尔将"怎样认识"国家,而不是"国家是什么"规定为自己的研究任务?这里隐藏着深刻的内容。黑格尔这里的"理解"、"认识"是"哲学"的理解与认识。哲学的认识有两个基本特质:其一,哲学的认识是对事物的本质的把握,是要把握"恒久不变"的东西;其二,哲学的认识是辩证逻辑的、思辨的,它是基于内在否定性的概念运动过程。②对国家的哲学认识,就是用思辨的方式认识与揭示国家的本质。因而,尽管黑格尔以"怎样认识"国家,而不是以"国家是什么"作为自己的研究任务,但是,由于黑格

---

① 黑格尔:《法哲学原理》"序言",第 12 页。
② 参见黑格尔:《法哲学原理》"序言",第 2、3 页。

尔的这种哲学认识,事实上也就通过揭示国家的本质回答了"国家
是什么"的问题。对事物的具体认识,总是以认识的方法、立场为
前提。这是因为:第一,认识某对象,当然是要揭示该对象,但问题
在于:不同的对象有不同的存在特质,不了解对象的特质,随便取
一种认识方式,未必能揭示对象。故,认识某一对象首要的是寻求
一个适合于认识、揭示该对象的认识方法。只有具有合理、恰当的
认识方法,才有可能达至正确的认识。而当我们能够找到一个恰
当的认识方法时,即已意味着我们对认识对象的特质有了原则的
认识。第二,国家现象是一种不同于一般自然界的特殊现象,它是
人的自由活动所构成的社会客观现象。它在本质上属于自由世
界。这样,事实上我们就在方法论的意义上规定了国家。即:第
三,国家(应)是人的自由存在方式。从人的自由存在方式来认识
国家,这既是认识方法,又是对国家根本内容的揭示。

1. 两类规律:自然规律与自由规律

与康德一样,黑格尔也将世界分为自然世界与自由世界两类。
这体现在他对规律分类的理解上。黑格尔将"规律分为两类,即自
然规律和法律"。[①] 黑格尔此处所说的"法律"规则,实为相对于自
然规律的自由规律。自然规律是物的规律,自由规律是人的规律。
相对于自然与自由这两类规律,就有两类具体存在世界。黑格尔与
康德一样,事实上都认为自然世界服从的是自然律,自由世界服从
的是自由律;因而,对于这两类不同世界的认识,必须遵循不同的认
识原则。这样,当人们研究社会、国家这类现象时,就必须仔细地将

---

① 黑格尔:《法哲学原理》"序言",第14页。

它们与自然界相区别,必须仔细区分自然规律与自由规律。法不同于自然规律。法是与人自身自觉或自由意志活动直接相关的规律,或者换言之,是人的自由意志活动的规律。法是属于人的规律。

自然规律不仅"简单明了",更重要的是它们的"尺度是在我们身外",具有自然客观性,因而,它们具有客观可公度性。正是在此意义上,它们不容易"遭受侵犯"。一般说来,对自然规律,人们既不能创造,也不能消灭,人们只能认识与应用它们,却不能对规律本身有所增长或减少。这就是黑格尔所说的"我们的认识对它们无所增益,也无助长作用,我们对它们的认识可以扩大我们的知识领域,如此而已"。① 不过,即使是对于这种尺度在我们身外、具有客观性的自然规律,也不能绝对地说人类并不能创造与消灭。当人类创造出一种新的物质或物种时,外部自然世界的既有规律就可能被改变,就可能创造出新的事物演变规律。绝对地讲自然规律不受人类实践活动影响,就会出现如马克思曾批评的忽视"改造世界"的局限性。

自从有了人以后,一切存在现象均可能受人的活动影响,其存在、演进规律也可能为人类所改变。正是在此意义上,规律又以人的意志为转移。它既是人的活动的规律,又为人所创造,亦为人所改变。自然、社会规律均如此。诸如,人创造出前所未有的物质(塑料、某些化工品)、武器(原子弹),改变了整个生态系统;现代技术的"反自然性"表明,人类在对自然规律认识与运用的同时,又创造出新的规律;人类出现了市场经济,有了所谓商品交换法则。当

---

① 黑格尔:《法哲学原理》"序言",第 14 页。

我们讲自然规律能够为人所创造与改变时,这里内在地包含着三个进一步的推论:其一,一切存在物的演进均是全息演进,一切已有的(甚至未有的,如理想、信念)东西都会以特有的方式影响着事物今后的发展方向。故,偶然可以改变与创造世界,必然、规律只是偶然的必然与规律。甚至每一个个体的活动也会影响社会。其二,所谓规律,从认识论的角度言,只是对已发生现象的一种人为的概括与解释,故,所谓规律本身在这个意义上又不能完全摆脱或然性。其三,事物的演进是开放的,但未必注定是向上的。在高技术风险社会中,人类就有可能毁灭于偶然失误。

法律或以法律为标识的人类社会活动规律,却不是自然的——即不是人类身外的规律——它是人的自由意志活动产物,它"只有在精神的基地上才会出现"。"法律是被设定的东西,源出于人类。在被设定的东西和内心呼声之间必然会发生冲突,或者彼此符合一致。人不只停留在定在上,也主张在自身中具有衡量法的尺度。他固然要服从外部权威的必然性和支配,但这与他服从自然界的必然性截然不同,因为他的内心经常告诉他,事物应该是怎么一个样儿,并且他在自身中找到对有效东西的证实或否认。……因此,这里就有可能发生存在和应然之间的争执,亘古不变而自在自为地存在的法和对什么应认为法而作出规定的那种任性之间的争执。"这样,对于法而言,或对于被人类自觉意识到了的整个人类社会活动指导的规律或法度而言,就"必然"有个"合理性"证明问题,"必然要考察法的合理性"。① 法哲学所要考察的正是这

---

① 黑格尔:《法哲学原理》"序言",第15页。

种法或作为人的活动法度的合理性根据。

　　人的行为活动规则是被设定的，即是人自身在社会活动过程中所创造的。但是，一方面，人为何要创造这种规则？另一方面，这些规则凭何要求人们遵守？这些设定的规则本身是否合理？人们为什么要遵守这种设定的规则？各种规则之间的关系如何？是否一切人所创造的规则都是应当遵守的？

　　人是具有理性能力的社会性存在。这意味着：其一，社会性交往关系需要协调，在长期共同生活过程中就"自发演进"出一些基本交往规则。这种交往规则是种客观存在。其二，任何一个具体存在着的个体一来到人世间就面对两种先在或先天性的客观存在：先在性的社会伦理实体及其交往关系结构，在这种伦理实体中存在着的先在性交往规则。在此伦理实体中，每一个人都是作为具体的社会角色存在着。在此意义上，人是被设定的。人并不是绝对自由的。自由是被设定的自由。其三，人不同于动物或优越于动物之处在于具有理性能力，人的理性能力使人能够把握这种客观存在的伦理关系及其法则要求，并自觉地作为自己的行为规则。在这个意义上，人的行为规则也是被设定的。设定性存在是理解人存在价值性的关键处。

　　要考察人的活动法度合理性根据，首先面临两个直接相关的问题：其一，人的行为活动法度或规律何以存在、何以得见？其二，凭何判断这种行为活动法度或规律的合理与否？前者是关于规律的存在问题，后者则是关于规律或规则的合理性根据问题。

　　科学认识是对事物真理性的把握。科学认识活动固然离不开人的主观性，但这种主观性不能遮蔽其客观性内容。科学的表达亦有其方法问题。这个方法就是主体对事物自身内在逻辑的自觉。"在科学中内容和形式在本质上是结合着的。"①然而,无论是对自然世界还是对自由世界的认识,只要是科学的认识,就应当是建立在"思想"与"概念"基础之上,必须通过思想把握,而不是建立在"直接知觉和偶然想像"等"私见和任性的主观偶然性"上。②

人的行为活动法度或规律存在于人的现实生活世界中,只不过这种活动法度或规则并不直接以感觉经验的方式呈现出,而需人们通过理性的方式去把握。"法和伦理以及法和伦理的现实世界是通过思想而被领会的,它们通过思想才取得合理性的形式,即取得普遍性和规定性,这一形式就是规律。"③当人们谈到社会国家生活,尤其是在民主政治背景下谈到社会规律、必然性这一类问题时,往往会通过"人民"、"民心"、"民意"不可侮等来表达一种社会生活的趋势或必然性。一般说来,这种表达当然没错。但是,除了在某种特定信念意义上而言以外,它们却可能是空洞的。因为人民、民心、民意等是有待澄清与规定的概念,它们首先呈现出的是感性杂多。在社会、国家生活中,与任何一种思想观念命题都可以找到自己的肯定性证据一样,任何一种思想观念命题也都可以找到自己的否定性证据——这正是在分析社会、国家生活时,简单枚举法证明的不合理之所在。事实上,社会、国家生活中的规律并不是以感性的样式被人们直接把握,它存在于感性经验背后,是变

---

① 黑格尔:《法哲学原理》"序言",第2页。
② 黑格尔:《法哲学原理》"序言",第6、7页。
③ 黑格尔:《法哲学原理》"序言",第7页。

动不居感性背后所存在着的那种稳定性内容。这种稳定性内容，必须通过理性的辨识才能被把握。即，法哲学对于社会、国家生活规律的认识，并不能"建立在直接知觉和偶然想像上"，并不能将其归之于"私见和任性的主观偶然性"，而是要建立"在思想和概念的发展上"，视国家为"伦理自身的丰富组织"。① 对社会现象的认识不能离开实证，但实证并不意味着枚举，而是要在普遍性中把握特殊实在，使特殊实在成为普遍性本身的。

社会国家生活中的规律固然要通过理性把握，然而，社会国家生活中的规律又并不游离于社会国家生活现象之外。任何事物都是内容与形式的统一，任何特殊存在之中都有普遍性内容。社会国家生活的规律是人的活动规律，它存在于日常经验生活之中，并通过日常经验生活被把握。我们的理性只有通过经验现象才能把握那种稳定性存在内容。

什么样的社会国家生活法度才是合理的？依据何判断？这就是法度的合规律性、客观性、必然性。用黑格尔的话说就是它应当是"绝对真理"的具体存在，是自由精神的具体存在。主体及其自由是社会国家生活法度合理性的根本价值规定。

2. 实然与应然

然而，主体及其自由是一个极为复杂乃至极为混乱的问题。它被自由的主观性与客观性、合理性与现实性的纷扰所纠缠。

其一，自由意志的主观性与客观性问题。

主体及其自由意志的多样性与主观性，似乎表明在社会国家

---

① 黑格尔：《法哲学原理》"序言"，第 6 页。

生活领域行为活动法度没有客观性与正义可言，只有主观情绪态度。来自于日常生活经验的感觉似乎又在支持着这种判断。① 但若果真如是，则真、客观、正义又似乎是不可被认识的了。对此，黑格尔通过明确反对那种以为"真的东西本身是不可能被认识"的看法，秉持社会国家生活具有客观规律（或真）且这种客观规律（或真）是能够被认识的立场。②

　　正义、客观并不是现象形态的东西，因为现象形态是流逝易变的，而流逝易变的东西不具有普遍性。正义、客观也不是社会公众的感觉，因为感觉是杂乱、不确定的。即，在社会国家生活中关于正义、公理、规律这样一些内容，并不是简单数人头的事，它并不依人数的多寡而确定，也不为"大众所接受"左右。"文化大革命"就是大众化了的，但"文化大革命"中所盛行的大众化了的东西，并不能成为正义、公理、规律的证明。正义、公理有时会很"背时"，会被人们蹂躏践踏。时髦的未必就是正义与公理。不过，正义、公理、真、客观等等作为社会国家生活基本法则内容的东西，又必定要透过这些现象，通过主观来表达自己。主观中的普遍、必然就是客观，③流逝中的持存就是稳定。《法哲学原理》所要做的工作，正是"从那些形式靡定、反复无常的考察中提取""不新不旧"、"恒久不

　　① 这正如卢梭当年所说：自古以来，天下多少罪恶假借正义、公理、必然之名。
　　② 参见黑格尔：《法哲学原理》"序言"，第5页。
　　③ 黑格尔的"客观"概念有其丰富规定，需注意具体使用时的不同区别。

变"的东西。[①]

正义、客观、真理也并不是由外部权威所宣布决定，或者换言之，并不依赖于外部权威的认可——不管这种权威是"国家或公意这类外部实证的权威"，还是"内心情感的权威"。对于正义、必然、客观、真理的认识，应"不死抱住现成的东西，不问这种现成的东西是得到国家或公意这类外部实证的权威的支持，或是得到内心情感的权威以及精神直接赞同的证言的支持"。[②] 在社会生活领域，追求真理、追求正义，必须要有一种独立人格精神，必须不依附于任何权威。

正义、客观、真理是社会具有现实必然性的伦理关系及其秩序，是自由的现实存在。正义、真理需要通过理性被把握。

其二，合理性与现实性问题：凡是合理的都是现实的，凡是现实的都是合理的。[③]

黑格尔从其否定性辩证法中提出"凡是合乎理性的东西都是现实的；凡是现实的东西都是合乎理性的"思想，并认为哲学正是根据对这一思想的"信念"考察世界的。这里的"合理性"指的是必然性、理由、存在逻辑；这里的"现实性"是在必然性及其定在，而非"现存"意义上而言。在这里，黑格尔以自己的独特思辨方式，道出了极为深刻的内在生长性这一历史哲学思想。他的这个思想既是对现实社会的批判，又是对现代(性)立场的一种坚持。一方面，他

---

①　黑格尔：《法哲学原理》"序言"，第 3 页。

②　黑格尔：《法哲学原理》"序言"，第 3 页。

③　参见黑格尔：《法哲学原理》"序言"，第 11 页。

反对复古,反对对过去的盲目崇拜,坚持现代社会的价值立场;另一方面,他又反对现实世界中的放任自由主义,坚持对现实世界的批判性,主张要变革现实世界。这正是他"合理性"与"现实性"关系思想中真正具有历史感的内容。① 恩格斯曾对黑格尔的这一思想中所包含的革命性精神大加赞赏。恩格斯认为根据黑格尔的这个思想,凡是现存的总是要消失的,凡是具有存在理由的总会变为现实的。

当资本主义还如日中天时,马克思就以自己的洞察,在揭示资本主义固有内在矛盾的基础上,宣布资本主义必定要灭亡,资本主义社会形态必定要被新的更高社会形态所取代。至于这个新的社会形态的具体存在样式、具体名称叫什么,那并不重要——马克思自己以科学社会主义命名这个新的社会形态。经过一百多年的发展,资本主义确实如马克思所说在经历着自我否定,马克思所认为的科学社会主义的许多内容,正在当代发达资本主义社会中逐渐得到实现。当代资本主义已不再是原先意义上的资本主义。

在人类社会国家生活中,任何具体事物都只是作为一个环节存在。任何一种具体的正义、自由一旦变为现实,它就在否定既有的不正义、不自由的同时,又内生着新的异质成分,孕生着否定自身的种子。在其现实性上,正义、自由注定不断被自身所否定,并在这种不断的自我否定中获得新生,开辟自身的前进道路。

其三,否定性与肯定性问题。

---

① 参见洛苏尔多:《黑格尔与现代人的自由》,丁三东等译,吉林出版集团,2008年,第321—340页。

事物具有内在矛盾性。矛盾在发展过程中表现为：肯定性中有否定性，否定性代替肯定性而改变旧事物，产生新事物。这个肯定性中的否定性，对于肯定性来说就意味着肯定性变化的应然性，即现实走向的"应当如何"。这种事物发展的应然性，不是人的主观想象，而是事物运动的必然性。把握这种必然性规律是哲学的任务。

什么是"应当"的根据？"应当"的根据就存在于事物的矛盾之中。任何事物都是个规定（定在），任何规定本身都包含着矛盾，因而都包含着要求解决矛盾的"应当"。由于事物本身包含着矛盾，包含着对自身限制的否定性，因而它会不断冲破已有规定，向他物转化。矛盾是一切运动和生命力的根源，也是"应当"由以产生的根据。在客观辩证法中，这种事物所内在包含着的对自身规定的否定性关系就是"应当"。在事物发展过程中，解决矛盾的要求就表现为"应当"的要求。"应当"就包含在事物的规定中。"应当"若不在规定之中就没有现实根据，而没有现实根据的"应当"就只是虚无缥缈的幻想。

然而，客观事物不会说话。事物内在所包含的"应当"需要人在改造客观世界的实践中认识到事物发展所出现的矛盾和矛盾的预示，自觉把握解决矛盾的"应当"，自觉表达客观世界和历史发展的"应当"要求。这个"应当"是反思的、被把握的规定。所谓对对象的反思，就是认识到一个对象能实际存在着、但它还不是它应当是的那样存在着，它和它所应当是的概念不相适应。[①] 在这个意义上，善、真、应当是同一层次的范畴。如果说从实然求应然是由

---

①　参见黑格尔：《黑格尔通信百封》，上海人民出版社，1981 年，第 240 页。

实而求虚,那么从应然到实然就是由虚而求实。这也就是说,人们越是准确地把握合理的"应当"的要求,就越能够使自己的行为具有现实性和正当性。①

否定性思维方法,这是我们认识包括社会国家生活在内的一切事物的既合乎逻辑、又具有革命性的思维方法。否定性思维方式,就是辩证逻辑的方法。它不是简单的抛弃,而是生长、发展的思维方法。所以,黑格尔在"序言"开头就申明自己的方法是"思辨的认识方法",这个方法就是"从一个论题进展到另一论题"。因而,在这里,法、社会、国家生活就不是一个个散在零乱的现象,而是一个生长着的有机整体,是一个由发展的环节、否定性中介所构成的有机整体。这是"科学论证"的"哲学方法"。② 这种方法就是辩证法的方法。它是一种事物内在矛盾及其运动展开的思维再现过程,是概念在自身展开行程中不断进一步规定自己的逻辑思维过程。③

对"实然"与"应然"关系的把握,不能固执于形式逻辑分析,不能二元割裂。尤其应当注意:第一,"应然"的"实然"基础。伦理实体中的伦常风俗公序是行为的理所当然的规范,"应然"的超越性是对实存关系、存在方式的否定性把握。第二,"应然"的"实然"转

---

① 以上三段文字,直接得益于恩师宋希仁教授的具体意见。

② 黑格尔:《法哲学原理》"序言",第 1 页。

③ 这正是黑格尔在"导论"第 31、32 节中关于《法哲学》研究方法所讲的核心内容。——见黑格尔:《法哲学原理》,第 38—40 页。另,马克思在《〈政治经济学批判〉导言》中准备《资本论》研究方法时,对"商品"这一概念作为研究出发点所作的分析,深受黑格尔影响,并充分展示了思想逻辑的魅力。

化。通过主体的自觉批判活动,将观念中的超越变为现实的存在。第三,"实然"的总是以"合理性"为规定,实然存在的总是具有价值(善、正义)的属性。

三、作为时代精神的哲学

"哲学的任务是理解存在的东西",是要在变幻的现象中认识"永久的东西"。作为本质"映现的无限繁复的情况……并不是哲学的对象"。哲学所追求的不是那些现象性的材料,否则,哲学就是"管闲事"。[①] 哲学是精神的自我反思,是"思想的思想"。[②] 哲学是对真(理)的追求与揭示,是对时代的反思性把握。哲学只能揭示真理,不能创造真理。

通常我们都以为哲学可以超越于时代,其实,哲学无法超越于自己的时代。真正有生命力的哲学是时代精神,是对时代的思想把握。所以,思想不是任意,不是"关于事物的意见,而是事物本身的概念"。思想是"本质的形式",本质是思想的内容。[③] 这个"概念"、"本质"就是事物自身的内在规定性,对于法这一类社会国家生活而言,就是"伦理实体"。这些"概念"、"本质",无论人们是否认识它们,它们都"自在自为"地存在着,并以自己的方式发挥着作用。

---

① 　参见黑格尔:《法哲学原理》"序言",第 11、12 页。
② 　参见黑格尔:《历史哲学》,王造时译,上海书店出版社,1999 年,第72 页。
③ 　参见黑格尔:《法哲学原理》"序言",第 15 页。

这样,作为精神最高形式的哲学,它所探究的就不是任意或空洞,亦不是想象中的东西,而是现实的存在。哲学的研究对象不是所谓的彼岸世界,而是现实的此岸世界,不是未来世界,而是包含未来的现时世界。尽管根据哲学对于现实世界的认识,根据事物自身的内在否定性发展原则,可以大致地揭示未来世界的可能趋向,但这也只是一种关于趋向的大致揭示而已。关于未来世界设想那是理想、信仰、信念、幻想。"哲学是探究理性东西的……它是了解现在的东西和现实的东西的,而不是提供某种彼岸的东西,神才知道彼岸的东西在哪里"。① 彼岸世界是神学的事。一种哲学要有生命力,就必须直面社会,直面现实。哲学的具体表达形式可以是抽象的,但是其内容却必须是现实的。没有现实内容、没有历史感的哲学,至多只是学人的自娱自乐,没有生命力。

哲学是对此岸现实世界、对时代的思想把握,因而,哲学的内容就是那个时代。哲学是那个时代及其精神。作为时代精神的哲学不能超出于它的时代。"哲学的任务在于理解存在的东西,因为存在的东西就是理性。就个人来说,每个人都是他那时代的产儿。哲学也是这样,它是被把握在思想中的它的时代。妄想一种哲学可以超出它那个时代,这与妄想个人可以跳出他的时代……是同样愚蠢的。"②所以,黑格尔认为:"关于教导世界应该怎样……在这方面,无论如何哲学总是来得太迟。哲学作为有关世界的思想,要直到现实结束其形成过程并完成其自身之后,才会出现。概念

---

① 黑格尔:《法哲学原理》"序言",第10页。
② 黑格尔:《法哲学原理》"序言",第12页。

所教导的也必然就是历史所呈示的。这就是说,直到现实成熟了,理想的东西才会对实在的东西显现出来,并在把握了这同一个实在世界的实体之后,才把它建成为一个理智王国的形态……密纳发的猫头鹰要等黄昏到来,才会起飞。"①

　　黑格尔关于哲学是密纳发猫头鹰的思想,表达了其对法国大革命的一种批判态度与理解。黑格尔认为法国大革命是场破坏,但不是倒退,因为它导致了现代国家的完成。黑格尔反对社会历史、国家制度变迁中的人的浪漫主义筹划。在黑格尔看来,社会历史、国家制度的改变系理性自身所筹划,而不是人所能筹划的。理性自身的诡计性,注定了试图按照人自身的理解、意志筹划出一个具体的国家制度的那种浪漫主义,只能是异想天开的任意妄为。社会革命的发生有其必然性,国家制度变革有其自身的规律、条件。社会历史只有已经实现,这个历史才能为人们所理解。②

　　黑格尔通过哲学是密纳发猫头鹰的比喻,突出表达了两个重要思想:其一,哲学只能理解现实世界是怎样,而不能要求现实世界应当怎样;其二,哲学在根本上无法超越时代,它总是自己时代的产儿。黑格尔的这些思想与我们的常识性认识相悖。我们总是习惯于以为:哲学具有超越性功能,哲学认识具有一种认识的穿透力。它一方面可以使人们根据对于事物的本质认识,在事物展示之前就预见到事物存在及其发展;另一方面可以使人们假借规律,

---

　　①　黑格尔:《法哲学原理》"序言",第 13—14 页。
　　②　参见泰勒:《黑格尔》,张国清、朱进东译,译林出版社,2002 年,第 638—657 页。

按照规律的要求去要求事物应当怎样——在社会国家生活中则根据哲学的指导去创造一个理想正义的社会。黑格尔在这里似乎给我们泼了一盆凉水。

黑格尔哲学是密纳发猫头鹰的比喻,提出了两个重要问题:哲学的任务为何? 哲学是否具有引领社会前行的功能?

哲学的任务首先是求真,是认识客观事物本质。它所关注的不是事物现象性存在,而是事物内在规定性,是事物本质,是流逝中的稳定、变异中的不变。黑格尔在"序言"中明确规定自己的任务是要揭示关于社会国家生活之真理,因而,是要超出流俗意见,摆脱情感的任意,寻求作为普遍性与规定性的规律。换言之,他是要寻求关于国家、社会正义合理性之客观根据。他不是从所谓民意这一不确定的意见来说明正义之根据,而是要从客观性、规律性来说明正义。他是要认识正义、善自身究竟为何。这是哲学对于真的探究。

哲学的使命是探究真理。"真理是全体","真理具有在时间到来或成熟以后自己涌现出来的本性","真理就是它自己的完成过程,就是这样一个圆圈,预悬它的终点为目的并以它的终点为起点,而且只当它实现了并达到了它的终点它才是现实的。"[①]真是什么? 真就是客观,就是事物自身,就是事物自身所固有的内在联系。因而,哲学的求真,是以事物存在为前提。此事物之存在,不

_____

① 参见黑格尔:《精神现象学》(上卷),贺麟、王玖兴译,商务印书馆,1987年,第11、12、49页。

是简单地"在",而是事物的展开性过程。事物是一个否定性的展开过程,具有无限开放性。然而,作为具体存在的事物之"在"却总是这无限开放否定性过程中的环节或阶段。事物发展的具体阶段、具体环节、具体程度,正是人们在抽象思维行程中对其认识所能达到的程度。所谓哲学的超越性,是指哲学思维具有对于感性实在性、意见杂多性、表面现象性的超越性,而不是指哲学能够超越事物自身;是指基于对事物内在否定性认识和把握的超越性,而不是无根据的盲目幻想的超越性。正是在此意义上,我们可以理解为什么说生活之树常青,而理论总是灰色的。也正是在此意义上,我们可以说哲学无法超越事物自身,无法超越时代,因为哲学自身就是时代精神的表达。

黑格尔密纳发猫头鹰的比喻从哲学的立场反对理想主义乌托邦精神,反对空想,主张一种不同于经验主义的求真、求实态度。它更侧重的是"解释"或"理解"现实,因而,更重在把握现实发展的根据和条件。事实上,通过对社会生活实际的"理解"、"解释",找到了问题及其本质、关键、内在特殊性,也就为行动了提供了"应当如何"的依据。[①]

对于黑格尔的密纳发猫头鹰比喻,应当注意从其对康德思想

[①]　《南方周末》曾载有经济学家张五常谈中国经济改革三十年时的发言。张五常给自己经济学理论的定位是"理解"、"解释"经济生活现象,而不是给经济生活提出"应当"如何(的指导)。说"应当"是最容易的,最难的是"解释"、"理解"。它需要科学的态度。张五常的思想方法是否受到黑格尔的影响,不得而知,且也不重要,重要的是这种学术立场、理论态度本身。——参见《南方周末》2008 年 9 月 11 日。

批判方面来理解。① 根据康德的观点,哲学家不同于哲学工作者。哲学家是人类理性目标的立法者,是人类价值的创造者。尼采亦取康德之立场,主张哲学家不仅仅是对过去已经发生的批判,更应是一个批判现时、创造新价值者。② 康德的批判哲学主题是"纯粹理性",黑格尔的哲学主题则是"精神",此"精神"是康德"理性"的替代性概念,但它不是纯粹的,而是非纯粹的、情境性的。在黑格尔看来,人类的一切知识不可能是先验的,它们都只是人类在掌握自身与世界的历史过程中作为人类集体努力的结果,它们在这一努力过程中出现与形成。人类对于自身历史的真理性认识,只有在历史过程已经发生后才有可能真正实现。

一种时代精神、哲学内容的出现,总是以一种新的社会生活方式出现为前提或基础。没有这种社会生活方式,就没有这种时代精神及其哲学得以孕育的土壤。哲学不过是这种社会生活方式的自觉表达而已。正是在此意义上,我们可以明白建立一种新的社会生活方式对于一种新的时代精神确立之意义。不是先有了这种时代精神然后才有这种生活方式或这个时代,而是相反,是先有了这种生活方式或这个时代,然后才有作为这个生活方式或这个时代的哲学。成熟的哲学是由于有较为发展的现实。这样,我们就会理解为什么黑格尔说密纳发的猫头鹰总是要等到黄昏才起飞。

不过,作为唯心主义哲学大家的黑格尔并不真的否定精神、思

---

① 参见罗克摩尔:《黑格尔:之前和之后——黑格尔思想历史导论》,柯小刚译,北京大学出版社,2005 年,第 126 页。

② 参见罗克摩尔:《黑格尔:之前和之后——黑格尔思想历史导论》,柯小刚译,第 242—243 页。

想的引领作用。他同样是在谈论法国大革命时说道："法国大革命是'哲学'的产物"，大革命从哲学得到它的"最初动力"，人类第一次以自己的头脑为中心，"把自己放在他的头脑、放在他的'思想'上面，而且依照思想，建筑现实。"哲学、思想确立起"自由"与"公理"及其权威，反抗旧时代，走在了现实的前面。[①] 哲学、思想可以走在现实前面并引领现实的发展方向。哲学作为一种时代精神有引领作用。文艺复兴、启蒙运动如此，中国当代改革开放亦如此。我们当然应当重视哲学的这种引领、解放、超越作用。但是，这种引领、解放、超越性作用，一方面是建立在对本质、规律、趋势的把握基础之上——而这则以生活本身的展开为前提；另一方面，这只是原则、大致、理想性的，而不是一切细节、局部性的，故，它总是批判性、否定性的。哲学的超越其实就是对现实的反思与批判，这个反思批判，正如马克思所说，是像要找出方程式本身所包含的求解方程式的因素一样，求解历史发展的方程。

如果说哲学具备引领改变世界的功能，哲学的这一功能则首先以哲学对真、客观、规律的认识为前提。没有这一前提，所谓改造世界就与任意妄为无异。

真理确实是"全"，但是，真理本身（除了那绝对理念）却是开放、生长的，具有相对性。经过精神反思批判后具有确定性的，即为真理，即为事物的本质，并可据此引领生活。哲学作为时代精神具有社会批判与引领的功能。哲学须讲应当，关键是如何讲、在什

---

① 参见黑格尔：《历史哲学》，王造时译，上海书店出版社，1999 年，第457—459 页。

么基础之上讲。哲学如果真的不能讲应当,不具有引领社会前行的功能,那么,哲学的存在就是值得疑问的,甚至社会正义的存在也是值得疑问的。黑格尔曾多次表达过一个思想:哲学只能解释世界与历史,不能创造世界与历史,①黑格尔这个思想与哲学是"密纳发猫头鹰"的比喻一样,强调的是"应当"的客观内容与现实根据。黑格尔反对纯粹主观的应当,强调包含在现实规定中的应当。哲学要引领世界,就必须全力抓住这个现实规定——抓住了这个现实规定,也就抓住了改变现实的根据和条件——否则就是空话。应当的根据存在于现实规定之中,未来包含在现实之中。

哲学不是对现实的直观反映,而是对现实的本质把握。这个本质把握通过对现实的反思性批判达至。在时代的展开过程中,哲学关于时代的思想总有其现实根据。具有引领、解放作用的哲学思想,产生于对现实的反思性把握。这种把握尽管只是一种本质、原则、方向意义上的,但是,正是这种本质、原则、方向性的把握却使哲学具有引领人类社会前行的功能。它能够使人类社会活动在一定程度上摆脱盲目性,增强自觉性。马克思当年批判旧哲学时说:既往的哲学使命只是认识世界,而新哲学则是要改造世界,还说这个新哲学要以无产阶级为物质力量,无产阶级要以这个新哲学为精神力量。新哲学的改造世界使命,就是主体基于哲学对于事物本质、规律认识所形成的对"应当"的追求。这个应当是作为目的理想存在的、在抽象思想中所把握了的现实。在社会、国家生活中,在思想中所把握了的现实就是正义。

---

① 其在《历史哲学》的"绪论"部分对此就有明确的表达。

由于事物展开是一过程,且此过程具有开放性,由于人类社会及其历史是人自身活动的结果,人对于社会历史的反思性把握具有如同哈耶克所说的"理性不及"特质,由于理论总是灰色的,生活之树常青,因而,哲学的反思性把握总有其局限性。作为哲学反思性成就的理想、目的、正义,也必定是开放性的,它们需要持续不断地从社会生活实践中获得自身的生命力。

对于哲学的社会功能与历史作用,有两种截然相反的认识,这就是密纳发的猫头鹰与高卢雄鸡之争。其实,密纳发猫头鹰与高卢雄鸡之争表明了一种"哲学悖论"或"认识悖论":人的活动不能没有理性指导,不能在行为开始时没有关于行为的基本判断与预想;人的一切开始于行为之前的认识又都是不可靠的,只有通过行为、在行动完整经历之后,才有可能形成完整正确的认识。这个悖论如同维特根斯坦的"规则悖论"一样,表明了哲学、认识的开放性和行动本身的重要性。在维特根斯坦看来游戏规则是一悖论:游戏须遵循一定的规则,但游戏规则只有在游戏完成后才能形成。"游戏悖论"揭示了游戏的开放性、过程性以及认识的行动性、开放性。这种游戏悖论其实是人的存在悖论。

在哲学的立场认识社会、国家现象,就是要揭示作为"伦理自身的丰富组织即国家"的现实内容及其"合乎理性的建筑结构",[①]揭示具有时代合理性根据的正义精神及其实现。这正是黑格尔《法哲学原理》全部工作的旨趣所在。

---

① 　参见黑格尔:《法哲学原理》"序言",第 6 页。

第 2 讲　基础概念：自由、意志与法

　　黑格尔在"导论"中主要讲述了法哲学的研究对象、内容、基本范畴与方法。它是对全书的总体轮廓性描述。

　　在黑格尔体系中，作为客观精神的法哲学所研究的是现实社会生活中自由及其实现的问题。客观精神从主观精神的内在性与主观性中走出来，并在外部世界中客观化自身。这个外部世界、客观化并不是已被精神所发现、认识的自然界，而是由人的自由活动所构成的现实生活世界。这是人自由创造的世界。不过，这个生活世界并不是人们通常所理解的那种日常生活现象性的存在，而是通过理性所自觉创制的、具有必然性的客观世界，或者换言之，这是自由规律支配的世界。根据黑格尔的表达，这是精神为了使自身在真实世界中成为客观、实存的而创造出的世界。这个世界就是法的世界或制度的世界——这个制度或法，不仅包括抽象法的法律，还包括作为内在法的道德，以及作为社会国家伦理秩序的正义秩序。

一、自由

　　自由及其定在是《法哲学原理》全部奥秘与精髓之所在。这

样，自由就成了《法哲学原理》中奠基性的基础概念。在对自由这一基础性概念的把握中，黑格尔的思想重点并不是内涵加外延这一通常的定义，而是要揭示自由是一切存在的价值根据。黑格尔通过对一般意义上的法的分析，切入对于自由的理解。

"法哲学……以法的理念，即法的概念及其现实化为对象。"[①]作为法哲学研究对象的法的理念，既是一种精神又是一种定在，它是精神及其丰富形态的统一。[②] 这样，一方面，作为法哲学研究对象的自由，就不是抽象的自由，而是作为自由的精神与自由精神的现实存在这两个方面的统一；另一方面，通常所说的法只有作为自由精神的一个内在环节才能被真正把握。

由黑格尔对于法哲学对象的规定性可见，作为法哲学研究对象的"法"，不是我们通常法律、法学所理解意义上的法。通常所说的法只是作为法哲学研究对象"法"中的环节之一或内容之一。这里的"法"指的是自由（权利）及其存在。这样，作为法哲学研究对象的法，首先就不是形式的，而是关于实质内容的；其研究方法就不是形式逻辑的，而是辩证逻辑的；其表达就不是定义及在定义基础之上分析式的，而是生长式的——从一原点出发，展开其丰富内容，这种生长式的表达方式或思维方式，同时就能揭示事物存在的

---

① 黑格尔：《法哲学原理》，范扬、张企泰译，商务印书馆，1982 年，第 1 页。

② 通常我们讲一个范畴时习惯于使用"概念"表达，但是"理念"不同于"概念"。这就在于"概念"只是一个没有丰富规定性与现实性的抽象，"理念"则是精神的丰富规定性与现实性。黑格尔又认为"法的理念是自由"。参见黑格尔：《法哲学原理》，第 1—2 页。

逻辑或客观必然性。这种生长式的表达方式，就是对事物自身内在否定性生长过程的揭示。即，法哲学所要研究的是法自身的合理性或必然性，法自身合理性的证明不能靠经验，而应当靠思辨。这样，法哲学研究所借助的方法或工具，就不是形式逻辑，而是辩证逻辑。

1. 作为圆圈运动开端的自由

否定性生长过程的表达方式，不同于定义分析表达方式。它不能通过综合枚举经验的方式下定义，不能根据这个定义再展开自己的分析，因为这种分析都是或然的。它必须寻求一个原点，以这个原点作为"圆圈"运动的起点或"开端"。尽管这个"开端"或"起点"总是另一个圆圈运动之终点，进而具有相对性，但是它却是一个新的过程之"开端"。①

不过，这个作为起点或开端之原点，却并不是随意的，它必须作为事物自身发展过程中的一个环节存在，且这个环节既是终点又是起点。这就有两个方面的要求：其一，事物自身的内在客观规定性；其二，事物自身内在的固有逻辑。所谓事物自身的内在客观规定性是指，作为开端或原点的不是任一东西，而是此事物所内在固有的，且具有丰富内容的东西。所谓自身内在的固有逻辑，是指这个原点或开端是处于事物发展的原初状态，处于三段式的肯定性阶段，这是胚胎阶段，一切均可以从中逻辑生长出。法哲学的研究就是以自由为原点或开端。

黑格尔的法哲学研究以"自由"意志为原点，展开其全部内容。

---

① 参见黑格尔：《法哲学原理》，第 4 页。

在黑格尔看来，"精神"不同于"自然"。物质自然的"实体"是重力，精神的"实体"是自由；没有思维就没有意志，意志是思维的实践表现，思维是意志的实体。[①]　意志注定是自由的，意志本身就是自由。[②]　"当意志并不欲望任何另外的、外在的、陌生的东西（因为当它这样欲望的时候，它是依赖的），而只是欲望它自己的时候……'意志'才是自由的。……'意志'本身的'自由'，它是一切'权利'的原则和实体的基础。"[③]因而，黑格尔在此就"直截了当地把自由当作现成的意识事实"来把握。人对这种现成的意识事实"不能不相信"。[④]　"自由"在这里似乎只是黑格尔为了"方便"而随手取来的一个理论支点。其实并不然。作为开端或原点的自由就具有上述两个方面的规定，即，它既是法的内在客观规定性，又是法自身丰富内容得以展开的胚胎。

　　黑格尔以自由为原点，这与他反笛卡尔的基础知识体系的方法论直接相关。笛卡尔认为存在着一个可被经验证明的绝对真理，这个真理是一切认识及其知识体系的前提。而黑格尔的思路则是：不是起点证明终点，相反，是终点证明起点；[⑤]合理性是在事

---

①　参见黑格尔：《精神哲学》，杨祖陶译，人民出版社，2006 年，第 296—297 页。

②　参见泰勒：《黑格尔》，张国清、朱进东译，译林出版社，2002 年，第 564—565 页。

③　黑格尔：《历史哲学》，王造时译，上海书店出版社，1999 年，第 454—455 页。

④　黑格尔：《法哲学原理》，第 11 页。

⑤　任何一种科学理论均是一种假设，因而均是要被证伪的。这个证伪过程，其实就是终点证明起点的过程。

物(理论)的发展过程中被创造出的,而不是被预设的;一个体系中最基础性的概念是自我奠基的概念,它在自我建构、自我展开过程中不断前进,并进而证明自身的合理性。自由正是这样一个自我奠基、自我证明的概念。黑格尔的这本书即为自由自身的前进、展开、证明过程。①

黑格尔在这里似乎给我们留下一个印象:"自由"作为思维原点、作为第一原理是无须证明的。这种印象似乎又暗合我们的一种习惯了的识见:第一原理是不可被证明的,能够被证明的就不能成为第一原理。其实,任何第一原理均是要被证成的,没被证成的不能成为原点或第一原理,问题的关键仅在于以何种方式证成。不能被形式逻辑证成的,可以被辩证逻辑或实践逻辑所证成。自由作为思想的原点或第一原理的证成,不能通过形式逻辑证成,但却可以通过人的本体论、通过时代精神的规定性或时代特质方面得到证成。②

---

① 参见罗克摩尔:《黑格尔:之前和之后——黑格尔思想历史导论》,柯小刚译,北京大学出版社,2005年,第60—62、73—76页。黑格尔的这种思维、论证方式,在罗尔斯那里得到重现。罗尔斯在关于社会正义的考察中,一反功利主义的习惯做法,取契约论的方法论立场,并给出一系列的原初状态"设定",设定所有社会成员的平等基本自由权利,并以建构主义方式构建起公平正义的基本结构。罗尔斯的社会契约论是一种"设定的契约论"。参见罗尔斯:《政治自由主义》,万俊人译,译林出版社,2000年,第274页。

② 更为重要的是,没有对作为开端的第一原理的证成、理解,关于事物的意义、价值及其演化发展,就失却基础。胡塞尔曾就关于"历史性思考"问题谈道:"我们以一种圆规的方式站立。对开端的理解完全只能以具有现代形式的现有科学中出发,在对其发展的回顾中才能获得。但是,没有对开端的理解,作为意义发展的演化就是无声的。"(参见胡塞尔:《欧洲科学的危机

　　具体地说，黑格尔以"自由"作为原点或第一原理并不是出于任意，而是基于对人的本质、社会的本质、法的本质的深刻洞见，因而，有其深刻道理或根据。

　　其一，人是自由的。这是人的本体论规定。人不同于万物之处就在于人是自由的，除了自由，人与万物无异。自由是人的本质规定。正是在此意义上，人甚至是注定自由的。

　　其二，自由是现代社会不同于既往社会的本质特征。这是一个以平等基本自由权利取代宗法、等级、专制制度的时代，自由是现代社会的时代精神。黑格尔在《历史哲学》中通过对人类文明史的这一自由精神存在历程的考察揭示：他所在的那个时代是不同于既往的、达至意志自由的时代。[①] 尽管黑格尔的这一思想值得检点，但是，他以自己的方式，从经验生活世界、从历史中，寻得一种具有现实必然性的时代精神，这种时代精神将对整个人类生活世界起支配性作用。这就是自由精神。自由精神是启蒙运动所确立起的最重要亦是最基本的价值精神，它是人类现代价值精神的基石。黑格尔以自己的方式把握了时代及其本质。这是对时代与历史的深刻洞察。这正体现了他作为一个伟大思想家的杰出之处。一个思想家之所以能够影响人类，就在于他的思想把握了他的时

与先验现象学：现象学与哲学引论》，转引自榊原哲也：《胡塞尔的现象学伦理与伦理现象学》，载《中国现象学与哲学评论》第七辑：《现象学与伦理》，上海译文出版社，2005 年，第 31 页。）作为第一原理的"自由"无法用形式逻辑来理解、解释，却能够通过对人类历史发展的回顾与反思性把握来理解与规定。它是人类演进史的目的指向，是被自觉意识到的历史目的，是时代精神。

　　① 　参见黑格尔：《历史哲学》，第 454—455 页。

代及其历史,拥有经验生活之根。同样,罗尔斯关于社会正义两原则具体内容的规定,尽管使用了"原初之幕"之类的抽象表达,但实质上也只不过是罗尔斯以自己的方式认肯并自觉维护平等的基本自由权利这一人类近代以来所取得的最珍贵文明财富而已。这是一种直觉。这种直觉既是一种良知,亦是一种洞见。

其三,法是自由的存在方式。在黑格尔看来,一方面,法并不是如人们所认为的那样只是一种限制性规定,而是人的自我规定,是人的自我立法或自由的自我实现,这是人的自由存在;另一方面,法自身具有客观内容或规定性,而非人的主观任性。任性之法不是自由,因而,不具有客观必然性。法律、道德、社会制度等不是人们为了方便或权宜而设计出的,而是人类自身自由存在的本质性规定,是人类自身自由存在的必要方式。法律、道德、社会制度等,不是人类为了达到自身非本质性目的、满足主观需要的一种发明,而是产生于人类的自由本性,表现了人类自由的内在价值。①

2. 作为法的合理性根据的自由

黑格尔《法哲学》的要旨是揭示人类社会生活怎样才是合理的。这里作为第一前提的是用以判断是否合理的合理性根据:究竟什么才有资格成为这种合理性根据? 除了作为人的本质与时代精神的自由以外,别无他物。自由是人类社会生活合理性的根本依据。黑格尔通过揭示法哲学研究对象具体阐述了这一思想。

法哲学不是研究实定法(实在法)、形下法的,而是研究自然

---

① 参见 W. T. 斯退士:《黑格尔哲学》,鲍训吾译,河北人民出版社,1987 年,第 338—341 页。

法、形上法的，是要研究什么样的法才是合理的？法是否为自由精神的？通常人们对于法的合理性认识是：只要法在形式上具有了国家权威意志，在内容上有其历史根源、具有法规条文自身的自洽性以及具体实施细则，那么，这种法就是合理的。① 其实，这些对于法的合理性认识恰恰是形式的，缺少对法的本质的把握，因而是肤浅的。

法分为"自然法"与"实定法"。② 自然法是关于法自身内容合理性或法的精神的，这是形上法。实定法是关于法的具体存在、法的规范的，这是形下法。实定法与自然法应当统一：实定法应当有其价值灵魂，自然法应当有其肉躯。但是如果仅仅看到实定法而不看到自然法，则缺少哲学的洞察。在东西方，自然法的思想一直成为人们关于法律、道德、政治等领域具体规范要求的价值根据。近代以来所确立起的"天赋人权"、"人人平等"之自然法思想，为现代社会规范法则奠定了基本价值基础。

人们通常习惯于从历史、功能、逻辑等方面，寻求对事物存在合理性的说明。然而，这种习惯性做法恰恰存在原则失误，它至多只是提供了技术、形式合理性证明，而不能从价值、实质方面提供合理性证明。黑格尔通过对一系列相关具体观点的分析明确揭示：对于法的合理性证明，或对于善法、恶法的判断，不能从历史、功能、形式逻辑这三个方面获得合理性依据。

首先，历史上曾经存在过或有历史渊源，不能成为法律、规范

---

① 这就是黑格尔在《法哲学原理》第 3 节中所讲的几种情形。

② 参见黑格尔：《法哲学原理》，第 5 页。

合理性的价值依据。① 试图从历史渊源的维度说明法的自身合理性的思想方法，只是一种关于法的形成的历史性描述过程。它是一事实陈述与因果分析，而不是价值分析与价值判断。它只能说明此法有其原因，并不能说明此法本身的善恶之价值属性。更何况对于某事件产生的历史意义乃至历史叙述本身，与理解者的认识有关——这就是克罗齐所说一切历史均是现代史之蕴义。若根据价值合理性寻求中的这种历史渊源思想方法，一切恶法均可以从历史上找到自身的合理性证明，如是，则"祖宗之法不可变"就可获得充分的价值理由。

其次，法的具体功能不能成为法律规范合理性的价值依据。② 任何具体法律总有其某种功能，然而，功能只是一种外在的效用性分析，它并不能说明这种功能效用本身的价值属性。试图从具体法的社会功能或有效性方面说明法的合理性，这是一种偶然性的认识思想方法。因为，一方面，历史是变迁的，而法则应是稳定的、精神的，以变迁性方面来说明法的合理性，恰恰说明法自身的偶然性（这就是黑格尔关于"修道院"论述所表达的思想）；另一方面，任何一种关于法形成的具体功能性理由，由于事实、功能本身的偶然性特质，它既能证成，又能否证。功能总是具体的。人类交往活动总是开放的，其社会性功能要求无时无刻不在变化。法若以这种变动不居的功能为自身存在合理性的依据，则法自身亦由于变动不居而失缺必然性。这种功能性的合理性根据，往往会如黑格尔

---

① 参见黑格尔：《法哲学原理》，第 6—7 页。
② 参见黑格尔：《法哲学原理》，第 6—8 页。

通过夏洛克一例所说的那样，"对坏事加上好听的理由"，"使坏事得到辩解"，使恶法具有善法的面貌。这就恰如能够带来"和谐"秩序的未必就是善的，通过强权暴政带来所谓"和谐"秩序很可能是一种大恶一样。

再次，形式逻辑的严密不能成为法律规范合理性的价值依据。"这种理智的联贯性，同满足理性要求和哲学科学毫不相干。"①试图从法自身的形式逻辑严密自洽性来说明法的合理性，这是形式的证明，而非内容的证明。② 这是据于"理智"而非"理性"的立场，它在根本上属于法的技术学领域，而不属于法哲学领域。它只能说明法的技术合理性，而不能说明法的价值合理性，不能说明何为良法、何为恶法。③

在黑格尔看来，上述这样三个方面关于法的合理性说明，都不是内容、必然、真理性的，而是偶然、形式、外在的，因而，均不能具有合理性。哲学的认识，或哲学对于法的认识，不是形式方面的，而是内容方面的；不是现象的，而是实质；不是偶然的，而是必然的；不是外在的，而是精神的。

既然法的合理性并不能通过历史、功能、形式逻辑这样一类我们所习惯以为的方面来加以证明，那么，究竟依据何在？判断一个具体法是否合理，首先依据于其所内蕴着的法的精神。正是这种

---

①　黑格尔：《法哲学原理》，第 10 页。

②　恰如基于城乡二元格局的城乡二元户籍管理体制的自洽性，不能说明这种二元分裂的户口身份的法律规定是合理的。

③　在部门立法下，相关的立法者不仅通过立法的方式强化与垄断了自身的利益，而且还会使这种法拥有充分的自洽严密性。

法的精神,才是法的稳定性内容,并成为法之合理性的根本根据。一切具体法,只有作为法的精神之定在,才拥有合理性。在现代社会,这个法的精神就是自由。换言之,法的合理性、真理性之依据,不是感性事实的,而是精神的,是立法精神这一实质性内容。判断善法或恶法,不是经验的,而是精神的,是法所内蕴着的法的精神,具体地说就是法是否是人的自由存在方式。

当然,这就带来一个问题:这种法的精神的具体内容是何? 何以存在? 其合理性根据何在? 这就是时代精神及对时代精神的把握问题。这种时代精神的合理性当然不能脱离感性生活、历史,不过,这不是作为杂多、偶然存在的感性,而是作为人的生命本质及其实现的历史,是人的本体存在的历史。

二、精神与意志

黑格尔将意志自由作为法哲学的第一前提或开端,这与他将精神作为法的基地直接联系。因为唯有精神才有可能是自由的。黑格尔认为:"法的基地一般说来是精神的东西,它的确定的地位和出发点是意志。意志是自由的,所以自由就构成法的实体和规定性。至于法的体系是实现了的自由的王国,是从精神自身产生出来的、作为第二天性的那精神的世界。"①而意志自由则以精神为前提。

1. 精神:思维与意志

人不同于动物,人是精神的存在。精神分为两部分:思维与意

----

① 黑格尔:《法哲学原理》,第 10 页。

志。一般说来，思维是认识，意志是欲望、行动。当我们说人是精神的存在时，就是在说，人是能够思维并具有意志行为的存在。

亚里士多德曾以理性规定德性，并将德性分为理智德性与道德德性。理智德性是关于认知、知识的，道德德性则是关于行动的，二者内在统一，二者的统一通过"好"的"实践"实现。在亚里士多德这里，知识成为道德法则、好的实践的必要前提。康德将理性区分为理论理性与实践理性，理论理性是认识，是概念范畴的推演，实践理性则是人的行为。黑格尔则用"理论态度"与"实践态度"来表达这种精神的两个方面，这与亚里士多德、康德大致相同。

思维是关于对象本质、普遍性的认识，因而，思维过程是一个摆脱感性杂多、远离特殊性而上升至一般抽象、普遍性的过程。意志则不同。意志是一个目的性、趋向于做与行动的冲动，因而，它是一个摆脱抽象性与主观性而成为具体性与客观性的过程。思维与意志是精神活动的两种不同类型。

不过，黑格尔并不将思维与意志割裂，相反，他认为思维与意志是人的精神的两个方面。"有些人把思维作为一种特殊的独特的官能，把它跟意志分离而作为另一个独特的官能来考察，并且进一步认为思维对意志，特别是对善良意志是有害的。这些人一开始就暴露出对意志的本性一无所知。"①"我们不能这样设想，人一方面是思维，另一方面是意志，他一个口袋装着思维，另一个口袋装着意志"。"思维和意志的区别无非就是理论态度与实践态度的区别。它们不是两种官能，意志不过是特殊的思维方式，即把自己

---

① 黑格尔：《法哲学原理》，第 14 页。

转变为定在的那种思维,作为达到定在的冲动的那种思维。"①这里,黑格尔集中表达了一个思想:人具有理性的思维能力与实践能力,思维与意志统一于人这一自由存在者。

为什么说"意志是特殊的思维方式"?

意志是有目的的思维。意志作为一种特殊思维方式首先意味着它是一种思维方式。一般的思维是对象性的,通过去除对象的感性东西将其变成我的思想。这是我对于对象的认识与思想,在我的这种主观认识中消解自我与对象的对立。这种一般意义上的思维是关于人在观念中形成对于事物的认识与思想。但是人的意志并不满足于这种对象性的认识及其一般的观念与思想,而是要基于观念与思想来设定一种现实的存在,是要基于这种对象性认识来能动地调整自我与对象的关系。人的这种认识总具有某种目的性,意志总是要表现出自身的特殊性,并将这种特殊性内容以目的的方式呈现出来。"实践的态度从思维即从自我自身开始。它首先显得跟思想是对立的,因为说起来它自始表示一种分离。在我是实践的或能动的时候,就是说,在我做一件事情的时候,我就规定着我自己。而规定自己就等于设定差别。但是我所设定的这些差别,那时依然是我的,各种规定属于我的,而我所追求的目的也属于我的。"②

意志是有对象化冲动要求的思维。意志不同于思维就在于:它不满足于一般地对于对象的认识,不满足于停留于一般的观念

① 黑格尔:《法哲学原理》,第 12 页。
② 黑格尔:《法哲学原理》,第 13 页。

与思想，而是要将这种观念思想变为现实的存在，它内在地具有变成现实的冲动力。这就是黑格尔所说意志"把自己转变为定在的那种思维，作为达到定在的冲动的那种思维"之意思。① 这样，也就不难明白黑格尔所说思维与意志的区别是"理论态度"与"实践态度"之区别。理论态度只是将对象变为人的观念与思想，在这种观念与思想基础之上，人才有可能形成自己的目的与要求。实践态度则是观念中的目的性及其实现之冲动。意志具有行动、做之冲动。意志的现实化就是存在。这样，思维与意志就不是彼此对立不相容的东西，思维是意志的一个内在环节。

思维与意志统一于实践、行动、做。这有两方面的意思：一方面，"理论的东西本质上包含于实践的东西之中……没有理智就不可能具有意志。反之，意志在自身中包含着理论的东西。"动物有活动，但是动物没有意志和目的性，因而，动物的活动只是本能。另一方面，人的实践活动创造了现实的认识对象。"人不可能没有意志而进行理论的活动或思维，因为在思维时他就在活动。被思考的东西的内容固然具有存在的东西的形式，但是这种存在的东西是通过中介的，即通过我们的活动而被设定的。"②思维的内容本身就是由意志活动所规定。一般说来似乎事物都是存在的——无论我们是否承认或认识它都是存在着的，然而，就其现实性而言，如果事物没有纳入人的认识视野，或者人们对其根本熟视无睹时，这些事物就是"无"。只有纳入人的活动对象、成为人的一种目

---

① 黑格尔：《法哲学原理》，第 12 页。

② 黑格尔：《法哲学原理》，第 13 页。

的性探究指向时,事物对于人而言才是真实存在的。在此意义上,人的意志活动创造了自身的思维对象。

实践统一思维与意志,实践是人的主体性存在方式。当我们说意志是自由时,就是在说实践是自由。黑格尔以绝对精神的思辨方式揭示了人的自由存在、实践本体论之意蕴。实践不仅仅是简单地做,它是思维、意志的统一,是人的自由存在方式,是理论态度与实践态度的统一。

2. 意志的单一性

意志是自由的,但意志如何才是自由的? 怎样的意志才是自由的? 意志的自由应当具有普遍性,但这个普遍性是否内在地包含特殊性? 什么样的意志才可能是真实的意志? 黑格尔通过意志的单一性,对此做了阐释。

意志必定是单一、每个具体成员的。因为只有单一、具体社会成员的意志,才是"我"的,才有意志可言。意志总是每个具体人的,意志总体也只是全体成员意志的集合,不能离开每一个成员的具体意志而言。然而,如果意志仅仅只是"我"的、个别人的,那么,这种意志就是绝对排除他人意志的纯粹主观性的意志,这种纯粹主观性意志失缺普遍性,因而不能被称为真实的意志。这就如自由一样,它总是要通过无数"我"的自由具体呈现,如果"我"的自由拒斥了其他"我"的自由,那么,"我"的自由亦是偶然、不真实的。真实的单一意志不是绝对无差别的同一意志,也不是各不相关、纯粹偶在的"自我"的意志,而是在"我"的单一、特殊意志中具有他人的意志。因而,真实的单一意志具有普遍性,是普遍意志特殊存在的意志。黑格尔关于意志发展三环节的论述,以思辨方式表达了这一思想。

a. "纯无规定性":无差别的同一意志。

这是"自我"的无差别、无规定性的"任性"的意志。在这纯无规定性的意志中,一切出于本性、需要、欲望和冲动等形成的限制或规定,都被消除了。这是没有任何具体规定性的绝对抽象的普遍性与无限性。①

这里所谓意志的绝对纯无规定性,并不是说意志真的没有任何具体内容,而是指"否定的自由":是将"自我"自身的意志直接等同于普遍性,并否定意志丰富多样性的否定性自由。这是"我从我在自身中所发见的"规定中抽象出的绝对普遍。因而,这也是绝对的主观性自由。它合乎"我就是我"这一绝对精神的表达形式,但却清除了绝对精神的丰富内容。以"我"的意志作为绝对普遍的意志。这是无差别的同一性或意志。它否定意志的多样性,消灭了意志的一切特殊性与具体规定性,是以"自我"的特殊、个别意志当作全体意志,并将其强加给全体的意志。

这种意志一方面具有普遍性的形式,另一方面又能够在现实中"马上带来某种秩序",因而,就拥有诱惑性,并往往为人们所欢迎。这在理想主义激情中常常见到。然而,这种意志的破坏性却不容忽视。这就是黑格尔通过法国大革命、印度婆罗门教具体分析所揭示的道理,就是黑格尔下述论述的真实内容:"对否定自由的自我意识正是从特殊化和客观规定的消灭中产生出来的。所以,否定的自由所想望的其本身不外是抽象的观念,至于使这种观

---

① 参见黑格尔:《法哲学原理》,第 13—14 页。

念实现的只能是破坏性的怒涛。"①抽象的普遍自由是否定性的自由,没有多样性规定的自由具有毁灭性。

纯无规定性的意志,以"自我"这种特殊意志否定一切具体的意志规定,当然片面。但是,其中又隐含着某种合理性内容:自由意志应当是普遍性、绝对性的(所以黑格尔说"包含着一个本质的规定,所以不该把它抛弃"),不过,由于纯无规定性是缺失特殊性的普遍性,是将"我"这一特殊意志作为普遍自身,这样,一方面"自我"要作为"自我"存在,就必须向特殊性过渡;另一方面,没有特殊性的普遍性无所谓普遍性,真实的普遍性应当以丰富多样性内容为规定。抽象"是一切规定性的抽象,所以它本身不是没有规定性的",故,抽象性本身就有其有限性与片面性。②

b."规定"性:特殊意志。

这是(自我)意志从无差别的无规定性过渡到有差别、特殊的(自我)意志,由仅有一个人而无其他特殊意志的"自我"意志,向既有"我"的"自我"意志又有其他特殊意志的过渡,由没有自我意志到确立起自我意志。

有规定性的意志,是有具体内容规定的意志。"我不光希求而已,而且希求某事物"。意志、愿望、希求总是有所指。没有任何具体所指的意志,就不是意志。当意志有所指向时,意志就是有限制的。意志通过具体规定性,变为现实存在,成为"自我"。人若是自由的,必定是有其意志的。一个人的自我意志的确立,是一个人得

---

① 黑格尔:《法哲学原理》,第 14—15 页。
② 黑格尔:《法哲学原理》,第 16 页。

以作为主体、自由存在的前提。

自我即特殊、个别、具体，自我意识、自我意志首先是对（或关于）"异"之意识。每一个自我总是作为特殊或普遍存在的，或者说每一个自我总是具有特殊性与普遍性双重特质。如果自我将自身的特殊性直接当作普遍性，以为这个世界上就只有这种特殊性，这种特殊性就是普遍性本身，那么，这个世界上就既没有普遍性，也没有特殊性。自我首先要将自身视为特殊的、个别的，才能有普遍的意识与意志。不能将自己视为特殊、个别的自我，就不可能拥有普遍性。因为只有承认自己的特殊、个别，才能承认他在之合理性，才不会排除对异的认同，才不会是绝对排他性的自我意志。有异、特殊性，才能有自我意志自由之普遍性。这正是黑格尔抽象思辨中最重要的现代性精神之一。概言之，对于自由存在具有前提性意义的自我意志，有双重规定：一方面，这是一个自我、特殊的意志；另一方面，这个特殊意志以认肯他人意志的同样存在为规定。

在纯无规定性意志中，自我意志之自由构成自由之全体。在规定性阶段，自我意志"属于自由，但不构成自由全体"。[①] 仅有自我意志不是真实的意志，还必须同时将他人的意志视为与我同样的意志，唯如此，才能使自我意志成为现实的。

c. "单一性"意志：普遍性与特殊性的统一。

"意志经过自身中反思而返回到普遍性的特殊性——即单一性。这是自我的自我规定"。自我特殊意志以自身作为普遍意志，自我意志却失缺了；在有规定性的各别特殊意志中，自由的自我发

---

① 黑格尔：《法哲学原理》，第 17 页。

现了自我,但是,却又与普遍性意志形成对立。此时,自我意志须将其他意志均视为自由意志的存在,自我意志只是这普遍自由意志中的一个特殊存在。这就是真实的自由意志。在这单一性中,意志既有特殊性又有普遍性。在这里,意志自由存在着丰富多样性与特殊性:一方面,这种丰富多样的特殊自由意志,不是任性的,而是具有必然性的(即经过"反思"的);另一方面,这种特殊性是普遍自由的具体存在,它们是普遍的特殊。它们既是普遍的,又是特殊的。这是"自由的具体概念"。

在这种特殊性与普遍性统一的"单一"意志中,意志获得了真实规定。"在这一规定性中人不应当感到自己是被规定的,相反地,由于他把它物作为它物来观察,他才具有自尊感。所以自由既不存在于无规定性中,也不存在于规定性中,自由同时是它们两者。"①

"意志的规定是意志自己的规定。"②所谓"意志的规定是意志自己的规定"是指:具有真实规定性的意志通过发现"自我"是特殊、是与其他一切"自我"特殊意志一样均为自由的存在者,进而将这个"自我"特殊提升为普遍自由的现实存在者的方式实现。这个被规定了的意志,就是作为"单一性"的我的真实意志。

被规定了的"单一性"的特殊意志就是现实意志。这个具有"现实性"的现实意志有形式与内容两个方面的具体规定。其一,就其形式方面而言——此形式指的是现象性、实存性——是感性确定性的现实性,即,这是"我"的目的及其实现。这是"我"借助于

---

① 黑格尔:《法哲学原理》,第19页。
② 黑格尔:《法哲学原理》,第20页。

手段、通过自觉活动将自身主观目的变为客观存在的过程。这说的是人的感性活动、实践能力这种呈现为现象的意志。所谓"形式方面"正是指这感性活动。人的目的须通过有目的性的感性活动呈现是其要旨。[①] 其二，就其内容而言——此内容不是在一般意义上指意志的构成，而是指意志的内在精神规定性、普遍性、客观性——则是"意志在自身中的反思着的特殊化"，这是基于意志内容合理性而言。此"我"的意志及其感性确定性存在，不是任意或任性，而是自由这一绝对精神的具体存在。因而，无论意志的具体目的性是何，这些具体意志目的都应当是自由的定在，都应当有客观、必然性内容。

意志规定的形式与内容这两个方面，都揭示了意志的客观性：一方面，意志不是纯粹的抽象思维。意志是一种主观见之于客观、目的性活动之冲动。这种客观性是感性客观，是行动。另一方面，意志不是纯粹主观任意，它具有普遍必然性内容，它是普遍性、必然性的客观性。正是意志的这种内容规定，构成了"我"的意志自身的合理性根据，并使"我"的意志成为真实的意志。

三、真实的意志

"我"的真实的意志是具有普遍必然性的意志。然而，就其进一步展开言，此普遍必然性内容又是何？能够构成真实意志的具体内容是何？黑格尔通过意志发展三阶段对此做了具体揭示。

----

① 参见黑格尔：《法哲学原理》，第 19—20 页。

1. "自然的意志"：自在的意志①

动物没有"自由意志"问题，只有人才有"自由意志"问题。因为根据康德的看法，人的意志不是完善的意志，也不是神圣的意志，而是不完善的具有世俗性的意志。但人又不同于动物，人尽管有感性欲望，然而人还有理性能力，可以不必听从于自然欲望的直接支配，不是宿命受自然欲望支配，所以，人才有自我选择的主体性，人的意志才可能是自由意志的。

自然的意志直接以自然冲动、情欲等为内容，因而它是自在的意志。这种意志尽管拥有属于我的东西这一形式，但是它是被自然所规定的意志，因而，这是没有意志的意志。

人与动物都有情欲、冲动，但是人不同于动物就在于：尽管"冲动是一种自然的东西，但是我把它设定在这个自我中，这件事却依赖于我的意志。因此，我的意志就不能以冲动是一种自然的东西为借口来替自己辩解"。② 这就是说，人不同于动物在于：动物是被自然的情欲、冲动等所规定的，情欲、冲动就是其自身，因而，动物就是被注定的，无所谓自由。人则不同。人是"作为全无规定的东西"而存在，人不是被情欲、冲动这样一类外在自然规定所决定，人并非是自己的自然本性；人并非先天被注定，故人有自由。不仅如此，人还将这种自然冲动人化为属于人的存在的一部分，"把它规定和设定在为他自己的东西。"③尽管人有情欲、冲动，但是人却

①　黑格尔：《法哲学原理》，第 22 页。
②　黑格尔：《法哲学原理》，第 23 页。
③　黑格尔：《法哲学原理》，第 23 页。

并不为情欲、冲动这类自然性所决定，相反，情欲、冲动这类自然性
却被纳入人自身，成为人的一部分。人不应当是属于情欲、冲动
的，相反，冲动、情欲应当是属于人的。

　　人、意志并不拒斥情欲之类，情欲应当成为意志、人及其现实
存在的一个环节。人是自由的，作为人的自然基质的肉体、情欲、
冲动等，也应当是属于自由的。说肉体、情欲属于自由，这不是在
否定、吞噬这种情欲、冲动，而是使它们作为自由存在的一部分。
如果没有了这些情欲冲动，人的自由存在本身就是空洞的。研究
人及其自由问题，研究伦理、道德、法律，不能回避人的欲望与自然
冲动。根据黑格尔在《精神现象学》中的论述，欲望是一切道德行
为与道德情感的原点。欲望净化为情感，升华为意志。

　　黑格尔从自由精神及其实现、自由意志活动的原动力高度认识
欲望、需要。黑格尔在《历史哲学》中曾有过如下一段论述："所谓原
则，最后目的、使命，或者'精神'的本性和概念，都只是普遍的、抽象
的东西。'原则'……是一种内在的东西，唯其如此，无论它本身是
怎样地真实，终究不能完全是现实的。目的、公理等等，只存在在我
们的思想之中，我们的主观计划之中，而不存在于现实之中，它们仅
仅是为自己而存在的东西，是一种可能性，一种潜伏性，但是还没有
从它的内在达到'生存'。为得要产生确实性起见，必须加上第二个
因素，那就是实行、实现，这个因素的原则便是'意志'——最广义的
人类的活动。有了这种活动，然后上述的'理想'以及一般抽象的
特质才得实现，才得实行，至于它们本身却是无力的。"[①]黑格尔将

---

① 　黑格尔：《历史哲学》，第 22—23 页。

自由理解为人的本质、本体、本性，然而，在他看来，自由须从抽象中走出来，须成为现实的存在，这就必须行动，必须实现、实行。意志活动就是行动、实现、实行的自由精神。"那个使它们行动，给它们决定的存在的原动力，便是人类的需要、本能、兴趣和热情。"①

由于意志总是具体、个别、"我"的，因而，意志就必定包含着"我"的目的、需要、欲望。没有"我"的目的、欲望、需要的意志是不可思议的。如果不将"我"的个人利益、目的、需要、欲望等等灌注到"我"的个人的目的性活动中去，就会从根蒂上否定意志本身的存在。这样，当我们能够在一般意义上说需要、本能、兴趣、激情等是自由精神现实存在的原动力时，也就能够在普遍意义上说：正是"我"的这些欲望、目的、需要的存在，才有"我"的自由意志，并通过"我"的意志行动，使自由精神成为事实，成为现实存在。所以，道德、自由意志非但不拒斥"我"的利益、需要、欲望，相反，还以它们为前提。②

黑格尔的哲学、伦理学思想不同于康德。在康德看来，道德普遍法则不能建立在诸如欲望、情欲、冲动这一类感觉、经验基础之上，道德法则必须建立在普遍性即人的理性基础之上。康德的理性是人类理性，康德通过理性所要揭示的是道德法则的可公度性、普遍性。康德的哲学伦理学思想以其独特方法表达了道德的崇高性与纯洁性，强调道德法则不是一种可以因环境条件而转移的有

---

① 黑格尔:《历史哲学》，第 23 页。

② 这就如黑格尔所说:"我要把什么东西实行起来，成为事实。"参见黑格尔《历史哲学》，第 23—24 页。

条件东西，突出了道德实践的无条件性之"绝对命令"特质，但是同时却使道德陷入空谷幽兰之地。在那里，道德似乎成了不食人间烟火的东西，成了一种现实的人难以企及的神圣（因为作为现实存在着的人，总是具有欲望、情欲的）。黑格尔则不同。黑格尔将道德、法律、政治等均建立在人的现实存在基础之上，将欲望、冲动之类作为自由意志的内在环节之一。黑格尔并不反对道德的崇高，但是黑格尔主张道德不是空洞的，而是富有内容的。在这一点上，黑格尔比康德更为深刻。

对于欲望的这种属于人的价值认肯，既能对于人本身有全面认识，亦能为社会的人道价值精神提供丰富内容。

自然冲动并不是意志的现实内容。意志的自由就在于人基于理性或精神对这些欲望、冲动及其实现方式与手段作出的自我选择。正是自我选择及其所表达了的自我决定，使意志成为现实的。人的欲望作为人的一个部分，经过理性的作用，会在多种行为冲动中作出自己的选择。这种通过选择作出决定的意志才是现实的意志。

2. "个人的意志"："反思的意志"或有限的意志①

意志的现实存在是选择、决定。优柔寡断不做选择与任性，均不是真实的意志。

无限多样性而无选择决定的意志，是无规定的意志。意志只有"当它作出决定，它才是现实的意志"。"意志通过作出决定而设

---

① 　黑格尔：《法哲学原理》，第 24 页。

定自身为特定个人的意志"。① 个人的意志必须通过选择变为现实。人重要的是学会选择。

意志在作出选择前，只是一种可能——且是一种无限多样性、无规定性之可能。这种无规定性表现在两个方面：一是冲动即欲求的无限多样性，且无论哪一种冲动均是"自我"的冲动；一是满足方式的普遍可能性，以及由这种普遍性所直接引出的无规定性——什么都可能就是什么都不可能，正是在此意义上，意志是无规定性的。意志的现实存在就在于意志的决定、选择。所谓决定、选择，就是在无限多样可能中确定其一：冲动由无限多样性成为单一的，实现冲动的方式亦由无限多样性成为具体单一的。选择"就是扬弃无规定性"，就是在多样性可能中择其一，使意志获得"单一性的形式"。作为单一性存在的意志就是"现实的意志"。现实的意志是有限的意志。经过选择所确定的有限的意志，才是能够行动的意志。

那么，这是否意味着具有无限多样性可能的无规定性的意志就没有存在的理由？换言之，是否在未作出选择前的意志多样性内容就没有价值？不是。黑格尔揭示："意志的无规定性本身是中性的东西，但又是无限丰富的东西，或一切定在的原始萌芽，在自身中包含着它的种种规定和目的，它仅仅是把这些东西从自身中提供出来而已。"②正是这无限多样性可能，一方面使得自由成为

---

① 黑格尔：《法哲学原理》，第 23、24 页。

② 黑格尔：《法哲学原理》，第 23 页。值得注意的是，黑格尔在这里说"意志的无规定性本身是中性的"包含着一个思想：作为自然冲动的情欲、倾向等这些无规定性的意志，就其本身而言无所谓善恶。

可能——没有多样性就没有选择，就无所谓自由；另一方面人的理性对于这多样性可能作出权衡，可以择优。没有多样性，亦没有择优。当然，作为单一意志之具体规定性"当初都只是一种可能性"，只不过它后来通过意志的自我决定，由可能（的意志）变为现实（的意志）。

意志的秉性是变为现实性之冲动。这里的现实性有两种意义：一方面，在无限多样性中选择确定具体的冲动，使自身获得具体、特殊的形式；另一方面，成为感性具体存在之冲动。这样，在其现实性上意志就是有限性、偶然的。[①] 选择是决定，是舍弃，是择一，具有有限性与偶然性。值得注意的是，选择同时就是舍弃。懂得并会舍弃，这是人生智慧，亦是自由真实实现的前提。优柔寡断、舍不得放弃的人，大致逃不出一无所成的命运。有所失，才会有所得。确定目标的同时就是放弃。有了目标，就坚忍不拔地去做，这既需要心志，又需要毅力。

作出选择的意志，是有限的、个人的意志。"意志通过作出决定而设定自身为特定个人的意志"，即成为"把自己与别个区分开

---

① 黑格尔在第 13 节批评了以为意志无限性的看法，说："以为一般在意志方面人是无限的，而在思维方面人甚或理性都受着限制，作这样想法的人，就不懂得思维和意志的本性。只要思维和意志彼此还是有着差别，那么毋宁倒过来的说法是真的，意志是决心要使自己变成有限性的能思维的理性。"在黑格尔看来，思维是无限的，意志是有限的。因为在思维中作为认识对象与内容存在的始终是普遍性，思维总是要超越特殊性，成为普遍性。相反，意志总是要使自己具体化，总是要选择，总是要舍弃，故，意志在其现实性上总是有限的。参见黑格尔：《法哲学原理》，第 24 页。

来的那种意志"。① 这种个人的意志对于"自我"具有特别重要的意义。其一,这是"自我"确立的方式,或自我作为主体存在的方式。人除了基于个人意志的选择及其现实冲动或实践之外,没有其他方式可以确证自己的主体性存在。选择,就意味着主体及其主体性,意味着主体的权利。其二,"自我"只有通过这种意志选择才能确立起责任,即主体必须对自身选择负责。没有选择就没有责任。其三,主体在选择过程中成长为主体。意志冲动的有限性及其向普遍性提升之要求,表明人在现实性上总是有限的,人是通过不断克服自身的有限性而接近普遍性。自我通过作出选择、决定而成为自我。没有选择与决定就不能成为自我。

"不作什么决定的意志不是现实的意志;无性格的人从来不作出决定……人惟有通过决断,才投入现实,不论作出决定对他说来是怎样的艰苦。"作出决定,从内心的酝酿中走出来,使内心酝酿的可能性变为现实性,这正是个人意志选择的生命价值。② 这种酝酿选择本身可能充满痛苦与艰辛。这种痛苦与艰辛不仅指通常所说的心智劳动,更重要的是指自觉意识到必须放弃某些欲望与生活选择,而这些欲望、生活选择对于"我"来说可能有重大乃至终生影响(如为了同胞兄妹选择放弃上学的机会,在特殊情况下的选择说真话而不昧着良心等),这种自觉意识是一种心灵的痛苦与不幸。然而,尽管如此,不作出选择或不能作出选择,较之选择可能带来的痛苦与艰辛更为不幸。因为,伴随着这种痛苦的是,自己毕

---

① 黑格尔:《法哲学原理》,第 24 页。
② 黑格尔:《法哲学原理》,第 24—25 页。

竟已作为一个现实的人存在着。

所以,"因循怠惰的人才不愿意从内心酝酿中走出,这种内心酝酿使他把一切保持在可能性的状态中。但是可能性还不是现实性。有自信的意志是不会因此就在被规定的东西中丧失自己的。"①

个人的意志选择似乎是"自我"作出的选择,是"我"自己在这有限可能中选择了其中之一,放弃了其他可能。"我"是英雄或懦夫,似乎均是"我"自己选择。但是,这种选择只是在一些可能的东西中的选择,是自我"把自己规定为这个或另一个的可能性",因而,个人的意志自由选择总是摆脱不了某种"偶然性"与"任性"。"任性是作为意志表现出来的偶然性。"②黑格尔此处所说"任性",并不是我们通常所理解的失却理智、不顾一切之任性,而是指偶然性。它甚至包含了理智,它可能经过深思熟虑,却不具有普遍性、必然性。这就是黑格尔所说:"任性的含义指内容不是通过我的意志的本性而是通过偶然性被规定成为我的。"③

自我选择的意志似乎是自由的,但是这种似乎自由的意志又是不自由的。它受到两个方面的限制:其一,具有客观必然性的价值精神的约束限制;其二,主客观条件的约束。④

意志自由不是"为所欲为",为所欲为不是自由。意志自由须

① 黑格尔:《法哲学原理》,第 25 页。
② 黑格尔:《法哲学原理》,第 25 页。
③ 黑格尔:《法哲学原理》,第 27 页。
④ 参见黑格尔:《法哲学原理》,第 25—26 页。

以社会客观伦理精神为内在规定。那种以为意志自由就是为所欲为的看法，是一种缺乏教养的看法，是"对自由的意志、法、伦理等等，毫无所知。"①黑格尔在此批评了康德的意志自由思想，认为康德关于意志自由思想脱离了意志的内容及其具体规定性，是种主体的纯粹自我确信。康德的意志自由是无内容、形式、抽象的意志自由。黑格尔与康德不同。他试图揭示意志自由的具体内容或具体规定性，从伦理实体中寻求意志自由之合理规定。人看起来似乎具有为所欲为的选择自由，其实，自由首先并不意味着想做什么就做什么。如果真的是这样，那么，毋宁说在这个世界上人是最不自由的。因为人是能够自觉意识到自己的本质、因而意识到自己是处处被限制的存在。

意志自由选择受一系列条件的限制。意志自由选择避免不了来自于主观与客观、内部与外部诸多偶然因素的影响。看起来似乎"我"的意志具有无限自由，但是"我"的自由意志选择其实是在一系列具体条件限制中作出的。一方面，意志所面对的要作出选择的这些可能性，事实上并不是无限可能性，而只是有限的可能性；另一方面，在这有限可能性中究竟选择哪一种可能性，具有相当的偶然性。这种选择是将无限可能的自我确定于某一具体特殊内容的规定性。这种无限可能的有限确定具有偶然性。②

这样，当我"可以选择"时，我就"具有任性"的特质；当我说我

---

① 黑格尔：《法哲学原理》，第 26 页。

② 在这种外部偶然性中，甚至在一般意义上看来"应做"的，未必就是"能做"的，进而未必就真的是"应做"的。真实的"应做"内在地包含了自然必然性、包含了时空条件。

是意志自由时，我同时就是在说我具有偶然性之可能。① 这样，我作为自由意志的存在，就具有一种内在的矛盾：一方面，自由意志的"内容不是通过我的意志的本性而是通过偶然性规定成为我的"；另一方面，我也就"依赖这个内容"。② 即，我是自由的，但我的自由却依赖于偶然性，因而，我又是不自由的。这就是黑格尔所说的作为个体意志的"任性并不是合乎真理的意志，而是作为矛盾的意志"，"通常的人当他可以为所欲为时就信以为自己是自由的，但他的不自由恰好就在任性中。"之所蕴。③

我们自以为是自由的，处心积虑，谋划计算，但事实上我们却依赖于偶然性。我们是偶然中的自由。我们之所以能成为自己，不过是一连串偶然选择的连续集聚。所谓人算不如天算是也。当我们有所成就时，并不一定意味着自己必定比别人高明优越，很可能这只是偶然的机遇、好运垂青而已。同样，当我们平平之时，也不必要自卑，或许是一连串的偶然使我们失却了原本有的可能。

黑格尔通过意志自由及其选择问题揭示：意志自由既是无限的又是有限的，意志既是自由的又是不自由的。在其可能性、形式性上意志是自由、无限的，在其现实性、内容上意志则是有限、不自由的。意志的这种有限与无限、自由与不自由矛盾，正构成了意志或自由自身发展的"辩证法"：意志在不断的自我否定中试图达到无限与自由（这正是黑格尔在第 16、17 节中所表达的重要思想）。

---

① 　黑格尔：《法哲学原理》，第 26 页。

② 　不过，黑格尔在这里是通过对于"任性"来表达这个自由意志的内在矛盾的。参见黑格尔：《法哲学原理》，第 27 页。

③ 　黑格尔：《法哲学原理》，第 26、27 页。

　　上面讲的是如何认识意志自由，讲意志似乎是自由的，但却是具有偶然性、不自由的。个人意志是出于理性对自身内在冲动的选择，尽管这个选择具有偶然性，但它仍然是个人力图冲破自然性达到理性、冲破其有限性达于无限性的一个努力过程。

　　现在的问题是：意志是如何自由作出选择的，此选择的具体过程是何？这需要进一步具体深入心理层面加以揭示。意志选择的过程是冲动及其纯洁化的过程。

　　选择：意志冲动与冲动的纯洁化。意志自由选择的具体过程是：意志冲动—对于冲动的反思及其纯洁化—扬弃意志的特异性。

　　意志冲动是意志的一个环节。这就是黑格尔所说：冲动和倾向是意志的内容。正如前述，不能对意志冲动、情欲之类持简单否定态度。冲动、情欲之类，既非先在善也非先在恶，或者说，既是先在善的也是先在恶的。就它们是人的意志、人的一部分而言，是善的；就它们是一种人的自然性、应当被矫正而言，则是恶的。① 冲动成为意志行为的一个环节、自然性成为人性的内容之一，这就注定了人的本体论悲剧。其一，人与动物并无截然不可逾越的鸿沟，人有可能蜕变为动物。人身上永远潜藏着兽性的一面。其二，人的伟大不在于舍弃其自然性，而在于使自然性成为合乎人性的存在。由此也可进一步得出人的自然性总会以这样那样的方式成为价值精神的一个基本方面的结论。

　　历史上曾经存在过的各种人性善恶论之争，就是围绕着对这种冲动、情欲的评价展开的。其实，正如我们已经看到的那样，这

---

　　① 　黑格尔：《法哲学原理》，第 28 页。

种意义上的人性无所谓善恶。当我们能够谈论善恶，或者能够对冲动、情欲之类作出善恶分析时，总是已有一善恶的评价标准，总是已有一先在的偏好，总是相对于某种标准而言。不过，在黑格尔看来，人性本恶较之人性本善的认识更为高明深刻。因为，人就其本质性规定、就其不同于动物、就其高贵性而言，不在于自然性，而在于扬弃自然性。固守人的自然性就处于随时准备作恶的待发点上。人之所以配称得上作为人存在，不在于其自然性，而是在于超越自然性。人就是要从无教养的变为有教养的。①

意志冲动具有无限多样性可能。这无限多样性冲动有两个基本特性：其一，每一冲动都想得到满足；其二，冲动自身并无可资选择凭借的尺度。

前一特性表明：一方面，意志冲动之间的"相互排挤，彼此妨碍"，互相冲突；另一方面，无论选择哪一个冲动，都意味着"把其他一切冲动搁置一边"，要求其他冲动的"服从或牺牲"。

后一个特性表明：在这多样冲动之间的选择，冲动自身并没有提供一个可供选择凭借的客观标准，选择何，放弃何，充满了偶然性。人们在作出选择时，固然也会运用理智来权衡，但是，一方面，这种理智权衡是在有限认识范围内作出的，自身存在着一个如哈耶克所说的"理性不及"问题；另一方面，这种权衡往往是功能、功利的权衡。正是在此意义上，人的选择总是不能摆脱偶然性。那么，能否运用人的理智将人的各种冲动作选择优先性排序，然后根据这种优先性次序作出选择？这在根本上看来也行不通。因为，

---

① 黑格尔：《法哲学原理》，第 28—29 页。

一方面,人无法将自己的冲动无遗漏地全部列出,冲动具有无限开放的无限多样性;另一方面,人更没有那样一种具有普遍有效的可以作为排序的标准或"尺度"。① ——有些冲动之间可能会有明显的价值优先性,如马斯洛所说的需要层次;有些冲动之间却未必具有价值优先性差别,如打球与下棋冲动之间。即使是在一般看来具有明显价值优先性差别的冲动之间,通常以为可以排在较后满足的冲动在特殊情况下也未必就必然不具有优先性。"生命诚可贵,爱情价更高,若为自由故,两者皆可抛"即为是。冲动自身中并不存在着可凭以选择的尺度。选择的尺度或标准必须到冲动之外去寻求。这就是理性及理性的反思。

理性的反思使"冲动纯洁化",使冲动"成为意志规定的合理体系"。② 这有两个方面含义:一方面,使冲动成为意志规定的一部分;另一方面,各意志冲动相互之间在意志规定中获得合理的关系状态。理性对于意志冲动的选择作用相应地也有两个方面:其一,在意志的合理体系中把握各种冲动;其二,在各冲动可能实现所带来的总体作用效果中把握各冲动。

理性对于冲动反思什么?理性是要对冲动的目的、手段、结果进行反思。这就是黑格尔所说:是"对这些冲动加以表象、估计、相互比较,然后跟它们的手段、结果等等比较,又跟满足的总和——幸福——比较,就会对这种素材带来形式的普遍性,并且用这种外

---

① 参见黑格尔:《法哲学原理》,第 28 页。
② 黑格尔:《法哲学原理》,第 29 页。

部方法对这种素材加以清洗,以去其粗糙性和野蛮性。"①这种反思也有两个方面:一是质的方面,是要去除冲动的自然性,通过这种反思,使自然冲动成为理性的一部分;另一方面是量的方面,这是权衡的,通过这种反思,意志选择那种最能满足自身目的性存在的冲动。一个人要能够自由地存在,就是要掌握与拥有这种反思能力。道德教育的核心也就在于使人能够拥有这种反思能力,使人一方面能够有一种基本的善恶标准,择善而行,另一方面又能够有那样一种权衡能力,在众多善中择恰当善而行。所以,道德教育就不是一种简单的戒律告知,而是这种反思能力、生活智慧的养成。这可能正是黑格尔说"教养的绝对价值"之真实意蕴。

理性对冲动的反思借助"幸福"完成。对于冲动的反思,无论是质的还是量的方面,都指向于"幸福"。

幸福是什么? 黑格尔以"满足的总和"来表达。直接地看来,黑格尔将幸福规定为:无限冲动及其满足。隐含其中的真实意思是:幸福是一个具有无限性与圆满性的范畴,它是人的理想存在状态。进一步引申说,幸福是人对于自身无限性与圆满性存在状态的感受。这样,幸福就意味着:其一,幸福是对于自然冲动的驾驭及其超越,而不是自然冲动的简单满足。自然冲动的简单满足是愉悦、快乐,这以感官直接性为内容。幸福则不是直接以感官直接性为内容。其二,幸福是人的圆满性存在。所谓圆满,就是普遍、全部、无限,就是人生实现。幸福作为圆满,就是不再存在未能满足的冲动的缺憾。这样,幸福就是一个理想性的存在。其三,幸福

---

① 　黑格尔:《法哲学原理》,第 29—30 页。

通过有限存在,或存于有限之中。因为作为"满足总和"的幸福,是由无数具体满足构成,正是这些具体满足构成幸福自身。这样,幸福就是有限中的无限、无限中的有限。这正是黑格尔所说的"幸福"的两个环节或幸福的内在矛盾:"一个比一切特殊性更高的普遍物",以及作为"单一物和特殊物"的存在。①

　　幸福就其内容而言是无限的,因为人的冲动及其满足处于无限可能之中;就其现实性而言则是有限的,因为人在其现实生活中获得满足的总是一个个具体特殊的冲动要求。幸福是有限与无限的统一。在其现实性上,幸福永远不会有终点。人们在现实生活中对于幸福的享有通过有限的方式达到,是在有限中感受到无限,是通过把有限当作无限的存在方式来实现的。这样,人们对日常生活中的每一个具体圆满的感受,就是对幸福的感受。没有日常生活中的圆满满足感受,就无所谓幸福。幸福就存在于日常生活之中。正是在此意义上,幸福具有确定性。此确定性就是:幸福须通过日常世俗经验生活被体验,以及在一个相对固定的大时空背景中,幸福的基本内容具有基本的确定性。

　　不过,值得注意的是"幸福的内容是以每一个人的主观性和感觉为转移的",②因而,在这一点上就其自身的内在规定性而言,并不具有客观性与普遍性。每一个人的冲动及其满足总是有着强烈的个别性、主观性、偶然性。这样,尽管幸福对于个人而言它是作为一个无限性、圆满性的状态,是个体道德中具有统摄性意义的范

---

①　黑格尔:《法哲学原理》,第 30 页。
②　黑格尔:《法哲学原理》,第 30 页。

畴，但是，它自身却有待获得客观规定性，因而，幸福并不是一个最高的范畴。所以，黑格尔认为幸福不是真理性阶段，幸福尚不是真实的理念。① 这里就提示我们：其一，幸福有其客观内容或客观规定性。这有两个方面的含义，一方面指客观普遍性之客观；另一方面指存在、实存之客观，即幸福不仅仅是个体的自我感受，更是人的一种客观存在状态。阿马蒂亚·森关于贫困的规定，对于我们理解幸福的客观性应当具有重要的方法论启示价值。其二，幸福尽管是个体存在的圆满无限状态，但是，幸福却并不仅仅在个体范围内就能实现，它有赖于社会、有赖于个体存在的环境。这就为社会公正留下了空间，或为个体道德向社会伦理、幸福向正义过渡，打开了逻辑空间。

前面已指出幸福有其内在矛盾："一个比一切特殊性更高的普遍物"，以及作为"单一物和特殊物"的存在。此矛盾是普遍与特殊、无限与有限的矛盾。幸福是圆满、无限，但是当意志根据幸福作出自己的选择后，就已经将原本无限、普遍的内容具体化为单一、特殊。单一、特殊不是普遍、无限。因而，在意志自由选择后，就失却了普遍、无限，因而，就失却了幸福。有选择、有某一冲动满足后的幸福感，即意味着人生的不完满。这就如我们在爱情、婚姻、家庭、事业，在健康、财富、工作，在听音乐、旅游、打球、游泳等等冲动之间作出选择后，尽管我们在其所选择的这一冲动上获得了满足，获得了人生价值的某种体验，有了幸福感，但是，我们却失却了人生其他方面的价值体验，因而，我们就失却了人生存在的圆

---

①　参见黑格尔：《法哲学原理》，第30—31页。

满或幸福——正是在此意义上，人生幸福永远只是一种理想。人生永远存有缺憾。差别只在于我们是否能够对此自觉意识而已——这时，我们所面临的任务就是将特殊性再次提升到普遍性。这就是我们前面所说的使特殊性、日常生活自身成为无限、普遍的，在日常生活的特殊、具体、有限中体验普遍、无限。这就是黑格尔所说的意志重新回到普遍性、成为自在自为的意志之境地。

3. "真实的意志"：自在自为的意志①

意志确立有两个阶段。"反思的意志"阶段所确立起的是"我"个人的意志，"真实的意志"阶段所确立起的则是对所有人意志的平等承认，这里不仅有"我"的意志，而且还有他人的意志，我是无数特殊平等意志之一。我的意志既是特殊的，又是普遍的。因而，我的意志是真实的。"真实的意志"是真理性的意志，它消弭了有限与无限、特殊与普遍、此岸与彼岸之对立。

在"反思的意志"或有限的意志中，"我"的意志与他人的意志处于对立状态，这就是有限与无限、特殊与普遍的截然对立状态。在自在自为的意志中，这种两极对立状态不再存在。它不仅扬弃了"自然性的直接性"，而且亦扬弃了由于反思而"沾染的特异性"，它将特殊提高至普遍。意志的这种真实性存在通过精神、思维达至。精神、思维使人能够把握自身的自由本质，使自身从偶然性中摆脱出来。尽管黑格尔在这里以奴隶为例来讲此问题暴露了黑格尔贵族式的傲慢，但是，如果我们不是注意黑格尔的这个具体表达，而是注意这种表达背后的真实内容，那么，我们就可以理解为：

---

① 黑格尔：《法哲学原理》，第 31 页。

人必须明白自己的本质是自由，只有明白自身本质的自由规定性，才能作为自由意志、作为主体存在，否则，就无所谓自由意志，就会浑浑噩噩。[1]

日常生活中的那一系列冲动及其满足后的幸福感，是我自由存在的标识。在这些日常生活中，我不仅体验到了这些特殊冲动满足所带来的幸福感受，而且更体验到了我人生自由存在着的生命本质，以及人生价值实现的本质性内容。人"通过思维把自己作为本质来把握，从而使自己摆脱偶然而不真的东西这种自我意识，就构成法、道德和一切伦理的原则"。[2] 人不是作为纯粹偶然、特殊存在着的，人有其本质，有其自由的规定。每一个人在其特殊、有限中有着无限、普遍。无限、普遍并不在特殊、有限之外。如果离开了有限、特殊而谈普遍、无限，并以为无限、普遍是在有限、特殊以外，那么，就会将无限、普遍远远推离自身，就会将它们视为彼岸的东西。人对这种彼岸的东西只能是"当作异物敬而远之"，虽"表示崇敬"，却不能作为自身的生命内容，更不能自觉实践。[3] 那样，自由就注定只能是彼岸天堂中的东西，而不能成为人的现实存在方式。黑格尔在无限、普遍与有限、特殊的统一中理解与把握意志自由，既使得这一思想具有革命性，又给人类以信心：自由的现

----

① 奴隶是没有自由本质的存在。人可在两种意义上失却自由本质而成为奴隶。人身占有这是身之奴。除了身之奴外，还有一种奴隶，这就是心之奴。心之奴者即使获得了人格平等的地位，但不知道自己的自由本质，故，并没有真正摆脱奴隶的状况。

② 黑格尔：《法哲学原理》，第 31 页。

③ 参见黑格尔：《法哲学原理》，第 32 页。

实存在是真实可能的,自由就存在于特殊、有限之中,存在于人们
日常生活的努力之中。

"自在自为地存在的意志是真正无限的,因为它是它本身的对
象,因而这个对象对它说来既不是一个他物也不是界限;相反地,
这种意志只是在其对象中返回到自身而已。其次,这种意志不仅
是一种可能性、素质、能力,而是实际无限的东西,因为概念的定
在,即它的客观外在性,就是内在的东西本身。"①这种具有无限性
的自由,就不是恶的无限自由,而是具有现实性与现在性的真实的
自由。

在这里,黑格尔通过辩证法,将有限与无限、普遍与特殊、主观
与客观、外在与内在等一些原本似乎对立不相容的范畴两极统一,
并获得对于自由意志的深刻说明。下面,我们就对这几对范畴再
作解释,并从这几对范畴的解释中进一步理解真实的自由意志之
规定。

意志的普遍性与特殊性。意志"普遍性"概念可以有不同的理
解:其一,外在的、量的这一"全部"意义上的普遍性。这种普遍性
只是一种集合,是外在形式的普遍性。这种外在量的普遍性意志,
指称意志占有一切的贪婪性。其二,在与单一之外并与单一相对
立的普遍性,这种普遍性是种抽象的普遍性。其三,特殊性中的普
遍性,这种意义上的普遍性"作为普遍物覆盖于它的对象之上,把
它的规定贯穿渗入,而在其中保持着与自己的同一"。这是具体的
普遍性。这种普遍性尽管不同于特殊性,但是它却并不存在于特

---

① 黑格尔:《法哲学原理》,第31—32页。

殊性之外，而是存在于特殊性之中。当我们说意志的普遍性与特殊性时，不是前两种意义上的，而是在最后一种意义上所言之普遍性与特殊性。这就是黑格尔在第 24 节附释中所分析的内容。[①]

意志的主观性与客观性。意志的主观性与客观性关系问题，以对主观、客观概念的哲学理解为前提。"主观"一词根据黑格尔的分析，有不同的使用含义：其一，"观念"意义上的，指称没有对象化、没有感性确定性的。如讲我们的"目的"时，这个目的因为是观念中的东西，它就是主观的。其二，意志内容的"任性"意义上的。当我们讲一个人的行为是主观任性时，就是在这个这意义上使用"主观"一词。其三，意识的"纯空虚的自我"意义上的，这是无他人意志的纯自我，这个自我仅仅以自身为对象。[②]

"客观"一词根据黑格尔的分析，亦有不同的使用含义：其一，"客体"、"对象"意义上的，它们既可以是实存的物质的东西，也可以是纯思想心理现象，但它们是存在于我们面前并作为我们的认识对象。其二，"定在"、"实在"感性确定性意义上的。其三，"真理"、"必然"、"普遍"意义上的。黑格尔在这种意义上将"伦理性的意志"、"神的意志"均称为客观的意志。"客观"一词使用的以上三种区别，与后述黑格尔在《小逻辑》中对于客观性的规定完全一致。其四，"被规定"、"非主体"的意义上的，这就是黑格尔在讲意志客观性时所揭示的那种"没入客体中"的没有自己意志、不能作为主体存在的"无意志的意志"。儿童的意志、奴隶的意志、臣服于权威

---

① 参见黑格尔：《法哲学原理》，第 33 页。
② 参见黑格尔：《法哲学原理》，第 35 页。

的意志等等,都属于这种意志。①

意志的主观性有三种含义:其一,意志的纯形式,即没有任何规定的、纯粹自我确信的意志;其二,意志的特殊性,即"任性"或个别、个体的意志;其三,意志的片面性,这里指的是意志的内容还没有得到具体实现,还只是属于自我意识的内容,还只停留于自我意识之中的非客观化的意志。②

意志的客观性亦有三种含义:其一,意志的真理性,指的是意志"符合它的概念,并且是真实的意志"。其二,意志的客体性,指的是直接以某种外在实体作为意志的内容,这种实体可以是物质的,也可以精神性的,既可以是权威性的,亦可以是权力性的。如黑格尔说的儿童的意志、伦理性的意志、奴隶的意志、迷信的意志等等。通常人们所说的"……叫这么做的"、"……说应这么做"等,均是这种意志的客体性状况。这是没有(个体自身)意志的意志。其三,意志的外部实存或定在,这是与主观的意志规定相对立的意志片面形式。此意义上的意志只有通过实现主观目的性才能成为真理性的(即第一种意义上的客观性意志)。这正是黑格尔在 26 节中所论述的内容。③

黑格尔在《小逻辑》中亦曾对客观性作过一个解释或规定。在那里,他揭示了客观性一词的三种含义:"第一为外在事物的意义,以示有别于只是主观的、意谓的或梦想的东西。第二为康德所确

---

① 参见黑格尔:《法哲学原理》,第 35 页。
② 参见黑格尔:《法哲学原理》,第 33 页。
③ 参见黑格尔:《法哲学原理》,第 34 页。

认的意义，指普遍性与必然性，以示有别于属于我们感觉的偶然、特殊和主观的东西。第三……客观性是指思想所把握的事物自身，以示有别于只是我们的思想，与事物的实质或事物的自身有区别的主观思想。"①这与《法哲学原理》中此处的表达有所不同。这种不同主要在于：在《法哲学原理》此处，黑格尔主要是就意志内容做具体分析，而不是在一般哲学意义上分析客观性概念。不过，二者的共同之处是：均将客观性理解为与主观性相对、表示真理性与必然性的概念。

对于黑格尔《法哲学原理》中关于意志的客观性、主观性这一类概念，在具体论述过程中必须仔细分析其具体的含义，弄清楚究竟在何种意义上使用。不可混淆。

有了前述关于"主观"、"客观"、"主观性"、"客观性"概念的各种使用意义介绍，我们也就可以理解为什么意志既是主观的又是客观的，既有主观性又有客观性，就会明白意志是主客观的统一。

"意志，作为存在于自身中的自由，是主观性本身，从而这一主观性就是意志的概念，因而也就是意志的客观性。但是与客观性相比，意志的主观性是有限性，就在这一对比中，意志并不守在自己那里，而是与它的客体纠缠在一起的，它的有限性正在于它不是主观的。"②"意志的活动在于扬弃主观性和客观性之间的矛盾而使它的目的由主观性变为客观性，并且即使在客观性中同时仍留守在自己那里。除了在其中客观性只是作为直接现实而存在的

---

① 黑格尔：《小逻辑》，贺麟译，商务印书馆，1980 年，第 120 页。

② 黑格尔：《法哲学原理》，第 34 页。

那意识的形式上方式以外,这种活动是理念实体性内容的本质的发展。在这一发展中,概念把最初其本身是抽象的理念规定为它的体系的总体;这个体系的总体作为实体性的东西,不受单纯主观目的和它的实现之间对立的影响,始终在这两个形式中保持为同一的东西。"①

讲意志的主客观性统一,就是讲意志的自由。这个自由既是主体自主创造活动的自由(而不是被规定的、没有自主活动的),又是一种具有合规律性的自由(而不是任意或任性);既是一种精神的自由,又是一种能够现实存在的自由(即能够"直接现实"存在的自由)。②

人是自由的,但是人的自由不是任性,而是由作为人的本质、本体的自由精神所主导与支配的自由,是一种合法则、合目的性的自由,是人自我规定、自我创造、展示人性的自由。

四、法:"自由意志的定在"

自由意志的客观性,既有真理性、必然性的意思,又有定在、实存的意思。而自在自为的自由意志作为否定之否定环节,就同时具有这两者,它既是真理性,又是定在。自由意志的定在、实存,就是法。这样,就从自由意志中引出了,或者更准确地说,生长出了

---

① 黑格尔:《法哲学原理》,第36页。
② 参见黑格尔:《法哲学原理》,第36页。

法。"自由意志的定在，就叫做法。"①

《法哲学原理》以"法"为研究对象。此"法"不是我们通常意义上所理解的法律，不仅是 law，更重要的是 right，它是权利，是自由意志的定在（existence）。即，只要是自由意志定在的，就是法。黑格尔自己就明确提醒人们注意这一点。"我们在本书中谈到法的时候，不仅指人们通常对这一名词所了解的，即市民法，而且指道德、伦理和世界史而言。"②道德、伦理与通常所说的法律之所以同样属于法，是因为它们都是自由意志的定在。黑格尔《法哲学原理》中的"法"概念不仅不是通常所说的法律意义上的法，甚至还不仅仅是一般社会规范意义上的法，它的实质是自由权利，以及由自由权利所构成的现实交往关系及其秩序。黑格尔通过"法"所要理解的是人类社会这个现实生活世界。

1. 法的本质

法的本质是自由。黑格尔对法的本质有一段集中论述："任何定在，只要是自由意志的定在，就叫做法。所以一般说来，法就是作为理念的自由。"③法的本质不是对自由的限制，而是自由本身。

不过，仔细琢磨黑格尔上述关于法的本质的集中论述，会发现

---

①　黑格尔：《法哲学原理》，第 36 页。

②　黑格尔：《法哲学原理》，第 42 页。邓安庆教授在其《法哲学原理》译本的"译者序"中对德文 Recht 含义的辨析，对此有较为详细的论述。参见《黑格尔著作集第 7 卷·法哲学原理》，邓安庆译，人民出版社，2016 年。

③　黑格尔：《法哲学原理》，第 36 页。

事实上有两个有所区别的内容：一方面法是"作为理念的自由"，另一方面法是"自由意志的定在"。这两个方面分别讲的是自由、自由的定在。尽管这二者均是对法是什么的揭示，但前者是从内容方面讲，后者则是从形式方面讲。前者是一，后者是多。法的内容、本质是自由的理念，这是一；法的这种本质、内容的具体存在形式则是多样的，这是多。一切作为这种自由理念定在或具体存在的东西，无论它以何种形式出现，只要它是自由理念的具体存在，就是法。将这两个方面统一起来，法就是自由及其定在。如果我们能够把握法的本质及其具体样式之关系，那么，我们一般地说法是自由意志的定在，即能够把握了法的本质：法是自由，自由是法的精神，任何一种具体法都是自由的具体存在。

在黑格尔以前，对"法"的认识主要还停留于通常所说"法律"的意义上。这种肤浅、形式的认识并未把握"法"的本质。这种形式层面的认识通常将法视为对自由的一种限制，以为法是为了使众多的任性获得同一性、使社会有秩序而已。这种对于"法"的理解存在严重局限性：其一，仅仅看到自由的形式层面，将自由简单地等同于"任性"，以为自由就是任性。其二，它只看到了法的限制这一否定性方面，即只看到了法对于自由限制的这一形式方面，而没有看到法是自由的存在这一实质内容方面。其三，众多任性之间的"并行不悖"，只是逻辑同一律、不矛盾律的要求或体系，它并不能说明更多东西，并不能改变"任性"本身。大家都服从一个规则，不能说明各自行动本身的合理性。这就好比数个强盗团伙相互之间达成默契、瓜分各自的势力范围一样，井水不犯河水，"并行不悖"，这并不能改变强盗行为性质。对于法的这种形式的认识，缺少深刻性。对于法的认识,必须深入法的内容,必须从自由意志来把握法。这正是黑格尔思想的高明之处。[①]

卢梭的契约论为现代民主政治打下了哲学基础,甚至罗尔斯亦以契约论方法理解现代民主政治正义。不过,契约论如果仅仅局限于法是众意一致这一现象、形式层面,那么,其对于法的认识仍然是"外在的、形式的"认识。即使这种法获得了所谓的普遍有用性,这仍然只是一种外在的、形式的普遍性,甚至不排除其在实际生活中可能产生的可怕后果:多数人的暴政亦可以从众意中获得自身的理由。契约论的协商、对话要求,亦以对他者的"承认"为前提。无"承认",则无对话与协商,只有强权。对于法的认识,不能停留在表面形式,而应当深入其内容。甚至对于契约论这一现代民主政治哲学方法论基础,也必须注意揭示其在协商、对话、众意一致形式背后所隐藏的更为深刻的内容,这就是自由权利。这是契约论方法所包含的真正深刻内容与时代精神。

2. 法的普遍与独特

法作为理念的自由,是自由这一绝对概念的定在。这是法的精神、法的普遍。法的普遍是"神圣的"东西。

然而,自由的理念、法的精神有其丰富内容,并会在其发展行程中展开为不同的阶段与环节。这些不同发展阶段均是自由的一种具体规定或定在。这种作为自由精神的具体规定或自由的定在,就是"法的独特"。法律、道德、伦理、国家等作为自由的定在,都是独特的法。因为法律、道德、伦理、国家等这些具体形态中的

---

① 参见黑格尔:《法哲学原理》,第 36—37 页。

每一个都是"自由的规定和定在"。① 这有两个方面的含义:一方面,伦理、道德、国家等具体法的合理性根据,不在于各自自身,而在于自由,它们都只是作为自由的规定或定在时,才具有自身的理由或根据;另一方面,伦理、道德、国家等法的规定,都是作为自由的一部分,都是自由的有机体系中的构成要素——这样,人们遵循伦理、道德、国家等法的规定,就是自由的存在方式,而不是一种来自于外在的否定性或限制性。

独特的法是具体、多样性的。这些多样性法之间关系如何?黑格尔以自由理念的体系方式来解释这一问题:它们是一个完整体系中的具体环节、具体要素,在各自所处的环节上,它们均有自身的理由与根据,并构成一个体系。如果不是在一个体系中,而是如黑格尔所说试图"在同一条线上都要成为法时",②彼此间就会发生冲突。所谓"同一条线上",形象地说就是平面而不是立体的关系。作为自由的定在的法,道德、伦理、国家等都有其不同的调节领域,或者换言之,人的自由存在、人们社会生活的不同领域,有不同的调节法则。如果混淆了这些不同法则所适用的领域范围,彼此就会发生冲突。因而,对于具体的法、法则,必须明了其所适用的领域与范围,各在其位,各在其所。一个具体法、法则的内容再合理、再好,如果用得不是地方,那么,同样不能成为自由的具体存在,不能证明这个具体行为本身的合理与正当。

如果是在一个自由定在的体系或法的体系中,道德、伦理、国

---

① 黑格尔:《法哲学原理》,第 37—38 页。
② 黑格尔:《法哲学原理》,第 38 页。

家等具体的法彼此之间就不存在着上述冲突现象。它们彼此之间
的关系：首先，是一个完整体系中的不同部分之间的协调关系，不
同的法、法则调节不同的领域。其次，在此完整体系中，彼此间构
成一种上位法与下位法关系，下位法对于上位法处于从属关系（这
就是黑格尔说的作为另一环节存在的冲突之含义）。再次，这也是
最重要的，一切具体、独特法，不管它具体处于何种法的位次，只要
它是作为具体法、法则存在，就都是有限、相对的，只有法的精神即
自由的理念自身才是无限、绝对的。道德、伦理、国家等领域之间
法的关系是如此，它们各自领域内各种具体法、规范之间的关系亦
是如此。自由是法的理念与法的精神，是一切具体法的灵魂。

　　3. 法 的 体 系

　　黑格尔所理解的作为自由理念的法的体系，由三个部分构成：
抽象法（形式法或法权人格）、道德（主观意志的法）、伦理（伦理实
体法或客观世界法）。① 抽象法是关于社会一般平等自由人格的
抽象法权规定。"道德"是关于个体内在精神世界的"主观意志的
法"。"伦理"是关于现实世界的，是理念在"外部世界中"的实现，
这是人的现实生活的法。这些不同法的统一构成一完整的自由的
现实生活世界。②

　　抽象法阶段还只是抽象的单个意志。在此阶段有个人的一般
人格权利，但这种一般人格权利只是停留于"单个意志""自我"之

---

　　①　参见黑格尔：《法哲学原理》，第 41—42 页。
　　②　黑格尔《法哲学原理》中的这三部分，大致对应的历史阶段分别是：
古罗马法所标识的古代文明，自由精神觉醒的启蒙时代，市民社会兴起及近
代工业文明所标识的现代社会。

中,尚无自己的对立面。自由定在的最初方式是通过所有权所标识的人作为主体存在。这是自由的单纯直接规定性。这时人的自由还只是在外在物中的外在自由,这种自由依赖于外物。当人的自由不再依赖于外物而取决于人自身的主观精神时,这就是道德。根据黑格尔的看法,在"道德领域才有了对立",才有了自我意识,以及基于自我意识所出现的我与他、特殊与普遍的差别、矛盾与对立。道德领域的任务就是在个人主观精神上克服这种我与他、特殊与普遍对立,从个人主观的角度协调好我与他、特殊与普遍的利益关系。道德是个人的主观精神自由,尚未具备客观性。仅仅只有主观精神的自由不是真实的自由,只有建立起客观伦理关系及其秩序使自由精神成为现实存在,才可能有真实的自由。这个客观伦理关系及其秩序就是"伦理"。伦理阶段是要在客观现实、社会交往关系的意义上,消除"单一意志"间的对立,使自由人格权利得到普遍实现。伦理领域的核心就是正义的关系及其秩序,就是社会和谐秩序。① 伦理是普遍、客观的自由,而不是个别、主观的自由。这正是黑格尔将"伦理性的意志"与"神的意志"并列同时称其为"客观意志"的真实意蕴。②

"道德"以"伦理"为内容,"伦理"构成真理性环节。在黑格尔的这种思辨思想体系中隐含着极为重要的思想内容。伦理是现实

---

① 根据黑格尔的分析,道德标识个人精神状况,个人在道德选择上具有自由裁量空间。伦理则标识共同体精神。故,当我们说"个人道德精神"时是合适的,但说"民族道德精神"则是不合适的,民族作为一个共同体其精神只能是"伦理精神"。

② 参见黑格尔:《法哲学原理》,第35页。

生活世界及其秩序，道德是主观精神操守，在根本上不是主观精神决定客观生活世界及其秩序，而是客观生活世界及其秩序决定主观精神的内容。道德精神（良知）不仅仅是以客观伦理精神为内容，而且还要在现实的伦理关系及其秩序中认识、发现、实现自身，它要创造出一个真实的伦理关系及其秩序。伦理的现实生活世界及其秩序，既是精神、主观的，又是客观的，它是客观化了的主观（社会精神）。这样看来，道德建设、社会成员道德品德操守的养成，关键在于建设一种"好的"现实生活世界及其秩序，否则，就是伪善、嘲弄、虚伪、欺骗。如果一个社会面对重重社会问题，不是首先注重客观伦理关系及其秩序建设，而是首先诉诸于个体道德，那么，就是本末倒置。[①] 客观的社会正义关系及其秩序建设，始终是一个社会的首要任务。

　　在对黑格尔《法哲学原理》的基本范畴（意志、自由、法）及其相互关系作了基本交待后，就可以进入其《法哲学原理》的具体内容了。

---

　　①　"在政治制度失效或是缺失的地方，在伦理实体不能具体地实现自身的地方，也就是只有道德流行的地方。"洛苏尔多：《黑格尔与现代人的自由》，丁三东等译，吉林出版集团，2008 年，第 297 页。

第3讲　自由的基础：财产权

意志是自由的，自由意志的单一定在，就是个体（a person）。《法哲学原理》从自由意志开始研究自由及其定在，就是从人开始研究人的存在、人的关系及其自由。这个最初的人，是尚未特殊化的、一般意义上的人或人格。这种未特殊化的人格，是在一般抽象意义上表明人格平等、无差别的普遍性。这正是黑格尔在《法哲学原理》"抽象法"篇中所讲的人格权问题。《法哲学原理》以"抽象篇"开篇，实乃以人格、人格独立、法权人格为研究的全部初始环节。自由精神在其现实性上首先呈现为人格独立、身份平等，由此才可能进一步谈及一系列权利问题。这样，《法哲学原理》的革命性亦极为鲜明：它直接以否定宗法等级制为前提。①

一般的行为分析从自在始，以意志冲动为起点，而法的分析则从自为始，以独立人格及其权利为起点。

---

① 黑格尔所讨论的国家不同于亚里士多德的国家。亚里士多德的国家是古代城邦国家，它以奴隶存在为前提，黑格尔的国家则是现代国家，它以否定宗法等级人身依附关系、强调人格平等为前提。

一、人格与人格权

在黑格尔看来自为的自由意志最初是抽象、无差别的意志,因而是形式的意志,是抽象的同一性。这个自为的自由意志就是人格。

1. 人格

人格(personality)是具有自我意识的单一意志(或单一自我)。人格作为自为的自由意志,它在有限性与特殊性中知道自己的无限性与普遍性。

人格是"单一的意志"。此单一意志的无规定性即是其规定性:人格就是抽象的单一的人,这就是无规定性。不过,这种无规定性由于其单一性本身而成为有规定性的:当这种单一的意志之间相互面对时,各自的单一规定性就显现。这就是黑格尔下面所说的意思:"最初的无规定性本身是一个规定性。因为无规定性是指意志和它的内容之间还没有任何差别而言。但是当它本身跟被规定了的东西对立时,它就获得了被规定了的东西这一规定。"①

人格的单一性即是其规定性。这个单一性在于"我就是我","我"是一个特殊的个体,"我作为这个人"而存在。这里包含两个方面的意思:其一,"我"这个人是各个方面都有特定规定的统一体。我的身形外貌、精神气质、个性心理等都有其特殊性,这些具

---

①　黑格尔:《法哲学原理》,范扬、张企泰译,商务印书馆,1982 年,第 44—45 页。

有特殊性的一切方面的统一构成了我自己。这就如黑格尔所说我
"在一切方面(在内部任性、冲动和情欲方面,以及在直接外部的定
在方面)都完全是被规定了的和有限的"。① 其二,"我"不仅仅是
在各个具体方面有自己的特殊性,更为重要的是"我"作为一个特
殊的个体,"我"在整体上亦是单一、独特的。正是这个单一性使
"我"成为"我"自己,而不是他人。这个单一性是"我"的不可重复
性与独特性。人格总是单一的。

　人格的单一性表明:作为"纯我","我就是我","我"是世界上
的单一性存在。这个单一性指的是"我"这个人作为一个整体的单
一性、特殊性,而不是指作为我的组成部分的单一性,不是指我的
一切方面、一切组成部分都是单一独特的。人格是一个单一整体
的概念。不同个体之间可能会存在着某种局部的相同或相似,但
这并不能否定这两个个体之间在整体上的区别,不能否认这是两
个独特性与单一性。不能因为不同个体之间的某些方面的相同,
就以为彼此间不存在人格独特性与单一性。②

　人格以自我意识为前提。当一个物体完全是被规定时,这仅
仅是一个被规定了的定在,在这一点上宇宙间万物无异。而人之
所以不同于万物,之所以能够被称之为人并有人格,就在于人能以
自我为认识对象,具有自我意识、主体意识。人格"开始于对自身
……具有自我意识的时候"。③ 一个没有自我意识的人,除了被规

① 黑格尔:《法哲学原理》,第 45 页。
② 人们在反思克隆人技术及其应用并对此作出道德评价时,在思维上
往往会不自觉地陷入这个失误。
③ 黑格尔:《法哲学原理》,第 45 页。

定的意义(如宪法法律规定)之外,不可能有真实的独立人格。人类超越于动物界、人类从野蛮向文明的转变,以及人类近代以来的文明发展,无不以自我意识觉醒为特质。

不过,不能简单地说有自我意识、有"我就是我"的意识,就真正有了人格意识。只有当将"我是我"上升为"我是我的本质"时,方真正有人格意识。自我意识并不直接等同于人格,或者换言之,有自我意识并不能说就具有人格。这里的关键在于:是什么样的自我意识? 是形式的自我意识,还是真实的自我意识? 是"自然的"自我意识,还是"自由的"自我意识? 在黑格尔看来,仅仅以"我"本身为对象、将"我""提升为简单无限性"的自我意识,这仅具有自我意识的形式,这种自我意识在根本上还只是"自然意志"。只有那种不是以简单的"我"的自然存在为对象,而是在对人(或自由概念)本身的把握中形成的自我意识,才是真实的、"自由的"自我意识。这种"自由的"自我意识就是人的自我意识。① 这就是说,作为人格前提的自我意识具有双重规定:"我"的意识,以及"我是人"的意识。这样,人格意识就是作为人存在的自我意识。此自我意识中既包含着关于"我"这一特殊性的认识,亦包含着"人"这一普遍性认识,它是普遍性中的特殊性认识。② 这就如当我说我

---

① 参见黑格尔:《法哲学原理》,第45—46页。

② 现代教育的核心应当是人格教育:使每一个社会成员成为具有独立人格精神及其实践能力的存在者。然而,我们的教育却在相当程度上忽视了这一使命。既没有真正意义上的自我教育,亦缺少真正意义上的人格自由教育。在大而空的道德灌输下滋生出的虚伪人格,在知识灌输下的无批判怀疑精神,成为普遍现象。令人忧虑。

有"知耻心"时,总是以我有对我是作为人存在且要成为人的意识
为前提。

自我意识如果仅仅局限于单一自我之现象,而不能从这单一
有限的规定中认识到自我的无限性与普遍性规定,不能认识到自
我是以真实的自由为其内在规定性,那么这种自我意识还只是外
在自然冲动的、现象的、偶然的,因而,并不能称之为人或人格。只
有那种能够通过自我的有限规定达到自我的无限本质,意识到自
身的普遍性规定或内容,意识到人的自由存在这一真实内容的自
我意识,才是人或人格。所以,黑格尔讲:"自在自为地存在的精神
跟现象中的精神所不同者在于:在同一个规定中,当后者仅仅是自
我意识,即对自身的意识,但仅按照自然意志及其仍然是外在的各
种对立的自我意识,前者则以自身即抽象的而且自由的自我为其
对象和目的,从而它是人。""个人和民族如果没有达到这种对自己
的纯思维和纯认识,就未具有人格。"①

2. 人格、人、主体

人格(personality)不等于人(person)。人有两种理解的维度
或两种规定:一种是作为自然生命体的存在,这是自然的规定;一
种是作为自由意志的存在,这是自由的规定。不能在理解人时将
这两种维度或规定搞混淆。作为自然生命存在的人与动物在根本
上没有什么区别,只有作为自由规定的存在,人才与宇宙万物有根

---

① 黑格尔:《法哲学原理》,第45—46页。现代儿童、青少年道德教育
存在着令人担忧的状况:在大而空的思想道德要求下的虚伪人格;在知识一
言堂灌输而非自主参与启发下的非批判怀疑精神。它们会从根蒂上伤害儿
童、青少年人格的健康形成。

本性区别。人是自由意志的存在。

当我们说人格不等于人时，这里的人只是在一般自然存在意义上而言，指的是自然生命体的人。而根据黑格尔的看法，人格概念是从自由的维度把握或理解人，它是对人的内容的把握与规定。因而，人格所标识的就是哲学意义上的人，这个人就不是一自然的存在，而是一自由的存在。所以，黑格尔才认为"人间最高贵的事就是成为人"，①成为具有人格的存在。人并不注定就是人，人有一个"成为人"的问题。正是在此意义上，人格就是人的生命、人的尊严、人自身。没有什么比人格更令人敬畏的。

人们往往习惯于在实践的维度将人理解为主体性的存在：人即主体。这种理解理路，与启蒙时代以来人的主体性地位确立这一思想传统与历史进程直接一致。不过，按照黑格尔的说法，"人实质上不同于主体，因为主体只是人格的可能性，所有的生物一般说来都是主体。"②为什么黑格尔说所有生物都是主体？难道主体、主体性不是人的特质？黑格尔的这一认识似乎令人不可理解。这里的关键在于：黑格尔对于"主体"这一概念的独特规定或理解。黑格尔在《小逻辑》、《精神现象学》中都有同一思想。当黑格尔说一切生物都是主体时，黑格尔是在事物的自我运动意义上规定并使用"主体"这一概念。所以他说"实体即主体"，一切生命有机体都是主体。黑格尔的这个"主体"与作为实践基础之上的"主体"，

---

①　黑格尔：《法哲学原理》，第 46 页。
②　黑格尔：《法哲学原理》，第 46 页。

是两个具有完全不同内在规定的概念,应当注意仔细区分。① 不过,黑格尔对于主体的这种理解所注意的不是运动、做的现象形态方面,而是运动、做的内容方面:它是否自由意志的? 没有自由意志的运动、做,只是一般自然动物性的,或者说还没有超出一般自然动物性。这是黑格尔思想的深刻之处。黑格尔对"主体"的这种理解,与他将人理解为是自由的存在一脉相通。

　　人作为实体性存在当然也是主体,不过,这个主体有其特殊性。人是具有自我意识能力与自由意志能力的主体。"人是意识到这种主体性的主体,因为在人里面我完全意识到我自己,人就是意识到他的纯自为存在的那种自由的单一性。"②奴隶具有劳动、活动、做的能力,但是他们却没有人格。奴隶之所以没有人格,就在于奴隶没有,或者换言之,被剥夺了自由意志,没有主体性。他们是如亚里士多德所说的会说话的牲口。即使一个人不存在着人身依附关系,这个人也可能造成自身人格的缺失:关于人自身存在自由理念与自由精神的缺失。如康德所说的那样习惯于以别人的思想代替自己的思想,心甘情愿听命于别人。正是在此意义上,人并非天生注定具有人格,人格是人自由意志的伴生物。——当然,我们说人并不天生注定具有人格,是在哲学,在人的自由意志、自我意识意义上而言的。当我们在现代民主社会政治自由权利意义

---

　　①　黑格尔对于"主体"的这种特殊性理解,经过进一步抽象蒸馏后,与马克思基于"实践"理念对于主体的理解有内在相通之处:主体的运动、做之一般实践能力,以及主体运动的目的性指向。尽管这种内容隐藏在思辨之中,但我们还是能够在最一般抽象的意义上体悟到这些内容。

　　②　黑格尔:《法哲学原理》,第 46 页。

上而言时,则人天生注定拥有人格:人不因其是否有自我意识而可受辱、受伤害。

当我们将人、主体、人格之间的区别作了基本辨析后,就明白了人格或人的"高贵"与"低微"。一个人的外部特殊性是被规定的:我作为这样一个人存在,"我完全是被规定了的东西,例如我有这点年龄,身材这样高大,在这个地点,以及其他一切可以视为特异性的东西"。① 这就如萨特所说的那样,一个人是被抛向自由的,人是作为一种不得不自由的存在来到这个世界上的。我们每一个人对于这些外部特殊性规定都无可奈何,都把它们当作一个不得不接受的前提与事实。对于这些外部特殊规定性,人无可作为。② 在这一点上,人与万物无异,人没有任何高贵之处,人是"低微"的。然而,我作为一个人存在,"我知道自己在我自身中是自由的":一方面,我的这种自由使我能够超越这种有限、被规定性,成为无限的、普遍的;另一方面,我是自己的目的,或者说,我是作为目的性而不是纯粹手段性存在的。正是在这一点上,人在根本上不同于万物,人优越于万物,人是"高贵"的。人的高贵就在于知道且不满足自己的这种"低微"性,要超越这种"低微"性。③ ——显然,黑格尔这里所说的人格"高贵"与"低微",并不是在我们通常身

————————

① 黑格尔:《法哲学原理》,第 46 页。

② 当然,今天的人似乎已可以借助于各种技术手段对这些先天规定做出某种改变,如整容、基因修复等。但是这种改变并不从根本上否定人的这种外在被规定性。因为,一方面,这种改变仍然只是部分局部的;另一方面,亦是更为重要的,这种改变是以一种规定性代替另一种规定性,而不能改变被规定性自身。

③ 参见黑格尔:《法哲学原理》,第 46 页。

份等级意义上而言,不是在人与人之间关系意义上而言,也不是在人的品质意义上而言,而是在人的自由无限性与有限性一般意义上而言。这里所说的"高贵"与"低微"是相对于宇宙自然万物而言。

有限中的无限、单一中的普遍,这正是人存在的内在矛盾。这是只有人能够自觉意识到的存在矛盾,也只有人能够在有限中超越有限、在单一中超越单一——这正是人伟大之处。所以黑格尔认为:"人的高贵处就在于能保持这种矛盾,而这种矛盾是任何自然东西在自身中所没有的也不是它所能忍受的"。①

3. 人格权

人格权是人的抽象自由权利。此抽象并不是指那种通常我们会误解且带有贬义的抽象。此抽象是"一般"、"普遍"意义上的抽象。它指的是:只要作为人存在就拥有的权利,这是每个人毫无例外都应拥有的权利。所以,人格权由于其抽象、一般,不仅具有普遍性,而且在其具体现实性上就具有无限丰富多样性特殊内容。任何对于人的自由权利的伤害,都属于对人格权的伤害。正是在此意义上,自由权利只有是抽象、普遍的,才是真实的。

人格权是作为自由存在的人的一般的权利。这同样不是一特指概念,它同人格概念一样是一个一般概念,因而,这是一个形式的概念——即没有具体内容规定的一般概念。黑格尔认为人格权是"形式的法",在此"形式法中,人们不考虑到特殊利益、我的好处或者我的幸福,同时也不考虑到我的意志的特殊动机、见解和意

---

① 黑格尔:《法哲学原理》,第 46 页。

图"，说的正是此意思。① 这里的"我"不是特殊的、个别的、具体的"我"，而是一般的人，是没有特殊性规定的一般的人格。在这里，任何"关于特殊性的一切东西……都是无足轻重的"。不管是张三还是李四，只要他作为人存在，他就拥有这种权利。这就是人格权的形式或抽象的普遍性意义。"我"是自由的，每一个"我"都是自由的，我们作为人存在，就是自由的。所以，黑格尔提出："法的命令是：'成为一个人，并尊敬他人为人'。"②

为什么黑格尔要将"尊敬他人为人"亦作为人格权的最基本命令？人格权似乎讲的是"我"与"我的权利"，只要讲使"我"成为一个人、拥有人格权，这就足够了，为什么还要讲"他人"？讲"他人"在此是否多此一举？否。在这里必须讲"他人"及其人格权。因为，人格权在此是无差别的普遍性，这种普遍性包括每一个具体存在的个人。只要有一个具体存在的人（a person）不拥有这种权利，它就不是普遍性的，这就进一步意味着"我"自己所拥有的人的这种权利也只是或然、偶在的，而不是必然、普遍的。捍卫他人的自由权利，就是捍卫我的自由权利。人格权的必然性在于每一个人（everyone），而不是某一些人。尊重他人成为人，就是尊重自己成为人。这一点往往为我们忽视。我们往往只在"我"中认识"我"及其权利。日常生活中采取事不关己、高高挂起的态度，对那些侵犯人的最基本权利现象熟视无睹，自以为不关自己的事。其实，恰恰相反。这事实上就是认肯在另外境遇中对"我"的这种自由权利

---

① 黑格尔：《法哲学原理》，第 46—47 页。
② 黑格尔：《法哲学原理》，第 46 页。

的侵犯。

　　人格权没有任何特殊内容规定,这标识或揭示了人格的普遍平等或自由的普遍平等:正是人格权的这种普遍性,才使得作为自由存在的人具有普遍的平等。如果一旦人格权本身有了特殊内容规定,就意味着先在地规定了某些人拥有人格权,另一些人则不拥有人格权(诸如奴隶制或身份等级制下的存在)。

　　由于人格权的这种普遍性,由于其作为形式的法的抽象性,由于作为自由存在的人的自由活动能力具体表现的无限多样性可能,所以,对于人格权保护的具体内容就无法以枚举的方式给予具体规定,它只能是以"否定的""禁令"方式表达出来:"不得侵害人格或从人格中所产生的东西。"一切侵害人格或侵害与人格直接相关的东西的行为,都是对人格权的侵害。①

　　人格权是一个人作为人存在的自由权利,在此意义上它对一个人具有极为重要的意义:是否作为自由的人存在,是否获得人的资格与身份。不过,在黑格尔看来人格权又并非人的全部,甚至在特殊情况下,它还可能不是人最重要的东西。人还有比之人格权更为重要、更为高贵的内容。黑格尔在这里说人格权有时并不是最重要的东西,并不是指还有什么物的东西比人格、人格权更为重要(诸如为了金钱可以不要人格),而是强调一种崇高的自由精神。在黑格尔看来,人格权的基点在于强调一个人作为人所应当拥有的基本权利,这种权利是别人不可侵害的,但是,一个人作为自由意志的存在,其权利只是证实并且是为了自己的存在价值,因而,

──────────

　　①　黑格尔:《法哲学原理》,第 47 页。

相对于这种存在价值而言,人格权并不是最高目的。即,一个人有着比人格权更为重要、更为丰富的人生价值。我们在日常生活中所见到的那种为了某种崇高目的而忍辱负重者,之所以能赢得我们由衷敬重与仰慕,就在于他并没有因为个别屈辱而放弃自己的崇高追求与神圣事业。在这里,如果简单地据于人格权维度对这种屈辱做出激烈反抗,这固然正当,亦不失某种理由,但是,却会由此而显现出自己的浅薄与粗野。刚烈固然令人欣赏赞美,但是,相比较于忍辱负重,刚烈则较容易做到。选择一时之勇相对还是易事,长久忍辱负重若无大志与毅力,则难以想象。一个人如果仅仅简单地局限于自己的所谓人格及其权利,则难免心胸狭窄,难以成就大事。① 这种人看起来似乎是维护了自己的人格,实际上恰恰相反,暴露了其人格的缺陷。冤冤相报,大体亦属此列。可能也正是由于此,人们才格外赞美以德报怨、以直报怨精神。所以,黑格尔认为尽管人格权对于自由意志存在是重要的,但是"我没有绝对必要去行使我的权利,因为这不过是整个关系中的一个方面"。一个人"除了自己的形式法以外对什么也不感兴趣,这可能是纯偏执,为胸襟窄狭的人所常有,因为粗野小人才最坚持自己的权利,而高尚的精神则顾虑到事物是否还有其他一些方面"。②

　　人格作为直接的单一性存在是普遍抽象的,并与自然界处于对立状态。人格需要扬弃自身的抽象性而客观化,成为实在、定在

---

　　① 这就如同个体主体意识一样,这种意识本身自然有其合理性,但是仅仅执著于此,则有可能陷入任意乃至反社会境地。

　　② 黑格尔:《法哲学原理》,第 47 页。

的。这个成为实在、定在的人格,就是具体的人。人格是一般、抽象的人,作为现实的人总是具体的,总有其特殊性规定。换言之,自由意志人格要在其对象化中得到证实。① 此对象化在黑格尔那里首先就是所有权。人在所有权关系中证实自己的自由意志存在。所有权是人格权的特殊存在方式。这正是黑格尔的自由意志要从抽象法、从所有权开始的基本缘由之一。

值得注意的是,黑格尔不赞成在他之前的一些人将自由权利区分为人格权、物权和诉权这样一类划分。黑格尔这样做是出于两个方面的考虑:

其一,他既不同意将人格权与物权、诉权置于同等意义层次,也不同意将人格权与物权相分离。因为,一方面,人格权是较物权更高层次的概念;另一方面,人格权并不是空洞无物的东西,而是有其内容与规定,这些内容与规定离不开物权。这样,从人格权中就直接引出了所有权。在黑格尔看来,人格权是一个具有普遍意义的概念,"唯有人格才能给予对物的权利,所以人格权本质上就是物权。"他在这里所指的物权之"物"指的是"对自由说来是外在的那些东西,甚至包括我的身体生命在内。这种物权就是人格本身的权利"。

其二,他不同意将"人格"概念在人的身份等级这个意义上使用——这就如古罗马法中所做的那样。那种人格概念不是哲学的概念,而是社会学概念。它不能准确表达人的存在的平等自由这一理念。在黑格尔看来人格权是"人本身的权利",而不是"特殊人

---

① 参见黑格尔:《法哲学原理》,第47—48页。

的权利"。① 黑格尔的这一看法是深刻的。黑格尔的这一思想提示我们，"人格权"概念有黑格尔所理解的广义与康德所理解的狭义两种规定。故，当我们在说到"人格权"这一概念时，应当仔细辨析其内在具体规定。

二、所有权：自由意志定在的基础

人作为自由的存在必须有其自由存在的客观基础，必须有其定在。这个定在既不同于自由意志本身，又是自由意志的构成方面。这就是如黑格尔所说的"人为了作为理念而存在，必须给它的自由以外部的领域"。② 自由意志的这个外部定在首先就是所有权。

1. 所有权：扬弃人格的纯粹主观性

正如前述，人格还只是一纯粹抽象、主观性的东西。所谓人的权利、人的自由，如果仅仅只是停留在一般抽象主观层面，那么，这种自由、权利就不能成为人的现实权利与自由。人格、人的自由及其权利，必须从纯粹抽象性、主观性中走出来，必须通过客观、物的东西使自己成为现实的。所有权就是人格由这种纯粹主观性走出成为客观定在的中介。"所有权所以合乎理性不在于满足需要，而在于扬弃人格的纯粹主观性。人唯有在所有权中才是作为理性而

---

① 参见黑格尔：《法哲学原理》，第 48—49 页。

② 黑格尔：《法哲学原理》，第 50 页。

存在的。"①人格及其权利建立在所有权基础之上。所有权首先不是为了满足需要,而是表明人作为自由主体的实体性存在。从"需要"解释所有权还只是较为肤浅的心理学、经济学的解释,来自于"自由意志定在"的解释,才是哲学的解释。

如果联系黑格尔关于人格是自由意志的单一定在思想,那么,黑格尔关于人格的定在、人格以所有权为基础这些思想,就内在地包含着一种值得注意的内容:对作为自由意志单一定在的单个人的所有权的肯定。这种所有权甚至还是单个人得以成为自由的现实存在的前提:单个人拥有这种所有权,关键并不在于满足其某种生理、心理、社会的直接需要,而在于表明"我"是作为"我"这一独立主体实际存在,"我"不仅在观念中是自由的,"我"在现实中也是具有独立性的单一存在。因而,这种所谓的所有权,在其现象形态上就是个人所有权,在其实质内容上就是人格实在性。否定这种个人所有权,就事实上是在否定人格的独立性。不能以公有的名义否定个人的所有权。因为,一方面,一般说来公共所有是所有权的公共所有,而所谓所有权的公共所有总是指的某一部分人的公共所有,故,它总是以一个个具体人为所有权主体;②另一方面,个人的所有权直接构成个人作为独立人格现实存在的基础,对于个

---

① 黑格尔:《法哲学原理》,第 50 页。

② 不能分割的公共所有权,诸如公共资源、公共绿地等,与此并不矛盾。这种公共所有权亦不能否定个人所有权。只不过,此时这种个人所有权已具体表现为拥有这种所有权的个人对这种公共资源平等的享用权。如果以公共资源为名,否定一部分人对此公共资源的平等享用权,就是在特殊意义上对这种个人所有权的侵害。

人所有权的否定,并不仅仅是否定个人的物权,而且是否定个人的人格权。没有现实所有权的自由意志、独立人格,难免空幻。

所有权以对物的占有为规定。因而,对所有权的理解首先应当从对"物"的理解开始。

"物"可以有不同的规定:其一,实体性、事物意义上的,这个物本身就包含着人;其二,在与"人"相对的意义上,指一切非人的实体性存在;其三,一般泛指东西,此东西可以不是实体性的,如作为认识对象时的时间、空间、观念、精神等等。黑格尔对于"物"的分析则侧重于下述区别:实体性与非实体性。不过,黑格尔在这儿所说实体性之实体,是实体即主体意义上的实体,指的是自我运动的主体,故其所说非实体性则指的是没有自我意识与精神之纯粹外在性。从黑格尔对于"物"概念的两种基本规定出发,我们可以与前述三种意义的"物"概念性规定相通:黑格尔关于"物"的第一种规定,是在一般实体性、事物的意义上所使用,其侧重点在物而不在人。从中我们可以进一步引申出理解为"人"与"非人"两类实体性存在;其第二点则是在"非实体性"意义上所使用,指的是那些没有实体性的东西,诸如时间、空间、精神、知识等。① 这里的物就包含着某种与"客观性"相似的内容:与纯粹的主观性相对。

这样,至少对于人自身而言,物就获得了两种规定:

其一,一般自然实存意义上的物,甚至人自身的自然存在本身就是实存,就是物。没有人的这个自然生命实存,就没有人的存在。不仅如此,它甚至还包括人的有形精神产品。这就是黑格尔

---

① 　参见黑格尔:《法哲学原理》,第 50—51 页。

所说精神技术、科学知识等都可以作为契约对象进行买卖之
所指。①

其二,非实存抽象意义上的财富、东西这一类。这就是我们今
天所说知识产权之内容。这些非实存的抽象的东西固然是精神性
存在,固然只是一种人的内部精神能力、一种"精神的内部财物",
但是,它们可以通过表达而成为外部定在的,因而,也就在物的范
畴之内。所以,黑格尔说:"学问、科学知识、才能等等固然是自由
精神所特有的,是精神的内在的东西,而不是外在的东西,但是精
神同样可以通过表达而给它们以外部的定在,而且把它们转让,这
样就可把它们归在物的范畴之内了。"②

之所以要对"物"作如此广泛的理解,就是要为人的自由权利
或法权留下充分的空间:这不仅仅是实存的物质方面的权利,亦包
含着精神方面的权利;人的自由不仅仅是物质生活的自由,更包含
精神生活方面的自由。法权保护人的自由权利,就要保护人的这
两大类权利。

人通过所有权、通过物,使自己摆脱了人格的纯粹抽象性而成
为实存的。人的实存就是人对物的占有。

2. 物的占有

人作为自由意志的存在,总是要将自身的自由意志变为定在,
此占有通过人对外部世界的能动活动实现。自由意志及其对象化
存在,就是对物的占有过程。"人有权把他的意志体现在任何物

---

① 参见黑格尔:《法哲学原理》,第51页。
② 黑格尔:《法哲学原理》,第51—52页。

中",人对一切物有"据为己有的绝对权利"。①

所谓人有权将自己的意志体现在任何物中,有将一切物据为己有的绝对权利,包含着几层含义:

其一,这里不是针对某一具体人而言,而是在一般意义上指所有的人而言。

其二,这种权利的绝对性在于:一方面,物作为外在自在之物,并无任何规定性,亦没有自身的目的性。物从人的自由意志中获得其"规定和灵魂",并成为人的东西,成为人的自由意志之存在,进而具有目的性。另一方面,人不同于这些外在物处就在于,人是自由意志的存在,人的意志对于物具有"优越性",因为人的意志是自在自为地自由存在的。

其三,人的意志有无限性特质。这种意志的无限性就在于:意志要求的无限可能性与活动能力的无限可能性。在可能性的意义上,"所有的物都可变为人们所有"。②

人对物的占有过程是一种对象化存在的过程。在此对象化存在过程中,同时存在着两个方面的运动:将物变为自己的意志,将自己的意志变为物。③ 即,人对物的占有,一方面使人的自由意志成为实在的;另一方面,又扬弃物的自然自在性而使其成为自由意志的。如是,则在对物的占有中,物就是意志,意志就是物,物与意志二而一体。在这里,人格、自由意志及其权利,是一活生生的统

---

① 黑格尔:《法哲学原理》,第 52 页。
② 黑格尔:《法哲学原理》,第 52—53 页。
③ 参见黑格尔:《法哲学原理》,第 53 页。

一体。

物的占有就是人的自由意志的现实存在。

3. 财产:自由意志的定在

所谓对物的占有,亦不是空洞观念性的,而是具有现实性特质:当我能够说我占有某物时,我就已"把某物置于我自己外部力量的支配之下"了。[①] 这是一个具有感性确定性的事实。在这种感性确定性中,标识出我自己是作为现实的主体存在。如果人们不能将物置于自己外部力量的支配之下,或者换言之,如果人们不能有效地对物行使支配权,就无所谓对物的占有,亦无所谓主人或主体性地位。

占有是将某物变为我的东西,使此物成为特殊的规定,并进而构成了我的"特殊利益"。这样,主体及其特殊利益就既通过占有得到表达,又通过占有得到实现。

正如前述,对于占有、所有权范畴,可以有两个不同的规定:满足需要,"自由最初的定在"。前一规定是从需要及其满足的角度上的规定,后一规定则是从"自由的角度"所作出的规定。后者是哲学的规定,显得更为深刻。占有财产固然有满足我的各种需要的因素——因而,在此意义上,占有、拥有财富就成了"满足需要的一种手段",但是,占有并不仅仅是为了满足自然冲动及其需要,甚至满足需要亦不是占有的"首要的东西"。占有是自由的定在。没有财产权,就没有自由。没有财富,一切自由都是空洞虚幻的。如果一个人连基本的生存都得不到保证,各种所谓的人格权、自由

---

① 黑格尔:《法哲学原理》,第54页。

权,说得再天花乱坠,也不过是水月镜花。所以,"从自由的角度看,财产是自由最初的定在,它本身是本质的目的。"①要真正获得自由,必须争得财产权。这也正是马克思从政治经济学角度分析资本主义生产关系,要求打破资产阶级所有权,使无产阶级获得经济上的解放这一思想的深刻之处。

这样,当我们再回头看人对物的占有权或所有权的绝对性时,就会领悟包含其中的另一更为重要的内容。这种权利的绝对性在于:以一种绝对的方式排除先在地在社会成员中划分或确立起某一禁区,使一些人拥有这种权利,另一些人不享有或少享有这种权利;强调每一个人都无一例外地拥有财产所有权,进而强调平等自由的至上性。罗尔斯关于政治正义原则确定的原初状态、无知之幕设计,其实也正体现了这种基本价值理念。

不仅如此,既然由于以对物的占有为标识的财产权是自由意志的定在,那么,物本身就获得了特殊的价值规定性。物原本无所规定,无所价值特质。但当它与人的活动、存在方式相联系,成为人的一种存在方式或存在内容后,则获得了价值特质。就它作为人的自由意志的定在,作为自由权利得以存在的基础而言,物自身由于直接成为人的自由的一个构成部分,物本身就获得了善的属性。在这个方面,"物"与"自然性"相似,不能仅仅将它们视为恶的。物服从于什么目的,以什么方式获得,这样一类对物的具体占有方式与途径的合理性分析,直接取决于或依赖于物是人的自由意志的定在这一根本性规定,并从此获得价值合理性判断依据。

---

①　黑格尔:《法哲学原理》,第 54 页。

宪法法律的最根本之处，是对于人的自由权利的保护。人的这种自由权利建立在财产权基础之上。对于个人财产权的尊重与保护，是人真正拥有自由的基础。

三、私人所有权

"我"的意志定在于"物"中，不仅使"我"成为单一的具体存在，而且亦使"物"成为"我"的。这样"我"的意志就被引入所有权中，所有权就获得了私人的性质。这就是"私人所有权"。[①]

1. *"私人所有权"与"共同所有权"：对私人所有权的辩护*

根据黑格尔的看法，"私人所有权"有其"必然性"，此必然性就在于私人所有权使个人、个人人格及其意志成为现实存在。个人借助于这种私人所有权使自己获得定在，成为社会生活中的一个现实单元。在现实生活中，人总是具体的，总是以一个个鲜活生动的生命个体的样式存在，因而，个人的生动具体现实存在，就是人的生动具体现实存在。因而，私人所有权对于自由意志、对于人的存在而言，必不可少。"在所有权中，我的意志是人的意志；但人是一个单元，所以所有权就成为这个单元意志的人格的东西。由于我借助于所有权而给我的意志以定在，所以所有权也必然具有成为这个单元的东西或我的东西这种规定。这就是关于私人所有权的必然性的重要学说。"黑格尔甚至还赞美了当时的国家重新建立

---

① 黑格尔：《法哲学原理》，第54页。

私有权的做法。① 从这一点也可以看出，黑格尔并不是一个思想保守主义者，也不是如人们通常所以为的是一个绝对的国家集权主义者。

通常对于"私人所有权"的否定，主要有两个理由：其一，私人所有权是对共同体的伤害；其二，私人所有权对美德的伤害。根据黑格尔的分析，这两种理由均似是而非。

a. 私人所有权是真实共同体存在的必要前提。

"私人所有权"相对于"共同所有权"而言。所谓"共同所有权"是共同意志的定在，是共同意志对物的占有。这里直接关涉两个问题：其一，此共同意志、共同意志主体的共同体如何理解？其二，共同意志如何形成、共同体如何存在？共同体作为普遍、一般，不能离开特殊、个别。真实的共同体、共同意志，不能离开个体、私人的意志。这是黑格尔、马克思等关于普遍与特殊、真实集体与虚幻集体等思想所提供给我们的一般结论。

在历史的、逻辑的视野中观察，共同体、共同意志、共同所有权之类的东西，有一个基于内在否定性的发展过程：原初混沌一体的共同体及其共同意志、共同所有权，经过分化了的个体或私人②及其私人意志、私人所有权，由私人或个体有机构成的共同体、共同意志与共同所有权。

在历史上看，个体独立、个性及其自由意志，以及私人所有权

---

① 　参见黑格尔：《法哲学原理》，第 55 页。

② 　此处我们对于"个体"与"私人"两个概念不再作进一步的严格区分，因为这并不影响问题本身的讨论。

等,都是经过艰苦卓绝、长期反复的斗争才得以确立。黑格尔所提及的古罗马、欧洲中世纪后期如此,中国历史上亦如此。这种个体、个性、私人所有权的争取与独立,在其现实性上,并不是真的反对共同体本身,而是对那种失却生命力、虚假共同体的否定(在很长一段时期内,王室皇权就成了共同体及其所有权的同义词)。在人类文明演进史中,私有权、财产私有制的出现有其革命性的一面。它表明个体、个性、个人的出现,表明社会不再是混沌一体,而是具有个别性、特殊性的存在。个人及其权利正是在此基础之上得以生长。

不过,值得注意的是,上述这种历史、逻辑的演进过程,只是在一般抽象意义上表明人的自由存在的文明进程,表明自由自身的生长过程。它并不表明人类在其文明演进过程中对于一切物都要有一个绝对无例外地私人化过程。有些物由于其特殊性,诸如一些土地、河流、海洋、山川、矿藏、空气等等,由于其不可分割性,由于其对于人的生命存在的基本意义,它们就一直以共同财产权的方式存在。这种共同财产权的核心表明每一个人的平等的基本自由权利,当然包括平等享用这些物的基本自由权利——这里就直接隐含着这种平等享用权利不得伤害其他人的平等自由权利这一规定性。

私人所有权对于共同所有权的否定并不是一种纯粹消极否定,而是一种积极的或辩证的否定:它使得共同所有权获得新的规定性,并使得作为共同所有权主体的共同体本身成为一种新质共同体。具体言之,当无私人所有权时,表明此社会或共同体不存在私人,即此共同体是一个无内在规定性、无特殊性的混沌一体的抽象普遍性,表明此社会不存在着单一的意志,只有共同体的意志。而人总是作为一个个具体生命、具体意志存在着,故,人总是具有那样一种内在冲动,要将自己变为一个现实的定在。这样,混沌一体的共同体在其展开过程中就必定要分化为诸多特殊、个别,即个体、私人。个体、私人的出现,既是哲学上的一个否定性飞跃,亦是人类文明史进程中的一个进步。私人所有权的出现同时就意味着个体、私人的出现。

私人所有权、私有制作为一种历史现象,这只是一种事实。然而,它们的出现却是社会的一大进步,甚至还是道德的守护神。这是由于:伴随着私人所有权的出现,出现了个体及其自我意识,以及作为财富的主人、主体;那些想掠夺他人财富的人要付出更高的成本,进而一定程度地扼制社会上存在着的这种对他人财富侵占、掠夺的贪欲。对于私人财产权的保护,表面上看似乎更有利于富人,其实,穷人更需要这种保护。因为富人由于其富有而拥有更多的自我保护能力,相比之下,穷人则缺少这种自我保护能力,并因缺少博弈能力而更容易被掠夺。

私人所有权的出现,使得共同所有权也获得了新的内在规定性:"共同所有权由于它的本性可变为个别所有,也获得了一种自在地可分解的共同性的规定。"①这种可分解的规定性,同时就是可构成的规定性。这就表明,这种共同体及其所有权,它是个体的共同体及其所有权。因而,这种共同体就是具有内在否定性或异质性,进而富有生命与活力的共同体。个体或私人是否将自己的

---

①　黑格尔:《法哲学原理》,第 54 页。

所有权留在共同体中,以何种方式保留,保留多少,这是个体的自由意志行为。这就是黑格尔所说"至于我把我的应有部分留在其中,这本身是一种任意的事"的含义。① 这种私人的"任意",指的是私人可以自由行使自己的自由意志权利,可以自由地决定自己对于自身财产权的支配及其具体支配方式。在一个共同体内,私人可以自由地支配自己的财产、行使财产权,那么,此共同体就是一个真实的共同体,此共同所有权就是真实的共同所有权。

如果人们仅仅根据对于天下大同、各取所需共产主义理想境地的憧憬,并根据共产主义的信念对私有制、私有财产无分析地一概否定、猛烈抨击,那么,这就是一种缺少理性、具有情绪化的偏见。这种情绪化的偏见没有意识到个性独立、私人财产权的形成是人类走向自由境地不可或缺的环节。没有这个环节,就只能是血族家庭身份等级的,就无个性、个体及其权利而言。这就是如黑格尔所抨击的:"这种情绪误解精神自由的本性和法的本性,并且不在这种本性的特定环节中来理解它。"②马克思关于重建个人所有制的思想,在表达方式上就是否定之否定的,就内容而言,它有两个否定性环节:资本主义私有制对前资本主义私有制的否定,以及科学社会主义的个人所有制对于资本主义私人所有制的否定。

前面曾说过,私人对于物的占有有绝对的权利,似乎表现出私人所有权的绝对性与无限性,不过,那是针对人的自由意志活动具

① 黑格尔:《法哲学原理》,第 54 页。
② 黑格尔:《法哲学原理》,第 55 页。

有无限性、人是目的这一特质而言,是指人的自由意志必定取定在的形式这一普遍性、绝对性。在具体现实性上,就不能简单地据此以为私人所有权拥有无限绝对的权力,具有至上性。私法服从于公法,私人利益在必要时必须为公共利益作出某种牺牲。这是由私人所有权在法的合理性体系中的位置所决定的。遗产、赠予等似乎完全是私人对于私人自身财产的处置,似乎应当具有无限的权力,但是,国家却可以通过实在法对此作出某种限制。因为这种遗产、赠予对象具有极大的偶然性。作为一个具有合理性的国家对此做出某种限制,一方面,这表明其对于人格权、财产权的尊重,不使得社会成员不通过自己的努力而仅仅因为某种偶然条件就成为财富的拥有者;另一方面,这样做在功能上亦有助于社会公共福利,保证社会成员人格平等权利的普遍实现。这正是第 46 节附释中关于古罗马、家庭财产等说明中所表达的基本思想。

　　b. 私人所有权基础之上能够建立起友谊、信任关系,能够培养出友谊、信任美德。

　　对私人所有权的另一种否认性理由是:私人所有权的存在会消解人类社会的友谊、信任关系,会消解基于这种关系的人类美德。根据黑格尔的分析,这亦是一种谬见。

　　私人所有权的出现是否真的会削弱乃至消解人类社会的友谊、信任这类社会交往关系,以及基于这类交往关系所存在着的人类友谊、信任美德? 回答是否定性的。黑格尔通过对柏拉图、伊壁鸠鲁等思想的批评,所想表达的正是此。在黑格尔看来,柏拉图的理想国"以人格没有能力取得私有财产作为普遍原则",在那里,私有制财产原则"遭到排斥",因而,这个理想国"侵犯"了"人格的权利"。① 黑格尔在这里事实上提出了一个极为重要的问题：在私人所有权基础之上能否建立起和睦、友善的人与人关系？是否私人所有权必定伤害和睦、友善的人与人关系？在私人所有权基础之上能否建立起一个善的、良序的共同体？

确实，私人所有权由于其特殊意志定在的特质，对于普遍性有其否定性一面。这在现实生活中就表现为有可能伤害他人与共同体的利益。然而，一方面，这种私人所有权的出现是个必然——既是历史的必然，也是内在否定性的逻辑必然；另一方面，这种私人所有权的消极面，是事物自身中所包含的一体两面之存在。这就如人的生长一样，成年人具有了成熟与智慧就同时会失却儿童的天真无邪。这是一切事物演进的代价。

私人所有权由于"我"自己对于财产权利的诉诸与支配，而不是将它交给别人，似乎表现出对他人与共同体的不信任。其实，私人所有权与信任这是两个不同的概念与问题。私人所有权的核心是个人自由意志的确立，是主体性地位的确立，是共同体成员之间只要作为人存在就具有的平等的自由意志权利。它所指向的实质性内容，是关于这个共同体或人与人关系内容的规定性。因而，在此意义上，私人所有权的确立与个人之间的信任与否，是两个完全不同的问题。如果说因为个人的自由意志确立、个人作为平等自由主体存在会伤害人与人之间的信任关系，那么，我们首先应当怀疑的是这种既有的信任关系的具体内容究竟是何？是否意味着在这种信任关系中一部分人在事实上支配着另一部分人？是否意味

---

① 黑格尔:《法哲学原理》,第 55 页。

着一部分人没有自己的自由意志，进而，这个共同体自身的合理性或善就是值得怀疑的？

不仅如此，甚至只有建立在平等人格、自由意志、财产权基础之上的信任，才是稳固的信任。这有两个方面的理由：其一，它通过对于人格独立性的认肯，维护了信任得以存在的基础。因为这种信任本身否定了人身依附性，或者说否定了一些人对另一些人的人格优越性与支配性。这就否定了下述情况发生的正当性：一些人可以不通过另一些人或不获得另一些当事人的认肯、同意，就支配他们的财产乃至决定他们的命运。因而，这就能有效地保护人们相互间的基本信任关系。其二，建立在情感基础之上的、包括信任在内的人与人关系固然可贵，但是，这是一种建立在主观性基础之上的，因而是以偶然性为特质的信任关系，这种关系不具有客观必然性。这就如个人之间的同情心一样，尽管个人同情心是可贵的，但是解决社会不幸现象如果主要依赖社会成员的主观同情心则是不牢靠的，具有偶然性。只有建立在社会客观救助机制、社会福利保障体系这一必然性基础之上的客观同情，才具有必然性。没有财产权为基础，这种信任亦是偶然性的。

这样看来，在私人所有权基础之上，完全有可能建立起社会成员之间的良序关系及其信任同情。这也正是罗尔斯在《正义论》、《政治自由主义》中所要着力说明的。

一个正义的社会，其要旨不是取消私人所有权，而是在合理地承认与保护私人所有权基础之上，如何防止在财富占有或分配上的两极分化与两极对立。这正是当代西方政治哲学的主题之一，也是当代中国现代化进程中的主题之一。

2. 私人所有：生命、财物

私人所有的"物"有两个基本方面：身体（生命有机体）与财富。

a. 身体（生命有机体）：肉体、精神。

"我"固然有自己的意志，然而，"我"的意志之存在却是以"我"的自然生命体存在为前提。或者换言之，"我"首先具有自然生命之特质。"我"这个单一的意志通过对"物"的"占有"成为现实的存在。"我"首先是个具有生命有机体的现实存在。这个生命有机体与我不可分割。这样，私人所有首先就是对于这个生命有机体的所有。在这个生命有机体中，不仅仅有我的生命、我的意志、我的精神，而且其本身就是我的人格之所在。这就是黑格尔所说：我作为一个直接的个人是"在这个有机体中活着"，"我像拥有其他东西一样拥有我的生命和身体，只要有我的意志在其中就行"的内在意思。① 这阐明的是人自由权利的人类学或自然前提，并为尊重和保护人的自然生命这一最基本人权及其道义奠定了学理基础。

当黑格尔说"只要有我的意志在其中就行"，"只有在我愿意要的时候，我才具有这四肢和生命"时，② 容易给人造成一种错觉，以为我可以从自己的身体中收回自己的意志，或者在我的这个生命有机体中可以不具有我的意志。其实，由于黑格尔所说的意志其实就是人、人的自由，故，黑格尔在此以抽象方式所表达的真实意思是：我的这个生命有机体是我的精神、意志、灵魂、人格之所在，任何其他人没有任何权利可以对我的生命做出任何伤害。因为，

---

① 黑格尔：《法哲学原理》，第 55—56 页。

② 黑格尔：《法哲学原理》，第 56 页。

这个身体就是我，就是我的人格，我与这个生命、身体是不可分离的。对这个生命、身体的任何伤害，就是对我的人格及其尊严、对我的自由的伤害。所以黑格尔说："肉体是自由的定在"，人作为自由的"有生的定在不得当作驮畜而被虐使"。"我在定在中是自由的和我对他人说来是自由的这两个命题是同一的。他人加于我的身体的暴力就是加于我的暴力。"[①]

所谓"我在定在中是自由的"是指：只有我才能有权利自由地支配我的身体，他人没有权利支配我的身体。这样，我们就能理解黑格尔说人有权利自残、自杀的真实思想。这里指的是人的自由权利的绝对性。[②]

身体作为自由意志的定在表明：自由意志、精神与肉体作为人格的完整统一性，是不可分离的。对于身体、肉躯的伤害就是对于自由意志、人格的伤害。[③]"只有那缺乏理念的诡辩的理智才会把精神和肉体分开，并以为纵使身体受到虐待以及人的实存屈辱于他人暴力之下，而自在之物即灵魂是不会被触及或受到伤害

---

① 黑格尔：《法哲学原理》，第 56、57 页。

② 见《法哲学原理》第 56 页第 47 节附释部分。不过黑格尔在第 70 节又对自杀取明显否定性态度。此处黑格尔是在对于生命的自主支配权意义上而言。黑格尔在此表现出相当的思想解放与反神学精神。人的自由意志权利包括生命的选择权、向生向死的选择权。

③ 出于医疗的目的或为了抢救生命，在自己失却知觉的时候，医生对其生命的某些器官的切除，如截肢、脾破裂时的脾切除，这似乎也是对生命的伤害，但这是属于一种特殊情况。这是为了我的自由意志定在、为了我的生命而不得不做出的行为，故合乎自由意志的目的。

的。"①那种以为通过惩罚肉体而挽救别人思想、拯救别人灵魂的做法,本身就是对别人灵魂、人格的伤害与污辱。

　　作为人格完整统一性而言,身体与自由意志精神不可分。自由意志的定在,这是人的自由。但是,自由意志本身与自由意志定在毕竟不是一回事。作为生命有机体的自然身躯受到伤害,自然表明自身人格统一性受到伤害,甚至在有些时候,身体会由于种种情况失却自由,但是,这并不意味着"我"的自由精神本身亦会随之失却其自由本性。虽身陷牢狱,仍可固守人格之清高与精神之尊严。"我可以离开的我实存退回到自身中,而使我的实存变成外在的东西,我也可以把特殊感觉从我身上排除出去,虽在枷锁之中我也可以是自由的。"②正是在此意义上,"我"不仅仅是肉体的存在,"我"更是自由人格的存在。人的尊严固然离不开生命肉体,但却主要不在于肉体,而在于自由的人格精神与高尚灵魂。

　　不过,"我"的生命躯体尽管也是一物,但此物不同于其他自然外在之物。我的生命躯体由于是我自由意志的单一的直接定在,并有我的感觉,我通过生命感官感觉到外部世界,感觉到他人对我的态度,因而,对于作为外在自然物的"我"的身体的伤害,就是对于我的人格的直接伤害。这种伤害似乎是对物的伤害,其实,这是一种极为严重的人格伤害。在一般意义上,对人身的伤害较之对外在物的伤害,是更为严重的伤害。因为,它本身直接就是对人格的伤害与侮辱。故,人格侮辱、人格伤害,是最为严重的伤害。它

---

①　黑格尔:《法哲学原理》,第56—57页。
②　黑格尔:《法哲学原理》,第57页。

无法直接用外在财富来衡量,所以,对于人格侮辱、人格伤害的惩罚,或使人格避免受到伤害、侮辱的保护,应当尤为有力。"侮辱人格同毁坏我的身外财物之间的区别就在此。"[①]

动物也有肉体,但是动物没有意志、没有自由权利,所以动物对其生命就没有所有权。时下,动物保护主义主张动物自身的权利,其要保护动物、善待动物这一善良动机与目的固然可嘉,但是,在理论、理据上却是混乱的。动物在什么意义上有权利? 没有自由意志从何谈权利? 如果要谈,那么这就是泛意志论、泛权利论。照此逻辑推论,则宇宙间一切存在物都应有其权利,一切生物之间作为生物链存在的消耗都是对于其中一些物种权利的侵犯,甚至人类为了自身存在与繁衍所必需的对于动植物的消费,也都是对于动植物自身权利的侵犯。这样,与其说是在想提升人,将人变成富有仁善之心者,毋宁说是将人下降为动植物。人类应当保护动物乃至整个自然生态环境,但是无须勉强借助于动物权利这一类理念为此获得证成。人类保护没有权利属性的动物,就如保护没有权利的空气、水等一样,因为它们都是我们生活世界的一部分,进而,是我们人类广义生命有机体的一部分。人类的仁慈、怜悯、善良之心,也会投射到外部世界,尤其是具有生命的动物身上。这是人类善之投射,而非动物自身的权利诉求。

b. 财物:平等、平均、公正。

每个人在人格上一律平等,这是指每个人拥有平等的自由意志权利。但是,每个人在财富的占有上却未必是平等的。具有平

---

① 　黑格尔:《法哲学原理》,第 57 页。

等人格、自由意志权利的人,在财物的占有方面,作为抽象人格是平等的,但是在占有内容上则是不平等的。究竟"占有什么,占有多少",充满了偶然性。此偶然性既有先天的,又有后天的,既有主观的,又有客观的。"平等只能是抽象的人本身的平等……关于占有的一切——它是这种不平等的基地——是属于抽象的人的平等之外的。"平等是人格、自由意志的原则,公正是财物占有的原则。不能简单地将人格、自由意志的原则,直接搬到财物占有领域中来。①

在财富占有与分配上的平等,有两个方面的规定或含义。其一,作为主体其人格是平等的。这是说,在抽象的意义上,每个人毫无例外地都有占有财富的权利,不能在财富占有与分配问题上于一开始就将某些人排除在外。与此相关,就有:其二,每个人,在其现实性上,只要是作为人存在,就必须拥有最基本的财富,因为正是这最基本财富才能够保证或维持其作为人的生命的存在。一个人可能会由于先天后天、主观客观等方面的原因,使自己失却劳动能力,失却通过自己的劳动占有与获得财富的可能。然而,这并不应当妨碍其作为人存在的最基本人格权利。他作为一个人存在着的平等人格权利,使其拥有获得最起码物质财富的权利。在这一点上,每个人都是平等的。也正是在此意义上,"每个人必须拥有"基本的物质财富。② 对于这种特殊的权利要求,社会必须通过特殊的救助机制帮助满足。只有具备这种救助机制的社会,才能

① 黑格尔:《法哲学原理》,第57—58页。
② 黑格尔:《法哲学原理》,第58页。

说是一个真正拥有平等人格、自由权利的社会。

人格、自由权利的平等,在现实财富占有中就是不平等。因为每一个具体的人的存在都是特殊偶然的,由于其先天后天、主观客观方面(包括努力程度方面)的差别,会使其在使用平等的自由权利过程中,导致财富占有多少的差别。对于这种由于自由权利行使而造成的差别的认肯,就是对于平等的人格权利或平等的自由权利的认肯。即,若否定这种在财富占有内容上的不平等,就是事实上否定人格、自由权利的平等。在抽象的意义上说,在财富占有多少意义上的不平等,本身正是(人格、自由权利)平等的显现——至于这种财富占有多少的不平等应当保持在何种程度之内,这属于财富分配中的社会矫正正义问题。二者不可混淆。

除了遗产、获得赠予等这些特殊情况外,一般说来,财产的占有或分配依赖于劳动,即黑格尔所说"依赖于勤劳"。[①] 之所以在财富分配上要依赖于一个人的劳动,其理由不仅仅是功能上的(如不这样,就会鼓励每一个人不劳而获,使得社会财富坐吃山空,失却创造财富的动力等),更重要的是内容上的,是自由的理念的(唯如此,才是平等的自由权利,才能真正体现与尊重平等的自由权利)。当然,这就提出了另一个前提性的问题:社会成员劳动的现实机会。社会成员有劳动的现实机会,并通过自己的劳动从社会中获得相应财富,这是保持人的基本尊严的基本条件。

直接简单地将平等人格搬到财富的占有与分配上来,是对平等人格的误解,是财富占有与分配上的平均。这至多是道义上的

---

① 黑格尔:《法哲学原理》,第 58 页。

善良愿望,缺乏客观性。除非特殊情况(诸如重大自然灾害面前,在食品极有限的情况下,为了使每一个人都能获得最基本的维持生命的食品,采取平均分配的方法,这是公正),财富分配的平均都是不公正。"要求各人的财产一律平等这种主张是错误的,因为正义所要求的仅仅是各人都应该有财产而已。"①

这样,根据黑格尔的论述,我们就可以获得如下关于财富占有或分配正义的一些基本内容:每个人作为财富占有主体,在人格上是平等的;一般而言,作为一种原则,平均分配财富是不公正;每个人都有权利通过劳动获得自己的财富,或者换言之,社会依赖劳动分配财富;每个人作为人存在都应当且必须有最基本的财富,以维持其作为基本人格的自然生命与人格尊严。这是关于财富占有或分配基本善或正义之规定。

私人所有,通过对物的占有而使自己的意志成为现实、定在。

四、私人所有权实现

根据黑格尔的看法,私人所有权的实现,即私人所有权在意志对物的关系上,有三个环节,这就是占有、使用、转让。②

1. 占有

占有是拥有、行动,而不是想有、意欲。这样一种占有的行动,或者是简单地将物直接拿过来,置于我的直接控制之下;或者是对

---

① 黑格尔:《法哲学原理》,第58页。
② 参见黑格尔:《法哲学原理》,第61—62页。

物进行加工,改变其原有形态;或者是在物上加上属于我的标志。占有有两个基本条件:"先占取得"和"无主物"。这两个条件直接隐含着下述内容:占有并不是纯粹个人范围内的事,占有是一种社会关系。或者说,占有在社会关系中实现并且表达了一种社会关系。只有单个鲁滨逊而没有星期五,在那个荒岛上无所谓占有与所有权。这就意味着占有作为一种社会关系,其合理性、合法化须得到"他人承认"。①

作为自由意志的定在,占有、所有权具有排他性。所谓"先占取得"、"无主物"等,就是指的这种排他性。这亦是黑格尔所说"我所能占有的东西是无主物"的真实内容之一。这就排除了对他人占有物或有主物的占有的合理性与合法性。占有须获得"他人承认"。这一方面是对于"无主物"、"先占取得"这一占有程序、形式的确认;另一方面,是对于没有侵占他人财富的社会性确认——否则,一切巧取豪夺均可以在占有作为人格之定在下获得所谓的合法性与合理性。所谓占有合法性与合理性的"先占取得"、"无主物",这是对社会成员相互关系这一维度而言。

对物的占有方式从根本上说是"我"的对象化活动。在黑格尔看来:"把自然物据为己有的一般权利所借以实现的占有取得,作为外部行动,是以体力、狡智、技能,总之我们借以用身体来把握某物的一切手段为条件的。"在此对象化活动过程中,自然物已不再是与"我"对立的东西,它为"我"所有,在此物中已存有"我"的意志与精神,与此同时,"我"的意志亦摆脱了抽象性而成为具体现

① 参见黑格尔:《法哲学原理》,第59页。

实。因而,此对象化活动过程,就是"我"与占有对象均以特殊、具体、单一方式存在的过程。① 黑格尔的这一思想与马克思后来的实践观念直接相通。

对物的具体占有方式有三种类型:直接的身体把握,给物以定形,给物加上标志。②

其一,直接的身体把握。这是将自然物直接置于我的自然力量控制之下。身体的把握对物的占有具有直接的感官现实性:物就在我的手中,直接在我的身体力量控制之中。不过,这种对物的占有有很大的局限性,因为人的身体自然力总是有限的。但是,人可以通过各种工具增强自己的身体能力,扩大自己的权利范围。人通过工具延长自己的劳动器官,作为人的器官延长的工具,可以扩大人对物的占有能力。人对物的占有不同于动物,不仅仅在于实质性的自由意志之规定,还在于实现占有方式的不同:动物仅仅依赖其身体器官,而人则能运用各种工具,并通过这种工具使自身占有能力具有无限可能性。③

其二,给物以定形。这是通过改变自然物的存在形态、通过人对物的加工而实现的对物的占有。这种对物的占有形式是人实践活动中最常见的一种。农业、手工业、现代工业等,均属于这一类。

通过身体直接对物的占有,固然有使用工具且在将物变为我

---

① 参见黑格尔:《法哲学原理》,第 60—61 页。

② 参见黑格尔:《法哲学原理》,第 62 页。

③ 参见黑格尔:《法哲学原理》,第 62—63 页。黑格尔在这里还提出了产权内容的具体性规定问题:占有物的附加物的所有权,如对土地地下可能埋藏的财宝、矿藏等的所有权的法律事先规定问题。

所有的意义上具有人的自由意志活动,但是,通过人的创造性活动,改变既有物的存在形式,将我观念中的东西、主观意图变为现实的这种占有方式,是一种更具创造性的占有活动。动物也可能通过自己的身体将某物置于直接控制之下,不过,一般说来动物既不能运用工具,更没有这种将观念变为现实的创造性活动。

人有对自己的占有问题。此对自己的占有指的是:人是自身的主人,能够按照自己的观念、意志而自主、自由地存在。如果人缺失这种精神与能力,那么,就不能说人占有了自己,不能说是自由的存在。人"只有通过对他自己身体和精神的培养,本质上说,通过他的自我意识了解自己是自由的,他才占有自己"。[1] "人应当是自由的"与"人是自由的"这是两个不同的概念。"应当"维度指的是人的本性或如黑格尔所说"概念","是"的维度指的是人的实存状态。在实存的意义上,人未必是自由的。人作为一自然生命存在,这是自然实存,人作为一自由意志的存在,这是自由存在。自然实存并不意味着自由存在。因而,人的创造性活动,不仅仅是一个对象化活动占有外在自然物的问题,更是一个将自由"概念"在自身具体存在、占有自己的过程。占有自己,就是成为自己的主人。在此意义上,奴隶就不仅仅指那些人身被他人占有者,亦指在精神上自愿放弃对自己的占有、甘愿听命于他人者。对身体的控制与占有,未必就等于对精神、心灵、意志的控制与占有。真正的奴隶是那些甘愿在精神、心灵、意志上被他人控制与占有者。[2] 心

---

①　黑格尔:《法哲学原理》,第 64 页。
②　参见黑格尔:《法哲学原理》,第 64—66 页。

之奴较之身之奴,更为可悲;身之奴较之心之奴,更为痛苦。

按照自己的意志给物以定形,改变物的存在形式,这较之单纯的直接掌握,是一种较为高级的占有方式或实践方式。

其三,物的标志。这是一种符号性的占有。这种占有本身并不直接指向某种实体性的物,而是指向这种标志所在之处,并通过这种标志标识与表达了我的意志。黑格尔以作为国家公民的徽章来说明这种占有方式。其实,我们今天所常见的专利、商标、知识产权、产业标准、连锁许可等等,就是这种占有方式。这种占有方式,是一种更为高级的占有方式。它是通过知识等精神性占有,达到对外在物的普遍占有。①

关于物的占有,黑格尔以自己的方式事实上讲了两个层面的东西:一是占有的合法性及其方式,一是讲实践的方式——占有的现实活动就是实践过程。从后一方面来看,精神性的创造是一种特殊的实践样式,这种特殊实践样式较之那些直接感性的活动,能够创造更多、更为普遍的财富。黑格尔在近 200 年前,就以自己的方式提出了我们今天所说的知识经济问题。令人敬佩。

我的意志对物的占有,这是私人所有权的确立。这种私人所有权的确立,表明通过占有物成了"我的东西",我对物就自然具有了使用权。

2. 使用

对物的纯粹占有不是我的目的。对物的占有既是我自由意志定在之内在要求,亦是实现我自由意志目的之要求。占有物是为

---

① 参见黑格尔:《法哲学原理》,第 66 页。

了使用物。通过占有达到使用,以满足我的意志之需要。通过对物的使用来表达对物的占有权,表达意志的存在。"使用就是通过物的变化、消灭和消耗而使我的需要得到实现"。通过对物的使用,一方面,物的纯粹自在性得到显现,物只是满足我需要的一种手段;另一方面,物通过被消耗而成为我的,在满足我的需要的同时与我同一,并完成其使命,实现其价值。[①] 在此意义上,使用权是占有权的实现。没有使用权的占有权是空洞的所有权,故,不具有真实性。那些竭尽贪婪能力攫取大量财富的贪官污吏们,占有大量财富但又不敢使用,这些财富不过是一堆废纸。

物的所有权与使用权本是内在统一一体的,但是,由于所有权与使用权是两个不同的东西,因而,这就意味着二者存在着分离的可能。这就是说,所有权与使用权关系在实际中会有两种类型:我拥有所有权并同时我自己在使用物;我拥有所有权但我自己并不直接使用物,他人行使物的使用权。前者为占有的使用,后者为不占有的使用。这就是黑格尔所称之为的"完全使用"与"部分使用"两种类型。[②] 不占有的使用属于所有权与使用权分离现象。

物的所有权与使用权分离是一历史现象。在人类文明历史进程中,它成为人类走向更高文明过程的中介。不过,黑格尔本人对这种所有权与使用权的分离现象,持一种否定的态度。对黑格尔的这一否定性态度,必须仔细体会与把握。必须注意其所针对的是农奴制、奴隶制,所表达的是对农奴制、奴隶制的否定性态度。

---

① 参见黑格尔:《法哲学原理》,第 66—67 页。

② 参见黑格尔:《法哲学原理》,第 68 页。

黑格尔认为所有权与使用权的分离,是一种"绝对矛盾的关系",是"空虚的意志"、"空虚的理智"、"人格的疯狂"等。他之所以持这样一种态度,是因为他认为在所有权与使用权分离的情况下,同一物会出现两种意志、两个主人,都不能贯穿到底,彼此冲突。在黑格尔看来,"假如全部使用范围是属于我的,而同时又存在着他人的抽象所有权,那么作为我的东西的物,就完全被我的意志所贯穿,然而其中同时存在着我的意志所不能贯穿的东西,即他人的然而是空虚的意志。"将"全部范围的使用权同抽象所有权截然分开"这是一种"空虚的支配关系,可以把它叫做人格的疯狂……因为在同一客体中,我的东西将不经过任何中介,而成为既是我的个别的排他性意志,又是他人的个别的排他性意志了"。使用者不拥有(所有权),拥有(所有权)者不使用。使用者在以自己的意志改变物的存在的意义上,是物的所有者,拥有者在占有的意义上是物的所有者。但是,由于拥有者并不将自己的意志定在于物中,并没有通过自己的意志改变物的存在样式,因而,在此意义上,他只是此物"空虚的主人"。物的所有权者或占有者由于放弃使用,就变成了此物"空虚的主人"。与此同时,物的使用者由于将意志贯穿于物中,他在事实上就成为此物的所有者。黑格尔还以领主与臣民、采邑与佃租等内容来说明这一点。[①] 黑格尔的这一思想与其在《精神现象学》中关于劳动、主奴关系及其转化的思想,异曲同工,如出一辙。黑格尔在此反对物的使用权与所有权的分离,有其深刻的历史内涵。这就是对历史上的奴隶制、农奴制的否定,为新

---

① 参见黑格尔:《法哲学原理》,第68—70页。

兴资产阶级所有权呐喊。所以,黑格尔才认为:尽管关于人的自由的思想及其信念伴随着基督教的传播已有 1500 年,但是,"所有权的自由在这里和那里被承认为原则,可以说还是昨天的事。"①只有新兴资产阶级、近代市民社会出现以后,财产所有权的自由,才逐渐成为人的自由原则中的现实内容。这样,对于黑格尔关于所有权与使用权分离的这种否定性态度,我们就不能简单地以为黑格尔浅薄;相反,应当从中看到其思想的深刻性、革命性与战斗性。对于思想家的具体思想观点,不能仅仅根据其字面就轻率下结论,必须深入其思想所表达的历史内容与时代精神加以把握。

不过,黑格尔在这里事实上以自己的方式表达了物的使用权与所有权应当统一的思想,物的所有权与使用权的分离,是二者统一的中介环节。

今天,物的所有权与使用权分离已成为一种普遍现象。对此,我们可以在一般的意义上对此做出更进一步的认识:

其一,在这种分离中,所有权者并没有放弃自己的使用权,而是在以一种特殊方式行使自己的使用权。根据黑格尔的分析,使用权是所有权的一种特殊表现形式,这种所谓所有权与使用权分离的现象,其实是一种特殊的使用权交换现象:是使用者对自己体力、智力之"物",与占有者所占有之"物"的交换关系。这样,所有权与使用权分离就可以看作是两种所有权的特殊交换。在这种所有权与使用权分离现象中,物的所有者似乎没有使用物,似乎将使用权转让给了他人,但是,即使是他人在使用此物的过程中,所有

---

①　黑格尔:《法哲学原理》,第 70 页。

者仍然是在以特殊的方式使用此物，即，所有者以转让使用的方式使用此物。在此意义上，所有者仍然是所有权与使用权的统一，只不过这种统一以一种特殊方式呈现罢了。这样看来，物的所有权是排他性的，物的使用权却未必是排他性的。在某物的排他性所有权明确的情况下，其使用权却可以是非排他性、多人共同使用的。

其二，通过这种分离，可以实现所有权的共同所有。在这种分离中，无论是物的所有权者的意志，还是使用权者的意志，都是不完整、不彻底的意志。即，他们均不能将自己的意志在此物中贯穿彻底。故，在此意义上，无论是对于所有权者还是对于使用权者来说，此权利都具有"空虚"性。不过，通过人的对象化活动，通过劳动，可使占有与使用在其现实性上达到统一。在这种统一中，物摆脱了或者说超越了原先意志的纯粹单一性，变为共同的意志。物之主体亦由原先的单一之"我"，变为"我们"。原先物的所有权者与实际使用者，各以自己的财产权（具体物权或具体劳动、知识、管理等财产权）组合成一个新的实体，共同占有与使用此物。在此意义上，所有权与使用权分离本身，就构成了新的共同体、新的所有权者的中介环节。

对物的使用是质与量的统一。被使用的物总是具体的，因而，总是质与量的统一。此质，可以满足特定需要，并因此可以在满足特定需要方面与其他物进行比较，因而，此质就具有了普遍性、一般性。此一般性就是价值。同质方可比较，比较中也就消融了一切质的差别而仅有量的区别。"我作为物的完全所有者，既是价值的所有者，同时又是使用的所有者。"一切具体使用之物，总是在质与量上被规定了的。它既有特殊性，又有普遍性。作为特殊性，它满足特殊需要,作为普遍性,它满足一般需要。物的这种满足一般需要的普遍性,就是物的价值。在这种普遍性中,物的质的区别消失了,或者换言之,物的质"在量的形式中消失了",它仅剩下"由质的规定性所产生的量的规定性",这"便是价值"。"在这里质的东西对量以定量,而且在量中既被废弃同时又被保存。"①正是在物的占有与使用统一中的这种物的质与量、普遍性与特殊性之统一,为转让或交换奠定了前提。

值得特别一提的是,尽管黑格尔关于"价值"的具体思想存在混乱,但在其关于使用物的质与量统一、普遍性与特殊性统一、物的价值所有者与使用所有者等一系列思想中,均可以看到后来马克思的抽象劳动与具体劳动、价值与价格等思想的影子。

3. 转让

财产的所有权不仅仅在于占有与使用,更重要的在于转让。如果只能使用而不能转让,则不能说是真正对此物实现了占有。这是因为转让不仅表达了我对于物的意志,而且实现了我对物的真实占有。不能转让的,就是没有真正占有的。所以,黑格尔"把转让理解为真正的占有取得",把转让理解为所有权取得的否定之否定环节。②

转让所表达与实现的就是人的自由意志权利。那么,人能转让什么? 转让是对"物"的转让,因而,转让的内容似乎是不言而喻、极易判断的。其实未必。黑格尔曾对"物"做过较为广义的理

---

① 黑格尔:《法哲学原理》,第 70—71 页。
② 参见黑格尔:《法哲学原理》,第 73 页。

解,甚至将人的自然实体、精神等亦包含在内。那么,这是否意味着人对于自己的这一切均可以转让? 回答是否定性的。由于"物"在其具体现实性上具有无限多样性可能,因而,我们无法就可以转让的物给予详尽规定。对此,我们可以通过否定性规定的方法确定哪些物不能转让。

根据黑格尔的看法,人首先有两样东西不能转让:一是人格,一是精神。通俗地讲,就是人格与做人的原则不能放弃。这就是黑格尔所说的"我的整个人格,我的普遍的意志自由、伦理和宗教"是"不可转让的"。[①] 为什么这两样东西不能转让? 因为它们是"我之为我"的内在规定性。我的本性是自由的,没有人格与精神,就没有了我作为人存在的资格或依据。那样,我或者成为一个仅仅自然的实存,或者成为没有定在的幽灵。[②] 那样,我就或者沦为与动物无异的东西——这就是奴隶、农奴等人身依附性存在;或者是沦为他人的纯粹工具——这就是没有自己的思想、精神、灵魂与良知,完全听命于别人的东西。对这两种沦落情景,黑格尔作了具体揭示:"割让人格的实例有奴隶制、农奴制、无取得财产的能力、没有行使所有权的自由等。割让理智的合理性、道德、伦理、宗教则表现在迷信方面,他如把权威和全权授予他人,使他规定或命令我所应做的事(例如明白表示受雇行窃杀人等等,或做有犯罪可能的事),或者我所应履行的良心上义务,应服膺的宗教真理等等均

----

① 参见黑格尔:《法哲学原理》,第 73 页。

② 这就是黑格尔所说的仅仅作为"自在地存在着的东西",或者是仅仅作为"自为地存在着的东西"。参见黑格尔:《法哲学原理》,第 74 页。

属之。"①正是根据这种不能转让的权利,黑格尔认为:奴隶有绝对的权利成为自由的人,人们有绝对的权利抗拒那些违反其伦理精神与良知而被雇佣去行窃杀人的交易。② 那种以工作、职业受雇佣关系为借口,替自己执行上司的坑蒙拐骗、杀人越货等辩解的做法,就是如黑格尔此处所说出卖自己人格与良知的交易。

独立人格、自由精神,它们是人的生命,不能让予,不能放弃。黑格尔作为一位启蒙思想者,甚至还针对宗教精神牧师明确表达了自己的否定性态度:人不需要精神牧师,否则人就不能作为自由意志存在。③ 作为自由的存在者,人需要精神上的导师,需要精神导师给予启蒙、对话、交流、引导,但无需精神牧师。

人不可以转让自己的人格与精神,但可以转让自己的特殊精神产品。这就是一般著作权的问题。对精神产品权利的保护,这不仅是对当事人所有权的保护,也是对人类科学艺术事业的促进。"促进科学和艺术的纯粹消极的然而是首要的方法,在于保证从事此业的人免遭盗窃,并对他们的所有权加以保护。"剽窃是人类的一种遗传病与传染病。如果一个社会对于剽窃习以为常,不以为耻,不再视为不体面的事,那么,就无法根本上制止剽窃现象的普遍发生④,这个社会也就失却科学技术、人文艺术等领域的创造活力。制止剽窃最好的办法是在全社会形成那样一种环境或氛围,使剽窃成为极不体面之事——这不仅需要将剽窃公布于众,形成

---

①　黑格尔:《法哲学原理》,第 74 页。
②　参见黑格尔:《法哲学原理》,第 75 页。
③　参见黑格尔:《法哲学原理》,第 75 页。
④　参见黑格尔:《法哲学原理》,第 76—79 页。

一种社会舆论压力,更需要将剽窃者通过剽窃而得到的加倍剥夺。

人所不能转让的另一个东西是人的全部时间与全部能力。因为若转让出我的全部时间与全部能力,在其现实性上就等于将我包括人格在内的全部东西都转让了——我将一无所剩,甚至我那抽象的人格、精神亦将成为毫无住所、漂泊流浪的幽灵。在其现实性上,我所能转让的只是"我身体和精神的特殊技能以及活动能力的个别产品",且这种转让是"在一定时间上的"转让。奴隶与雇工的关系,正是这种全部转让与部分转让的关系。无论奴隶的具体劳作状况如何,其总是没有自由的,故总是作为奴隶存在。雇工则不同。雇工拥有自己的人格独立性与自由意志。① 人不能将自己的全部时间与全部能力转让给雇主。

人还有一个不能转让的东西,这就是生命。因为生命是同人格直接同一的东西。放弃生命,就是放弃人格。在黑格尔看来,一个人的生命之死"必须来自外界:或出于自然原因,或为理念服务,即死于他人之手"。人没有自杀的权利,放弃生命的权利只能来自于伦理理念。② 在这里,黑格尔提出了两个十分重要又十分尖锐的问题:一个人是否有权利支配自己的生命? 一个人是否有权利自杀? 根据黑格尔的看法,回答都是否定性的。③ 黑格尔的看法建立在两个依据之上:单一的人是特殊的存在,其普遍性精神是伦理实体,人是伦理实体中的存在,人的生命应当服从伦理实体的要

---

① 参见黑格尔:《法哲学原理》,第 75—76 页。

② 参见黑格尔:《法哲学原理》,第 79—80 页。

③ 斯宾诺莎在理性三命令中亦提出"勿自杀",并认为自杀是心灵懦弱的表现。

求;个人没有凌驾于自身生命之上的权利,生命就是我的这一人格,对于生命的支配就是对于人格的支配,而这又预设了人有凌驾于自身之上的权利,这是一个逻辑悖论。

黑格尔关于个人没有自杀的权利这一思想的合理之处在于:一方面,个人不能对自己的生命取轻率任性的态度;另一方面,个人的生命应当献身国家、献身伦理实体。个人不能借口这是"我"的生命、"我"有权利支配自己的生命,进而对生命取一种轻率的态度。生命既是"我"的又不是"我"的,它亦属于家人、社会、民族、国家。当"我"在支配自己的生命时,须极其严肃地站在此立场慎重考虑。

然而,黑格尔关于个人没有自杀权利的论证及其结论却有相当缺陷。这种缺陷主要集中在逻辑与自由意志内容两个方面。

就纯粹逻辑分析而言,黑格尔此处犯了混淆概念的形式主义错误。确实,根据黑格尔的分析逻辑,只有普遍才高于特殊,并对特殊有支配权。"我"是特殊,个人作为特殊存在着,作为特殊存在的"我"并不高于特殊的"我"。这正是黑格尔据以得出自己结论的逻辑根据。然而,问题的关键在于:黑格尔此处恰恰忽视了当"我"以伦理精神为自身规定性时,此时支配"我"生命的"我"已不再是原初纯粹特殊之"我",而是作为普遍精神定在的"我",是普遍性取"我"的特殊样式存在并支配"我"的生命。此时,"我"的生命是如黑格尔所说"为理念服务"。这个普遍性亦与后述道德这一自由意志定在的基本解释相吻合。

人的自然生命固然来自于自然,但是正如黑格尔所揭示的那样,是人的精神、意志、自由给了这个自然生命灵魂与属于人的存在。所以,对于生命及其生与死的问题,必须置于人的自由存在维度才能真正把握。这是其一。其二,既然我是自由意志的存在,这就表明我的存在是自主、自决的。没有什么凌驾于我自身意志之上的其他意志或东西,否则,我的意志就不是自由的,就是被决定的。既然如此,我就拥有对于生命的支配权利。

人是自由的存在,生与死都是自由存在的一个部分,即,生与死都应当成为自由存在的。自然生命当然可贵,因为它使我作为自由的定在而存在,即,能够使我在现实性上作为自由的存在者存在着。正是在此意义上,我应当珍视生命。不过,既然我是作为一个自由的存在者存在着,那么,这就意味着死亦是我自由存在中的一个环节、一个有机部分。死亦是自由的定在。如果说死是为了自由,那么,向死而生,此时,选择死,就是选择生,就是选择自由。否则,苟延残喘,或者失却做人的资格,或者失却做人的尊严,或者失却做人的幸福(饱尝痛苦)。那样,就是不自由,就与人、人格根本相悖。自杀是指人自主地选择结束自己的生命,人自主结束自己生命的方式、目的多样,不能一概而论断然否定其合理性。与敌同归于尽,献身祖国、献身真理与正义等等,都是特殊形式的自杀。至于日常生活中的一些常见现象,诸如人处于不治之症晚期,丧失了一切生活自理能力,形枯神悴,不仅不能享受生活,而且失却了一切做人的尊严,已无任何真实意义上的自由存在而言,此时,选择自主结束自己生命,亦是选择自由存在的一种特殊方式。所以,不能简单地视自杀为"裁缝师傅和侍女的卑贱勇气"。[1] 相反,它

---

[1]　参见黑格尔:《法哲学原理》,第 79 页。

有时甚至是一种自由与崇高。当然，这样说并不意味着人可以轻率地选择结束自己的生命，并不意味着一个人可以为一些鸡毛蒜皮的小事而轻生，更不意味着一个人不应当在必要时忍辱负重。相反，人应当有直面困苦、顽强活下去的勇气。不过，当人为了自由存在时，自觉选择自主结束自己的生命，却正是生的延续，正是自由的特殊存在。死应当成为自由存在的一种方式。轻生、怕死，均系人格不健全的表现。

转让既是财产权的真实实现过程——这是转让各方实现"在共同意志的范围内占有财产"的过程，又是"意志对意志的关系"——这是意志间相互承认的过程。此过程以契约交换为中介。这样，就从"所有权"进入"契约"。①

---

① 参见黑格尔：《法哲学原理》，第 80 页。

第4讲 契约:共同意志

财产权作为自由意志的定在,意味着"我"拥有对于财产的支配权,可以自由地转让财产所有权。财产权的转让过程,既是财产权的实现过程,亦是"我"由抽象单一的存在通过与他人交往而成为具体社会性存在的过程。转让通过契约方式进行。通过对契约关系的研究,一方面,使原本抽象的自由意志进一步具体化;另一方面,使原本抽象的人的自由权利在人际关系中展开。

一、契约关系的一般理解

黑格尔对"契约"有一段论述:"人使自己区分出来而与另一人发生关系,并且一方对他方只作为所有人而具有定在。他们之间自在地存在的同一性,由于依据共同意志并在保持双方权利的条件下将所有权由一方移转于他方而获得实存。这就是契约。"①根据黑格尔的这段论述,契约就不是通常人们所以为的简单的物物交易,契约首先是一种人际关系。其一,在契约中,契约各方保持

---

① 黑格尔:《法哲学原理》,范扬、张企泰译,商务印书馆,1982 年,第 48 页。

各自的自由权利(即,自由权利本身并没有丝毫失缺)。其二,契约各方具有"共同意志",且此"共同意志"由于有各方保持各自的自由权利这一前提,因而,此"共同意志"就不是外在形式的,而是实质内容的。其三,契约是一种平等的"交换"关系,在这种交换中,契约各方不仅坚守自己的权利,而且通过交换使自由权利成为现实实在的。这是交换的"共在",是双方的"同一性"。

财产是自由意志的定在这一理念所直接表达的是我的存在。我的存在这一命题直接具有双重含义:我的物质性、实体性存在,我相对于其他人的独特存在。

具体地说,一方面,作为自由意志的定在,在财产这一特殊物中存在着的是我的普遍人格、自由意志与权利。财产无论以何种具体样式存在,都是一种偶然,但是,我作为自由意志的存在,总要通过财产使自己的自由意志得以定在,或总要以一定的物质财产作为自由意志的载体,这却是必然的。另一方面,拥有财产权本身就意味着一种社会关系:存在着多个"我",否则,就无所谓财产权本身。这就如没有星期五的鲁滨逊无须宣布对于荒岛的所有权一样。即,财产权的存在本身就表明人(person)之间的划界。这样,财产权的存在表示的是我的存在、我的自由意志、我的权利。而当我们能够说我的存在、我的意志、我的权利时,同时就意味着他的存在、他的意志、他的权利,以及我对于他的一系列相关方面的自觉意识。因而,在此意义上,财产作为自由意志的定在,就不仅仅表达的是我的单一性存在,更为重要的是在我的存在这一形式之下表达了他人的存在,并通过这一形式表达了我与他人的关系:这是"意志对意志的关系",①即是自由意志与自由意志的关系。

自由意志具有无限性,但是作为定在的自由意志却是具体有限的。这意味着作为自由意志定在的财产内蕴着无限与有限的紧张:这是无限的有限、有限的无限。自由意志的无限性本质必定要冲破具体财产这一具体物的有限性:通过不断放弃既有的定在或物的有限性样式,寻求一种无限的拥有。具体到财产及其占有来说,这就是我必须放弃这些偶然、有限的样式,使这些财产、物成为他人的。通过这种放弃,我获得无限拥有的可能。因为,我所占有的具体财产无论怎样富有,总是有限的;而我的自由意志冲动及其要求却又是无限的,我无法通过自己的这些已有有限物来满足自己的无限要求;我只有通过将所拥有的财产转让出去,以互换的方式获得或拥有自己原本不占有的具体财产形式,才有可能满足自己自由意志的无限要求。正是在这不断的转让、互换中,我的自由意志的无限性方有可能得到实现。

这里就进一步隐含着三个方面的内容:

其一,在此意义上,这些原本我所拥有的作为我自由意志定在的物,就不是为我而存在,而是为他人而存在。

其二,我的自由意志的真实实现,离不开他人,离不开互换互惠:我的具有无限性特质的自由意志实现,有赖于他人具有无限性特质的自由意志之实现;我的自由意志实现过程同时就是他人自由意志实现之过程。而这就又意味着:

其三,我的具有无限性的自由意志的实现,必须通过将我的这

---

① 黑格尔:《法哲学原理》,第 80 页。

单一意志上升为我与他人的共同意志,只有在这共同意志中才能实现我的具有无限性的自由意志。离开了共同意志,仅仅在我的单一意志中,我的意志永远不可能摆脱其有限性而达于无限性。

上述内容就是黑格尔在 71 节中如下一段论述的核心思想:"作为特定存在的定在,实质上是为他物的存在……财产作为意志的定在,作为他物而存在的东西,只是为了他人的意志而存在。这种意志对意志的关系就是自由赖以获得定在的特殊的和真正的基础。这是一种中介,有了它,我不仅可以通过实物和我的主观意志占有财产,而且同样可以通过他人的意志,也就是在共同意志的范围内占有财产。"这种中介就是"契约"。①

这样看来,契约关系所表达的不仅仅是一种表面的物的转让这一物的关系,更重要的是表达了一种人与人的关系:对他人意志的承认,由单一意志向共同意志提升,在实现共同意志中实现我的意志。

如是,我们就可以对作为共同意志的契约关系的一般规定作进一步揭示:

其一,契约关系是"(自由)意志对(自由)意志的关系",它以"当事人双方互认为人和所有人为前提"。②用罗尔斯的话说这是具有平等基本自由权利的主体间关系。这就意味着:不是任何一种转让交易行为都是契约关系,不能简单地将任何一种具有契约形式的转让交易均视为契约关系。那种不是基于平等的自由意志

---

① 黑格尔:《法哲学原理》,第 80 页。
② 黑格尔:《法哲学原理》,第 80 页。

关系、不是基于独立身份与人格自由的转让，都不是契约关系。契约关系的核心不是具有契约的形式，而是具有平等的自由意志这一契约的内容。卖身契约似乎也具有契约交换的形式，但是这却是基于人格不平等的交易，它不是自由意志与自由意志关系，因而，它尽管拥有契约的形式，但却不是契约关系。杨白劳与黄世仁的卖女契约之所以不合理，就在于此。这样，我们也就不难明白，尽管契约交换形式自古有之，但是，作为一种人类文明历史形态的契约关系，却是人类近代以来的成果。这样，我们就不难理解为何马克思亦认肯人类近代以来的历史是由身份关系向契约关系转变的这一认识。

其二，契约关系对于财产所有权的转让与拥有，以我的个别意志上升为我与他的共同意志方式实现。"在契约中，我通过共同意志而拥有所有权。"①在这共同意志中，我的个别意志得到了保存与实现。财产所有权具有排他性，因为它是我的自由意志的定在，因而，在这个意义上它是单一的。不过，这种绝对排他性的自由意志又不合乎自由意志无限性之本性要求，自由意志无限性的实现要求自由意志放弃绝对的排他性。这种放弃，并不意味着放弃财产所有权本身，而是放弃在我、他绝对两极对立中占有财产权。这不仅意味着放弃对于财产物的特殊形式的绝对占有，更意味着放弃囿于纯粹自我立场的对于财产物之占有。只有放弃这种绝对的排他性，才有可能谈得上契约关系以及我的具有无限性的个别自由意志的实现可能。因而：

---

① 　黑格尔：《法哲学原理》，第 80 页。

其三,共同意志就是一种既排他又非排他的意志。这是一种个别意志在共同意志中得到保存与实现的意志。根据黑格尔的看法,"契约是一个过程,在这个过程中表现出并解决了一个矛盾",此矛盾就是自由意志的排他性与非排他性。合约达成前我"是而且始终是排除他人意志的独立的所有人"。① 这是意志的排他性。但是,当我与他人要相互间转让财产时,则必须达成意志一致,获得统一性。"作为已被转让了的我的意志同时是他人的意志",这是"不同意志的统一,在这种统一中,双方都放弃了它们的差别和独特性"。② 这是契约关系的非排他性。不过,这种契约关系的非排他性,自身亦有内容与形式两个方面的规定:首先,实质内容方面的,这是我的意志与他人意志的并非两极对立不相容状态。即这种统一意志并不是消解了我的独立意志,并不是排斥了我自身意志的独特性,相反,始终保持着我的自由意志及其权利之独立性。"一方的意志并不与他方的意志同一,而且他自身是并且始终是特殊意志。"③其次,物的形式方面的,这是契约双方对于具体交换物的共同认肯与接受。黑格尔认为不同意志的统一性"使在绝对区分中的独立所有人达到意志同一"。这里所说的"意志同一"指的是在保持契约方各自独立性基础之上的对于特殊财产所有权的共同同一接纳:我对此物终止为所有人,他方接受此物并为此物的所有人,同时,他方终止对另一物的所有人,我接受该物并成为

---

① 黑格尔:《法哲学原理》,第 81 页。
② 黑格尔:《法哲学原理》,第 81 页。
③ 注意黑格尔这里用"同一"概念所要表达的对于意志无差别同一性的否定。参见黑格尔:《法哲学原理》,第 81 页。

该物的所有人。如果双方不能就同一物达成转让共识,则意志的统一性亦不能达成。契约在内容与形式两个方面都是非排他性的。只有双方在内容与形式两个方面都达到一致,契约交换关系才可能真正成立。这就是黑格尔所说"一方的意志仅在他方的意志在场时作出决定"的基本含义。①

黑格尔在具体论述契约过程时说了这么一段话:"契约双方当事人互以直接独立的人相对待,所以契约(甲)从任性出发;(乙)通过契约而达到定在的同一意志只能由双方当事人设定,从而它仅仅是共同意志,而不是自在自为地普遍的意志;(丙)契约的客体是个别外在物,因为只有这种个别外在物才受当事人单纯任性的支配而被割让。"②黑格尔在这里事实上讲的是作为共同意志的契约关系三要件:

其一,契约自愿。契约是双方当事人之间的自愿行为。这就意味着:一方面,一切强迫交换不属于契约行为;另一方面,由于此具体契约行为只是双方当事人出于自由意志的交换行为,因而,此交换行为就具有主观"任性"的偶然性。

其二,契约主体平等。契约关系是由当事人自己作为行为主体所达成的共同意志关系。即,作为契约主体的只能是具有平等自由意志的人格主体,若不是以平等自由意志人格主体身份出现的转让关系,并不能成为契约关系。如是,则契约关系就有形式的与真实的两类。那种不以独立平等人格出现的转让(如城下之盟、

---

① 参见黑格尔:《法哲学原理》,第81—82页。
② 黑格尔:《法哲学原理》,第82页。

枪下之约以及欺骗所达成的合约等)属于形式契约,那种以独立平等人格出现的转让属于真实契约。

其三,契约客体的个别外在性。契约关系中的客体只能是个别外在物。这有两层含义:一方面,契约转让的只是外在具体物,而不能是人的人格精神与灵魂;另一方面,即使是外在具体物,也只是个别、可以分割的,而不能是全部、整体的。因为如果外在全部具体物均被彻底转让,那么,就意味着转让方失却了自由意志定在之可能。此时,尽管转让方在名义上仍然是自由意志的存在,但是事实上已失却了自由意志得以存在的前提,已成为一抽象空幻的东西。不仅如此,由于前述人身的某些能力作为财产也能转让,如果作为财产的这种能力亦全部转让,那么,人自身就会成为一个绝对被支配者。

契约论对于国家生活、婚姻关系的解释力已为人们熟知。罗尔斯更以恢复契约论思想魅力而著称。然而,黑格尔却认为婚姻、国家不能作为契约的客体,并反对用契约关系理解与解释婚姻关系和国家关系。即,黑格尔认为婚姻关系与国家关系不是契约关系。人们对此往往会有误解。对此,必须具体分析黑格尔的具体语境、语指与语义。

康德在《法的形而上学原理》(系其《道德形而上学》的上册)第24—27节讨论了婚姻的权利问题,提出婚姻是一种契约关系。康德认为:"婚姻就是两个不同性别的人,为了终身互相占有对方的性官能而产生的结合体"。婚姻是彼此获得对方"人身的一部分器官",并通过此而彼此占有对方。婚姻是"由两个人,仅仅根据彼此占有而结成一个性关系的联合体。这种相互占有,同时仅仅是通过相互使用性器官,才能成为现实"。① 黑格尔对此明确反对。黑格尔的反对是有道理的。黑格尔在后面谈到爱情婚姻时秉持一种神圣的立场,并再次明确认为"婚姻不是契约关系",而是双方"人格的同一化"的"伦理关系"。② 至少在黑格尔的理解中性器官是人身不可分割的一部分,它并不能从人身中分割出去,因而,以彼此占有对方性器官为规定的婚姻,就不合乎契约客体只能是"个别外在物"的要求,进而,婚姻就不能被视为契约关系。康德仅仅将婚姻视为彼此对对方性器官的占有,而没有看到性器官是人身不可分割的一部分,占有性器官,其实就是占有人身整体、占有人格。③ 在这一点上,黑格尔的思想比康德深刻。不过,如果超出了这一范围,在此问题上黑格尔与康德一样都不免浅薄。黑格尔不能因为否定康德关于婚姻的这一特殊论证,就一般地否定婚姻的契约关系性质。因为婚姻关系的关键不在于所谓对于性器官的占有,而在于两性双方基于平等人格的一种自愿结合。正是在此意义上,婚姻关系是一种契约关系。

黑格尔亦反对根据契约学说来理解国家,反对将国家理解成是契约的产物。黑格尔反对用契约思想理解国家有其深刻的社会历史背景与思想学说背景。法国大革命后,在欧洲广泛流传着一种"保守的或反动的契约论",并以此否定法国大革命。当时,捍卫

---

① 康德:《法的形而上学原理——权利的科学》,沈叔平译,商务印书馆,1997 年,第 95—99 页。

② 参见黑格尔:《法哲学原理》,第 178—180 页。

③ 所以,强奸就不仅仅是对人体某一器官的伤害,而是对人格的伤害,因而较之一般伤害更为严重。

这种"保守"或"反动"的契约论的是"贵族反动派"与那些"反对反封建改革的人"。这些人,一方面根据自身利益将契约过程理解为"原初契约"与"第二社会契约"两个不同层次的过程,"原初契约"系地主或第一批征服者所签署,其他人则是在对此认可基础之上的加入者,只能进入"第二社会契约"过程;另一方面,将国家理解为"私人股份公司",认为那些出资多的人才是真正的股东,其他没有投入任何资本的人,不能参与管理,只能是被动的次等公民。①黑格尔取与这些"保守"的"贵族反动派"截然不同的立场,坚决反对这种"保守的或反动的契约论",坚决否定用这种"保守的或反动的契约论"来理解、解释国家。如果把握了这一具体历史背景,那么,对于黑格尔反对用契约方法理解国家的思想也就容易理解了。黑格尔的这一思想实际上是要站在被压迫的人民大众立场,为人民大众的自由权利呐喊。这表明,对于任何一种思想理论方法,都不能抽象、空洞地谈论,而是必须置于具体历史时空,揭示其具体历史内容。对于契约论这样一个在当今受到异常欣赏的思想方法及其理论,应当持有冷静的态度。契约论方法及其思想并非完美无缺,它甚至可以被用来为奴隶制辩护——欧洲伟大思想家之一的洛克就曾有过此做法。② 当然,由此,我们亦能体会到罗尔斯在应用契约论方法思考现代社会政治正义时提出"无知之幕"、"原初状态"设定的良苦用心及其现代性立场。

---

① 参见洛苏多尔:《黑格尔与现代人的自由》,丁三东译,吉林出版集团,2008 年,第 251—253 页。

② 参见洛苏多尔:《黑格尔与现代人的自由》,第 355 页。

　　黑格尔反对将国家理解成是契约产物的基本依据或理由有二：其一，契约关系属于私权关系，能够作为契约客体的是我这一私人能够支配的个别外在物，而国家不属于私权领域，国家属于公权领域，因而，不能将国家理解为契约的产物。在他看来，"把国家看做一切人与一切人的契约"，犯了一个"把私有制的各种规定搬到一个在性质上完全不同而更高的领域"的错误。① 其二，他认为"人生来就已是国家的公民，任何人不得任意脱离国家"。国家是公民的"绝对目的"。② 黑格尔在此事实上以自己的方式提出了在认识国家问题时应当注意的两个要点：国家问题属于公权领域（即不能在私权领域认识国家），国家自身的存在合理性根据。

　　然而，就黑格尔自身而言，他对于国家问题的具体认识在此至少犯有逻辑错误。黑格尔的前一个理由是以私权与公权领域二分问题混淆、遮蔽了公权合法性问题，后一个理由则以公民必须生活在国家中混淆、代替了公民对于生活在一个什么样的国家中、对于国家本身合理性根据的追问。公权当然不同于私权，公权领域与私权领域当然有各自的调节法则。不过，这里不是一般谈论公权与私权问题，而是讨论国家这一公权的合理性问题。国家公权是一种公共性权力。这正是契约论的最深刻之处。正是国家公权的这种公共性品质，决定了国家来自于人民、服务于人民、为了人民的性质，决定了国家并不具有高居于人民之上、可以任意支配人民，甚至剥夺公民自由权利的权力。国家公权的合理性必须从私

---

① 黑格尔：《法哲学原理》，第 82 页。
② 黑格尔：《法哲学原理》，第 83 页。

权中寻求,必须从私权中获得自身存在的合理性辩护。同样,人当然生来就生活在国家之中,但是,人们却希望生活在一个属于自己的国家之中。这正是问题的要害。这就如人总是要吃饭,但是,这与吃什么样的饭、改进饭的质量并不矛盾一样。从私权出发,未必不能到达公权。普遍亦不能离开特殊存在,普遍总是特殊的普遍。黑格尔这样一位伟大的辩证法思想大家,却在国家问题上放弃了彻底的辩证法。这不仅放弃了批判性,亦使自己陷于谬误。①

不过,黑格尔上述关于国家的思想中亦有值得注意的地方:一方面,黑格尔至少以自己的方式表达了国家不能成为私人领域的东西,即,国家不能成为私人的工具,不能成为家天下、君天下。它作为公器必须为公共服务。另一方面,国家不是偶然性的实存,而是具有必然性的存在。黑格尔反对通过契约来理解国家,其包含的合理性之处在于:并不能仅仅根据契约或约定、一致同意之类来认识、理解国家的合理性。民主与真理是两个不同的概念。即使是公民绝大多数人的一致,也未必就能说明这个国家内容的合理性。因为公民认识本身亦可能出错,亦可能出现多数人的暴政。②真理不以人数多寡为标准。现代国家以民主为内容,但是现代国家的民主并不简单地等同于多数同意。民主与多数同意是两个不同的问题:前者是关于国家内容、质的规定性,多数同意只是一种决定决策的程序性规定。国家必须获得必然性或存在合理性的辩

---

① 马克思在《黑格尔法哲学批判》中着力揭示的正是国家的合理性根据问题,强调国家须从家庭、市民社会获得自身存在的说明与根据,而不是相反。

② 苏格拉底、耶稣就都曾以一种特殊方式献身给自己所热爱的人们。

护。正是这具有必然性根据的国家,它既是我们每个人的追求目标之一,也是我们每个人的生命之所在。我们人生价值的真实实现离不开这样的国家。

根据黑格尔的分析,契约关系的核心是共同意志,是在共同意志之下的财产所有权交换。

二、交换契约

黑格尔与康德一样将契约分为三大类:赠与契约、交换契约、担保契约,且各类具体内容亦与后者基本相同。①

一般说来,契约过程是当事人双方的双向让与和接受过程。"赠与契约"、"担保契约"都是契约中的特例。"赠与契约"是单向的让与和接受过程,是当事人一方放弃财产所有权,另一方获得所有权的过程。"担保契约"是"交换契约"中的特殊状况。故我们以"交换契约"作为契约的代表性状态加以讨论。

1. 交换契约的一般解释

契约的代表性或典型状态是"交换契约"。"交换契约"就是契约过程中当事人双方的双向让与和接受过程,这是一个当事人双方财产所有权互相转让与交换的过程。在"交换契约"中"有两个同意和两个物,即我既欲取得所有权又欲放弃所有权……当事人

---

① 参见黑格尔:《法哲学原理》,第 87—89 页。康德对于契约的分类见其《法的形而上学原理——权利的科学》,沈叔平译,商务印书馆,1997 年,第105—108 页。

每一方都做全了，既放弃所有权又取得所有权，在放弃中依然成为所有人"。① 所谓"两个同意"、"两个物"指的是在这种契约过程中作为契约客体的物有两个，且分别属于当事人双方，当事人双方通过达成意志一致交换所有权，各自在放弃对自己原有物的所有权的同时，获得原属于对方所有物的所有权。

这样，交换契约就进一步获得了两个规定：

其一，当事人在契约中是放弃中的未放弃。当事人放弃的是对既有物的特殊占有这一占有的具体样式，未放弃的则是存在于这种特殊占有物中的某种共同、一般的占有内容。此共同、一般的内容就是"价值"。这就是黑格尔说"当事人每一方所保持的是他用以订立契约而同时予以放弃的同一个所有权"的基本含义。②因为，如果当事人在放弃特殊占有物所有权的同时，亦放弃了这种一般占有内容的所有权，那么，就意味着当事人没有理由或权利获得属于对方所有的特殊占有物。这就是说，正是由于当事人所放弃的仅仅是占有的特殊形式，而不是放弃占有本身，所以，他才能够从对方获得以另一种特殊样式存在的占有。当事人所未放弃的这个所有权，就是黑格尔在前面曾说过的作为物的普遍性的价值。此普遍价值并不因交换而变更所有人。"作为在契约中自在地存在的所有权，与外在物是有区别的，外在物因交换而其所有人变更了。"③

---

① 黑格尔：《法哲学原理》，第 83 页。
② 参见黑格尔：《法哲学原理》，第 83—84 页。
③ 黑格尔：《法哲学原理》，第 84 页。

其二,交换契约是价值上的等量交换。所谓契约公正或财产交换公正,就是在平等人格自愿交换前提之下的等量交换。"契约的对象尽管在性质上和外形上千差万别,在价值上却是彼此相等的。"①

交换契约的双向让与和接受,使得两个意志、两个物获得了统一,这种统一以"合意"与"给付"的方式实现。合意就是共同意志,合意遵循的是平等的自由意志原则。给付就是特殊物所有权的转让、具体物的交换,给付遵循的是价值等量原则。

2. 约定

用符号表达的共同意志(或合意)的特殊定在即为约定。②

共同意志必须得到表达,并以特殊的方式使之成为定在。为什么共同意志必须得到表达并成为特殊定在? 在黑格尔的逻辑体系中,共同意志本身仍然是一种抽象,这种抽象性东西必须变为现实性的,必须外在化为具体、特殊的。正是在这种具体特殊中抽象的共同意志才能拥有现实性。一般说来,这种共同意志的定在,一方面,可以使契约双方以一种更为严肃的态度对待契约;另一方面,可以使契约过程中所达成的权利—义务关系"有据可查",以避免给付过程中所可能出现的种种由于违犯约定情况而造成对当事人权利的伤害。因为在正式约定前,我的义务并没有得到明确规定。我仍然对于我的所有权拥有排他性与单一性,我对于我的所

---

①　黑格尔:《法哲学原理》,第 84 页。

②　这就是黑格尔说的:"用符号给予合意以特殊定在,或者表达为约定。"黑格尔:《法哲学原理》,第 85 页。

有权的转让仍然只是停留于意志阶段的一种潜在可能。是否转让,是否给付,取决于我的意志。这对于当事人的另一方,情况亦是如此。通过约定,我的法律权利、义务就得到了明确的规定。"通过约定,我放弃了所有权和在所有权中的我的特殊任性,所有权就马上属于他人的了。所以通过这种约定,我就在法上直接负有给付的义务。"①同样,作为当事人的另一方,亦同时通过约定获得其法律权利与义务规定。

约定作为合意的定在,同时就在法律上拥有有效性。所以,黑格尔不同意费希特的主张,不同意将我对于约定义务的履行与否建立在当事人他方的履行基础之上,不同意这种由约定所确定了的义务在未给付前"只具有道德性质,而不具有法律性质"的看法。② 这里的关键在于:约定是自己意思的真实且正式表达。不能以对方是否给付为前提,擅自取消自己的义务。因为,这种擅自取消履行义务看起来不过是不给付现在似乎处于自己支配下的物,但是,一方面,实际上,这个似乎现在处于自己支配下的物的所有权,在约定时就事实上通过约定已在约定的特定时间转让给对方;另一方面,正是基于这种理由,不给付就是对对方自由意志权利或财产权的一种侵犯。故,这种侵犯就不仅仅是道义上该受谴责的,亦是在法律上应承担责任的。当然,这种给付的法律义务,并不意味着绝对无条件性。当出现了不可抗拒因素时未履行约定就属于例外。此外,当对方不履行约定义务而我已履行了约定义

---

① 　参见黑格尔:《法哲学原理》,第 85—86 页。
② 　黑格尔:《法哲学原理》,第 86 页。

务时,我的权利并不因此丧失,我仍然拥有获得约定中所规定的所有权或财产的权利。

约定是"契约的符号",或者一般说是用文字方式存在的契约。在约定中,不仅体现了所有权关系,亦体现了转让的具体物之关系。这是当事人以自由意志方式对各自所有权及基于所有权的主张的表达。所以,一个有效的约定,或者准确地说,一个约定的达成,是当事人之间的自由意志关系。它要既能维护当事人双方的财产所有权,又能使这种财产所有权在特殊存在样式中得到存在。它是财产所有权的普遍与特殊、质与量的统一。在一个有效的约定中"共同意志和特殊意志都获得表达"。①

"约定"的契约关系又是信用关系。当事人以约定的方式表明自己的义务,并从内心深处真诚地意欲履行这种约定,亦笃信对方如己一样会真诚地履行这种约定。离开了对己对他的这种真诚笃信,就不可能有契约关系。由于约定的契约受到法律的有效保护,因而,在这个意义上,契约关系又是受到法律保护的信用关系。

3. 契约符号:信用

上述这种对于"契约符号"的理解,固然有道理,但是还不深刻。它还仅是形式、表象的。黑格尔还以自己的特有方式揭示了"契约符号"的更为重要内容:信用、价值。

物的交换交易有多种方式。以交易的时间来分,有当场交易与非当场交易;以交易物的空间来分,有直接的以物易物与非以物

---

① 黑格尔:《法哲学原理》,第 85 页。

易物（如今天普遍存在的以币购物）。在较为原初的物的交换中，盛行的是当场直接以物易物。这是时间与空间高度直接同一的交易过程。在此交易过程中，由于直接以物的具体形式作为交易对象，因而，要达到前面所说两个意志、两个物的同时存在与统一，就相当困难。只有在出现了一般等价物，物与物之间的交换通过一个更为抽象的中介体，经过时空分离后，两个意志的同时存在与统一才能普遍存在。尽管黑格尔并没有明确揭示此一般等价物，但他却思辨地揭示了具体物中的"普遍物"，认为"价值是物的普遍物"，[①]这就在思辨的意义上为一般等价物奠定了基础。黑格尔在马克思以前就在《法哲学原理》中通过自己的方式，意识到了商品的价值与价格二重性特质，并以普遍性与特殊性、所有权与特殊占有、物的价值与外形这样一系列术语表达。

黑格尔从历史中发现"在文明民族，用符号来表示的合意跟给付是分别存在的，但在未开化民族，两者往往合而为一。例如在锡兰的森林中，有一种经营商业的民族，他们把所有物放在一处，静候别人来把他的所有物在对面放下进行交换"。[②] 根据黑格尔的看法，用符号表达的支付这一非直接物物交换方式，较之直接物物交换方式，是一种文明程度更为高级的交换方式。它之所以更为高级，就在于这是一种建立在普遍性与特殊性分化基础之上的交换方式。在此交换方式中，用以交换的物的普遍性（所有权、价值）与其占有的特殊形式（使用价值）可以分离。这一方面扩大了交换

---

① 　黑格尔：《法哲学原理》，第 84 页。
② 　黑格尔：《法哲学原理》，第 85 页。

的范围,另一方面确立起社会的信用系统。

符号不仅仅表示契约合意的定在,表示合意这一事实,更重要的是表示契约当事人各方对于这种合意的尊重;不仅仅表示对于自身自由意志权利的维护,更重要的是对于自身转让与接受这一自由意志行为的承诺;不仅仅表示对于自身承诺的记录,更重要的在于自身对于此符号权威性的认肯。隐含在符号背后的这一系列因素,正是信用(信用关系、信用系统、信用意识)。

根据吉登斯的分析,现代性社会具有时空分离及在时空分离基础之上的脱域再嵌入特质。① 正是这种特质,使得社会成员相互交往方式发生了由"在场"到"缺场"的重大改变。伴随着这种交往方式的改变,人们在交往活动过程中,越来越依赖于由符号系统与专家系统所构成的社会抽象性系统,并对这种抽象性系统寄予无限希望与信赖。正是这种时空分离基础之上的脱域再嵌入特质,使得普遍交往得以实现。现代社会的信用系统,首先是一个由符号系统所表达的人与人关系。它的实质性内容首先不是经济方面的,而是人的存在方式、人际关系的:交换主体的质的规定性(这就是罗尔斯所说的公民能力之规定性)、人际关系的社会结构性状态、社会抽象系统的权威性。

在交换契约中,符号的出现,一方面,既能够扩大交易的范围,建立普遍性社会交往关系;另一方面,又由于其普遍性与特殊性之分化、分离,物与物之间的一般中介物这一符号性东西存在就隐藏

---

① 吉登斯:《现代性的后果》,田禾译,译林出版社,2000 年,第 15、18 页;《社会的构成》,李康等译,北京三联书店,1998 年。

着一种危险:由于这种分离,它(作为中介物的符号)得不到实现。这就进一步提出了两个方面的问题:其一,符号的权威性。它并不仅仅是当事人双方的事,它事实上已成为社会整体的事——社会一般财产交换及其实现,以及在这种一般财产交换及其实现中的社会秩序状况。其二,公权力对符号权威性的维护。由于符号的权威性超出了当事人私权所能够控制的范围,因而,就要求有公权力的存在,要求公权力必须维护符号的权威性。

三、契约共同意志的偶然性

契约通过所有权交换使我原本单一存在的自由意志,变为共同意志或合意,且在这种共同意志中我仍然保留着自己的自由意志。这对于我的自由意志及其实现来说,当然是一大进步。然而,现在的问题是:这种通过契约所形成的共同意志自身是否具有必然性? 或者换言之,在这种共同意志中我的自由意志实现是否具有必然性? 回答似乎令人失望。财产所有权交换契约就其要旨而言,乃属私权范围,这是私人间关系。在黑格尔看来,私人间关系具有任性之偶然性与不确定性。这表明,所有权关系仅仅在私人领域无法必定得到充分有效的保障。

在契约交换中,契约交换双方通过共同意志达成统一,并实现所有权交换。不过,在这种交换过程中,每一个当事人都是作为一个"特殊意志"存在,每一个这样的特殊意志都有自己的冲动、欲望与要求,"它表现为任意而偶然的见解和希求",因而,它是否合乎普遍性,是否合乎法的要求,"乃是偶然的事"。① 即,通过契约关系实现的自由意志权利,就其现实性而言,只是偶然的。这种通过契约交换实现的自由意志权利之所以是件偶然的事,除了特殊性与普遍性这一最抽象、最一般说明之外,其缘由主要在于:作为当事人的每一个人"都是直接的人",即都有自身特殊的意志、权利要求,且权利享有、义务履行本身亦在很大程度上依赖于、取决于外在他物,因而,不能摆脱偶然性。具体言之:

其一,取决于交换主体对于自身自由意志权利的认识能力。一方面,是否有能力恰当准确地自觉意识到自身全部的自由意志内容;另一方面,是否有能力在这众多自由意志内容中,恰当地评估与选择自己具有价值优先性的自由意志内容。不仅如此,每一个当事者还得面临两个更为重要的能力问题:是否有能力在与正义、善这一类普遍价值精神的连接中,合理把握自己的自由意志权利内容?是否有能力合理评价作为当事人的另一方的意志真诚与给付能力,并恰当把握契约交换中自己自由意志权利内容?事实上,无论上述的哪一个方面,对于我们每一个具体个人而言,似乎都欠缺这种完美能力。而其中的每一个方面,都会给所有权的实现,以及所有权实现背后所隐藏着的我的自由意志实现,带来极大的不确定性。

在契约交换中,我们每一个人都生活在一大堆由偶然性所构成的事件中:我的交换对象、交换客体、交换方式等等的确定,似乎都经过我的理智的仔细权衡,但是,其实,这只不过是偶然性本身

---

① 黑格尔:《法哲学原理》,第 90 页。

中的权衡。甚至亦不排除这种可能：我自以为通过契约维护了自己的权利，实现了自己的自由意志，但很可能事实上恰恰相反。

其二，取决于当事人对上述一系列认识的表达能力。合意总是要通过约定而成为定在。然而，一方面，此约定是否能够准确地表达我的真实意思，而不是相反？诸如，对于那些"城下之盟"、"刀下之约"我是否有能力拒绝，不违心合约？另一方面，即使是出于我自己真实意思的表达，我是否有能力表达准确无误，而不至于留下种种漏洞？

其三，取决于当事人的给付能力。首先，当事人是否有诚意？是否当事人原本就不准备给付，或不准备按合约给付，或原本就无充分能力按时给付？其次，即使当事人原本有诚意且有能力给付，但是由于种种原因（既有不可抗力原因，也有主观原因，如经营破产）而丧失了给付能力。

上述诸多来自于主观与客观方面的原因，使得私人间的契约合意只具有或然性而不具有必然性。然而，人们的自由意志又都渴望去除这种或然性，使其具有必然性。这就要求人们同样在主观与客观两个方面做出努力：在主观上实现道德自律，在客观上建立起一种客观的社会正义关系及其秩序。这正是黑格尔在其后提出"道德"与"伦理"两篇的基本缘由之一。

不过，在此应当首先注意的是：

其一，契约合意并不仅仅是对财产或具体物的交换合意，它首先是对平等的自由意志权利的合意。即，在契约合意中本就（或本应当）贯注着一种普遍意志精神；契约合意不仅仅是当事人间的相互同意，它首先是基于普遍价值精神前提的承认、对话、协商、商谈。没有这种普遍价值精神,契约就只能是形式、偶然的。罗尔斯、哈贝马斯等所重视的,在很大程度上正是契约关系中的这种价值精神前提。

其二,私人间的契约合意只是任性、或然的,并不具有必然性。私人间的契约合意必须上升为客观:客观制度体制、客观机制——其中包括作为民间组织的公共社团,以及作为公器的政府与相关中介机构。为了弥补私人间契约合意的任性、或然之不足,私人间契约一方面可以不再是私人自身的,不再是私人间的当面商谈或博弈,而是由专门机构专门人士代为进行;另一方面,须置于作为公器的政府公共权力的有限规范、引导之下。这样,建立在私人间合意基础之上的契约关系,就不仅仅是私人领域里的事,它以公共领域为背景。换言之,私人间通过契约关系所达成的自由意志权利,只有在公共权力的有效作用之下,才能真实实现。

黑格尔关于私人契约自由意志或然性的思想,不失睿智与深刻——尽管他是从契约当事人作为特殊意志的维度提出这一问题。在黑格尔看来:"由于缔约者在契约中尚保持着他们的特殊意志,所以契约仍未脱离任性的阶段,而难免陷于不法。"[1]并由此将自己的视野引向"不法"及对"不法"的惩罚,通过对不法的惩罚以实现契约正义。

———————————

[1] 黑格尔:《法哲学原理》,第 90 页。

第 5 讲　法的正义:不法与惩罚正义

　　黑格尔将"不法"作为抽象法的否定之否定阶段,并由此向"道德"过渡。至少黑格尔的这个文字表达及其逻辑值得认真存疑。根据黑格尔抽象法阶段的内容,其研究的应是法律,是通过法律讲法权人格,其逻辑在于:由抽象到具体再到抽象与具体的统一。财产环节讲的是抽象的权利,这是肯定性环节,契约环节讲的是权利的转让,这是否定性环节。按照逻辑,否定之否定环节应当是讲权利的实现,是通过转让这一否定性环节后,财产权以及由财产权所标识的法权人格的现实存在。但是黑格尔却以"不法"作为这一否定之否定环节,这在学理及其逻辑上是有问题的。①

　　黑格尔在《精神哲学》的第 496 节对这一问题的思维逻辑是这样的:从财产、契约到"法权反对不法"。在那里,他的主题不是"不法",而是法权与不法之间的斗争。《精神哲学》中的这个表达似乎较之《法哲学原理》中的这个表达更为合理、深刻。②

　　那么,黑格尔通过"不法"部分想要表达的真实思想内容或真

　　① 斯退士亦对此有明确的揭示。具体请参见 W. T. 斯退士:《黑格尔哲学》,鲍训吾译,河北人民出版社,1987 年,第 355 页。

　　② 斯退士没有意识到"法权反对不法"这种表达相对于"不法"的表达而言所包含的深刻思想内容。这种思想内容正是我们随后所提的"正义"。

实精神是什么？这直接关系到对黑格尔这一部分内容的真实把握，关系到对黑格尔《法哲学原理》全书内容的融会贯通。黑格尔在第 3 章"不法"中集中讲的是对不法的惩罚，其主旨其实就是：通过对一般财产交换过程中的不法行为的惩罚以维护财产权，并通过这种维护实现法权。根据黑格尔的这一思想主旨，我们对这一章的把握似乎应当以法权正义为核心。法权正义是自由权利的具体实现，只不过，这里是从否定性、禁止性方面来论述这种法权正义的实现：对不法的惩罚就是对自由权利的维护，就是正义。更为重要的是，在黑格尔这一思想背后隐含着一更为值得注意的内容：个人财产权、个人自由权利的维护与实现离不开公平正义的制度安排，离不开法治社会。

这样，我们对于正义理念似乎亦能获得某种新的启示：

其一，正义是自由权利的一般实现。此"一般"就是指无差别、所有人，就是黑格尔的抽象法之"抽象"。这似乎极其抽象、毫无规定，但是，此抽象绝非空洞，它其实是在极抽象之下表达了极丰富的内容，这就是所有人的平等的自由权利。用麦金太尔的话来说，正义存在着"何种正义"或"谁之正义"的问题，任何一个时代或社会都有正义问题，都有对于正义的具体规定。但是在现代性社会，这个正义的规定在根本上不同于既往社会：它不是以某一个阶层或集团的权利、利益先在地优越于其他阶层或集团为内容，而是强

法权反对不法，正是对于正义的维护，正是正义的体现。而"不法"却没有这种思想含义。斯退士的观点请参见 W. T. 斯退士：《黑格尔哲学》，第 355 页。

调所有社会成员、阶层或集团在权利上的平等性。现代性社会的正义首先是平等的自由权利。这正是人类启蒙时代以来的最基本精神财富，也正是罗尔斯通过"原初状态"、"无知之幕"所要确定的正义的基本前提或首要内容。

其二，法权正义是全部正义的基石，法权的核心是财产权。没有财产权，一切自由权利就失却基石，就会成为水月镜花，空幻虚无，弱不禁风。普遍意义上的个人财产权，不仅是现代社会区别于前现代社会的根本标识，亦是现代社会道德精神与民主政治生活的基石。法权正义是政治正义的首要内容。

其三，对平等法权的保护是法权正义的要求。保护就同时意味着否定：对于侵犯平等法权行为的否定。没有否定就没有肯定。正是在这个意义上，法权正义用否定性语言表达就是"免于……的伤害"。① 这种免于伤害是通过对伤害行为的惩罚而实现的。这意味着法权正义同时又内含着一种惩罚的力量，正是这种惩罚力量使得法权被维护。一个时代或一个社会是否正义，是否真实实

---

① "免于……伤害"这一关于自由的通常"消极自由"理解中包含两个方面的内容："免于……强制"与"免于……匮乏"。不过，这二者并不是同等重要、同等意义上范畴，前者对于后者具有价值的优先性，不能简单地将前者直接等同于后者，更不能将前者置换成后者。二者间有可能发生尖锐矛盾冲突。诸如，一个选择徒步横穿罗布泊大沙漠的探险者，可能会面临缺水的危险。此时，他人可以非常明确的方式告知其危险，但是却不能以自己的理解出于对此探险者的生命关心而强制阻止他选择这次徒步探险。否则，就是对此探险者加以"强制"。不能将缺少某种当事人所希望的东西之情景均简单地认为是不公正、不自由，并以"上帝"的身份关心当事人、一概阻止当事人的自由意志选择行为。参见布鲁诺·莱奥尼等：《自由与法律》，吉林人民出版社，2005 年，第 56—57 页。

现了正义,从否定性方面观之,就是看其是否对那些伤害自由权利的行为及时有效地加以恰当惩罚。惩罚似乎是种恶,但是,它对于正义之善却是必要之恶。一个社会往往并不缺少一般的理想,一个社会的宪法往往都有其令人追求与梦想之处,但是,如果这个社会对于日常生活中存在着的那些伤害自由权利的行为,或者熟视无睹,或者惩罚不力,那么,这个社会仍然是一个缺少自由权利的社会,是一个不正义的社会。

其四,通过惩罚不法以维护社会法权正义,这不是当事者个人的事,而是全社会的事。这有两层含义:一方面,在特殊事件中事实上体现或标识了此社会的正义性状态;另一方面,此维护应当具有普遍性、客观性,即它不是私人或私人间的,而是社会的,是一种社会的制度性力量。法权正义总是意味着对于社会公器的呼求。

从法权正义的维度,就能合理地把握"不法"这一章的基本内容与核心思想,并能够由此内在逻辑地生长出"道德"、"伦理"部分。法权正义必须进一步从内心正义与制度正义两个部分获得规定,进而成为一种现实的存在。内心正义与制度正义正是"道德"、"伦理"。道德是主体良知的正义,伦理是客观结构的正义。

值得特别一提的是,根据洛苏尔多的分析,在黑格尔关于"不法"的思想中隐藏着一个极为重要的现实内容或价值立场,这就是对(与他同时代的)穷人的道义同情,以及为穷人因为贫困而反抗(被迫服从)富人行为的政治正义辩护。在黑格尔看来,穷人们在特殊情况下有"不法"的权利。黑格尔在积极与消极双重意义上捍卫自由权利。他坚信:"每个人都有活着的权利,这个权利千万不能仅仅在于保护[个人免受暴力侵犯];一个人不仅有这个消极的权利，他还有一个积极的权利。自由的现实是公民社会的目标。一个人有权活着，这个事实意味着他有一个积极的、现实的权利；自由的实现一定是根本的……生命权对一个人来说是绝对根本的。"黑格尔秉持所有权从属于生命权、生命权高于所有权的价值立场，并认为："一个快要饿死的人"不仅有权利，而且"有绝对的权利去侵犯另一个人的所有权"。① 穷人的这个"不法"权利就是获得最后"一片面包"的权利。穷人们没有了工作权，没有了最后"一片面包"，就失却了自由的可能。穷人们用"不法"手段反抗近乎"自然状态"下的"自然暴力"与"政治暴力"，"不法"地"偷一块面包"，在黑格尔这里获得了道义上的正当性。这种"不法"是对"不法"本身的否定。② 在这种"不法"思想中，甚至包含了黑格尔后面所说善与良心的分立，以及在伦理实体中克服这种分立的思想。对于黑格尔的这种"不法"思想，应当在政治哲学的意义上给予充分注意。穷人乃至人民为了捍卫自由权利，拥有以"不法"方式反抗强权暴力"不法"的最后反抗权及其道义正当性。

　　不过，本文此处对于"不法"一章的总体把握，仍然是基于前述反对不法、通过惩罚不法以维护法权正义的维度。

一、法的本质与法的定在

　　不法相对于法而言。不法是对法的侵犯或违背，对不法的否

① 转引自洛苏尔多：《黑格尔与现代人的自由》，第 242、243 页。

② 参见洛苏尔多：《黑格尔与现代人的自由》，第 229—231、240—243 页。

定,即通过对不法的惩罚达到对法的维护,则使法得到实现。这样,法自身就经历一个否定之否定运动过程。

法是什么?通常以条文形式出现的法律就是法?在黑格尔看来,这些以条文形式出现的法只是法的定在,对这些法律形式的把握首先须基于对法的本质的认识。

黑格尔基于"自在的法"、"被设定的法"等概念阐述了关于法的本质与法的定在关系的认识。"自在的法"指的是法的本质,"被设定的法"指的是人们根据自由意志所创制的法,它们是法的本质的呈现,是特殊具体的法。"自在的法"与"被设定的法"的关系,是本质与现象、内容与形式的关系,彼此间是类似于时下人们所说形上法与形下法的关系。法的本质、内容与作为本质呈现的现象、形式,应当是统一的。只有与法的本质一致的实在法,才有存在合理性根据,才是善法。不能离开法的本质谈论实在法。

根据黑格尔在"契约"部分的论述,人们通过约定转让财产权,且人们在这种转让中取一种共同意志的形式。人们在契约交换行为中遵循的特定规则似乎是当事人平等自由意志协商的结果,似乎是当事人自己设定、创制,这就给我们留下一个印象:根据契约论,似乎一切法都是契约交换过程中自由创制的结果。然而,现在的问题是:如果财产转让、契约交换活动的规则或法仅仅只是当事人自己设定、创制,那么,这种法充其量只是一种偶然性的法。人们有可能设定这些法,也有可能不设定这些法,这些法可能合乎自由精神,也可能不合乎自由精神,故可以执行,也可以不执行。这种充满偶然性的法不具有普遍性。法必定是具有必然性、普遍性的。因而,我们必须通过契约当事人的这种主观性,看到隐藏在背后的客观性与普遍性。这就是黑格尔在对法的现象分析时所揭示:"自在的法在契约中作为被设定的东西而出现,它的内在普遍性则作为当事人双方的任性和特殊意志的共同的东西而出现。"①即,黑格尔揭示:在契约交换过程中,这些原本是自在的法却以"被设定的东西"这一面貌出现,它们似乎是契约当事人的创造与商定,与此相应,这些原本自在的法的"普遍性"特质却成了当事人的"任性和特殊意志"的产物——尽管这种任意取的是当事人双方"共同"同意形式。在这里,普遍性变成了特殊性,客观性变成了主观性。这样,所谓"被设定"的法,就是被当事人主观自觉意识并自觉表达出来的具有客观性、必然性的"自在的法"。在这里,法的客观必然性、普遍性取主观偶然性、特殊性的样式表现出来。

不过,一旦法取被设定的方式存在,这种法就不再是"自在的法"自身。"自在的法"是法的本质、法的理念,是"普遍的意志",因而,它具有"普遍性和简单性"。而被设定的法则是"被特殊意志所规定的东西",是"特殊的法"、"特殊的意志",因而,它具有特殊性与繁杂性。② "自在的法"与"特殊的法"是本质与现象的关系("本质对它的现象的关系"),是法的本质与法的定在的关系。尽管作为法的本质的定在的特殊法,是法的本质的现象,但是现象不等于本质,现象具有不确定性与偶然性。③ 自在的法具有确定性,被设定、创制的法具有不确定性。根据常识,似乎那些被创制、设定的

---

① 黑格尔:《法哲学原理》,第 91 页。

② 黑格尔认为:"法作为特殊的东西,从而与其自在地存在的普遍性和简单性相对比,是繁多的东西"。见黑格尔《法哲学原理》,第 92 页。

③ 黑格尔:《法哲学原理》,第 91、92 页。

法是精确具体规定的,因而是确定的。但是,这种确定性只是现象的确定性,现象总是流逝易变的,因而是不确定的。被设定、创制的具体法,总有一个被不断修正的问题。只有法的精神、法的自由本质,才是稳定、确定的。法的精神、法的自由本质,没有现象的确定性,但却有内容的确定性,它最抽象,因而,就最深刻、最稳定。

法的本质是自由。法以自由为灵魂,自由是法的价值精神。法就其本质而言,并不是惩罚性的,更不是所谓刀把子,而是自由的。如果将法的本质视为惩罚,不仅未得法之精髓,更是对作为法的本质的自由精神的亵渎。

法的本质的定在并不就是法的本质自身。自由是现代法的价值精神,是法的本质。一切实在法都是这种法的价值精神或本质的定在。或者换言之,一切实在法,都是为了维护与捍卫人的自由。然而,一切实在法一旦存在后,它自身就获得相对独立性,并有可能遮蔽原本作为自身存在价值合理性根据的法的本质,自以为自身就是无条件合理的。其实,一切实在法一旦离开了法的本质或法的价值精神,就沦落为纯粹的工具,甚至有可能在自由名义之下肆意伤害人们的自由权利。① 同样一条具体法的规定,在不同法律体系之中,会有完全不同的社会功能。对于一切实在法,必须重视其价值精神或法的本质。

由于法的定在是法的本质的现象,因而,当现象显现本质时,

---

① 诸如拘禁、国家赔偿、人民代表竞选、缺陷产品召回等方面形成的相关法律、法规,就事实上直接涉及公民的自由权利保护问题,其中就有个善法与恶法的问题。

就是法的现实存在,而当作为现象存在的法的定在不合乎法的本质时,这种现象就是一种"假象"。"假象是不符合本质的定在,是本质的空虚的分离和设定。"假象尽管也取现象的形式,但是"假象是虚妄的东西"。① 如果我们能够在一定程度上将法的本质与法的本质的定在分别理解为形上法与实在法、实质正义与形式正义的,那么,作为法的本质的法的定在(或实在法),是显现实质正义的形式正义。在这种形式正义中内蕴着实质正义。而作为假象的法的定在(或实在法),则是以形式正义否定实质正义,否定自身是自由的定在这一实质规定。这种形式正义就是一种不正义、不法。

假象总是以本质的现象形式出现,因而,只要将假象与本质相联系,以本质审视假象,就会显露出假象的虚妄。

二、不法与强制

1. 不法的分类

"不法就是把自己设定为独立的东西的那本质的假象。"②黑格尔依据于(守法的)形式与实质内容两个方面,将不法分为三种类型:过失、诈欺、犯罪。尽管黑格尔的这种划分表述有点勉强,易给人造成一种错觉,以为"诈欺"不属于"犯罪",但是,就其在内容与形式统一中把握"不法"问题而言,仍不失思想魅力。

---

① 黑格尔:《法哲学原理》,第 91 页。
② 黑格尔:《法哲学原理》,第 92 页。

　　a. 过失。①

　　这是"无犯意的不法",它有守法的实质内容,无守法的形式。在"无犯意的不法"中尽管我可能事实上违反了法,但是我在主观意图上并没有故意侵犯法的权威。这就是黑格尔所说的:"当假象只是潜在的而非自觉的,即在我以不法为法时,这就是无犯意的不法。这时对法说来是假象,而对我说来却不是假象。"②通常所说的过失犯罪,就是这种无犯意的不法。公民们为了维护自身基本自由权利而取静坐示威等非暴力的不服从,亦属于这种无犯意的不法。

　　过失不仅仅是主观上没有犯法的意图,而且在客观上有可能是源于基于多种"权原"的"权利冲突"。根据黑格尔的分析,对于同一物,可以有来自多个权利主体的权利诉求,有多种"权原","每个人会根据其特殊权原而认该物为其所有"。③ 由于诸多偶然性因素的作用,同一物可以形成多重占有或共同占有,每一个占有者会根据自己的占有理由或所有权依据(即权原),认为此物为自己所有并对此物提出自己的诉求。

---

　　① "过失"似乎并不能完全准确概括黑格尔"无犯意的不法"的全部内容。因为黑格尔在"无犯意的不法"中事实上讲的是民法,且是对财产权冲突的裁决是与否二相判断——这种冲突各方都可能拥有一定的"权原"根据,而"过失"似乎有先在地对其中某一方作出否定性判断之嫌疑。不过,考虑到"过失"能够准确地表达"无犯意"之实质,在民法诉讼中的败诉尽管也是一种"不法"(法律的否定性判断),但它是一种特殊的维权活动,并不存在着对于法的故意侵犯,故,还是用"过失"来表达。

　　② 黑格尔:《法哲学原理》,第92页。

　　③ 黑格尔:《法哲学原理》,第93页。

在这种"权利冲突"情况下,必须作出确定该物究竟应属于谁、究竟谁对它拥有权利的判断。这种判断或裁决构成民法的调节领域。① 这里就提出了两个值得注意的问题:其一,既然是在有"权原"的情况下产生的这种权利冲突,那么,这种不法在严格意义上就不能称之为不法,它至多是通过一种判断或裁决使这种权利冲突在法律的意义上被解决,进而只是在法律裁决的意义上具有形式上的不法而已。其二,民法或民事权利争讼并不是一件在道义上不光彩的事,恰恰相反,它是人们为维护自己正当权利的一种行为。正是在这一点上,中国人进法院打官司见不得人的传统观念应当被破除。

在这种"无犯意的不法"中,当事人的特殊意志与普遍意志处于分离状态:一方面,"特殊意志它尚未以普遍意志为其目的",特殊意志试图将特殊意志直接作为普遍意志本身;另一方面,特殊意志并没有获得现实的承认,在法面前,似乎"当事人就得放弃其特殊的观点和利益"。② 这种特殊意志与普遍意志的分离状态,其实就是不同当事人之间的权利冲突,且这种冲突以彼此拒斥的方式出现:你有我无,我有你无。这是因为法总是要作出是与否的裁决的。

在这里,当事人都认肯并尊重法的普遍性与有效性,且当事人各自为了自己的特殊利益(或权利)均求助于这个具有普遍有效性

---

① "根据某种权原而要求某物所产生的这种权利冲突,构成民事权利争讼的领域。"黑格尔:《法哲学原理》,第 93 页。

② 黑格尔:《法哲学原理》,第 93 页。

的法,试图通过这个普遍有效性的法在否定对方特殊利益(或权利)的同时,维护自己的特殊利益(或权利)。这就是黑格尔所说这种不法"对普遍的法还是尊重的","在这里法是被承认的,每个人都希求法的东西,都盼望得到法的东西"的真实含义。①

"过失"是无主观犯意之"不法",欺诈、犯罪则属于有主观犯意的另一类"不法"。

b. 欺诈。

故意以合法的形式做不合法的事,这就是欺诈。欺诈是有意图地不法,且法自身成了一种假象,它有守法的形式,无守法的实质内容。"诈欺……对法自身说来不是什么假象,实际情形是我对他人造成了假象。由于我进行诈欺,对我说来法是一种假象。""诈欺"不同于"过失"。在"过失"中"对法说来,不法是一种假象"。而在欺诈中"对我本身即对不法说来,法仅仅是一种假象"。② 这就是说,在欺诈中,法的普遍性变成了我的意志的纯粹特殊性:我在法的普遍性形式之下兜售的是自我的特殊意志,我有对法的普遍性尊重之形式,却无对法的普遍性尊重之实质;法对于我来说,完全是用以欺诈对方的一种手段。

欺诈的基本特征是以普遍性面貌出现的特殊性。这有两个方面:

其一,以欺诈者的特殊意志暗中代替法的普遍意志。黑格尔在说到欺诈时有这么一段话:"在诈欺中特殊意志并未受到损害,

---

① 黑格尔:《法哲学原理》,第 94 页。

② 黑格尔:《法哲学原理》,第 92 页。

因为被诈欺者还以为对他所做的是合法的。"①明明对方的权利、利益在欺诈中受到损害,为什么说在"诈欺中特殊意志并未受到损害"? 此特殊意志指的是对方的特殊意志。原来这里对于特殊意志的伤害并不是直接针对特殊意志本身,而是直接针对法本身。在契约过程中,欺诈者与被欺诈者作为契约双方都是在法的普遍有效性之下进行,此契约的具体过程本身是两个特殊意志的平等权利交换过程:在此契约交换过程中被欺诈者的特殊权利或意志会被尊重,甚至欺诈者还会信誓旦旦,并主动帮助被欺诈者计虑,以一副善良、正直、负责的面孔出现,正是基于这种事实,被欺诈者出于自愿而与欺诈者达成交换协议。正是在此意义上,在协商过程中,被欺诈者的特殊意志确实被尊重了,并没有受到损害。但是问题的关键则在于:作为双方赖以协商、合约基础的法,欺诈者从一开始就没准备尊重与遵守。这就事实上否定了法的普遍有效性,因而,从契约的实际结果来看正是对对方特殊意志的侵害。欺诈是以假象出现的合法,它所利用的是对方的善良与轻信。

其二,以物的特殊性暗中替代物的普遍性,或在特殊意志之下获得物的普遍性(价值)。正如黑格尔在前面所揭示的那样,物具有质与量、特殊性与普遍性双重规定:物的质是能够满足需要这一物的普遍性,这是物的价值,而物的质又都有量的规定性,物的量是物的可以用以比较的特殊有用性。在交换过程中,物的质消失在量的形式中。② 我在契约交换中并没有转让自己的所有权,我

---

① 黑格尔:《法哲学原理》,第 94 页。
② 参见黑格尔:《法哲学原理》,第 70—71 页。

所转让的只是我的所有权的具体形式。契约交换是一种价值的等
价交换。然而,一方面,在这种等价交换中,物的质又消失在量的
形式中,量就成了质;另一方面,我总是自认为是在根据物的内在
普遍性或价值进行量的交换,并总是自认为这种交换是公平的。
但是,事实上,可能我并没有真正认识到我所占有的物的真实内在
价值,我只是以一种被低估了的与物的(内在)价值不相称的价格
转让了自己的占有物。而对方却故意利用了我的这种对自身占有
物的价值的无知,在我自愿的形式下与我达成转让的契约。这种
转让是一种无知的转让。尽管这种交换是出于我的自愿,但是这
是一种特殊的非真实意思表达。这种基于非真实意思表达的契约
是一种无效的民事行为。这就是黑格尔所说那种"作为双方自由
合意而就这个物按其直接单一性进行交换说来,固然十分正当,但
在其中欠缺自在地存在的普遍物这一方面"的基本含义。所以,应
根据物的"内部普遍性"来交换。"为了反对把物仅仅作为这个物
来接受,反对单纯臆测的意志和任性的意志,客观或普遍的东西应
认为可以作为价值来认识,并应看做法",对于这种"违法的主观任
性也应予废弃"。①

　　欺诈是守法的一种假象,它尽管对法有犯意,但却以对法的尊
重面貌出现。它有不法的内容,但却无不法的形式;它否定法的内
容,却不否定法的形式。如果一旦连法的形式也加以否定,在内容
与形式两个方面赤裸裸地侵犯法,就是黑格尔所说的"犯罪"。

---

① 黑格尔:《法哲学原理》,第 95 页。

c. 犯罪。

犯罪是在形式与实质内容两个方面双重公开地否定法。

犯罪"这无论自在地或对我说来都是不法，因为这时我意图不法，而且也不应用法的假象。我无意使犯罪行为所指向的他方把自在自为地存在的不法看成法。诈欺和犯罪的区别在于，前者在其行为的形式中还承认有法，而在犯罪则连这一点也没有。"[1]"在犯罪中不论是法本身或我所认为的法都没有被尊重，法的主观方面和客观方面都遭到了破坏。"[2]犯罪是明火执仗地不法，故黑格尔说它是"真正的不法"。[3]

2. 不法的强制

在黑格尔看来，欺诈作为不法由于尚具有被欺诈人的"自愿"面貌，因而，具有法的形式。而犯罪则不同。犯罪没有任何法的形式，正是在此意义上，犯罪是对所有权的强行侵犯，它是强制与暴力的不法。

对物的强制就是对人格自由意志的强制。犯罪的强制似乎是对物的强制占有，而不是对人的意志、人格的强制。但是，正如前述，财产权是人格的定在，人的自由意志存在于其所占有的物中，并通过所占有的物而得到体现。"我的意志由于取得所有权而体现于外在物中，这就意味着我的意志在物内得到反映，正因为如此，它（即我的意志——引者加）可以在物内被抓住而遭到强

---

① 黑格尔：《法哲学原理》，第 92 页。
② 黑格尔：《法哲学原理》，第 95—96 页。
③ 黑格尔：《法哲学原理》，第 95 页。

制。"①因而,对于我所占有的物的强制,就是对于我的人格、意志的强制。我们无法想象离开了自己的所有权、占有物等这一系列具体物,自己的自由意志、人格如何能够得到体现,如何能够现实化;我们亦无法想象,当我们拥有所有权的占有物被强制掠夺时,还能说得上我们的人格、自由意志被尊重,还能成为具有自由权利的现实的主体(主人)。所以黑格尔才尖锐揭示:"我的意志在物中可能无条件地受到暴力的支配或者被强迫作出某种牺牲、某种行为,以作为保持某种占有或肯定存在的条件。"②这是不法犯罪者对我的意志的强制。不法犯罪者通过对我的意志的这种强制而获得其占有权。

人身肉体也是一种特殊的物,因而,强制占有也可能直接针对的是人身肉体。"作为生物,人是可以被强制的,即他的身体和他的外在方面都可被置于他人暴力之下。"③由于人体并不简单等同于一般物,它是人格的直接承负,因而,针对人身的强制就是直接对于自由意志、人格的强制。这样,针对人身所作的不法的强制,较之针对其他一般物所作出的不法的强制,尽管都是不法,都是对于自由意志的侵犯,前者在性质上则更为严重——因为它所直接针对的就是人格、自由意志本身。

不过,肉体人身、一般物与自由意志是两个虽有联系但又有区别的东西。自由意志、人格是自由精神,身躯、一般物是自然物。

---

① 黑格尔:《法哲学原理》,第95页。
② 黑格尔:《法哲学原理》,第95页。
③ 黑格尔:《法哲学原理》,第96页。

我的一般物的东西乃至肉体人身都有可能被外力强制,但即使是
一般物乃至肉体人身被强制了,我的意志、人格却未必能够被强
制。我虽身陷牢狱,但我仍然可以拥有不屈的心灵与高贵的精神;
我虽无法现在就夺回原本属于我的财产、我的所有权,但是,我却
发誓要尽一切可能夺回我的所有权、我的财富,我绝不放弃这种抗
争;即使我表面上屈从于你的强制,但是内心却可能充满仇恨与反
抗;我的自由意志可以从这不自由的外在身躯中"撤退出来"。人
的意志是自由的,它是不可被强制的。正是在此意义上,人的"自
由意志是绝对不可能被强制的"。说人的自由意志是"绝对不可能
被强制的"在此指的是:人的自由意志并不等同于自然身躯,自由
意志是无法通过外力被摧毁,即使是屈服也是我自己选择了屈服。
自由意志只有被自由意志本身所摧毁。

　　所谓自由意志只有被自由意志本身所摧毁,有两层含义:

　　其一,我的自由意志不从其定在中"撤退出来",不通过这种
"撤退"成为纯粹的自由意志。我的自由意志将其定在直接简单地
等同于自身,以为外力强制了作为我的自由意志定在的我的人身
肉体、物,就是强制了我的自由意志,进而放弃我的自由意志。这
就是黑格尔说"除非它本身不从其所受拘束的外在性或不从其对
这种外在性的表象撤退出来"的基本内容。①

　　其二,我自愿接受这种强制,并视其为当然。"只有自愿被强
制的意志才能被强制成为某种东西。"②现在的问题是:既然人是

---

　①　黑格尔:《法哲学原理》,第96页。
　②　黑格尔:《法哲学原理》,第96页。

自由的,具有自由意志,自由意志与被强制格格不入,那么,为什么我会自愿接受这种强制?为什么我会自由意志地放弃自由意志?其缘由何在?自由意志在外在强制之下的自我否定,是其基本缘由。这种自由意志的自我否定大致产生于如下两种情景:首先,自由意志本身在长期抗争无效中麻木。这就类似于中国古人所说的"认命"。其次,自由意志对其真实内容虚幻化,将不是自由意志的存在当作自由意志的存在。如,与其做个操心劳碌贫穷的主人,不如做一个不操心且生活过得去的奴才,以及免得为一物耗费精力,忍为上之心态。

这样看来,自由意志也并不是绝对不可能被强制的,关键在于这种被强制须通过自由意志本身起作用。被强制的自由意志是没有自由意志的自由意志。

不法的强制之所以是不法的,就在于它是对自由意志的侵犯。尽管不法的强制看起来似乎只是对物的强制,并不是对自由意志本身的侵犯,但是,实际情况并非如此。"由于意志只有达到定在的时候才是理念,才是现实地自由的","意志体现于其中的定在是自由的存在"。① 所谓自由意志只有达到定在的时候才是理念,指的是自由意志只有体现为具体、存在于日常生活中,此自由意志才是真实的自由意志。自由意志不是纯粹空洞、虚无缥缈的东西,它须在现实性上存在。此现实性包括行为、做、财产、存在等一切方面。如果意志自由仅仅只是一种没有现实性的纯粹精神自由,乃是一种空虚的自由。这种空虚的自由不能称之为真实的自由意

---

① 黑格尔:《法哲学原理》,第 96 页。

志。所以，对物的强制就是对自由意志的强制。此强制与自由意志格格不入，它是对自由意志的破坏。正是在此意义上黑格尔才"抽象地说，暴力或强制是不法的"①。

不法的强制必须被否定。不法的强制通过法的强制来否定。

3. 法的强制

强制须被强制否定。以法的强制否定不法的强制，以正义的强制否定不正义的强制，这是强制、暴力的自我否定。一般说来，对于占有与所有权交换过程中的不法强制，须凭借强制的方式才能扼制与纠正。② 为了消灭强制，就必须有强制。所以，黑格尔认为（正义的、法的）强制的存在"是必然的"、"合法的"。③

这样，强制就有两种类型：不法的强制与法的强制，或不义的强制与正义的强制。我们不能简单笼统地一概反对强制。为了自由意志及其实现，就必须有正义的强制。这正是后面黑格尔将法的强制理解为是以暴制暴的基本缘由。

法的强制不是个人的强制，而是客观强制。法的强制也是一种暴力行为，但是这种暴力行为却并不是由当事人个人直接实施的强制，而是由国家这一作为公共产品的公器所垄断并实施。这

---

① 黑格尔：《法哲学原理》，第 96 页。

② 这并不否定在日常生活中出现的不法强制被感化之个案，但是，这种个案只是一种或然、偶然的，并不具有必然性。阻止不法强制的必然性途径是法的强制。对地痞无赖讲道理往往是对牛弹琴，唯一有效的是挥起你的拳头。有拳头才有道理可言。"以德报怨"作为一种个体美德固然可嘉，但亦须有限度。对一个根本无法被感化的恶棍，"以直报怨"就是对正义的最好维护。

③ 黑格尔：《法哲学原理》，第 96 页。

既是现代性社会的基本标志,亦是现代性社会正义的基本内容。

a. 法的强制对象。

法的强制有两种强制对象或两种内容,即对不法强制的强制,以及对纯粹自然意志的强制。

法的强制是对不法强制的消除。这种强制是对契约义务、责任、社会正义的维护。因为违背"约定给付而违反契约"、"违反对家庭和国家的法定义务"等这样一类行为,①都是对他人财产权的侵犯。法的强制就是要对抗与消除这种强制和暴力。

个人间的契约交换必须通过法的强制获得保证。契约过程不仅仅是一种基于平等主体自由意志所达成的意向,更是这种意向的实现、履约。然而,个人间契约过程面临一种现实:交换双方占有物所有权转让在时空上的彼此分离。我在达成契约时只能凭着自己的既有感觉对对方的承诺确信与否,并基于确信而与对方达成契约。但是,我却在四个方面呈现出相当的或然性:其一,有限的认识能力。其二,对于对方的真实意图只能凭感觉判断,无法直接把握,因为那是一种潜藏在内心的东西。其三,即使我尽可能将一切可能发生的意外均作了详细考虑并施以相应对策,但是,我却无法对可能发生的一切均能准确无误预见并成功应对。其四,契约与契约的实现不是一回事。当对方并不能履行合约时,我自己未必一定获得或追回我自己的财产权。契约以当事人间的信用或信任为前提。然而,当事人间的信用与信任只具有或然性。因而,在一般抽象意义上,契约要得以实现、契约关系要得以稳定,就必

---

① 黑格尔:《法哲学原理》,第 96 页。

须摆脱或然性而成为必然性的。此必然性就是客观社会机制、就是作为上帝公正之眼的国家。只有国家、客观社会机制才能保证我作为当事人在对方不履行义务时维护我的正当权利。

对不法强制的强制，是法的强制的一种内容。法的强制还有另一种内容，这就是对于"纯粹自然的意志"、"自然的暴力"的强制。①

对"纯粹自然的意志"的强制并不是根据契约转让所提出，也不是从契约转让中逻辑生长出的问题，而是直接从自由理念中生长出的问题。

根据黑格尔的看法，"纯粹自然的意志"是未经教化的意志或"未开化的意志"，它"是对抗自在地存在的自由的理念的一种暴力"。② 所谓"自在地存在的自由的理念"是在讲人的自由的本真状态。人是自由的，自由是人的本真状态。人不是因其自然性，而是因其自由性成为人。因而，人既注定要成为自由的，又注定有一个摆脱纯粹自然性的成人过程。在个体摆脱纯粹自然性、成为自由的存在者这一成人过程中，不能没有某种外在客观强制力量的作用。从个体发生学的角度看，个体社会化的过程，即是成为自由存在者的过程，即是以社会伦理关系与伦理精神及其规范性要求塑造个体的过程。尽管在此社会化过程中也有个体自身的主体、主动性，但是，它首先是一个接受、被塑造的过程。正是在此意义

---

① 黑格尔：《法哲学原理》，第 96—97 页。

② 参见黑格尔：《法哲学原理》，第 96—97 页。

上，它具有"强制性"。①

　　由于"纯粹的自然意志"是针对"伦理性的定在"的"赤裸裸"的"对抗"，因而，为了成为一个人，为了人的自由存在，用黑格尔的话说，为了"保护""自由的理念"②，必须以"强制"的方式否定这种"纯粹自然的意志"。

　　黑格尔以强制教育，以及对"野蛮人和未开化人"的强制，来具体说明这一问题。在现代社会，国家有义务教育法。义务教育是一种强制。一般看起来，似乎我接受不接受教育是我个人的事，或者是我家庭中的私事，并不影响他人的自由，并没有伤害他人的权利，故，似乎这是我自己的自由权利。但是，一个人生活在现代社会，没有文化就没有自由的能力，就不能很好地生活，因而，有文化就是现代人的基本规定之一。这就是人及其自由的"自在地存在的自由的理念"。文盲与现代社会中的人及其自由相悖，"对抗自在地存在的自由的理念"。为了保护自由的理念，为了社会成员拥

---

　　①　对于黑格尔"自在地存在的自由的理念"还可以有另一种理解、解释进路，这就是自由的自在性。人是否自由似乎总是要通过自己的感觉被认识与把握，但人的自由与否并不完全是自己的感觉问题，或并不完全取决于自己的感觉。在人类文明发展的特定阶段，人的自由有其客观规定。这种客观规定的自由，就是人类文明在那个历史阶段所能达到的人的存在高度。这就是"自在"的"自由的理念"。"自由"不是个人的自我任意规定，有其客观、人道内容。我们讲"自由"、"幸福"时，不能离开这个"自在"的"自由的理念"，不能离开客观规定，否则，自由、幸福等就成为一种纯粹主观、偶然的东西了。纯粹主观、偶然的，不能称之为自由、幸福。

　　②　参见黑格尔：《法哲学原理》，第97页。

有自由能力，社会就必须通过强制的方式，使其成员接受应有的教育。①

家庭暴力也是这样一种"纯粹自然的意志"的暴力。家庭暴力，诸如家庭中的虐待儿童、虐待妻子、性暴力等等，在传统社会似乎天经地义，然而，在现代社会，这种天经地义的行为实为一种"未开化状态"，不合乎人的"自由的理念"，因而，也要通过强制的手段予以消除。

针对"纯粹自然的意志"，黑格尔强调"教育上的强制"性。②黑格尔此处强调的"教育上的强制"性，不是简单地在实行义务教育这一类"强制教育"意义上所言，而是在更为一般的、去除意志的自然性这一成人的意义上而言。根据黑格尔的思想，在人的操守、品德养成的成人教育过程中，不能缺少某种强制性。

为什么对于自然意志一定要采用强制的方法予以消除？难道不能通过说理、说服的教育方式解决吗？根据黑格尔的思辨逻辑，"纯粹自然的意志"也是一种暴力与强制，强制的否定须通过强制的自我否定性实现。当然，这只是一思辨逻辑的解释。在这思辨思想背后隐藏着更为深刻的真实内容。"纯粹自然的意志"是人（person）的一种自然秉性或天性，人要摆脱自己的既有秉性或天性，放弃既有的意志，意味着要开始一种新的生活逻辑与人生规定。这是一种根本性的转变。除非有一种异常强大的外在力量的

---

①　由此亦可见现代国家并不应是无为的，而应是一个有为的国家：保护公民的基本自由权利，使公民能够自由存在。

②　参见黑格尔：《法哲学原理》，第 96—97 页。

促使、逼迫，否则，从一种生活逻辑跳跃到另一种生活逻辑，依靠自身的力量是无法实现这种转变的。因而，要实现这种生活方式、生活逻辑、意志内容的根本性变化，就必须有一种强制的力量。此强制性力量就是来自于生活实践的力量，这种强制性教育就是生活实践的教育。这正是黑格尔说"采用温和手段来对抗自然的暴力是不会有什么成效的"基本缘由或依据。①

由此，我们可以发现：教育有说理说服与强制两种基本方式。或者换言之，说理说服有两种方式：一是我们通常熟悉的言说的说理说服，一是来自于生活实践要求本身的说理说服。要改变人们的既有生活习性、道德精神，言说的说服教育固然重要，但却并不是唯一的，甚至还并不是最重要、最基础的。在上述那样一类两种生活逻辑、两种不同意志内容的根本转变中，必须要有一种强有力的外在强制力量的推动（这种强制力量可以是经济的、政治的、法律的）。甚至一个人善的习性的养成，亦离不开社会的强制力量的作用。在社会、客观的维度观之，（个人）道德尽管是一种自律，但是这种自律却总是以（社会）他律、以某种客观强制力量的存在为前提。没有某种客观强制力量为前提，道德就是空虚的。这是因为：

其一，从社会道德精神的角度看，一方面，道德总是有其现实社会物质生活基础，在这种社会物质生活基础中存在着具有现实性的社会伦理关系，它们在具体调节社会日常道德生活的同时，亦规定了道德善恶的具体内容。这种社会伦理关系以社会客观力量

---

① 黑格尔：《法哲学原理》，第97页。

的方式规定并引领着社会价值原则与道德精神。另一方面，在普遍意义上言，当一个社会处于两种道德价值体系、两种生活态度的重大或根本转换时，此社会必定处于两种生活方式、存在逻辑的转换之时。正是这种客观生活方式、存在逻辑的变化，顽强地推动着社会道德精神的变迁。没有客观生活方式、客观存在逻辑的根本变化，就没有社会道德精神的变迁。

其二，从个体道德品质、操守的角度看，其形成与秉持均离不开客观生活世界伦理精神的"强制"性模塑。一方面，一般说来，个体的道德品质、操守总是其现实生活世界的反映。个体现实生活世界中的伦理关系及其伦理精神，以客观力量的方式在"强制"地塑造着个体的道德品质。这正是后面黑格尔借古人之口，在回答如何教育孩子这一问题时，说使之成为一个具有良好法律国家中公民之思想要义。另一方面，一个人的内在道德力量往往需要有某种外在力量的激发、支撑，没有这种外在力量的激发与支撑，个体内在具有的某种善或正义的道德感，往往处于沉睡或朦胧状态中。在一个社会中讲道德，当然必须强调社会成员的道德自觉，但是，却不能忽视这种客观伦理关系及其精神的强制性教育作用。这种来自于生活本身的教育，更具有基础性。

对"纯粹自然的意志"的强制性教育所强调的是：为了社会成员的文明与教养，社会必须有强制性生活价值及其规范教育，这个生活价值及其规范教育不是口头说教，而是必须实行的行为方式。法治社会基础之上的管理，具有塑造社会成员品德、移风易俗、改造社会的功能。必须重视这种社会功能的恰当积极发挥。社会管理活动具有伦理价值，其核心就是个体美德形成的社会条件，以及公序良俗形成的社会条件。①

黑格尔的教育强制性思想与康德的"自律论"似乎水火不相容。其实,冷静思考,康德的"自律论"至少在双重意义上并不绝对拒斥黑格尔的这个强制教育论。其一,康德的自律论揭示的是自律为何,黑格尔的强制教育论则揭示自律何以可能。其二,康德的自律论以主体具有道德自由能力为前提,而黑格尔的强制教育论则揭示主体的道德自由能力并非天生,亦有一个经历生活教育与学习的形成过程。

由谁来担当去除社会成员"纯粹的自然意志"的强制性教育任务?就此,黑格尔提出了"英雄"、"英雄存在"、"英雄权利"问题,②并认为在古代社会这是英雄的权利与职责,是英雄担当了这种强制性教育的使命与职责。黑格尔此处所说"英雄",是在"杰出人物"、"伟人"的意义上所使用的。

这里主要有两个方面的内容:一是英雄人物存在的条件,一是英雄人物行为的合理性根据。

黑格尔是在谈到"一般暴力横行的状态"下对抗"纯粹自然的意志"时提出"英雄权利"概念的,并认为英雄只出现在人类的"未开化状态"。如果我们不是过于注意其"未开化状态"的字面表达,

---

① 如此看来,"管理伦理"就有两个完全不同的方面或规定:其一,对一般管理活动及其过程的伦理关系、目标、手段等的伦理研究。这属于应用伦理学范畴。其二,对社会管理(规范引导)的伦理意义、价值的研究。这属于道德社会学的范畴。人们通常仅仅在前一种意义上谈论管理伦理,这是远远不够的。

② 参见黑格尔:《法哲学原理》,第 97 页。

而是在以血亲关系为核心的古代社会这一更为深刻的意义把握其思想内容,仔细琢磨,就会发现黑格尔的思想中事实上有两个方面的含义:一方面,英雄的这种强制性教育任务担当,只存在于(相对于现代社会的)古代社会;其二,英雄所担当的这种强制性教育作用,在人类不同文明类型转型时期格外重要。

古代社会是血亲社会,实行的是家长制。家长制将那个共同体的命运直接维系于家长一人身上,家长及其家神的精神状况直接决定了特定共同体的现实状况。这正是家长制下家长的人治及其英雄人格气质孕育的现实土壤。一个有远大抱负、励精图治、教民化性,具有如同韦伯所说魅力的家长,会引领那个共同体摆脱"纯粹的自然意志"状态,走向繁荣兴盛。现代民主制度在根本上不同于古代家长制度。在现代民主制度中,家长连同家长制本身已不再有存在的理由与根据,法治取代了人治。现代民主制是一个去英雄的时代。正是在此意义上,强制性教育任务的英雄担当,随着古代社会及其人治的被否定,亦失却其存在理由。

英雄的这种强制性教育使命担当,更集中体现在人类文明的历史转型过程中。黑格尔是在由自然状态向文明、由野蛮向教养状态转化背景下,在谈到人的两种不同存在样式时提出"英雄"的存在及其作用问题。他以自己的方式明确揭示了杰出人物在社会历史转型过程中的重要作用。新的价值精神、社会生活方式、存在样式乃至整个新的文明类型,是需要引导、倡导、推动的。英雄人物正是这类引导者、倡导者、推动者。他们具有远超出常人的真知灼见、远大目光与钢铁意志。他们是先知、先驱、先锋。他们"替天行道"("理念创立了英雄权利"①)。尽管这些英雄人物的行为以其自身的特殊个性方式所表达,但是,它却是自由理念、时代精神的表达。所以黑格尔说:"这些行为还是作为他们的特殊意志而表现出来的。但英雄所实施的那种强制,作为理念对抗自然性的更高的权利,乃是一种合法的强制",他们的"目的是合法的、必然的和政治性的,而且他们以实现这种目的为自己的事业"。②

不过,英雄存在是永恒现象。只要有人类文明向更高阶段发展,就会有英雄存在。即使是现代民主制度中仍然会有英雄存在的空间。黑格尔所言:"在国家中已再不可能有英雄存在,英雄只出现在未开化状态。"③这只是针对现代性社会与前现代性社会、法治社会与人治社会之区别而言的。他的意思是:英雄出现于前法治社会,法治社会的建立有赖于英雄人物,法治社会的建设却不需要英雄人物;正是英雄人物的识见与反抗否定了既有的"未开化状态";现代性社会应是民主的法治社会,而不是专制的人治社会,故以人治权利为基础的英雄权利在法治社会没有存在条件。黑格尔的这个思想固然有其道理,但绝对否定英雄人物在现代法治社会中作用的立场不可取。英雄人物的作用与人治是两个不同的概念。不能简单地将二者等同。即使是在现代法治社会,一方面,由于不同社会成员的识见、意志力、影响力存有差异,各自对社会公共生活的影响事实上是不同的;另一方面,一般说来,现代法治社

---

① 黑格尔:《法哲学原理》,第 97 页。
② 黑格尔:《法哲学原理》,第 97 页。
③ 黑格尔:《法哲学原理》,第 97 页。

会的政治生活原则并不是直接民主制，而是间接民主制，总是有委托人与代理人关系存在。代理人事实上拥有更多的权力，对社会公共事务有更大的影响力，进而能够影响社会发展。这些代理人会以自己的识见与意志力引领社会向特定方面前进。①

　　b. 法的强制方式：以暴制暴。

　　"抽象法是强制法，因为侵犯它的不法行为就是侵犯我的自由在外在物中的定在的暴力；所以抵抗暴力以维护我的自由的定在这件事本身乃作为外在的行为而出现的，它是扬弃上述第一种暴力的暴力。"②法律的强制、暴力性特质会给人造成一种印象，以为其本质就是暴力与强制。这是对法律本质的误解。法律确实有强制与暴力性，但是，一方面，法律的这种强制与暴力是法律的次生性内容，而非原生性内容。法律的原性性内容是自由，是自由意志的定在。法的本质是自由。暴力、强制只是为了维护自由意志而由其进一步衍生出的内容。只有这样，才能避免将法堕落成为纯粹的工具性存在。另一方面，法律的强制与暴力是为了维护自由意志，是对那种否定自由意志的"不法的强制"的否定。因为强制只有通过强制的方式被消除。人们看到法律的强制性，这只是看到法律的结果，而没有看到法律的本原与起因，没有看到正是由于不法强制的出现，才使法律有了强制性。所以，黑格尔才说："说它是可以强制大家遵守的法，就等于从结果来理解法，而这种结果是

----

　　①　美国前总统小布什发动的"反恐"运动及其对全球国际关系与政治生活的影响，就从一个侧面对此做了证成。

　　②　黑格尔：《法哲学原理》，第 97 页。

经过不法的弯路才出现的。"①

对于不法的强制是以暴制暴,是惩罚正义。所谓惩罚正义是指为了维护自由权利而对不法行为的恰当惩罚。法的强制是不法强制的自我否定。这种自我否定有两个方面的规定:一是源于不法强制自身的内在否定性,一是罪罚相当的惩罚正义。人们对于不法强制往往喜欢讨论是以德报怨,还是以怨报怨,其实,从法的维度来看,两者均不是。法的正义是惩罚正义,是以直报怨。以直报怨就是惩罚正义。

惩罚正义有来自质与量两个方面的规定,它既应当定性,也应当定量。黑格尔在批评斯多葛派等时所表达的正是这一思想。②惩罚的正义就是恰当惩罚:既不能过,亦不能不及。唯有法的正义才能消除不法的强制。不过,对于法的强制中的"恰当"应当作全面理解,不能仅仅度量不法强制侵害所直接造成的财物损失,还应考虑到因对财产侵害而造成的精神、人格上的伤害,以及对社会公众的可能伤害。否则,法的惩罚就会失于不及,就不能有效地达到消除不法的目的。只有恰当才能使不法强制"无利可图",不再重现。对于不法强制所造成的严重伤害,不仅要给予刑法惩处,而且亦要给予受害人民事上的"损害赔偿",且这种"损害赔偿"应当是"民事上的满足"。③

而作为惩罚正义标准的惩罚之定性与定量标准,亦应是客观

---

① 黑格尔:《法哲学原理》,第 97 页。
② 参见黑格尔:《法哲学原理》,第 99 页。
③ 黑格尔:《法哲学原理》,第 100 页。

的，而不应是主观随意的。罪由法定。因此，黑格尔说惩罚的标准
"不能用思想来解决，而必须由法律来规定"。①

　　值得特别注意的是，黑格尔在讨论法的强制、以暴制暴时，特
别强调了"法的东西和道德的东西的区别"。"在道德的东西中，即
当我在自身中反思时，也有着两重性，善是我的目的，我应该按照
这个理念来规定自己。善在我的决定中达到定在，我使善在我自
身中实现。但是这种定在完全是内心的东西，人们对它不能加以
任何强制。所以国家的法律不可能想要及到人的心意，因为在道
德的领域中，我是对我本身存在的，在这里暴力是没有什么意义
的。"②黑格尔此处揭示了法律与道德的核心区别就在于：法律（调
节）的东西是外在定在的，而道德（调节）的东西则是主观内心的，
不具有外在定在的特质，故，法律的强制不能针对主观内心道德，
只能针对定在的行为。值得注意的是，此处道德是在尚未现实存
在、人的主观精神世界意义上而言，而不是在这种主观精神现实存
在的道德行为意义上而言。主观精神一旦成为外在定在、成为现
实行为，就能够成为法律调节的对象。

　　惩罚正义针对的是不法强制，而不法强制只有针对某一定在
的意志才能发生侵犯作用，③在针对这种定在意志侵犯的同时，不
法强制亦使自己成为一种定在。这意味着当我们能够说不法强制
时，总是针对某一具体定在的不法强制行为，而不是一种抽象的不

①　黑格尔：《法哲学原理》，第 99 页。
②　黑格尔：《法哲学原理》，第 97—98 页。
③　"唯有达到了定在的意志才会被侵犯。"黑格尔：《法哲学原理》，第
98 页。

法。黑格尔在这里直接提出了一个非常重要的问题:不存在着思想不法或思想犯罪的问题。思想是自由的。不法强制总是具体的,不存在不是具体的不法强制。因为这里直接涉及两个基本自由:思想自由以及人身自由权利维护。如果不以定在论不法强制,则不法及其判断就无客观规定性,就完全是一主观任意的东西了。

不存在着思想不法与不法强制的主观动机或道德性质,是两个不同的问题,不能混淆。因为"犯罪的主观道德性质"是与犯罪的"更高级的差别有关",①它以犯罪这一定在为前提。

法的强制是暴力,但是这种暴力是对不法强制与暴力的强制与暴力,因而,它是对暴力的消除。法的强制使被犯罪所否定的法"恢复"原状。"现实的法就是对那种侵害的扬弃,正是通过这一扬弃,法显示出其有效性,并且证明了自己是一个必然的被中介的定在。"②

三、刑法:对犯罪的扬弃

1. 刑法正义理论

刑法的正义性考量,直接关涉对刑法领域其他一切问题的认识,关涉对刑法的认识方向。黑格尔很不满意当时的刑法理论。在他看来,当时的"刑罚理论是现代实定法学研究得最失败的各种论题之一,因为在这一理论中,理智是不够的,问题的本质有赖于

---

① 黑格尔:《法哲学原理》,第 99 页。
② 黑格尔:《法哲学原理》,第 100 页。

概念"。① 此概念就是自由意志权利这一刑法的内在规定性。刑法以否定的方式表达出这一肯定性内容。黑格尔通过对一些相关思想的批评,阐释了他的刑法正义理论。

a. 善法与恶法:对"以害治害"论的批评。

善法是刑法的首要规定。刑法自身首先有个合法性问题,它自身首先必须是正义的。刑法并不是无条件地就是善的,刑法本身有一规定性:它只有属于正义、自由的,才能是善的。当我们说刑法时,首先应当判断的是此刑法是善法还是恶法,必须首先将刑法置于正义、自由的视域中考察。

黑格尔针对克莱因"法是祸害"、是"以害治害"的思想,明确揭示这种思想的浅薄性。"把犯罪及其扬弃(随后被规定为刑罚)视为仅仅是一般祸害,于是单单因为已有另一个祸害存在,所以要采用这一祸害,这种说法当然不能认为是合理的。""关于祸害的这种浅近性格,在有关刑罚的各种不同理论中,如预防说、儆戒说、威吓说、矫正说等,都被假定为首要的东西;而刑罚所产生的东西,也同样肤浅地被规定为善。"② 这些认识都不考量刑法的正义性,都不将自由、正义作为刑法的灵魂,都没有看到刑法内在所潜藏着的人的自由存在这一质的规定性。事实上,从人的自由存在这一刑法本质规定来看,那些预防、儆戒、威吓、矫正等作用,都不过是法的次生功能,是刑法"对人的表象所产生的结果"。③ 它们都不是法

---

① 黑格尔:《法哲学原理》,第 101 页。
② 黑格尔:《法哲学原理》,第 101 页。
③ 黑格尔:《法哲学原理》,第 102 页。

的本质规定。

黑格尔强调必须首先有对法的"正义的客观考察",这种考察是"在考察犯罪时首要和实体性的观点"。① 此"客观"有两个层次的内容:

其一,要通过考察区分善法与恶法。刑法并不是无条件正义、善的。而善法与恶法区分又不是任意的,它有其自由意志这一客观、必然内在规定性。刑法,首先不应是功能、程序正义的,而应是实质正义的。而上述儆戒、矫正等那样一些看法"都假定是以刑罚是自在自为地正义的这一点为基础"。真实、合理的认识应当是:"犯罪应予扬弃,不是因为犯罪制造了一种祸害,而是因为它侵害作为法的法",②侵害了自由本身。

其二,作为法的强制的刑法所针对的对象,是客观的不法强制。这个客观的不法强制即是不法强制的定在,而不是所谓犯罪的"主观方面"、"道德观点"。刑法所要铲除的不是人内心中的具体道德观念,而是外在实存的现实行为。"这种实存才是真实的祸害而应予铲除的。"因而,黑格尔特别提醒要注意"犯罪所具有而应予扬弃的是怎样一种实存",这种实存"究竟在哪里"。③

当然,不能完全否认法的惩罚对人的儆戒作用,不能否认通过这种儆戒作用甚至可以使人们在时间中形成一种好的习惯,助人们养成某种美德,但这是由法的强制所进一步拓展引申出的次生

① 引文中下点标识为引者所加。见黑格尔:《法哲学原理》,第 101 页。
② 黑格尔:《法哲学原理》,第 102 页。
③ 黑格尔:《法哲学原理》,第 102 页。

性问题，不能将二者混淆。否则，就可能出现法律直指思想、精神的可怕专制状况。

b. （刑）法是自由：对"威吓论"的批评。

法是自由的定在。尽管刑法就其结果与事实功能而言，具有某种威慑性，但是，刑法本身却并不是源于威慑性的。它源于自由。不能将法的本质与由法的定在所衍生的客观作用效果简单混同。

费尔巴哈的刑法理论以威吓为根据，但是，这种以威吓为根据的刑法自身的合法性却没有得到说明。威吓论以"人是不自由的"、"人可以被威吓"为前提：正因为人是不自由的，没有自由意志权利，没有尊严，所以才能被威吓，威吓才有存在的理由。而这恰恰与法是自由的定在这一法的理念相悖。"法和正义必须在自由和意志中，而不是在威吓所指向的不自由中去寻找它们的根据。如果以威吓为刑罚的根据，就好像对着狗举起杖来，这不是对人的尊严和自由予以应有的重视，而是像狗一样对待他。"①

c. （刑）法的公共性品质：对"同意说"的批评。

法的正义是客观的，因而，就是普遍的，它不以个别人的意志为转移（如果以个别人意志为转移，那么，法就是或然、任性的）。这就是法的公共性品质。

黑格尔针对培卡利亚以死刑为例所提出的"个人同意"观点，针锋相对地揭示法的公共性品质。法的公共性品质仍然是从法是自由的定在这一基本理念中得出的。具体而言：

---

① 黑格尔：《法哲学原理》，第 102 页。

其一，法的本质是自由，法是保护自由的。但是，这里的自由是抽象的自由。自由的这一抽象性指的是自由的普遍性，是社会成员的无差别性、同一性，指的是全体的自由，而不是直接针对某一特殊、个别人（群）的自由。因而，作为自由定在的法，首先就不是公民私人间通过契约订立的私法，而是公法、普遍法。不能以私法代替与遮蔽公法。作为自由定在的法所保护的自由，最根本的就不是个别人的自由，而是全体人的自由。这就是黑格尔说"国家根本不是一个契约，保护和保证作为单个人的个人的生命财产也未必就是国家实体性的本质，反之，国家是比个人更高的东西"中所包含的基本思想内容之一。①

其二，法的客观性表明其普遍有效性。即使是犯罪人，他也以自己行为的方式认肯了这种法的普遍有效性，认肯了由于自己的不法强制所要求的法的强制。这就是黑格尔说的："犯人早已通过他的行为给予了这种同意。不仅犯罪的本性，而且犯人自己的意志都要求自己所实施的侵害应予扬弃"。② 这是法对于不法的逻辑必然性。

其三，不是正义以国家为前提，而是国家以正义为前提。正义在国家中的实存，使得国家所执行的刑法获得了正义性。③ 刑法

---

① 当然，黑格尔的这一段论述中所包含的思想不仅仅是上述这点内容，它还直接包含着关于国家作为伦理实体之性质的认识。见黑格尔：《法哲学原理》，第 103 页。

② 黑格尔：《法哲学原理》，第 104 页。

③ 参见黑格尔：《法哲学原理》，第 103—104 页。

的正义性,在于其是正义的定在,它并不以国家为前提,更不以某个人的特殊意志为前提。

至于死刑的废除与否问题,这是一个值得研究的问题。尽管黑格尔根据惩罚的等同性原则,根据"生命是人的定在的整个范围"、"生命是无价之宝"的认识,事实上认肯了(对于杀人犯处以)死刑的合理性,[①]但是,死刑存在的合理性本身却是一个历史范畴。随着文明程度的提高,死刑会趋于废除。因为这里既有一个社会对生命的关切与文明的问题,还有一个社会成员对生命意义的体认问题:没有自由的生命是没有价值的生命,终身监禁是一种对生命的特殊剥夺方式。然而,对于现时的中国而言,死刑的废除时机可能尚未成熟。这不仅在于有那样一些铤而走险者,更在于人们对生命、对自由对于生命的意义体认尚未达到那样一种境地。为了维护社会成员的自由权利,这种最极端的维护方式至少现时尚有存在的理由。

2. 报复:犯罪的扬弃

"犯罪的扬弃是报复"。之所以这样说是因为"从概念上说,报复是对侵害的侵害"。尽管黑格尔此处的"报复"用词欠当,在俗常的意义上易于误解,但是,只要能够在否定之否定的思维逻辑中,抓住伤害的伤害这一内在否定性,就能把握其"惩罚犯罪"之要义。

由于犯罪作为不法定在具有质与量的双重规定性,因而,对于犯罪这种侵害的侵害,自然亦有质与量的双重规定性,且这种质与

---

① 　参见黑格尔:《法哲学原理》,第 106—107 页。

量的双重规定应当与不法的侵害相当——如是,才是惩罚的正义。这种法的侵害与不法的侵害的相当,就是黑格尔所说的"等同"。①

不过,作为对犯罪扬弃的报复之"等同",并不是那种"以其人之道还治其人之身"的"以牙还牙"。"以牙还牙"是一种与"侵害行为特种性状"的简单同一性。报复之"等同"却是一种"价值的等同"。所谓"价值的等同",指的是在实存的侵害中有"完全不同的物的内在等同性"。此内在等同性当然不是外在性状的,而是指的"侵害"这一"普遍物"。正由于存在着这种侵害的普遍物,故,文明的人才能超越那种"以牙还牙"的简单性状等同之状态,并根据各种犯罪的具体规定性给予相应惩罚。这样,"报复就是具有不同现象和互不相同的外在实存的两个规定之间的内在联系和同一性。"②

作为对犯罪的扬弃的"报复"不同于"复仇"。二者的区别主要在于:

其一,从主体的角度言,实行复仇的主体是个人或个别,实行报复的主体却不是个别、个人,而是正义之法。这就是黑格尔所说与复仇这种"某种个人的东西"不同,"实行报复的不是某种个人的东西,而是概念。"③当然,这种"概念"是通过法官实行的。"固然法官也是人,但是法官的意志是法律的普遍意志,他们不愿意把事

---

①　黑格尔:《法哲学原理》,第 104 页。

②　黑格尔:《法哲学原理》,第 104—106 页。

③　黑格尔:《法哲学原理》,第 106 页。

物本性中不存在的东西加入刑罚之内。"①

其二,从形式的角度言,复仇是出于复仇者"特殊偏好"的"主观意志的行为"②,它既是主观的,又是或然的。而报复则是出于自由及其正义的"概念"。它摆脱了个别或然性与主观性,是一种客观必然的行为。报复将对不法伤害的暴力收归一个专门机构所有并为国家垄断,使其不因为主观性而被滥用。由此就进一步引出:

其三,从内容的角度言,尽管复仇也具有对于不法伤害的伤害这一正义的形式,但是,由于它的主观任意性,以及在激情之下可以做出任何伤害行为的"无限性"可能,因而,复仇"是否合乎正义,一般说来,事属偶然"。不仅如此,由于"被害人看不到不法所具有的质和量的界限,而只是把它看作一般的不法,因之复仇难免过分,重又导致新的不法"。这种"新的不法"所造成的"新的侵害"导致一种侵害存在的恶的无限性,"它陷于无限进程,世代相传以至无穷。"③历史上的血族复仇正是这种恶的无限性之实存。报复则不同,报复由于摆脱了个别或然性,因而它具有客观必然性。它能够做到在"价值"的意义上罪罚相当,进而实现其扬弃犯罪的目的。

---

① 这表明法官应当具有普遍意志的无我性。然而,法官作为具体的人又是特殊的存在,有其特殊意志。法官如何才能超越其特殊意志而达于普遍意志?换言之,法官始终处于特殊意志与普遍意志的冲突之中,如何才能保证法官不被特殊意志支配,如何保证其不在普遍意志形式之下实际存在的是特殊意志?这是现代法治社会面临的一个根本性问题。参见黑格尔:《法哲学原理》,第 107 页。

② 黑格尔:《法哲学原理》,第 106—107 页。

③ 黑格尔:《法哲学原理》,第 107 页。

概言之,客观性与主观性、必然性与偶然性、普遍性与特殊性、对恶的扬弃与恶的无限性,这些就是报复与复仇的基本区别。复仇是主观性、偶然性、特殊性及恶的无限性,报复则是客观性、必然性、普遍性,是对恶的扬弃。作为扬弃犯罪的报复是"刑罚的正义"。法的正义"要求从主观利益和主观形态下以及从威力的偶然性解放出来的正义",它要求的不是复仇,而是"刑罚的正义"。①

法的正义通过对不法的扬弃,使法成为现实的存在。

然而,抽象法权人格阶段的自由权利由于其抽象性而仍然是不现实的,这种自由法权只有存在于人们的心中,成为人们内在自觉精神,才有可能成为具有鲜活生命力的现实。自由权利内在地要求由抽象法权演进到道德。

"在抽象法中,意志的定在是在外在的东西中",但是在道德的阶段中,意志的定在由其外在性变为内在性:意志不再是外在定在的抽象法,而是成为人内心决定的定在。② 抽象法阶段的核心是自由意志的外在定在,"道德"阶段的核心是自由意志的内在定在。在道德阶段,我是自由的,因为自由意志精神就在我心中。我无所他待,我只需听从来自内心的自由意志即良心的声音。道德阶段凸显了人的主观精神自由。

---

① 黑格尔:《法哲学原理》,第 108 页。
② 黑格尔:《法哲学原理》,第 108—109 页。

第6讲 道德:自由意志的内在定在

抽象法是自由意志的外在定在,道德则是自由意志的内在定在。道德作为自由意志生长的一个内在环节,这可从两个方面得到解释:

其一,在抽象法阶段,自由意志只是一种抽象存在。所谓自由意志的抽象存在是指"无对立面的在自身中的存在",[①]这就是抽象法中的法权人格。抽象法中的法权人格是抽象人格,它揭示每个社会成员人格、自由意志均是平等的。这就是人格、基本人权的平等。自由意志的外在定在就是一般的个人(person)。然而,我之所以是我是因为我具有特殊性,这样,在我中就有了普遍性与特殊性的差别与矛盾,有了普遍意志与个别意志的对立,就"有了对立面"。[②] 这就进一步提出了个别意志的普遍内容或普遍意志的个别性存在问题。每一个人的自由意志的真实实现就在于使其个别、特殊意志成为普遍意志的特殊存在。

其二,抽象法是自在的外在法,缺少主动性与自为性,因而,它

---

① 黑格尔:《法哲学原理》,范扬、张企泰译,商务印书馆,1982年,第44页。

② 黑格尔:《法哲学原理》,第44页。

必须成为自为的内在法。道德正是这种内在的法。一个人的自由存在固然离不开财产权，但是仅仅拥有财产权、拥有物质财富本身并不意味着就是自由的。人的自由存在离不开精神、灵魂、意志升华，离不开内在精神的高尚，离不开内心深处对自由精神的自觉执着。"在抽象法中，意志的定在是在外在的东西中"，但是在道德阶段"意志的定在是在意志本身即某种内在的东西中"。[1]

黑格尔对道德有两个重要思想：道德是"主观意志的法"，[2] "道德的观点是关系的观点、应然的观点或要求的观点"。[3] 这两个思想贯穿黑格尔关于道德问题理解始终。

一、道德：主观意志的法

黑格尔此处所说"主观意志"中的"主观"，并不是我们通常所理解的认识论意义上的那种主观，其"主观意志"也不是我们通常所说的不考虑实际情况的那种"主观意志"，而是指现实存在着的个体、个人。

1. 个体："自由的基地"

道德以具有自由意志能力的个人存在为前提。根据黑格尔的理解，人是自由意志的存在，自由意志存在有其基础或"基地"，这个"基地"至少有两个不可或缺的方面：财产权与个体人格独立。

---

① 黑格尔：《法哲学原理》，第 109 页。
② 黑格尔：《法哲学原理》，第 111 页。
③ 黑格尔：《法哲学原理》，第 112 页。

没有财产权固然无所谓自由，但是，有了财产权未必有自由。有了财产权还必须有基于个体人格独立基础之上的对财产权的自觉，以及对自由精神的自觉实践。所以，黑格尔视道德是一个较之抽象法权"更高的基地"。道德是"自由今后的基地"。①

　　道德的第一前提是个体及其自由意志的存在。黑格尔强调道德的观点"把人规定为主体"。② 这里有两点值得注意：其一，此处的"人"是单个的人（person），即当我们进入道德领域时，眼光中必须要有个体、个人，且是在个体的角度谈论人。正是有了这具体个人，才有了后面所说的"对立面"及人与人之间的关系问题。其二，此个人并不是生物学自然生命意义上的，而是在自由意志、自由精神、独立人格意义上的个体，是具有自由意志能力的个人。这就是黑格尔所说的作为"主体"的个人。如果个人仅仅是生物学的意义上存在，或者没有自由意志能力，还不能成为道德领域中的主体。所以，黑格尔在道德领域首先强调"把人规定为主体"，就是强调道德必须以具有独立人格、自由意志的个体存在为前提。

　　黑格尔为什么在道德领域一定要出现个体、个人，一定要将个体、个人规定为主体，一定要将具有独立人格、自由意志的个体作为道德的前提？黑格尔的这种做法对于自由的真实实现有何意义？其中又隐含着什么值得特别重视的内容？

　　a. 这是黑格尔自由意志逻辑体系展开的必然。

　　在黑格尔的思想体系中，道德阶段既是主观精神、主观自觉、

---

① 黑格尔：《法哲学原理》，第 110 页。
② 黑格尔：《法哲学原理》，第 110 页。

主观性阶段,又是特殊性、个别性阶段。这是抽象一般、普遍自由的特殊化、自觉化阶段。具体说来,这有两个方面的基本缘由:

一方面,这是对个人、个体、个性存在的价值合理性肯定。黑格尔在其思辨逻辑中通过绝对精神或概念的自我运动,通过概念的自在、自为向自由这一概念真实实现运动来确立这一环节。因为纯粹的自由概念是抽象的,它只有作为人的现实存在中的自由,此自由概念才可能是真实的。而人的现实存在及其活动总是以一个个具体的个人为具体活动的直接承负者,没有一个个现实独立的个人存在,所谓人的活动本身也就是抽象空泛的。黑格尔自己对此也有明确揭示:只有"在主体中自由才能得到实现,因为主体是自由的实现的真实材料"。① 在此,我们也不难体悟到黑格尔在其思辨表达方式中隐含着深刻的社会历史内容:对个人、个体、个性这一人类启蒙时代所取得的伟大成果的肯定,对新的社会历史生活类型的肯定。而这又构成了他对合乎概念的伦理实体内容规定的现代性意蕴,并使我们能够理解他为什么在后面对市民社会这样一类标识新兴资产阶级出现的东西予以认肯。②

另一方面,黑格尔正是通过个体、个人存在为进一步揭示道德的自身内在矛盾及其内容奠定了基础。道德是人在自我意识基础之上的自我提升:使个人之我在拥有个人特殊性的基础之上,成为普遍的人的或自由的存在。

---

① 黑格尔:《法哲学原理》,第 111 页。

② 也正是在这个意义上,我们有理由认为黑格尔并不是如有些人所认为的那样是一个绝对的极权主义者。黑格尔在后面所说的国家,在相当程度上是在文化、社会构成的维度且是在社会理想的意义上而言。

b. 没有自由意志、人格独立，就无所谓道德选择及其责任。

有个人自由意志及其选择，才有道德问题可言，没有个体及其自由意志选择，则无所谓道德与否。个人、主观性或个人自由意志的出现是自由概念的逻辑展开或内在环节之一。这就是黑格尔所说"主观性就是概念的定在"的基本含义。① 不过，由于个人主体的出现，自由的概念就发展到了一个更高的境地或更高的环节：自为或自觉的境地，在这种自为或自觉的境地中，有了个体的美德与操守，有了道德主体，进而使自由有可能摆脱其纯粹抽象性而真正成为现实的存在。这正是黑格尔强调主观性作为自由的定在使自由有了一个"更高的基地"的缘由。"理念的实存方面或它的实在环节是意志的主观性。只有在作为主观意志的意志中，自由或自在地存在的意志才能成为现实的。"②

当人们说到道德时，往往更多的是在善、正义等理念之下指涉一系列责任、义务。然而，问题的关键在于：当我们说一个人应当承担、履行这些道德责任、义务时，总是以自由意志存在为前提；当我们说一个人必须对自己的行为负责任时，也总是以此行为是此人自由意志选择的行为为前提。如果一个人没有自由意志能力（如先天性白痴、刚出生的婴儿等），则无所谓道德责任与否；如果

---

① 黑格尔：《法哲学原理》，第 110 页。

② 黑格尔：《法哲学原理》，第 110 页。然而，这种个体自由、个体主观性又意味着任意的可能，意味着对自由概念伤害之可能。故，道德领域的任务就是：保证道德是自由意志的内在定在——不要因为道德的自由意志主观性存在形式而伤害其自由意志之客观性内容；将自由意志之法由外在的法，变为人的内心之法。

一个人被剥夺了一切自由选择权利,没有独立人格,则很难谈得上其对行为结果的责任担当。① 换言之,一个人只能对其自由意志行为负责。这正是黑格尔在"故意与责任"这一章中所努力揭示的内容。

c. 自由意志必须有自我意识。

作为具有自由意志能力的个人必须要有自我意识,以及基于自我意识的一系主观目的性。没有自我意识就没有自由意志。

根据黑格尔的看法,在抽象法中个人还只是在一般抽象意义上而言,尚未有真正个性化了的、具体独立的我,②"还未发生什么是我的原则或我的意图的问题。这一个关于意志的自我规定和动机以及关于故意的问题,现在在道德领域中才被提到日程上来。"③在道德领域中有了我,有了我的意图、我的动机,有了我的自我规定与动机、目的这一类东西。所谓自我意识,就是自觉意识到我是我,我有自己独特的权益。所谓我的意图、我的动机等,无非是对于我自身独特权益的自觉。而我、我的意图、我的动机等所标识的我的权益,对于自由意志、与道德具有极重要的意义。在黑格尔看来,在道德领域由于自我意识出现而出现的、对于自我"独特利益"的意识,"具有高度的价值"。因为在这种对于"独特利益"

---

① 当然,这是在一般抽象且是在强调责任、义务与权利统一的意义上而言。如果进一步深入思考,就会出现如同萨特所说自由地选择了不自由之状况。这属于另一个不同的问题,当别论。

② 当然,正如我们在前面一再反复揭示的那样,它是为了表达所有社会成员、所有人平等的自由这一实质性内容。

③ 黑格尔:《法哲学原理》,第111页。

的自我意识中,我知道了自己的这种"独特利益""是绝对的东西,并且是自我规定的"。① 我的独特利益是自由的具体定在,正是在我的这独特利益中普遍自由被实在化了。没有我、我的独特利益,普遍自由意志仍然停留在抽象阶段。我的自由、我的利益,正是普遍自由、普遍利益的具象化、具体化,普遍自由、普遍利益并不在我的自由、我的利益之外存在。道德总是以个体主体性为前提且不排斥个人利益,离开了个体主体性与个人利益的道德,不具有普遍性。道德必须承认个体及其幸福,离开了个体及其幸福的道德不具有普遍必然性。

黑格尔将个体视为道德的前提与基地,是要消除个体与类两极绝对对立的形而上学思维方式,是要清除个体与类利益互不相容的两极对立的社会关系状态,是要揭示善的关系状态正是个人利益与类利益的和谐统一。黑格尔在道德领域肯定个人及其独特价值,强调在道德领域个人及其独特利益的重要意义。道德并不是要否定个人利益、个人权利,相反,它必须正视个人的利益与权利。因为,一方面,这是人的自由存在的内在要求;另一方面,正如后述,它是道德得以存在并展开自身的前提。道德领域的任务在于:个体品格操守、灵魂美德精神的形成。道德的核心问题是:使特殊个体成为普遍的存在,使每一个人作为人存在。

d. 道德的目的与任务是对个体特殊性进行加工,使特殊性上升为普遍性,使个人、特殊与社会、普遍达至统一。

根据黑格尔的看法,具有自由意志能力的人会面临一困境:我

---

①　黑格尔:《法哲学原理》,第 112 页。

的"自我规定"、"独特利益"及其价值与从纯粹"自我规定"、"独特利益"中"解放出来"的矛盾。① 这种困境似乎是一悖论。对于这种近乎悖论的困境如何解决？黑格尔通过对道德领域主旨揭示的方式，揭示了对这一问题的基本解决思路：道德领域的主旨是对我的个别性、特殊性"进行加工"，使之成为自由意志"概念"的具体存在。② 这里的核心不是没有个别性、特殊性，也不是以普遍性简单取代个别性与特殊性，而是使个别性、特殊性本身成为普遍性、客观性的。即，道德的目的是使一个人自由地存在着，这种"自由地存在着"是指一个人既有普遍的道德责任精神，又有个性地自由存在着。"道德是主观的或者个人的意志和普遍的意志的统一。"③

这样，我们不难发现：黑格尔将个体人格独立作为道德的前提本身就是对道德内容的一种具体规定。黑格尔在理性主义精神之下，以启蒙运动所确立起的基本价值精神为主导，试图揭示以自由为核心的道德价值内容。

2. "道德"的一般理解

黑格尔对"道德"在此处前后有几种表述：道德作为"意志的定在"，"是在意志本身即某种内在的东西中"；"道德是完全表述自由的概念的实在方面的"，它是自由"概念的定在"；作为自由概念环节的道德"从它的形态上看就是主观意志的法"。④ 仔细分析黑格

---

① 黑格尔：《法哲学原理》，第112页。
② 黑格尔：《法哲学原理》，第110页。
③ 黑格尔：《历史哲学》，王造时译，上海书店出版社，1999年，第52页。
④ 黑格尔：《法哲学原理》，第109、110、111页。

尔的这些论述，我们可以发现贯穿其中的一个基本思想：道德是自由的内在定在。这是黑格尔对"道德"的最基本理解。在黑格尔对"道德"的这种基本理解中，隐藏着"道德"的一般内容：

其一，道德指涉的是个体精神状况。

道德以个体、个人的存在及其自由意志为前提，个人、个体的存在意味着我、我的意图、目的这一类我自我规定东西的存在。构成道德领域现实内容的就是个体的意图、目的及其实现这一类自由意志。"道德的观点就是自为地存在的自由。"① 没有个体的自由意志，就无从谈起道德。

正是个体精神（或个体意志）而不是客观精神（或客观秩序），构成了"道德"与"伦理"的区别。后面所说道德所要解决的问题（个人意志主观性内容的合理性、客观性、普遍性，或个人自由意志的特殊性与普遍性的统一问题），其直接立足点也不是社会，而是个体精神：个体精神的提升，人性的修炼。当我们能够从道德谈到社会时，那是进一步引申的问题。黑格尔思想中关于道德研究对象的这种隐含内容，与东方传统中关于道德心性修养这一主流有异曲同工处。当我们言说"道德"时，所指的是"个体精神"，是个体的道德精神，故，"道德"与"道德精神"本是同义反复。② "道德"是

---

① 黑格尔：《法哲学原理》，第 111 页。

② 不过，由于日常生活中还存在着"道德规范"这一表达，且"道德规范"不仅仅有出自主体自身的如同康德绝对命令或阳明良知的自我命令，还有一部分属于外在的"伦理要求"，因而，为了与"道德规范"相区别，"道德精神"概念还是有存在的必要。

以个体精神为其直接研究对象,①"伦理"则以伦理实体及其秩序、关系、结构、精神为其对象。

道德领域是关于个人自由(自由意志及其活动)的领域,是关于个人自由意志及其实现的领域。换言之,凡是以个人自由意志及其实现为内容的领域均系道德领域。② 因而,对道德的研究是对个人自由意志及其实现的研究。不过,这里的"实现"不是现象实存意义上的,而是自由意志的真实性、作为普遍性的特殊定在意义上的。正是在此意义上,以(相对于后面所说伦理现象的)道德现象为研究对象的伦理学,是研究个人自由意志存在或自由意志生活的学问。我们之所以这样理解或规定伦理学,就在于:一方面,黑格尔将个人规定为主体,将单个人的存在作为道德的前提,作为道德活动的直接承负者或"真实材料";另一方面,正如后述,道德领域的内容是要解决个体自由意志的主观性与客观性、个别性与普遍性的问题。

道德尽管是以个人自由意志方式存在与出现,但它却是普遍性的定在,是普遍自由意志的个别、特殊存在,它是属于普遍自由意志的。这样,道德的内容就不是"任意"而是"自由"。任何一种

---

① 从此出发,当然可以进一步引申出个体的品质、修养等一系列相关内容。通过"道德"内容的客观性、普遍性探究,通过个体道德状况的社会生活环境或个体人性生长的社会条件,又可以将视野进一步引向"伦理"。

② 自然科学意义上的、建立在对外部自然必然性认识基础之上的能动活动,也是自由意志活动,因而,它也不能逸脱于道德领域之外。不过,当我们从哲学—伦理学角度理解这种(作为不能逸脱于道德领域之外的)自由意志活动时,其关注的焦点就不是工具性的,而是价值性的:秉持何种精神,出于何种动机、目的,以何种态度从事这种具体的自由意志活动。

道德现象,只有成为"自由理念"的具体存在,才有其存在的合理性根据或理由(所谓普世性价值精神由此可以获得自身的生长点)。但是,道德的形式却必定以个人自由意志选择为样式。当然,此"自由理念"、"普遍精神"究竟以何种具体形式在个体身上存在,则是偶然、特殊、个别的,它甚至取决于个体对普遍的理解与把握,取决于个体的情感、气质及领悟与行为能力。当然,说个人自由意志属于普遍自由意志,这既不是指以普遍性吞噬特殊性,也不是指要消除特殊性,而是指使特殊性成为普遍的,使普遍成为特殊具体存在的。

其二,道德精神是自由意志精神。

所谓道德精神是自由意志精神是指:道德是主体的、自由的精神。作为自由意志的道德,是个人内心、精神方面的,它是主体的自我规定。个人在信念、意志这种内心精神世界中是自由的,"任何暴力都不能左右它","道德的意志是他人所不能过问的"。[1] 黑格尔以"未受教养的人在一切事情中听从暴力和自然因素的支配,小孩子不具有道德的意志而只听从父母的摆布"为例,所揭示的正是这个意思。当然,所谓道德的意志是他人所不能过问、任何外在暴力不能左右的,也仅是在意志的内在自由性这一意义上而言。[2]

其三,道德是人(person)自我提升的方式。

道德的任务或主旨是:解决个体精神的主观性、特殊性与作为

---

① 黑格尔:《法哲学原理》,第111页。

② 在此之外,此命题就是有问题的。一方面,对于这种意志内容的合理性与否,有外在评价性干涉;另一方面,外在通过暴力、强制、折磨、羞辱等一系列手段可以摧毁一些意志不坚定者的意志。

理念的自由的客观性、普遍性的关系,使个体精神超越其自我主观性而成为自由的现实存在,使特殊意志成为普遍意志存在。

黑格尔揭示道德领域有两个基本特质:一是,道德是关于自由意志的领域,道德"完全表述自由的概念的实在方面",这是关于道德领域的范围或论域的规定;一是"对自由今后的基地即主观性进行加工,把这一最初是抽象的即与概念有别的主观性变成与概念相等的东西,从而使理念获得真正的实现"。① 这是关于道德领域(或道德研究)的任务的规定:道德的任务是使特殊意志上升为普遍意志,使特殊意志成为普遍意志的定在。

其四,道德是人(person)的内在法。

法是自由的定在。作为自由定在的法即是个人行为的准则。法有内在法与外在法之分。外在法是出于外在他力强制性的约束,内在法则是缘于自身意志的自觉约束。外在法是法在身外,内在法是法在心中。外在法为法律法规,内在法为道德。外在法对于人的自由存在不可或缺:这既是对个人自由权利的一般或普遍保护,也是对自由秩序存在合法性的保证。然而,外在法尽管具有普遍性、客观性之品质,但它缺少主体性、自为性,不能保证每一个人都能自觉遵守这种外在客观法。所以,一方面,外在法必须有来自于个人内在精神的支持,它只有成为人们的内在自觉时才能真正普遍有效;另一方面,外在法是明令法,尽管其价值基点是保护自由,但是其存在形式却是禁止性、否定性的,而这种禁止性的明令法的规定总是有限的,无法及时顾及或虑及一切可能性情景,因

---

① 黑格尔:《法哲学原理》,第110页。

而，它必须有来自于个人内在精神的诠释、激励与支撑。

黑格尔强调道德是自由意志的内在定在，此"定在"有两层含义：一方面，指自由精神在个体中的具体存在，指个体的自由意志即为自由理念的具体存在。这层含义是关于自由意志具体内容规定方面的。这是黑格尔"道德是主观意志的法"所强调的基本内容。另一方面，指道德不仅仅是一种内心精神修养状态，更重要的还在于它具有实践、行动、做等"转化为直接定在的活动"的倾向。①

"道德是自由意志的内在定在"表明了道德的自律性。此自律是自由意志之自律，是自由概念定在的自律。道德是"自由精神"这一实质内容的内在化，是据于自由精神的自我立法。在此意义上，黑格尔讲道德是"主观意志的法"与康德讲"绝对命令"的自律，实乃无异。② 黑格尔有一段比较晦涩的话。在黑格尔看来，道德是"主观意志的法"，根据"这种法，意志承认某种东西，并且是某种东西，但仅以某种东西是意志自己的东西，而且意志在其中作为主观的东西而对自身存在者为限"。③ 这里其实就是强调的个体自由意志内容的客观性。能够作为道德内容的东西，必须是作为自由概念这个意志自身的东西，即它必须是自由意志的定在。而这也正是黑格尔强调"道德是主观意志的法"的另一个基本缘由。

道德的自律性所标识的只是作为"主观意志的法"这一道德内

---

① 黑格尔：《法哲学原理》，第 113 页。

② 他们间的"无异"是在道德义务系主体自由精神自我立法意义上言。超出这一点，二者间有重大差别。康德是形式、质料二分的纯形式的自我立法，黑格尔则是主张形式、质料统一的自我立法。

③ 黑格尔：《法哲学原理》，第 111 页。

容的基本特质,揭示的是自由意志的内在定在、自由意志的自我立法与自我规定这一道德实质内容。就道德的自律性自身而言,它又是一展开过程。它既是自由意志的本质,又是自由意志的目的,它在追求自由意志过程中呈现并实现。在此意义上,又可以将道德的自律性特质理解为:道德自律是追求自由存在的过程。黑格尔对此的认识与论述是明确的:道德阶段"就是对自由今后的基地即主观性进行加工,把这一最初是抽象的即与概念有别的主观性变成与概念相等的东西,从而使理念获得真正的实现"。[1] 这样看来,在道德"自律"中又内在地包含着"他律","他律"构成"自律"的内在环节。这个作为自律内在环节的他律,是自由理念、自由意志精神内在定在于我这一特殊意志中的客观、必然过程。

道德作为主观意志的法,既是自由意志的内在定在,又是人的自由行为的法则。在道德的主观性中深深隐藏着客观性、普遍性内容。道德的要求,并不是主观的任意,而是以客观性、普遍性为内容的主观自觉的自由。

二、道德的"应然"

黑格尔认为:"道德的观点是关系的观点、应然的观点或要求的观点。"[2]并据此展开了对道德"应然"客观性内容的揭示。

道德以应然的方式表现自己,在道德的这种应然表现方式中

---

[1]　黑格尔:《法哲学原理》,第110页。
[2]　黑格尔:《法哲学原理》,第112页。

体现出强烈的主观性。然而,如果道德是种纯粹的主观性,那么,道德的应当也只不过是个人的主观要求、欲望,道德就不能成为具有普遍意义的"自由意志的定在",就不可能对社会生活起着强大的引导与调节功能。事实上,道德作为一种与人类伴随迄今的悠久历史现象本身就表明:道德并不是一种纯粹的个人主观要求、欲望或冲动这一类东西;道德之所有具有某种普遍性功能,就在于其具有某种普遍性客观内容。

1. "关系的观点":意志与意志关系

黑格尔所说"关系的观点"实乃指:合理处理人我关系是道德的基本内容。

道德以自我意识为前提,并建立在我与外部世界的区分基础之上。我有自己的特殊利益、特殊目的、特殊意志。正是这些我的特殊性,使我成为我,成为主体,而不是他,不是一简单的物。然而,有我、我的意志,就意味着有他、他的意志。即,与我的特殊意志一起生成的就有"他人的意志"[①]。我的意志不同于他人的意志。此"他"是在一般、抽象泛指的意义上指不确定的任一他者。"我"之所以能够作为一特殊存在,就是因为有"他"。这样,"他"就是"我"的生活世界,就是"我"的规定:"我"是"我"与"他"的关系,"我"从与"他"的关系中获得具体规定。这就进一步意味着:"我"的存在不能离开"他"。

然而,"我"的存在不能离开"他"这一事实只能说明"我"与"他"的相关性,并不能说明这种相关性的状态与性质:"我"与"他"

① 黑格尔:《法哲学原理》,第 114 页。

究竟是一种什么样的关系？是共在的内在相关性,还是异在的外在相关性？是肯定性关系,还是否定性关系？在黑格尔看来,"我"与"他"的关系是共在的内在相关性,是肯定性关系。"我的目的的实现包含着这种我的意志和他人意志的同一,其实现与他人意志具有肯定的关系。"①在此,黑格尔以自己的方式揭示:道德就是一个人超越纯粹、绝对、孤独的自我,在与他人共在中实现真实自我的一种存在精神或在世精神。所谓道德的观点是关系的观点,这种共在关系是其核心之一。

不过,道德的观点是关系的观点,还有一个更为深刻的内容,这就是特殊意志与普遍意志的关系、个体自由与自由理念的关系。这正是黑格尔所说"应然的观点"所着力揭示的内容。

2. "应然的观点":普遍意志要求

道德阶段是个体扬弃其纯粹个别性、特殊性而上升为普遍性的过程,是个别意志在普遍意志的"要求"下向普遍意志提升的"应然"过程。个别意志向普遍意志提升、主观性以客观性为规定,这是道德"应然"的两个基本方面。

a. 个体特殊意志与普遍意志。

道德以自我意识为开始。根据黑格尔的思想,自我意识是"意志的自我区分",这种意志的自我区分表明:作为自为存在的意志的道德,已与作为自在存在的意志(自由概念)区分开来,进而成为"抽象的、局限的、形式的"。② 此抽象、局限、形式,就在于其与自

---

① 黑格尔:《法哲学原理》,第 114 页。

② 黑格尔:《法哲学原理》,第 112 页。

在存在的意志(自由概念)这一内容的不同。这样,我们就不难理解黑格尔所说道德的观点是"有限性和现象的观点"①、道德这种自由意志是"形式的意志"这样一类看法了:这是在自由意志形式与自由意志真实内容二分相对的意义上而言,指的是个体自我意识具有自我规定的自由意志形式,自我规定的自我意识必须回归意志(自由概念)自身,必须获得自身的客观规定性。道德以自我意识始,这固然有对个体、个性存在及其价值这样一类东西肯定的合理一面,但是,如果个人听任自身独特利益支配(或听任自然冲动支配),那么,这种在道德名下的意志自由其实就是没有自由意志。一个有教养、有道德的人,既重视自身的独特利益,又不听从自然冲动的支配,他在重视自身独特利益过程中过一种人的生活,拥有真实的自由意志。②

一个人所要做的不是其能做的,而是其所应做的。此"能做"指有能力去做,然而,有能力去做的却未必是应当做的——尽管"应做"的内在包含着"能做"的要求。此"应做",不是纯粹的自我规定之任意,而是须有客观性、普遍性,须是出于自由理念的规定及由此所生发的良知命令。这正是黑格尔提出"道德的观点是关系的观点、应然的观点或要求的观点"中所包含的最为重要内容之一。③

道德以应然的方式出现。它既是一种愿望、要求,也是一种劝诫,进而呈现出强烈的主观色彩。作为个体自由意志的应然,从其

---

① 黑格尔:《法哲学原理》,第 112 页。

② 黑格尔以未受教养及小孩为例说明道德意志自由的这种真实内容,其旨趣可能亦正在于此。参见黑格尔:《法哲学原理》,第 112 页。

③ 黑格尔:《法哲学原理》,第 112 页。

直接性方面来看似乎是纯粹的个体自我规定:听从良心、率性而为,且这种纯粹自我规定又是指向某种有待实现的目的性存在。——因为,如果是已经实现了的则无所谓应然之自我规定与要求,那只是一种实然性的描述。这正是黑格尔所说"在道德中,自我规定应设想为未能达到任何实在事物的、纯不安和纯活动"的基本内容。①

道德的这种主观意志性,构成了道德领域道德与不道德、善与恶等一切相关问题的存在基础。因为我的自由意志是自我规定的,就我自身而言,我对我已经规定或将要做出规定的具体意志内容自认为是合理、应当的,不仅如此,且只有我认为这种具体内容是合理、应当的,我才将这种内容自我规定为我的意志的内容。自由意志构成了道德领域与非道德领域的基本区别。

然而,道德的这种主观性仅仅只是为道德与不道德、善与恶的存在提供了一个基础,仅仅证成了属于道德领域,并不能成为道德与不道德、善与恶的区分依据。不能将是否属于道德领域与是否善两类根本不同的问题相混淆。不能以为有主观性、自我规定性,就是道德、善或不道德、恶。主观性、自我规定性,并不能成为道德与不道德、善与恶区分的依据与标准。因为,道德领域之所以能够成其为道德领域,就在于有自我意识、自由意志。"道德和不道德的一般观点都是成立在意志主观性这一基础之上的。"②道德与不道德、善与恶的区分不在于主观性与自我规定性,而在于主观性、自

---

①　黑格尔:《法哲学原理》,第112页。
②　黑格尔:《法哲学原理》,第112页。

我规定性的内容是否与客观、普遍相联系，在于自由意志的真实性。

如是，道德的"应然的观点"原在于道德的"关系的观点"。道德的"应然"就在于个体自由意志之主观性与作为概念的自由的"关系"：从作为概念的自由中获得其客观性、普遍性规定，使个体意志自由的形式与自由概念同一。① 个体意志自由是主观性的自我规定性，因而，是特殊性。此特殊性只有成为普遍性、客观性的具体存在，才能成为善的。

在黑格尔看来，道德阶段的"应然"过程是一否定之否定过程：个体主观意志——扬弃纯我的主观性——个体特殊意志与普遍意志的统一。具体言之：

个体的自我意识、自由意志是道德的前提。没有个体自我意识，没有个体主观意志，就无所谓道德。个体主观意志有两个方面的基本内容：通常意义上的个体内在目的、意图等这一类主观性，以及这类内在目的、意图等主观性的外在定在。即，个体主观意志并不是纯粹停留于个体内心、不从内心中走出来的纯粹主观性，而是要见诸于客观的主观性。正是这种客观性才使得黑格尔所说的"关系"性得以存在。正是在这种定在过程中，不仅个体的主观意志走出了纯粹抽象的主观性，而且亦使我与他者形成关系。② 这

---

①　黑格尔：《法哲学原理》，第 112 页。

②　黑格尔有一段论述："主观或道德的意志的内容含有一个特有的规定，这就是说，即使内容已获得了客观性的形式，它仍应包含着我的主观性，而且我的行为仅以其内部为我所规定而是我的故意或我的意图者为限，才算是我的行为。凡是我的主观意志中所不存在的东西，我不承认其表示是我的东西，我只望在我的行为中重新看到我的主观意识。"黑格尔在此所强调的

就带来了两个方面的内容：

一方面，道德确实是我的主观意图、自由意志，但是，这种主观意图、自由意志并不是任意，而是应当有其普遍性规定，即它必须是自由概念的；另一方面，这种主观意图又不停留在纯粹的主观精神状态，它必须成为现实定在的。即，个体自由意志的主观性又是一种目的性，这种目的性既是一种意图，亦是一种现实定在。当我能够说这个行为中某些是我的东西、某些不是我的东西时，我实际上是在说：那些是我的东西，属于我的意图、目的，是我的意图、目的的实现。①

这样，在个体自由意志的主观性中就包含了意图、目的，意图、目的的实现，以及由此达彼的规定。当我们在道德的领域或立场

———————————————

是：道德的主观意志及其定在；只有是我的主观意志定在的才是我的行为；在我的主观意志定在中有我的主观意志；我只对我的主观意志及其定在负责。参见黑格尔：《法哲学原理》，第114页。

① 黑格尔这里事实上提出了道德（评价）与法律（评价）的区别。如前所述，法律是不管主观性而只管其实在性，不管思想只管行为，道德则与此相反，道德则只管主观意图，道德即使是顾及了行为定在也只是在它是我的主观意图之定在意义上而顾及。任何一个行为结果都是诸多因素作用的综合结果，在我的行为的客观定在中，可能存在着超出我的主观意志、我的目的性追求之外的东西。根据黑格尔的看法，我只对那些作为我的自由意志定在的东西负责，我只承认那些是我意志定在的东西属于我自己的东西。道德与法律（评价）的这种内外侧重区别，揭示了道德领域所关注的是主体的内在精神、自由意志内容。不过，这亦会面临着一系列由此而引出的诘难：这样的道德仅强调单纯的主观动机而不顾实际结果，那么，凭何能够证明其动机本身的善？这正是黑格尔本人在其他地方批评康德的义务论所持的一个基本论点。显然，黑格尔对于主观性的强调，对于行为中属于我主观意志定在这一方面的强调，绝不是简单、浅薄的所谓动机论。

说我只对行为中属于我的东西负责时，就并不是在说我只对与我愿望中的善良动机或目的本身负责，而是说我对我的目的及其实现负责。目的与目的的实现是一体的：目的的实现就是目的的外在定在。这样，道德就并不仅是一个通常意义上的纯粹善良意志问题，更是一个何以使善良意志现实化、客观化的问题。这样的道德就不是空洞的。它作为人的自由的存在方式，内在包含着智慧及其实践。人们在判断我的道德状况时，当然是要揭示我的内在精神、主观意图或目的。然而，一方面，我的这种内在精神、主观意图或目的，在其纯粹性意义上，似乎除了我自身的表白外无法被把握；另一方面，我自身的这种表白本身又未必是可信的。此时，人们没有必要过多地关注于我的表白，而是应当集中关注我主观意图的定在，关注我究竟是以何种态度、何种方式努力使我的这个意图成为一种现实的行为；关注作为我意志定在的行为，关注我的行为是否"与作为应然的概念有本质上的联系"①，是否"与他人的意志有本质上的联系"，并通过这个定在来揭示我的内在精神。显然，这里所说的定在，就不是简单的我的行为结果，而是我的行为本身：我是否在特定的时空条件下为了善的目的尽了最大努力，做了自己所能做的一切？

　　个体主观意志应当有其具体内容，应当是自由概念的定在。即，主观意志无论取何种具体样式，其都应当是自由概念的存在，都应当是自由的。然而，这种应当还只是"一种要求"，这种要求本

---

①　黑格尔：《法哲学原理》，第 116 页。

身就隐含着个体主观意志"有与概念不相符合的可能性"。① 这表明出于个体主观意志的并非必定与自由的概念相一致;自以为是善的、正义的,很可能是恶的、不正义的。或者换言之,个体主观意志并非自在地、无条件地就是自由的存在,个体主观意志尽管由于其主体性而可以先在地获得自由的形式,但是却无法先在地获得自由的内容。正是个体主观意志的这种并非无条件先在地就是善的特质,揭示了个体主观意志应当且必须获得客观性内容。这种规定并不是否定个体与个性的存在,而是表明善、正义这一类作为价值标准的东西,并不是纯粹个人主观偏好的东西,它具有来自于人(mankind)自身及其历史的深刻丰富的规定性。个体主观意志获得客观性内容的过程,即是其扬弃纯粹主观性的过程。

这种扬弃并不是无我,而是有我。道德阶段的任务是使主观特殊意志扬弃其纯粹特殊性、主观性,而成为普遍、客观的意志。这种扬弃并不是意味着无主观性、无我的;相反,它是有我的,只不过是我的意志与他人的意志不再处于外在冲突或偶在状态,而是处在彼此同一、相互肯定的关系状态。

扬弃道德的主观性,首先就是要扬弃纯我的主观性,扬弃我的任意、绝对的自由意志,"扬弃在这一主观性中直接的东西以及它之所以成为我个人的主观性的东西。"② 在此扬弃过程中,我的自由意志本身是不能丢失的——相反,它在此过程中得到了肯定。不过,此肯定并不是对纯我的主观性的肯定,而是对我的自由意志

---

① 黑格尔:《法哲学原理》,第 114 页。

② 黑格尔:《法哲学原理》,第 114 页。

的肯定:这既是对我的自由意志的肯定,亦是对他"我"自由意志的肯定。道德是既有我也有他。作为自由意志的存在,有我即有他,反之亦然。我是自由意志的,这同时意味着他也是自由意志的,否则,我的自由意志亦是或然的。这正是隐含在黑格尔抽象法阶段通过抽象个人所表达的基本思想之一。此思想方法与康德的可普遍性思想方法在根本上一致。对他人自由意志的肯定,就是对我自己自由意志的肯定。当我的自由意志扬弃了纯粹的我的主观性时,即与他人意志达到同一性。尽管他人的意志"对我说来是他物",但"他人的意志是我给予了我的目的的实存","我的目的的实现包含着这种我的意志和他人意志的同一,其实现与他人意志具有肯定的关系。"①在这里,我们甚至可以感觉到后来马克思所说每个人的自由发展是其他一切人自由发展条件的思想内容。

为什么在道德阶段要扬弃纯我的主观性?这由道德的主旨所决定:道德所追求的是意志的普遍性或主观性的普遍性。然而,一方面,道德以个体主观性为前提;另一方面,道德阶段的意志并不是单一的,在这里"不止有一个意志",这样,就提出了主观性的普遍实现问题。主观性的普遍实现就是主观性的普遍性。于是,扬弃纯我的主观性就成了意志普遍性、客观性的必然要求。

扬弃纯我的主观性意味着什么?意味着我的意志与他人意志是一种彼此肯定关系,意味着一种我与他人的关系并不是一种彼此对立拒斥关系,而是一种共在关系。故,黑格尔说:"在道德的领域中,我的意志的规定在对他人的意志的关系上是肯定的,就是

---

① 黑格尔:《法哲学原理》,第 114 页。

说,自在地存在的意志是作为内在的东西而存在于主观意志所实现的东西中。这里可看到定在的产生或变化,而这种产生或变化是与他人意志相关的。道德的概念是意志对它本身的内部关系。然而这里不止有一个意志,反之,客观化同时包含着单个意志的扬弃,因此正由于片面性的规定消失了,所以建立起两个意志和它们相互间的肯定关系。"①黑格尔此处所说"自在存在的意志"指的是"普遍意志"。普遍意志存在于个人意志中即为定在。所以,道德意志是普遍意志的(个人)定在。值得注意的是,两个意志或意志间的肯定性关系表明:

其一,道德是既有我也有他。道德是有我的,道德有我的利益、我的幸福,而不是人们往往习惯以为的那样无我,以为道德不能讲我的利益。然而,道德还必须是同时有他人的。因为普遍意志就在我心中,他者的意志与我的意志均为普遍意志内部的关系。所以,道德讲个人利益、特殊意识,在一开始就是与他者在我心中、承认他者为伴。道德是有他的,有他的利益与幸福。这种有我与有他性表明:我的利益并不与他人的利益两极对立,而是能够相互统一的。这样,在道德领域中就严肃地提出了"他人的幸福"问题,并将我的幸福与他人的幸福确定为"肯定的关系"。②

其二,道德并非是一种单纯的个人闭门思过式的内向孤独修养,而是一种人与人关系之和谐,在这种人与人关系和谐中达于内在心性的提升。

---

① 黑格尔:《法哲学原理》,第 115 页。
② 黑格尔:《法哲学原理》,第 115 页。

　　黑格尔在将道德与法律相比较,在阐释道德领域中的有他性、我的意志与他人意志的肯定性关系时,还有一段论述:"在法中,当我的意志在所有权中给自己以定在时,他人的意志在与我的意志相关中愿意做些什么,殊属无足轻重。"①这易引起人误解,以为在法律领域人们无须尊重他人的意志——而经验常识又使我们得出相反的结论。其实,黑格尔在这里是就所有权的排他性、所有权的转让须我同意这一意义上而言。不能从字面上简单地理解为在法律领域可以对他人意志不屑一顾。黑格尔通过法律与道德的这种比较是要揭示:财产权关系是排他性的关系,对于同一物不能有多个所有权。道德领域则不同。不同特殊意志间在道德领域从一开始就应是相互肯定的,并以彼此肯定性关系为前提。故,在道德领域,尽管有个体及其特殊利益,但却要求这种具有自我意识与特殊性的个体具有博大胸怀,从一开始就有普·遍·的态度与立场,并将这种普遍精神投射到他者。故,从道德的立场讲,有自利,但不是纯·粹·自·利·,而是有义自利。具有这种有义自利普遍精神的自由意志存在者,是一种新型的人格类型。正是这种人格类型,承负起自由精神实现的历史使命。

　　扬弃纯我的主观性,就是要使道德行为主体的主观性获得客观性内容,并通过自己的现实行动,使善的目的变为现实实在。道德的主观性、应然性以客观性、普遍性为内容或规定,它是具有主观性的客观性(或是客观性的主观性存在);善并不是个体的任意

---

① 　黑格尔:《法哲学原理》,第 115 页。

规定,而是具有客观内容规定的东西。①

b. 个体自由意志的主观性与客观性。

个体自由意志具有主观性,然而,个体自由意志的这种主观性又不能没有客观性。没有客观性的主观性是一种纯粹的主观性,故,没有存在的理由。

个体自由意志的客观性有两重含义:其一,指道德"是概念这种实体性的东西",即,在道德领域中个体主观意志应当是有所规定的,此规定不是纯粹的自我规定,也不是除了自由概念以外的任何其他物,只能是作为概念的自由。此客观性即是普遍性、必然性。其二,道德应是"外部定在的东西"。② 此外部定在首先是指:个体的自由意志应当是自由概念的定在,应当有自己的特殊性,有这个个体自己的鲜活内容。在此基础之上,进一步引申出行动、做。因为,具有一定内容的内在精神的东西自身也是要通过成为定在才是现实的,否则,永远是主观抽象空洞。这就是说道德不是一种纯粹抽象的主观精神,而是包含着主观见之于客观,并使之成

---

① 这可以通过黑格尔对于作为目的实现之客观性的解释而被概要把握。"被实现了的目的的客观性包含着三种意义,或者毋宁说,在同一物中包含着三个环节:(甲)外在的直接的定在,(乙)与概念的符合,(丙)普遍主观性。保持在这一客观性中的主观性在于,(甲)客观的目的是我的目的,所以我是作为这个我而在其中保持着自身;至于主观性的(乙)和(丙)已经与客观性的(乙)和(丙)两个环节相符合一致。"参见黑格尔:《法哲学原理》,第115页。

② 这就是黑格尔通过对主观意志与自由概念的关系所揭示的核心内容。只不过他是以"主观意志与之处于某种关系中的这种他物具有两重性"的表达方式表达出这种思想的。参见黑格尔:《法哲学原理》,第113页。

为直接定在的实践精神。

　　这样，道德就内在地包含着两个方面的要素：一方面，个体主观精神内容的客观性，即，主观精神本身成为自由的定在，进而是善的；另一方面，主观精神见之于客观的做、行为或实行之冲动。对于道德而言，二者缺一不可。因为，道德就是人趋向于自由存在的过程。没有自由的精神、灵魂、灯塔，就缺失了做人的规定与方向；同样，没有行动、做，这种优美灵魂仍然是空洞的，人的自由存在亦不能成为现实。善，不仅应当是主观精神的，更应当是客观行为、做、实行这一类实体性的。主观精神善不能代替客观行为、做。事实上，主观精神与行为、做作为道德的两个构成要素本身就表明：由于二者各自作为特殊性存在，彼此间有分离可能，"即使人们在主观意志中被设定了善，但这并不就是现实"。[①] 这里所提出的除了个人自由意志、主观自我确定须有客观内容这一问题外，还隐含了道德领域中的知行同一问题。

　　现在，我们可以回过头来体会黑格尔所说"应然"的观点是"要求"的观点（"应然的观点或要求的观点"）的含义。道德是应当，这个应当不是个体自我的任意规定，而是具有客观性内容的自由精神的规定：它是自由精神的个体存在，是个体将这种自由精神变为自觉的一种自由选择活动。因而，此"应然"实为具有客观内容的自由精神对于个体的"要求"。此要求就是个体的自由意志行为须有普遍性、客观性，须与自由精神概念一致。

　　　① 这里的译文根据英译本中的"realisation"稍作变动。参见黑格尔：《法哲学原理》，第 113 页。

　　道德的"应然"有其客观性。此客观性有双重含义:一方面,指个体的自由意志不是任意,它须有普遍性内容、须与自由精神概念一致;另一方面,指个体的自由意志绝不是一种仅仅停留于内心而不见诸于现实行动的内心濡养,它还须见诸行动。这也就是说,"应然"有内容及其实现双重问题。① 我们不能仅仅注意其内心选择的合理性一面,而忽视将主观变为客观的行动、实践一面。黑格尔特别强调了这一点。他特别强调由主观应当变为客观现实的道德行动、实践。

　　黑格尔上述关于"应然"观点两个方面的内容,前一方面是关于"应然"的合理性依据问题,后一方面是关于"应然"的行动、实践问题。二者的统一理解,正是行动合理性选择问题。关于后一方面,即道德行为稍后再做论述,现就前一方面做进一步讨论。

　　自从休谟提出应然与实然关系后,应然是否为纯粹主观性,有无客观依据、合理性根据是何等一系列问题,一直是哲学—伦理学的核心问题之一。黑格尔以其思辨方式对此做了肯定性回答,认为"应然"有其"实然"性根据,有其客观性、确定性。黑格尔并事实上从抽象与现实双重角度对此做了论证。在抽象的角度,黑格尔以自由精神、自由概念规定道德"应然"的普遍(客观)内容。② 在

---

　　① "主观意志与之处于某种关系中的这种他物具有两重性,一方面它是概念这种实体性的东西,另一方面它是外部定在的东西。即使人们在主观意志中被设定了善,但这并不就是实行。"参见黑格尔:《法哲学原理》,第113页。

　　② 这里仍然面临着自由精神是什么,主体所理解的自由精神是否就是自由精神本身等一系列基本学理的质疑。

现实角度,黑格尔则以伦理实体、伦理关系规定"应然"的客观内容——这正是他在其后所说做那个伦理实体中所"熟知"的。

值得注意的是,黑格尔所说伦理实体中的客观性及其确定性问题,面临着两个重要的理论问题:其一,此客观性、确定性乃为历史过程的确定性,乃系历史积淀而至,故摆脱不了感性确定性的偶然性。其二,此客观性、确定性乃为主体生活世界的具体性,它是那个具体伦理环境、伦理关系的具体要求。此"实然"、客观规定使生活在特定境况中的人被其生活于其中的伦理实体、生活世界承认为他是一个人。不过,这就进一步提出了两个问题:其一,正如黑格尔自己所说,实存的未必就是合理的。实存、熟知的那个伦理关系、伦理秩序,未必就是真实的。其二,历史、生活环境是一开放性过程,这种开放性本身就决定了确定性的开放性。因而,所谓"应然"的客观规定、确定性,又是一个不确定的确定性。此确定性本身就是历史、开放的确定性,因而,具有不确定性。

这样看来,应然与实然的关系、应然的实然基础问题,也必须在绝对与相对统一中理解。应然有其实然基础与客观内容,应然并不是一纯粹主观性的东西。但是,此客观内容除了那种纯粹抽象自由精神以外,亦是一相对、开放性的规定。这种开放性,一方面表明了这种客观性的生命性、多样性,另一方面表明了这种客观性的历史性、具体性。

黑格尔在讲到道德的应然时还表达了这样一个思想:"道德中的应然在伦理的领域中才能达到。"①黑格尔的这一思想可以换为

---

① 黑格尔:《法哲学原理》,第 113 页。

另一种表达:道德中的应然在道德领域不能实现。为什么道德中的应然在道德领域不能实现,只有在伦理领域才能实现? 其一,道德领域中的应然,还只是立足于个体、主观性的应然,个体自身无法对其应然内容予以客观规定,它必须从伦理领域获得。正是具体伦理关系具体规定了个人应当的具体内容。这是关于应然内容方面的。其二,道德领域的应然还没有变为现实"外部定在",正是在此意义上,它还是抽象空洞的,它须通过现实活动、实行使之变为现实。一个人有了善观念并不能说明此人就是善的,只有此人在现实的社会生活中,在与他者的交往过程中,使善观念呈现出来,成为现实的,他才是真实善的。即,自由意志必须外在化,必须成为现实的道德行为。

三、道德行为

道德的客观性特质中包含着做、向直接现实性转化之品质。[①]道德不仅仅是我的内在精神修养,更是我的一种现实活动与行为,我的内在精神修养也只有在我的现实活动与行为中才有可能真实达到。

1. 道德行为与非道德行为

道德行为是自由意志的外在表现。"意志作为主观的或道德的意志表现于外时,就是行为。"[②]

---

① 参见黑格尔:《法哲学原理》,第 113 页。
② 黑格尔:《法哲学原理》,第 116 页。

黑格尔对道德行为有明确规定：它们是"（甲）当其表现于外时我意识到这是我的行为；（乙）它与作为应然的概念有本质上的联系；（丙）又与他人的意志有本质上的联系"。① 这里，黑格尔事实上揭示了道德行为的三要素：自我意识、自由意志定在、与他者相关。在黑格尔道德行为三要素规定中关键是第二条。道德行为是有自我意识的行为，但有自我意识的行为未必就是道德行为（如一个人有意识地练书法、习琴艺）。当然，黑格尔对于道德行为规定的这种表述，事实上是在肯定性意义上而言，指的是道德的行为，即，一个道德（而不是不道德）的行为是这样的行为：是基于自我意识的自由意志行为，是基于自由概念的行为，是与他人意志和谐的行为。如果在此基础之上进一步抽象，在道德与非道德行为意义上理解，那么，道德行为就是具有自我意识且与他者相关的自由意志行为。

纯粹不涉及他人的、仅作为个人习性的一些行为，诸如个人的穿着打扮、娱乐爱好、发奋程度等这样一类与他者意志无直接关系的个人行为，是否属于道德行为？ 至少不能得出绝对否证性的结论，至少在自由意志概念及其目的性，或人生存在意义、目的、理想的意义上，它可以在一定程度上属于道德行为。

根据黑格尔对道德行为的规定，一切自由意志的行为均为道德行为，那么，对于具有自我意识、自由意志能力的人而言，道德行为应是无处不在、无所不在。但常识又使我们知道道德行为只是人的行为的一个特殊方面。这就直接引出一个非常重要的问题：

---

① 　黑格尔：《法哲学原理》，第 116 页。

一般而言,人的任何一种行为都是有意志的行为,那么,这是否意味着人的任何一种行为都是道德行为? 如果是,道德行为与其他行为的区别何在? 如果不是,那么,又如何区别道德行为与其他行为? 这里的关键就在于黑格尔前述"关系的观点"、"应然的观点",在于透过"道德行为"与"一般行为"的关系把握"道德行为"的存在方式及其特质。

对于发育正常、具有正常思维能力的人而言,一切行为均为自由意志的行为。即使是那些似乎选择了放弃自由意志而取被奴役状态者,也是自由意志地选择了放弃自由意志行为、自由意志地选择了被奴役状态。自由意志行为包括两个部分:感性、现象层面的,以及精神、灵魂层面的。前者指向具体"做"什么、怎么"做",后者则指向以何种精神、目的、态度去做;前者是现象、形式方面的,后者是隐藏在这些现象、形式背后的本质方面的。自由意志这两个部分的关系是本质与现象、神与形的关系。这种本质与现象、神与形关系,正是一切日常具体行为与道德行为之间的区别。我们可以依据现象形态的"做"什么,将日常生活行为区分为不同领域,我们可以依据以何种精神、目的、态度去做,将这些日常行为在一般意义上区分为善与恶两类(正当可以视为一种特殊的善,即弱善),但是我们却无法将这些现象形态与其本质相分离。道德"借壳"存在于一切日常具体行为之中。这样,一切在自我意识、自由意志支配之下的各种具体日常行为,不管以何种具体样式存在,均同时是道德行为。道德行为无所在,无所不在。

这样,对于道德行为与(相对于道德行为的)一般行为的理解与把握就可以较为清晰。那些政治、经济、文化娱乐等日常社会行为,严格地说来并不等同于道德行为,它们与道德行为属于不同领域、不同范畴,不可将彼此简单混同。然而,由于一般行为中均内在地贯透着人的意志,且一般说来这种意志内在地包含着道德意义上的自由意志,故,人的这种一般行为就内在地承负着道德行为、具有道德价值并可以对其做出道德评价。

判断一个行为是否为道德行为,不在于其外在行为形式——凭借外在形式无法区分道德行为与非道德行为,而在于行为中的我的自由意志。这正是黑格尔强调的"任何行为如果要算作道德的行为,必须首先跟我的故意相一致"所包含的基本内容之一。①

2. 道德行为与法律行为

道德行为不同于法律行为。这种区别,根据黑格尔的看法,就在于内在性与外在性。

道德行为侧重的是行为本身的内在意图、主观性,而法律行为则注重行为的外在性、实在性。② 当然,这不是说法律行为本身并不内含着道德行为,并不是说法律行为没有主观意图,也并不是说道德行为就不管外在性、实在性。这里不是讲法律行为与道德行为的共同点,而是讲二者的区别。道德行为对行为的定在性、实在性的关注,也只是在我的主观定在意义上顾及。任何一个行为结果都是诸多因素作用的综合结果。在我的行为定在这一客观存在中可能包含着超出我的意图、我的目的性追求的东西。根据黑格尔的看法,我只对那些作为我的自由意志定在的东西负责,我只承

---

① 黑格尔:《法哲学原理》,第 117 页。
② 参见黑格尔:《法哲学原理》,第 116 页。

认那些是我自由意志定在的东西是我自己的东西。道德行为与法律行为这种侧重点的内外区别,揭示了道德领域所关注的是主体的内在精神、自由意志本身之内容,法律领域所关注的更多的是外在行为。①

由此就提出了道德行为中的动机与效果关系问题。黑格尔既不是通常意义上的动机与效果统一论者,也不是通常意义上的动机效果统一否定者。黑格尔对此问题的理解更为深刻:他从目的与目的实现维度把握问题。因为从黑格尔的辩证逻辑来看,目的与目的的实现二者间有着内在的逻辑一致性,而动机与效果之间并不具有内在逻辑一致性。前者是一对内在相关范畴,后者则是一对外在相关范畴。正因为动机与效果是外在相关性,故二者的统一就不是必然的,而是或然的。而目的与目的的实现则不同,二者具有内在逻辑一致性。行为的客观效果中有目的的实现之内容,但是,此客观效果却并不等同于目的的实现。因而,在对道德行为分析时,必须对一般效果做仔细分析,找出其中作为自觉意识、目的实在的那些东西。

值得注意的是,黑格尔在"关于道德意志的法"的构成方面及关于"道德行为的各个环节"的论述中,事实上将"道德意志"与"道德行为"两个概念等同使用,且没有说明任何理由。严格地说,即使是在黑格尔自身的概念体系中,"道德意志"与"道德行为"也是两个不同的规定。根据黑格尔的看法,法是自由意志的定在。"在

---

① 由此就会面临一系列诘难:离开了行为结果、行为实在,如何证明动机本身的善? 这正是黑格尔本人批评康德义务论所持的一个基本论点。

抽象法中，意志的定在是在外在的东西中。"而在道德中"意志的定在是在意志本身即某种内在的东西中"，①这样，此意志的定在就是"道德意志"。如是，则"道德意志"是与其自由意志在道德阶段的定在、与"道德"概念等同的概念。"道德行为"则是道德意志的外在表现（"表现于外"），是"道德意志"或"道德"的一个环节。道德不仅仅包括我的行为，还包括我的道德认知、意图、目的、选择等一系列内容，行为只是其中一个重要方面。在这里，我们在理解黑格尔的这些论述时应当注意：其将这两个概念通用实则是在"道德"的意义上使用"道德行为"概念，且是为了进一步揭示道德的内在规定。不过，黑格尔的这种做法在客观上也有助于我们对"道德行为"内容理解的深刻性：透过行为这种现象，把握其背后存在着的更为深刻的内容。

结合黑格尔前述法是自由的定在思想，"在抽象法中，意志的定在是在外在的东西中"，而在道德中"意志的定在是在意志本身即某种内在的东西中"，这样，我们就不难发现：道德是不同于外在法的内在法，自由意志在个人意志中的具体存在即为道德。道德是主观法或"道德意志的法"。② 黑格尔的这种主观法思想与康德的人为自身立法思想异曲同工，二者从不同进路表达了道德是人自我立法的内在法。

作为主观法的道德有三个环节：故意、意图、善。故意表明这

---

① 黑格尔：《法哲学原理》，第 109 页。
② 黑格尔：《法哲学原理》，第 117 页。

是我的主观意志，有我的动机、意志，因而，我对此就必须承担责任。在我的主观意志中有我的意图，有我的目的性追求，有所图。意图就表明我主观意志的这种特殊内容，表明"行为在自我相关中的相对价值"，表明我总是在追求自认为是幸福的东西。我的主观意志及其意图不应当是任意的，它应当以普遍性内容为内在规定性。善表明"行为的普遍价值"，"善就是被提升为意志的概念的那种意图。"善就是心中的良知。善就在我心中。①

在道德阶段，我的认识、意志是特殊的，但我通过自由精神的"内在定在"、通过"善"使我的这个特殊意志成为普遍的。客观内容在我这个人身上"内在定在"的过程，既是我主观性的客观化过程，亦是客观自由精神、自由法则被我主观化的过程。经过此主观化过程，我不再直接依据外在东西作出自己的判断与选择，我直接依据的是我心中内在存在着的被主观化了的客观东西。它就是良心。它自成依据、率性而为。

关于"善"，此处应当引起注意的是：善首先是自由意志的存在状态，在这种状态中，作为主观性的自由意志由特殊的被提升为普遍的。这就是黑格尔所说善是"作为内部的东西而同时被提升为它的普遍性，被提升为自在自为地存在的客观性，就是意志的绝对的目的"。② 善作为自由意志的存在状态又内在地包含着作为善的判断依据之内容，这就是自由意志之普遍性规定。善针对个体主体的内在状况而言，且是对个体主体内在状况的一种揭示。当

---

① 参见黑格尔：《法哲学原理》，第 117 页。
② 黑格尔：《法哲学原理》，第 117 页。

我们进行道德判断时说某一现象是善的，这不仅意味着是对这一现象的内容的揭示，亦意味着是对个体行为现象的揭示。

　　黑格尔关于道德的论述，集中通过道德的上述三个环节展开。黑格尔后面在故意环节讲的是未分化的主观意志法，是在抽象的意义上讲目的与目的的实现，这是抽象的主客观统一。意图环节讲的是道德的主观性，讲欲望、需要及作为个体一般目的的幸福。善环节则是讲自由意志在主观阶段的主客观统一，这就是个体特殊意志成为普遍意志，个体自觉意识到自身内在的法，法在心中。

第7讲 目的、意图、幸福

黑格尔"道德篇"的核心任务是思考个体自由意志及其行为选择问题:个体应当具有何种精神,应当如何行为?

道德行为是自由意志行为,此自由意志行为是据于内在法的目的性行为。在这里,主观目的性即成为第一环节。这就是黑格尔说的"故意"(purpose)或目的。

一、目的与目的的实现

黑格尔在道德篇首先讨论"故意和责任"。这从黑格尔的体系上看自有道理:一方面,这是从抽象法的责任归认逻辑引出;另一方面,这是由外在法向内在法过渡。不过,从伦理学角度看,黑格尔在"故意和责任"名下所讨论的事实上是目的(或目的与目的的实现)、善良动机(或善良动机与结果)问题。目的、善良动机本身又构成道德这一主观自由法的第一环节。

1. 目的:我的东西、我的意志

目的是指向性存在,它既是我自由意志的现实内容,又是我行为的具体规定。

作为主体的人(person)之自由意志具有无限性与有限性双重

特质。其无限性如前所述在于主体意志内容的无限可能性与开放性。然而,这种具有无限可能性的主观意志在其"行为的直接性中"却又是有限性的。这种有限性就在于认识、选择、行动能力的有限性。一方面,对自由意志所要指向的目的的认识、把握的有限性:我无法穷尽对于目的指向性及其相关的各种认识;另一方面,自由意志实践选择能力在其现实性上的有限性:我无法同时穷尽各种可能选择的行动,我只能择其一。此外,在行为的直接性中,不仅仅有我的意志,还同时有不属于我的意志内容的其他东西,我的意志无法支配或决定这些不属于"我的东西"。自由意志有限与无限之特质,就提出了自由意志对自身行为的责任及其限度问题。

尽管在其直接现实性中,我的自由意志是有限性的,但这种有限性并不能否定我对我的自由意志行为的责任。因为,在此行为中有我的自由意志,在由此行为所引起的外部变化之定在中亦有属于"我的东西",我就必然有对这种行为的责任。"行动使目前的定在发生某种变化,由于变化了的定在带有'我的东西'……所以意志一般说来对其行动是有责任的。"①

不过,当我能够说在我的行为中有属于我的东西时,同时就意味着在我的行为中亦有不属于我的东西。事实上,就某一行为所引起的某一变化这一直接现实性而言,能够影响其变化的因素是多方面的。在作为此行为结果或定在的东西中,不仅包含着属于我的自由意志的东西,亦包含着不属于我的自由意志的其他东西。

---

① 黑格尔:《法哲学原理》,范扬、张企泰译,商务印书馆,1982 年,第118 页。

它是多种因素综合作用的结果。所以，黑格尔说："某桩事变，某一既出现的状态，是一种具体的外在现实，所以其中情况不胜繁多。作为这种状态的条件、根据、原因而出现每一个环节，都贡献它的一分力量，而可被看做应对这种状态负责，或者应至少有一部分责任。"①

康德曾将世界划分为两类：自由世界与必然世界。必然世界服从于自然因果律，自由世界服从于自由律。必然世界没有选择问题，只有自然法则的因果决定律，而自由世界则有选择问题，在这里起决定作用的不是自然因果律——尽管在这里仍然有原因与结果及其作用问题。道德生活世界是自由世界，它是人的自由选择的生活世界。在这里，不仅有选择的理由或依据问题，还有选择本身所带来的由我的意志存在所引出的我的责任问题。当一个人处于复杂情况下时（诸如黑格尔所说的法国大革命时），总会面临选择问题——即使选择随波逐流的不选择其实也是选择了一种选择，总会有其责任问题。在此意义上，自由的世界就是一个责任世界。"凡是出于我的故意的事情，都可归责于我"。② 我的自由意志行为引出了我对行为的责任。

然而，当我们说是我的自由意志行为引出了我对行为的责任时，这是否意味着当且仅当是我的自觉行为时，我才对此负有责任？是否意味着我不应当对属于我的物在日常生活的复杂联系中产生的后果负责？诸如，我养的羊、猪跑出圈外吃了他人的麦苗，

① 黑格尔：《法哲学原理》，第 118 页。
② 黑格尔：《法哲学原理》，第 118 页。

我放在窗台上的花盆被风吹落砸破了他人的头,等等,这些都不是我的故意,我是否应当对由我的物所造成的这些作用结果负责?回答是肯定性的。"我的所有物,作为外在物,处于各种各样的联系中,而且发生着作用……如果它们对他人造成损害,这诚然不是我自己的作为,但其损害应多少由我负责,因为那些物根本是我的,而且按其独特的性质多少受到我的支配和注意的。"①确实,这种我的外在物对他事物的作用结果,并非就是我的自觉意志行为结果。然而,一方面,如前述,由于物是我的自由意志的定在,另一方面,由于我对我的物拥有支配权与使用权,故,我对物的支配权、使用权决定了我必须使物置于我的自由意志支配之下(既避免他人对我的物权的侵犯,亦避免我的物对他人造成的伤害),所以,对于我的物对他人造成的结果,我亦必须承担责任。不过,正由于这些作用结果不是出于我的故意,故,我对这些行为所要承担的责任,就不同于出于故意所要承担的责任。这是故意与过失之分。如果我是故意将自己养的羊、猪放到他人的麦地里吃他人的麦苗,那就是两种不同性质的作用结果,我所要承担的责任就会完全不同。

2. 道德:"能行动的意志"

根据上述,对自由意志就应当且能够作出进一步的区分:"能行动的意志"②与不能行动的意志。那些能够直接成为现实行为的意志是能够行动的意志,那些不能够直接成为现实行为的意志

---

①　黑格尔:《法哲学原理》,第 118 页。
②　黑格尔:《法哲学原理》,第 119 页。

是不能够行动的意志——无论是否能够行动，它们都是自由意志的定在，只不过一个是作为行为的定在，一个是作为一般物的定在。道德是"能行动的意志"。它是有转变为现实冲动并能够通过主体行为成为现实定在的意志，这个能行动的意志具有创造性。而前述财产、物等尽管也是我的自由意志的定在，但是，它们却不具有行动的能力，不具有创造性。

作为"能行动的意志"，有其自身内在的构成环节，这就是目的、行为、①结果（目的的实现）。

目的性直接构成行为的指向性，它是自由意志行为"所指向的定在"。正是这个作为定在的目的性存在，才使得行为成为可能。所以，自由意志"必须具有对定在的表象，才能作出行为"。② 不过值得注意的是：自由意志的行动是以对自由的概念即以对真理性的追求为目的，即自由的概念、真理是自由意志行动的目的。然而，自由的概念、真理性自身却是普遍、抽象的。我的每一个具体行为尽管应当是对自由概念、真理自身的追求，但是，我的每一个具体行为的具体目的却并不等同于自由概念、真理自身。我的具体行为目的是特殊的，它总是有限性的。一方面，我的行为目的总是一种定在，因而总是具体的——目的不可能是空洞、无规定性的抽象；另一方面，我对于目的的把握或理解又是以对目的"这个定在的各种情况的表象"实现的。即，这个目的对于我而言总是有其

---

① 黑格尔在这里的"行为"不同于"行动"。黑格尔提出要区分"行动"和"行为"。"行动"是一般，"行为"是特殊。行为是行动的特殊存在。参见黑格尔：《法哲学原理》，第 121 页。

② 黑格尔：《法哲学原理》，第 119 页。

特有的内在规定性,且此规定性是表象、实在描述性的。

我的具体行为的具体目的只是我的行为的一种直接指向性,只是观念中的具体。它须通过我的活动、实践由抽象观念变为现实存在。未见之于行为的目的,只是一种纯粹的主观性。目的的实现必须扬弃这种纯粹主观性,进而成为客观存在。我的行为是目的与目的实现的中介环节,换言之,是目的实现的途径。然而,我的行为所面对的外部世界、所处的外部联系,对我来说是偶然、具体的。这样,就意味着我的自由意志行为的目的性活动,在扬弃其纯粹主观性、由主观性向客观性转化时具有偶然性。这种偶然性主要来自两个方面:一方面,我的行为与外部联系的复杂性与偶然性,它具有向一切方面发展的可能性与不确定性,与此同时,我对这种复杂联系的认识具有有限性:在这种复杂联系中起作用的不仅仅有我的自由意志之自由律,还有自然世界的必然律,我对这个自然世界的必然律的认识与把握是或然的。① 另一方面,与我的这个具体行为活动中有联系的一切具体方面,都会对我的行为产生直接或间接影响,并形成直接或间接结果。这些结果对我的自由意志行为而言,具有偶然性:它们不是我的自由意志目的本身。

---

① 黑格尔通过古希腊神话中的俄狄浦斯弑父事例所表达的正是我的这种认识的有限性,及由这种有限性本身所造成的我的无奈性。"在我面前有一个他物,它仅仅是偶然的东西,单纯外在的必然的东西,它可能与我相一致也可能与我不同。"俄狄浦斯所要杀的是这个人而不是要弑自己的父亲,但他不知道这个偶然面对的人正是自己的父亲。参见黑格尔:《法哲学原理》,第 119 页。

　　黑格尔在此以自己的方式提出了我的自由意志行为中的"非我"、非"我的东西"这类因素的存在。他的意图是要揭示并告诫人们,在分析道德行为时不能简单地以结果论之,须把握道德行为的特殊性,把握其内在精神与主观价值之规定性。不过,黑格尔在此事实上又向我们暗示:自由意志行为在其现实性上必须正视自然的必然;自由意志的目的性实现,在其现实性上应当是自由世界与必然世界的统一;道德行为不仅要有善良动机,还必须有道德实践能力,有良好的知识、技能与合理的手段选择能力。①

　　如是,道德作为"能行动的意志"就具有两个内在规定性:其一,道德的实践、行动、做之特质。道德作为一种自由意志,并不是纯粹的主观精神,而是有着向客观转化的内在冲动的意志。纯粹的主观精神并不是道德(或道德的自由意志),道德必定是要见之于客观、行为、定在的自由意志。其二,手段、途径是道德的内在环节。不能游离于手段、途径之外空泛地谈论道德。离开了手段、途径,道德本身就是一个空洞无规定性的东西。道德行为的手段、途径是自由意志目的及其实现的内在中介环节,它们不能游离于道德目的之外,不能游离于善良意志,而应当成为善良意志的一部分。在此,"不择手段"本身由于缺失了自由意志的目的性,也就失却了存在的理由。目的的实现要求我必须对活动的背景世界、对象有尽可能准确的认识,必须仔细选择具体方法、手段,必须慎思

---

　　①　尽管黑格尔本人并没有自觉作出这种暗示,相反,他甚至还表现出某种对于善良动机、目的的偏好,但这并不妨碍我们从黑格尔的这一思想中合理得出这种启示。

而行。

3．目的的实现：行为结果

目的通过行动成为现实，这就是目的的实现。然而，目的的实现不等同于行为结果——尽管行为结果中有目的实现之内容。

首先，结果是我的行为之结果。一方面，它们是我为了实现目的的行为活动的结果，是我行为的定在；另一方面，它们以我的目的为其"灵魂"。[①] 正是在这个意义上，结果就是我的行为的一个内在环节。所以黑格尔强调：后果"是行为自己的后果"，"它们附属于行为"；"后果是行为特有的内在形态，是行为本性的表现，而且就是行为本身"。[②] 如果去除了结果这一环节，行为本身就不能作为真实存在。不过，尽管结果本身就是行为的一个内在环节，但是这并不意味着此结果本身就是作为自由意志的目的的实现。这是因为：

其次，行为结果是包括我的目的在内的多样性东西的结果，充满了偶然性。当目的通过我的行为由纯粹主观性变为现实存在时，在这目的的实现中就由于行为本身外部具体联系的多样性而具有偶然性特质。黄梅戏《珍珠塔》中女子的善意给予，结果却由于给予物反而使意欲相助者受害。所谓好心办坏事以及歪打正着，均属此列。

在我的自由意志目的性行为结果中，既有我的目的的定在，又有我目的以外的其他因素的后果。黑格尔揭示："移置于外部定在

①　参见黑格尔：《法哲学原理》，第 119—120 页。
②　黑格尔：《法哲学原理》，第 120 页。

中,并按其外部的必然联系而向一切方面发展起来的行为,有多种多样的后果。"①这里的多样性不仅仅指形式的多样性,它首先是指有不同于我的行为目的的结果。在此,道德作为能行动的意志,在冲出自身的纯粹主观性、将主观目的变为客观定在时,就由纯粹的自由世界进入包括必然世界在内的现实世界。即,在我的道德行为中有两类规律或两种力量在起作用:一类是自由的规律或精神的力量;一类是必然的规律或自然的力量。我的道德行为在其现实性上是这两类规律或两类力量统一作用的定在。行为结果是主体自由与自然必然的统一,它既属于自由世界,又属于必然世界。因而,在我的道德行为结果中,就不仅有我的自由意志的作用,亦有外部自然的作用。这两种规律、两种力量的统一作用,有可能将我的行为结果推向远离我原初目的之境地。故黑格尔又揭示:"行为同时又作为被设定于外界的目的,而听命于外界的力量,这些力量把跟自为存在的行为全然不同的东西来与行为相结合,并且把它推向遥远的生疏的后果。"②

这样,目的与目的的实现这一必然逻辑,就以偶然的方式出现:目的的实现具有偶然性;在行为结果这一偶然性中包含着行为目的的必然性内容。对于道德行为的认识必须注意这一必然与偶然之关系。自由意志追求自由、真理这一必然性过程,以偶然性的方式呈现。"做一种行为就等于委身于这一(即偶然与必然关

---

①　黑格尔:《法哲学原理》,第 119 页。
②　黑格尔:《法哲学原理》,第 120 页。

系——引者加)规律"说的正是此意思。① 如是,我的行为目的的
实现既在我的行为结果之中,又不等于我的行为结果;我的行为结
果既是我的,又不是我的或不完全是我的(我的目的的定在、目的
的实现)。

　正是基于这种认识,黑格尔对"动机论"与"效果论"两种价值
认识立场持否定性态度。因为,一方面,"后果是行为特有的内在
形态,是行为本性的表现,而且就是行为本身,所以行为既不能否
认也不能轻视其后果。但是另一方面,后果也包含着外边侵入的
东西和偶然附加的东西,这却与行为本身的本性无关。"②

　黑格尔不同于康德的纯粹动机论。黑格尔不仅仅强调动机、
故意,而且亦强调相应的结果。但黑格尔对道德行为的认识在总
体上仍然局限于"意志"的"自由世界"之境地。他尽管看到了自然
世界对自由世界的作用,并在偶然与必然的关系中揭示自由意志
的目的性行为,但是,黑格尔却基于这种认识要将由自然必然性所
引起的结果排除在道德责任之外——这在他强调我只对"我的东
西"负责中表现得尤为明显。尽管黑格尔的这种做法对于强调道
德的自由意志特质有意义,但是,却事实上又拒斥了将目的实现之
手段、方法、途径本身纳入目的自身,进而一方面在理论上使得目
的与目的的实现难免空泛,另一方面在实践上又忽视了手段、方
法、途径等对于目的实现选择的内在价值。

　对道德行为的认识,应当展开其丰富内容,应当将手段、方法、

---

① 黑格尔:《法哲学原理》,第 120 页。
② 黑格尔:《法哲学原理》,第 120 页。

途径等作为其内在环节把握。道德行为是目的向目的的实现、定在的转变过程,故,道德行为不仅仅有动机、意图或目的,还有实现目的、意图、动机的手段、方法、途径。否则,目的仍然只是停留于抽象的空洞,不能有丰富的规定,不能达于定在。如是,对于手段、方法、途径的选择,亦有两个内在基本规定:一方面,须源于目的自身;另一方面,须合乎自然必然。这样,作为定在的目的的实现,就不仅仅是善的,亦是真的,或者更准确地说,善的同时就应是真的。若善的不同时就是真的,善本身就不能成为现实,自由意志之目的就仍然是停留于抽象的东西。

通过对目的与目的的实现之分析,黑格尔在揭示道德行为特殊性(道德行为是自由意志行为)的同时,亦为道德行为责任判断提供了学理基础。

4. 责任限度与责任态度

根据黑格尔的逻辑,道德行为结果作为我的行为内在环节,既包含属于我的自由意志的"我的东西",又包含我的自由意志以外的东西。那些属于"我的东西"的东西,是自由意志的必然内容,而那些我的自由意志以外的东西,则是偶然的存在;我的自由意志只能对"我的东西"负责。"我只对属于我的表象的东西承认责任……人们只能以我所知道的事况归责于我。"①即,我对于道德行为结果负有限责任,而不是无限责任。在黑格尔看来,要求我对行为结果负全部责任,那是一种"天真"状态,尚未达于"反思"性境地。这正是黑格尔在对以俄狄浦斯为代表的"英雄的自我意识"评

---

① 　黑格尔:《法哲学原理》,第 121 页。

价时所揭示的重要思想内容。①

　　不过,我对自己道德行为结果的有限责任态度,并不意味着我可以对自己的道德行为轻率、不负责任。我必须对自己的行为结果负责。因为,这个行为结果是我的自由意志行为目的的定在,它应当是自由意志的。尽管在此定在中充满偶然性,但是,在这些偶然性中有我的目的,贯注着我的自由意志这一价值灵魂。正是我的自由意志使得那些原本互不相关、相互外在的东西聚集在一起。这样,我对于我的行为结果负责的责任态度就是:我应当使我的目的存在于这些偶然性存在之中,并通过这些偶然性得到实现。这正是黑格尔作如下强调的基本缘由:"即使我只造成个别的、直接的东西,但是有一些必然的后果是同每一种行为相结合的,这些后果就构成了包含于个别的直接的东西中的普遍物。我固然不能预见到那些也许可以防止的后果,但我必须认识到个别行动的普遍性质。在这里,问题不是个别而是整体,而这不与特殊行为的特定方面相关,而是与其普遍性质相关。"②这样,我的道德行为尽管以个别、特殊、偶然的样式出现,但是它却是一般、普遍、必然的存在。"我不但应该知道我的个别行为,而且应知道与它有关的普遍物。这样出现的普遍物就是我所希求的东西,就是我的意图。"③意图正是贯穿我诸行为环节的一种普遍物。

---

①　参见黑格尔:《法哲学原理》,第 120—121 页。值得注意的是,黑格尔的这一思想在萨特那里得到强烈响应。萨特亦反对个人对其行为结果负有无限责任。

②　黑格尔:《法哲学原理》,第 121 页。

③　黑格尔:《法哲学原理》,第 121 页。

二、意图

道德行为是我的自觉行为,然而,这种自由意志行为如果要摆脱其纯粹的主观性,就必须获得具体规定性,就必然要对我的自由意志赋予具体内容。这样,我的各别道德行为就不是孤立个别的,而是一个整体的具体存在。在黑格尔看来,我的自由意志的这一具体内容或普遍性方面就是意图(intention)。此意图乃我心中的"善"或"善(自由)的精神"。当然,此"善"并不是自以为善的,而是普遍性的善。①

1. 意图:"单一物的真理"

目的的实现要有一连串行为。这一连串行为不是各自离散的孤独行为,而是一个整体,这一连串行为中的每一个都是为了目的的实现。"故意"讲的是目的性,而我将这个目的自觉贯穿于我行为的每一个具体方面,使这个目的成为具体的而不是抽象的,这个自觉具体化了的目的性就是"意图"。意图(intention)与故意(purpose)通常通用,但黑格尔却在此处在特殊意义上使用意图概念,用它来进一步规定什么是"我的行为"及"我的责任"。此处所谓"单一物"指的是我的单独、各别的一个个具体行动。"意图"规定了"我的行为",并成为"我的行为"的实质。我的所有个别行为

---

① 黑格尔在《法哲学原理》第二编第二章"意图和福利"中,事实上在肯定个人权益、幸福的启蒙立场上讨论了个人与社会的关系,揭示个体的道德行为,应当是在实现他人、社会权益与幸福中实现自身权益与幸福的行为。

都以自由意志的目的性实现这一意图为灵魂、核心,不可偏离意图这一核心与灵魂。意图是我具体行动的规定与实质。譬如,在火灾中,我要救人。"救人"是我的意图,将人救出来是目的。在这一行动过程中,我所有行动均以"救人"为主旨。一切手段、方法、途径的选择,均以救人为宗旨。当然,"救人"的动机可能各异:为情、为义、为名、为利等。

恰如黑格尔所说:"行为……首先只是与其中一个单一性相接触",①行为总是个别具体的。然而,如果行为只是一连串的纯粹单一,那么,这些行为本身就是偶然的,既失却目的指向性,亦失却意义。正是目的的实现这一意图使这一连串行为成为一个统一体。它们不再是纯粹、孤独的单一与杂多,而是一个具有内在统一性的整体。在这一整体中,每个单独的行为,都只是这整体中的一部分、一环节。所以,意图作为"行为的普遍方面",就是贯穿在全部具体行为中的普遍物,就是"单一物的真理"。② 所谓"单一物的真理"就是行为中一以贯之的内容。意图与具体行为的关系是普遍与特殊的关系。具体言之,一方面,我的具体行为总是围绕意图的。不管外界环境发生何种变化,也不管我在这变化的环境中因时因势究竟偶然地选择了何种具体行为方式,我的具体行为总是围绕着目的的实现这一意图,并以这一意图来指导、规定我的行为。另一方面,我必须慎对各个具体行为,使此具体行为成为"我的"实现意图的行为,并对此负责。

① 　黑格尔:《法哲学原理》,第 122 页。
② 　参见黑格尔:《法哲学原理》,第 122 页。

意图存在于各个个别、特殊、偶然行为中,正是意图使这些似乎个别、特殊、偶然的行为,成为完整目的及其实现过程中的环节。意图是这些外在单一物的普遍内容。意图"不仅含有单一性,而且实质上含有上述行为(指道德行为中的外在单一性——引者注)的普遍方面。"这就是黑格尔所说"行为的规定性自身并不是限于外在单一性而孤立的内容,而是在自身中含有复杂联系的普遍内容"之真实意蕴。① 只有明白了道德行为的这种单一性(或个别性、特殊性)与普遍性之关系,明白了普遍性不能游离于个别、单一,才能把握道德行为的客观规定性之所在。

确实,我的道德行为总是具体、个别、特殊的。我在道德行为过程中总会受到现实外部世界各种因素的影响,在我的道德行为结果中总会掺杂进许多我的目的以外的东西。这些似乎表明了我的道德行为就其外在现实性而言,只是些外部的联系,没有内在必然性。这就如黑格尔所说:"外界现实的零星规定性表明着外界现实的本性无非是外在联系。"②不过,我的道德行为的这些具体、个别、特殊,是我的道德行为的具体存在样式。正是在这些具体、个别、单一、特殊中,存在着我的目的、意志。如果我有善良意志,那么,我就会在我的特殊(单一、具体、个别)道德行为中贯注并表现出我的善良意志,使我的善良意志成为现实存在。舍此,我的善良意志无法成为现实存在。③

---

① 黑格尔:《法哲学原理》,第 122 页。
② 黑格尔:《法哲学原理》,第 122 页。
③ 古人云勿以善小而不为之、勿以恶小而为之,以及现人所说从眼前

当我们在从事道德行为时,我们总是从某一个方面、某一点上进行自己的活动,并在这一方面、这一点上追求与实现自己的价值理想。我们应当透过这一点、这一方面把握自身行为乃至自身存在的普遍意义。这正是包含在黑格尔下面论述中的深刻思想内容:"人们首先仅仅在个别一点上接触现实,但是这一点的普遍性质意味着它的扩张。"①

前述"我只对我的行为负责"意味着我不对那些不是我的行为负责。现在的问题是:什么是我的行为? 如果以为那些具有我的自由意志的行为是我的行为,那些偶然性因素不是我的行为,那么,据此就可以推论出:我仅仅做了这一个具体行为,其他行为不是我所做,由这个具体行为所引出的其他结果我不负责任。根据黑格尔的分析,此推论很肤浅,不能成立。因为,此具体行为属于我的故意,它恰恰是我的目的的一部分,是我意图的定在,故,我必须对由此所引出的必然结果负责。诸如,我拿着装有子弹且打开保险的手枪对准别人的脑袋,并扳动扳机,这就是我所做的一切。对此,我不能说"我没有杀人,我只不过仅仅扣了扳机而已"。这就如一个杀人者用刀割断他人的股动脉,对此,他不能说"我没有杀人,我只是割断了他的一根血管,我不对他的死负责"一样。因为,任何一个有正常健全意识的人都知道上述两种情况的必然结果会是什么。我明知其必然结果如此,知道行为的实质是什么,但仍然

的小事做起,讲的都包含着类似的道理:小中有大,个别中有一般,单一中有普遍;千里之行始于足下,伟大在于平凡,等等。

① 黑格尔:《法哲学原理》,第 122 页。

坚持去做,仍然通过做去追求这种实质,这就是意图。所以,此处就不是一个简单、个别的行动,而是由此行动所导致的必然结果,我必须对此结果负责。

普遍、一般总是通过特殊、单一而存在。我们在认识道德行为时应当首先注意把握这种特殊、单一背后的一般、普遍。单一、个别总是普遍、一般的单一与个别。这就是书中119节附释中通过点火与放火、割肉与杀人的关系,以及强调"在生物中,单一物不是直接作为部分而是作为器官而存在的,在器官中存在着普遍物本身"等所要揭示的内容。

不过,当我们说普遍、一般总是通过特殊、单一而存在,或单一、特殊总是普遍、一般的单一、特殊时,就直接意味着这样一个规定:由于普遍、一般存在的特殊、单一性,因而,在作为普遍、一般之具体存在样式的单一、特殊中必定包含着偶然性。这种偶然性,就由这种特殊、单一性所规定。这样,我们在对道德行为认识时就应当注意到这种偶然性,避免直接简单地将这种偶然性当作必然性本身。避免直接简单地将道德行为全部结果作为我的道德行为目的之内容。故黑格尔强调:"一种行为可能或多或少地受到种种情况的冲击,这是当然的事。在放火的场合,可能不发生火灾,或相反地可能燃烧得比放火者所设想的更厉害。"或者,我并不想杀人,只是想使他致残、教训他一下,但失了手,使他丧了命。行为的结果并不简单直接等同于行为的动机、目的、意图。然而,我作为道德行为者也不能因为这种行为中的偶然性,而对结果中这些不属于"我的东西"推卸责任。我对于这些不属于"我的东西"亦负有责任。因为,一方面,我作为"能思维的人"我应该能够预见到我的行为的一些可能后果;另一方面,这些后果尽管在并非我目的性内容的意义上是不属于"我的东西",但是,这些后果是我的行为的后果,故,它们是"我自己意志的定在"。①

至此,我们就可以概要地把握为何黑格尔反对简单以意图来为行为辩护的做法。在黑格尔看来,那些简单地"用意图来竭力替行为辩解"的做法是"把单一方面孤立起来"的机械性的做法。这有两个基本理由:其一,这种思想方法割裂了普遍与单一、普遍与个别、一般与特殊的关系;其二,这种思想方法忽视了定在的偶然性。这就如黑格尔所说:"一方面,主观反思无视普遍与单一的逻辑性质,而把单一部分和各种后果细加分裂,另一方面有限性事件的本性包含着偶然性的这种分离。"②

意图作为单一物的普遍物,这就是行为中的客观,而它之所以能够作为我的道德行为中的普遍物,就在于我能够自觉意识到它并使它贯穿我的全部行为。这样,意图就是个体行为的规定性。

2. 特殊目的性与普遍目的性

每一个体都是特殊欲望、需要、目的性的存在。在普遍性的道德行为形式之下,会有不同的目的、动机、意图。正是这些不同的目的、动机、意图,构成了每一个体道德行为的直接根据。诸如,努力学习不是为努力学习而努力学习,而是或者为了今后报效民族、报效祖国,或者可能是为了回报父母,也有可能是为了实现自我价值。再譬如,同样是杀人,不是为杀人而杀人,而是为仇杀、财杀、

---

① 黑格尔:《法哲学原理》,第 123 页。
② 黑格尔:《法哲学原理》,第 122—123 页。

情杀,甚至就是为了"练胆量"。这就意味着必须仔细从一般道德行为形式中找出这个个体的特殊目的。

普遍法以包含有我这一行为主体特殊内容的"主体的法"形式存在。当然,在使普遍法获得丰富内容的同时,也使我成为自由意志行为的主体。然而,既然我成为自由意志行为的主体,那么,这就意味着我作为主体的这个法是为了我的,或者至少我的需要能够在这个法中得到满足:我根据这种主体的法行为,我可以在"行为中找到""满足"我的需要的途径。① 这样,自由意志行为就不是空洞的,而是具体的,它在普遍性追求中能够实现我的特殊性要求。道德原本是有我及我的利益的,道德对于普遍性的追求,并不压抑我的个性、特殊,而是实现我的个性、特殊的现实途径。如是,我的意图就成为我的动机(motive)。

黑格尔在 121 节补充中有这么一段话:"行动的动机就是我们叫做道德的东西,而且照这样说来,道德的东西具有两重意义:在故意中的普遍物与意图的特殊方面。"②所谓"故意中的普遍物"、"意图的特殊方面",根据黑格尔在前面曾论述的故意是我的目的、意图是单一物的真理,不难明白这里就是在说特殊中的普遍、普遍中的特殊。我的道德行为既不是要以我的特殊、单一、个别否定普遍,也不是要以普遍、一般来否定我的存在。道德并不是分裂普遍与特殊,而是要统一普遍与特殊。将普遍与特殊视为绝对对立互不相容的两极,那不是道德的或善的。

---

① 黑格尔:《法哲学原理》,第 124 页。
② 黑格尔:《法哲学原理》,第 124 页。

　　我的道德行为应当是普遍与特殊、主观与客观的统一,应当是我的动机的定在。这样,对于我的道德行为的认识,就应当从普遍与特殊、主观与客观统一的立场进行。故,我们对于道德行为的认识,就不应当是纯粹外在现象的,也不应当是纯粹内在主观的。黑格尔通过对他所生活的那个时代思想认识的概括与批评,表明了他的这种鲜明立场。他发现:"近人特别对行为常常追问动机。以前人们只不过问,这人是否正直的人? 他是否在尽他的义务? 今天人们却要深入到他们内心,而且同时假定着在行为的客观方面和内在方面——即主观动机——之间隔着一条鸿沟。"①即,在他看来,过去的人们对道德行为的认识主要是基于外在现象的,他所生活的同时代的人们则要深入到人的内心深处,追问人的行为动机。这两种对道德行为的认识都失之偏颇,都割裂了行为的客观方面与主观方面。在他看来,对道德行为的认识必须坚持主观与客观统一的立场。

　　这里有两点值得专门一提。其一,黑格尔对于欲望在道德中的存在持肯定态度。在黑格尔看来,道德并不拒斥欲望,欲望及其满足是自由的内在环节之一。问题的关键只在于欲望自身的合理性规定:它应当成为我的自由的一部分、一个环节。

　　其二,黑格尔对于正义、善的认识。道德是追求善、正义的,然而,正义与善的"不是纯粹自然的,而是我的自由本身的纯规定";正义、善也绝不仅仅是一种停留于我的自我意识的纯粹主观性,它应当变为我的现实行为。黑格尔在关于正义与善的问题上既反对

————————

①　黑格尔:《法哲学原理》,第 124 页。

自然主义立场,亦反对纯义务论立场,而是取一种普遍与特殊统一的辩证立场。即,正义与善绝不仅仅是一种纯粹的普遍性,而是我的自我意识在对我的欲望要求得以满足基础之上所形成的我的自由存在。正义与善是"我的合理性所设定",它"以我的自由为我的意思的内容","是我的自由本身的纯规定";正义与善绝不仅仅是我的自我意识,更重要的是"在行为中求得满足,而不停留于人的自我意识和行为的客观性之间的鸿沟上。"正义与善的实现,是通过消弭主观与客观、特殊与普遍之间的鸿沟实现,而行为正是消弭主观与客观、特殊与普遍之间鸿沟的现实途径。故,在黑格尔看来,在道德领域必须扬弃那种纯粹主观动机、自我意识的观点,必须确立行为、实践、做的观点。正是行为的观点、实践的观点、做的观点,才是"更高的道德观点"。① 道德具有实践、行为的品格,道德不是纯粹善良意志的自我意识。这正是黑格尔超越于康德之处。

这样,黑格尔在关于主观性与客观性、单一性与普遍性、个别性与一般性的统一中,将道德行为作为道德的一个内在更高环节出现。

道德行为总是具体特殊的,这就意味着:道德行为在消弭主观与客观、单一与普遍分离的同时,使它在我的特殊行为中实现了普遍。而此普遍的实现是在我的特殊行为这个特殊性中实现的,且既然我的特殊行为是一特殊性存在或特殊物,那么,这就表明此特殊物对于我而言有着特殊的价值,即它对于我而言具有我的"主观

---

① 黑格尔:《法哲学原理》,第 124 页。

价值"。①

　　所谓我的行为对我具有"主观价值",就是说我的行为对我有
"利害关系"。② 这个"利害关系"应当在联系上述黑格尔既反对自
然主义又反对纯粹义务论立场基础上被把握。此"利害关系"具有
丰富内容:它不仅仅包含我们所说的一般意义上的我的普遍价值、
我的自由实现,还包含我的福利、幸福这样一些实质性内容。

　　如前述,道德行为总是有其目的性的。我的道德行为的特殊
性同时亦表明我的这个道德行为的特殊目的性——我的意图即是
我的这个特殊目的的具体内容。③ 不过,由于我的这个特殊道德
行为是消弭主观与客观、单一与普遍的行为,因而,在我的这个特
殊道德行为的特殊目的性中,就应当同时包含着普遍性与特殊性
两个方面。我的这一特殊道德行为的特殊目的性中的普遍性,就
是自由概念自身。这是无限性的目的性。在我的这一特殊道德行
为的特殊目的性中的特殊性,就是我的直接欲望、兴趣等的满足这
一类福利。这是有限性的目的性。不过,值得特别注意的是:这里
问题的关键还不在于在我特殊道德行为的特殊目的性中有普遍性
与特殊性存在,而在于我的这个特殊目的性中的特殊性方面应当
成为普遍性的——它应当成为普遍性的具体存在或具体环节。我
的具体道德行为的具体目的性是多样、易变、流逝乃至无限不确定
的,但是,我的所有这些具体目的性无论怎样变易、流逝,它们都应

---

　　①　参见黑格尔:《法哲学原理》,第 125 页。
　　②　参见黑格尔:《法哲学原理》,第 125 页。
　　③　"目的——从内容说即是意图。"参见黑格尔:《法哲学原理》,第 125
页。

当成为我自由存在(或自由概念)的一部分,都应当成为我的自身自由存在(或自由的概念)追求的一个环节。

所以,在理解黑格尔所说"行为在它下一个内容上的直接的东西降格为手段。这种目的既然是有限的东西,它可以转而降为再一个意图的手段,如此递进,以至无穷"①这一思想时,应当注意:不要仅仅在通常手段—目的链这一外在方面来把握,不要仅仅将它理解为一般意义上的手段—目的向对立面的转换,更重要的是要在自由与其具体存在环节这一内在关系的意义上来把握。要将一切具体、特殊活动的目的性,都理解为是自由存在这一绝对或最高目的的一个环节。

道德行为使主观与客观、单一与普遍达至统一。这样,一方面,在道德的主观性中就摆脱了其纯粹的主观性而具有客观、普遍之规定,使自由意志由纯粹的抽象性变为具体的存在;另一方面,道德行为中的特殊目的性就摆脱了我的纯粹主观性之特质,而成为自由的一个环节,这个道德行为中的特殊目的性就是我的福利或幸福。

三、福利:幸福

"福利"或"幸福"属于个体领域。黑格尔认为福利属于我的"特殊意志的领域",②它是我这个特殊意志领域中的普遍性。即

---

① 黑格尔:《法哲学原理》,第 125 页。

② 黑格尔:《法哲学原理》,第 131 页。

幸福这一普遍性并非是自由概念的普遍性,而只是在我这个个体特殊意志意义上的普遍性。这样,福利或幸福就同时具有特殊性与普遍性两个方面的规定。它既是我的特殊目的,亦是自由的环节。

1. 幸福:人生最高目的

幸福是人生的最高目的。我的行为有诸多目的,这些目的总是具体的,我的这些具体目的的"一般性"存在即是幸福。或者换言之,我的这些具体行为目的的目的是幸福。幸福既是这些具体目的的总括性概念,又是这些具体目的的指向与实质。黑格尔讲幸福是"一般有限性所具有的目的"即是此意。① 此"一般有限性"指的是自由意志的个体之我,其含义是说:幸福是个人的普遍目的性追求,个人的所有具体目的性活动,都是为了或指向幸福,都是幸福这一一般目的的具体存在。不能将幸福理解为纯粹主观欲望的满足。② 幸福是人作为人存在的完满状态。

如前述,我的行为有其目的性。此目的性就其直接内容而言,首先应当是我对"某事物作为自己的东西感觉兴趣或应感觉兴趣"。只有我对某事物当作自己的东西且感兴趣时,我才会为之行为。而我之所以对之感兴趣,就在于此事物是作为我的东西,对我

---

① 　黑格尔:《法哲学原理》,第 125 页。

② 　幸福是人生的最高目的这一认识与古希腊哲人相吻合。幸福并不是一个纯粹主观的欲望及其满足,它有具体内容,这就是人作为人存在的"人的完满"。参见徐向东编:《美德伦理与道德要求》,江苏人民出版社,2007年,第 13 页。

有"利害关系"与"主观价值"。不过,这个目的性如果仅仅停留于此,它除了我的兴趣这一一般东西外没有任何具体规定,没有任何确定性内容,它还只是主观中的抽象、普遍,"还是抽象的和形式的自由"。[①]

因而,我的行为目的内容就须进一步扬弃纯粹的主观抽象性,必须拥有具体规定性内容。即,我的行为目的性本身必须具体化、特殊化。因为,一方面,只有具体化、特殊化的目的,才是有现实内容规定的目的,才能真正称之为我的目的;另一方面,只有具体化、特殊化的目的,才能够成为我的行为的直接目的,否则,它不能演化为我的行为。根据黑格尔的看法,这就是在我的"自然的主观定在中,即在需要、倾向、热情、私见、幻想等等中,具有较为确定的内容"。[②] 这就是具体、特殊的目的性。正是在这些需要、倾向、热情、私见、幻想中,我成为具体的个体。

在此,就出现了黑格尔所说的"关系的观点"。所谓"关系的观点"就是我与他人的关系、特殊与普遍的关系,就是自我的发现或出现:自我从普遍中分化独立出来作为特殊存在,"主体被规定为自我区分,从而算作特殊物"。[③] 正是在此自我从普遍中分化独立此出来的特殊性存在中,自由意志出现了"自然意志的内容",有了我的需要、欲望、情感、私见等一系列自然性内容,并使自然性成为自由意志的内容或环节之一。

---

①　黑格尔:《法哲学原理》,第 125 页。

②　黑格尔:《法哲学原理》,第 125 页。

③　黑格尔:《法哲学原理》,第 125 页。

我的需要、倾向、热情、私见、幻想这一切，似乎是我的"自然"冲动，但它并不纯粹是我的自然冲动。一方面，它是我行为不可或缺的环节；另一方面，它是自由意志、自由概念不可或缺的环节。我的这些特殊目的性是自由意志概念不可或缺的环节。这有两个层次的含义：

其一，我的存在是一行动的过程，但我的存在不是一连串行动的外在堆砌，而是一个有着内在联系的过程整体，我的一切具体目的性总是"幸福"这个一般目的性的具体存在。我在追求幸福，幸福就在日常每一个具体目的性活动中。人生的创造、享受，就在日常具体目的性中。不要将日常生活具体目的孤立化，而应当使其成为一串珍珠上的一粒、一条通向光明顶石阶中的一石。应当珍视人生的每一时刻。人生的轰轰烈烈与平平常常，两极相通。重要的在于有幸福这一人生的总体目的性追求，且将日常琐碎与之相连。

其二，我的这些特殊目的性不仅仅是我这一特殊个体的自由存在方式，亦是类自由存在的具体方式。没有每一个个体的特殊目的及其实现，类的自由这一普遍目的亦是空幻。黑格尔在此以思辨方式揭示了个体幸福生活的价值合理性，批判了禁欲主义与伪道学。一切自由概念的普遍性目的，都必须通过我的这些特殊性内容而在我这里成为具体定在，且都必须通过我的需要、欲望、热情、私见、幻想才能变为现实。正是在这个意义上，我的需要、欲望、倾向、私见等就并不纯粹是我的，它们亦是自由概念的（或如我们通常所说是社会的）。我的一切个人行为成就不仅仅是我个人的，它们还是自由概念或社会的——只不过，自由概念或社会的东西以我个人的样式存在、呈现罢了。它们所内含着的就是我的意志自由形式与其概念的同一的关系。这样,一方面,个人的需要、欲望、热情、倾向、私见、幻想存在的合理性根据,就不仅仅是一般人权、人道的,而且是社会普遍价值意义上的。一个社会不能扼杀个人的需要与欲望,个人的需要与欲望并不可鄙。扼杀个人需要、欲望、私见、热情、幻想的社会,就是毁灭社会自身。另一方面,通常人们所说"立足本职,放眼世界"、"寓大于小"、"伟大在于平凡"、"个人幸福与社会幸福的统一",是有深刻学理根据的。

我的这些目的内容通过我的行为变为现实,或换言之,我的这些需要、欲望、热情、倾向、私见、幻想等获得了满足,这就是幸福(或福利)。"这种内容的满足就构成无论是它一般的和特殊的规定上的福利或幸福。这就是一般有限性所具有的目的。"①黑格尔这里讲这种内容的满足在"一般"和"特殊"的双重规定上均构成幸福或福利,该如何理解? 我不是一般地而是具体地满足了这个需要。这就如"吃"的欲望的满足,总是具体想吃这个、那个,并通过吃这个、那个东西而满足的。我吃了一餐比萨,既满足了具体、特殊的吃比萨这一需要,又满足了一般"吃"的需要。当然,此处一般与特殊双重规定意义上的满足,还可以做更深入的引申理解:我的这个需要满足是一特殊满足,这个特殊满足同时又是一般类的需要的满足。总之,此处一般与特殊就是前面所言目的内容的两个环节:没有规定性的一般需要或兴趣,以及有特殊规定性的主观需

---

① 黑格尔:《法哲学原理》,第 125 页。

要或兴趣。幸福存在于日常生活的每一个具体需要、欲望、热情等的满足中。这是特殊的幸福。但是在这特殊幸福中，又具有普遍幸福。一方面，在这特殊幸福感受中我感受到了人生的普遍意义与价值；另一方面，并不是任何需要、欲望、热情的满足均是幸福的，这个需要、欲望、热情须是作为人的。

　　幸福或福利又不简单地等同于那种我的需要、欲望、倾向等满足，不简单地等同于我的肉欲感官的满足。因为，我的需要、欲望、倾向等就其特殊规定性内容而言，都是具体、个别、暂时的，因而，都是流逝的。当我饥饿时饱餐一顿后所直接得到的就是吃饱了的快乐；当我想当一名歌唱家的梦想得到实现时，我所直接得到的就是我实现了我这个梦想的快乐。如此等等。这种单独个别暂时偶然存在的需要、欲望，都是个别特殊的，都不是我自身生命存在本身；它们都是流逝的，都不能成为我生命中普遍的存在。只有当这些需要、欲望、倾向、梦想等与我的自由意志存在，与我的生命存在内在相联系，使它们成为我的生命存在的内在一部分时，我才能真正获得一种自由意志存在的感受。这种生命目的的普遍性存在及其感受，就是幸福。幸福作为我的生命普遍目的，它不同于我的那些欲望、需要、热情等一切具体目的。那些具体目的直接基于自然冲动，总是具体、特殊、个别的，因而，是偶然的。而幸福这个我的生命的普遍目的则不再直接基于自然冲动，它是经过反思了的意志，故是超越了那些具体特殊易逝的具体目的，是一种经过提升了的普遍、一般的目的。幸福是我的一般普遍目的。这就是黑格尔所说的"这里的意志已不是原来直接存在那样的意志"，这种意志的"内容属于在自身中反思着的意志，并被提升为福利或幸福这种普遍目的"的基本思想内容。①

幸福包含着快乐、愉悦，并使快乐、愉悦成为幸福的一个环节。离开了日常生活具体的快乐、愉悦，幸福本身亦成为空洞虚无。但幸福作为意志自由或生命存在的普遍目的，又不同于快乐、愉悦。快乐、愉悦总是与感官、欲望直接相联系，所标识的是感官、欲望满足所获得的一种自我直接肯定性感受，故，总是暂时、偶然的。幸福则不同。幸福不再与感官、欲望直接相联系——这并不否认它与感官、欲望有联系，而是在自我反思性的意义上，在一种超越感官的直接现实性、欲望的自然性，在对自我生命、自由意志存在总体性理解上，所形成的一种行为目的与主观感受，它是普遍的、必然的、稳定的。

然而，幸福作为我的一般、普遍目的，它还只是我的意志自由、我的生命的一般、普遍目的，它还不是意志自由概念本身的一般、普遍。所以，幸福还只是属于特殊意志领域的内容，它还只是我这个有限性意志范围内的一般。它还只是在否定感官直接性、欲望自然性的意义上的普遍目的，还没有成为自由意志概念本身之普遍。这就是黑格尔说幸福"还没有在意志的自由中来掌握意志，而是把意志的内容作为自然的和现成的东西加以反思"的基本意思。②

幸福是有限性的普遍目的，概要地说是指：幸福是作为行为主体的我的一般、普遍目的，个人幸福并不等同于类的幸福。用黑

---

① 黑格尔：《法哲学原理》，第 125 页。
② 黑格尔：《法哲学原理》，第 125—126 页。

格尔的语言表达就是：它既非纯粹自然冲动的，亦非自由意志概念本身的，而是我这个特殊中的一般，是我对于自身存在的反思性把握，它还未上升到自由概念（亦或类的普遍）自身，还未上升为善。

　　具体了解黑格尔在此所提到的关于克娄苏与梭伦时代的一些具体论述，对此问题就会有更为清晰的理解。黑格尔在《哲学史讲演录》中提及在梭伦与克娄苏对话中涉及前人的一个格言："没有一个人在死前可以被称颂为幸福。"黑格尔对此作出了较长的一段阐释。

　　"这一段记载值得注意的地方，是我们可以从其中对梭伦时代的希腊人的反思观点认识得更清楚一点。我们知道，幸福或快乐是被假定为值得追求的最高目的，是被假定为人的目标的；在康德哲学以前，道德——快乐主义的道德——是建立在幸福这个范畴上的。在梭伦的话里，可以看出，幸福已经提高了一层，超过了只是满足感官享受的感官快乐。我们若问幸福是什么，对于反省的思想幸福包含着何种意义，即可见幸福无论如何总带有一种个人的满足，不管是哪种方式的满足，是由外在或内心的（身体上的或精神上的）享受而来的满足，达到这种满足的方法，是掌握在人手中的。不过进一步看来，并不是每一种感性的、直接的享受都可以拿来当作幸福，因为幸福里包含着一种对于环境之全部的反思；其中所包含的并不只是满足、愉快的原则，唯有全体才是原则，个别的享受应该看轻。快乐主义所谓幸福是为着全部生活的一个条件,它所提出的享受,是全体性的享受。全体性的享受是有普遍性的,是为个别享受作规范的,它不听任人沉溺在暂时的享乐里,只是约束欲望,在我们眼前树立一个普遍性的尺度。……希腊……所讲的快乐也是灵魂的满足,不过并不由逃避、抽象、遁归自身而获得,而是由享受当前的事物,由具体享受周围一切事物中取得。我们在幸福中所见到的反思阶段,是处在一个中间地位,一方面是单纯的肉欲,另一方面是为公正而公正、为义务而义务。在幸福之中,内容是享受,是主体的满足,不过形式是普遍的,个别的享受是消失不见了;普遍性的形式存在于幸福之中,不过普遍者并不自为地出现。这就是克娄苏与梭伦的谈话所提出的问题。作为思维者的人不仅为当下的享受而努力,而且为将来的享受准备手段。克娄苏给梭伦指出这些手段,然而梭伦拒绝对克娄苏的这个问题予以肯定的答复。因为我们要赞许一个人是幸福的要等到他的死时,要看他的幸福是否维持到死时,并且还要看他死得是否虔诚,是否合乎较高的目的。因为克娄苏的生命还没有完结,所以梭伦不能称赞他幸福。克娄苏一生的历史,证明了没有任何一个一时的情况可以当幸福之名。这个动人的故事完全刻划出了当时的反思观点。"①

黑格尔关于幸福的上述论述,深刻揭示了幸福对于个人的总

---

① 黑格尔:《哲学讲演录》第 1 卷,贺麟、王太庆中译本,商务印书馆,1983 年,第 169—171 页。

体性意义。幸福范畴是关于个人的普遍性范畴,它不等同于简单的当下感官享受,但是它又存在于当下感官享受之中。

不过,幸福的这个普遍性还只是我的特殊意志自由的普遍性,它尚不是自由意志概念的普遍性。个人的幸福不是整体类的幸福。一方面,一个人不能只为自己,不能没有社会责任;另一方面,个人幸福离开了社会(正义环境)亦难以实现。我的特殊意志自由的这个普遍性相对于自由意志概念的普遍性而言,仍然只是一个特殊、个别,它必须进一步上升为自由概念本身的具体内容,才能成为真实的幸福。即,幸福范畴本身并不是自足、至上的,它还必须从自由概念那里获得自身的内在规定性,个人幸福必须从类的幸福获得进一步内在规定。在这里,必须仔细注意区别幸福的这一普遍性的具体规定。

正是由于幸福的这种特殊、有限的普遍特质,决定了幸福本身的内在矛盾性。这种矛盾性就在于:一方面,"幸福的种种规定是现有的"。此"现有"指的是它的具体规定的自然性在我的意志中的定在,指的是这种自然性所包括的感官的享受成为幸福的现实内容,而这种自然性、个别性、偶然性、感官性,并不是我的自由意志的真实内容,故,"它们不是自由的真实规定"。它们只是我的自由意志的形式内容。"自由只有在自身目的中,即在善中,才对它自己说来是真实的。"①另一方面,我的自由意志及其目的自身又必须定在,即,它离不开这些特殊、个别、偶然,离不开这些感官享受所组成的日常生活。因为,若离开了这些感官享受、欲望等自然

① 黑格尔:《法哲学原理》,第126页。

性方面,我的自由意志、我作为自由意志主体存在本身就是空幻的。这样,幸福就内在地存在着特殊性与普遍性的紧张或矛盾。对于这种紧张或矛盾的解决,不在于简单地否定其中的任何一个,而在于使特殊上升为普遍,使普遍拥有现实的存在形态。

黑格尔在讲到幸福的这种规定性及其内在矛盾性时揭示:"只有把现有的东西提升为某种自己创造的东西——这种区分并不含有两者极不相容的意义——才会产生善的更高境界。"[1]黑格尔这里事实上是在揭示我的自由意志存在的超越性或否定性,且这种超越性或否定性有两个环节或两个过程:首先是超越或否定我的直接需要、欲望、私见等这一类的感官直接性而成为我的自由意志的普遍性,这是第一个超越或否定。在这个基础之上还得有第二个超越或否定,这就是超越或否定我的意志,使其成为自由意志概念的普遍性。因为我的意志之普遍性相对于自由概念而言仍然只是一种特殊性。这两个超越或否定过程,就在道德领域构成了主客观的统一。

这种特殊性与普遍性的统一,就意味着我的需要、欲望、私见、热情、物质福利等的正当性,[2]以及它们应当成为自由概念或自由精神的一部分之逻辑必然性——而这正是对于这种特殊内容超越性或否定性的必要性与必然性。

---

① 黑格尔:《法哲学原理》,第 126 页。

② 所以黑格尔明确强调:"人有权把他的需要作为他的目的。生活不是什么可鄙的事,除了生命以外,再也没有人们可以在其中生存的更高的精神生活了。"参见黑格尔:《法哲学原理》,第 126 页。

在这里,黑格尔以自己的思辨方式扬弃了传统的幸福主义伦理学与义务论伦理学的两极对立,使二者得到统一。

2. 道德行为的目的性:个体目的性与社会目的性

黑格尔在 124 节中认为,在"个人自己的主观满足"中有"绝对价值的目的",进而强调"主观目的"与"客观目的"的统一。此处"主观目的"指的是我的目的,讲的是目的的特殊性。此处"客观目的"并非指实存意义上的,而是在自由意志概念的意义上指具有必然性、真理性的目的。黑格尔在此处主观目的与客观目的名下讨论的是个人、个体存在的价值,认为个人具有存在目的性价值。这是从目的性维度讨论个体与社会(类)的关系。并在讨论过程中进一步具体分析了思想史上的幸福主义与义务论两种思想传统。

自由意志的这种特殊性与普遍性的统一,意味着在对我或任何一个具体个人自由意志存在状态的认识中不能割裂二者。我的行为正是此统一的具体所在。黑格尔有这么一段话:"主体就等于它的一连串的行为。如果这些行为是一连串无价值的作品,那么他的意志的主观性也同样是无价值的;反之,如果他的一连串的行为是具有实体性质的,那末个人的内部意志也是具有实体性质的。"[1]在这里,黑格尔主要表达了这样几个思想:其一,主体等于其自身行动。此行动是黑格尔在前所述的"创造"的过程,人就是自己的一连串行动。所以,行动、做、创造对于人而言是人之为人的基本特质之一。其二,此行动又是自由意志的主观性与客观性、特殊性与普遍性的现实统一。人的行动不同于动物的活动。人的

---

① 黑格尔:《法哲学原理》,第 126 页。

行动是有"实体性质的"。此"实体性质"的东西就是自由精神。正是这自由精神使得人的行动获得价值。其三,我的自由意志行动,不仅仅是我个体自身的,它同时亦是社会、类、自由精神的,或者准确地说,它同时亦应当是自由精神的,因为只有我的特殊意志的行动同时也是自由精神的现实行动,此行动本身才是自由的,因而,才是有价值的。即,此行动不仅仅是我的,亦是自由精神的。个体与类并不是截然对立的两极,必须在统一性中准确把握二者及其关系。

　　传统伦理学思想中占主导地位的是幸福主义与义务论两种学说思想,且彼此处于两极对立不相容境地。黑格尔认为这两种思想观点都应当被否定。社会、客观目的不能离开个人、主观目的而定在、实存,个人、主观目的是社会、客观目的的现实环节,不能将二者绝对分裂。"个人自己的主观满足(包括他的荣誉和声誉得到承认在内)也包括在达成有绝对价值的目的之内。"因而,那些将个人与社会对立,"要求仅仅有绝对价值的目的表现为被希求或被达到的东西,以及认为客观目的和主观目的在人们希求中是相互排斥"的见解,"都是抽象理智所作的空洞主张"。①

　　那种纯粹的快乐主义幸福论的自我满足要求,将自我满足的这种纯粹个人主观性要求当作一切行为的"实质上的意图",而一切社会责任、义务等只不过是"达到主观满足的手段"。这其实就是我们通常所说的绝对利己主义或实利主义。这种主张对自由意

---

① 黑格尔:《法哲学原理》,第 126 页。

志存在、对人类社会"恶毒而有害"。① 它将使人失却存在的目的与意义,使人成为纯粹的行动本身。那样,人只服从感官冲动的支配,人不再是自由的,人无异于物。

那种纯粹的义务论主张,要求道德行为的无我性,要求道德的任务是压抑或去掉个人的自我满足,"以为道德只是在同自我满足作持续不断的敌对斗争,只是要求'义务命令你去做的事,你就深恶痛绝地去做。'"②这样一种否定一切自我满足、无我的纯粹义务论主张,其实是对自由精神发展历史的反动。因为个体的出现、个人的发现是人类近代以来所取得的最伟大人文成就之一。人类启蒙时代所取得的最伟大成就就是人的发现:从上帝的庇护下发现了人,从类的人中发现了独立个性的个人。对个人自我及其特殊需要满足的主张,正是启蒙时代所取得的自由精神的成果。它甚至构成了启蒙时代与前启蒙时代区分的基本标志。"主体的特殊性求获自我满足的这种权利,或者这样说也一样,主观自由的权利,是划分古代和近代的转折点和中心点。"③康德自我立法的绝对命令义务论思想,当然有其启蒙价值:他以自己的方式使人成为主体挺立于世。但是,康德义务论思想所内在隐含的这种无我性在某种程度上又事实上露出了宗教神旨的残留尾巴。道德、自由权利的观点,不否定个体、个性及其需要的满足,也不拒斥个体的

---

① 黑格尔:《法哲学原理》,第 126 页。

② 黑格尔:《法哲学原理》,第 127 页。

③ 笔者根据英译本此处对中译本略有改动。将其中的两处"法"(the right)改译为"权利"。这样,似乎更能准确表达黑格尔思想的原意。参见黑格尔:《法哲学原理》,第 126—127 页。

目的性与自我满足及其追求。问题的关键在于：摆脱其纯粹的特殊性，将特殊性需要上升为普遍性，成为普遍性的内容，成为自由的；在我的特殊需要、欲望、私见满足中，在我的特殊行动中，存在着一般自由概念。

主观目的是有我的主观满足、我的幸福追求，但是，主观目的中也应有客观目的内容。客观目的通过主观目的得以存在。我的主观自由意志（权利）中有自由概念的客观内容，有"实体性"的东西。只有在这种个人与社会、主观与客观、普遍与特殊统一的思想之下，才能深刻准确把握与理解社会历史进程与社会历史现象，才能一方面透过变化莫测的主观性、特殊性看到隐藏其后的客观性、普遍性历史内容；另一方面，又不会贬低个体主观追求及其创造性的社会历史价值。

个人自觉追求幸福，对于人类社会进步具有历史性创造价值。这是黑格尔针对"鄙视与贬低一切伟大事业和伟大人物"的"心理史观"，展开尖锐批判过程中所揭示的深刻思想内容。在这种"心理史观"看来：似乎伟大人物个人之所以能在历史上创造出一些伟大的东西，就在于他们追名逐利这样一类意图与动机；而追逐个人权力、名誉、声誉等完全是在谋取个人福利或幸福；这种动机与意图是应当被鄙视的。在黑格尔看来，这种观点是浅薄、愚蠢的。①

---

①　"这种理智断定，一连串这些伟大的行为所构成的伟大行为和活动，固然在世界上创造了伟大的东西，并且给行为人个人带来了权力、名誉和声誉等后果，但是归属于个人的不是那种伟大的东西本身，而只是落在他身上的这种特殊而外在的东西；由于这种特殊的东西是一种结果，因而它好像应该就是他的目的，甚至是他唯一的目的。"这种观点"是站在主观立场上，所以

不能简单地利用所谓名利动机来否定与诋毁伟人的业绩与成就。这是因为：其一，每个人都有权利追求自己的幸福。换言之，一般说来，每个人追求自己的特殊需要及其满足均是正当、合理的。没有每个人对幸福追求的正当性与合理性，哪有人类的幸福与自由？其二，伟人的成就、声名背后存在着一种普遍性的历史内容与时代精神。这就如我们可以承认一个画家、诗人、作家在创作时就是出于追求个人名誉、金钱，但我们不能因此就否定这画、诗词、小说就不是他的目的性追求之一（他珍视它们的价值，他要努力做好这诗、小说、画），更不能因此就否定这画、诗词、小说本身的价值。

我们确实不能否认伟人有不同于常人的那种对于名誉、声望、事业乃至权力的强烈追求，不能否认伟人活动的成功事实上也确实给他们带来了不同寻常的名誉、声望、事业与权力，甚至我们也不能否认伟人通过自己的这种行动获得了在名誉、声望、事业、权力等方面的不同寻常的满足。但是，伟人之所以能够获得成功，获得名誉、声望、事业、权力而成为伟人，不仅仅在于伟人自身的努力，更在于伟人的这种努力代表了自由的概念，代表了自由精神的现实存在，代表了时代精神，或者说代表了社会需要，代表了时

它固执伟大人物的主观方面，从而忽视了它自己所造成的空虚性中的实体性的东西。"在黑格尔看来，这种"心理史观"没有看到在伟大人物的这种特殊性追求背后同时还存在着普遍性内容，没有看到在主观自由意志背后存在着"实体性"的自由精神这一客观内容，没有看到"名誉、声誉和其他种种后果""在实体性的活动中"能"同样找到满足"。参见黑格尔：《法哲学原理》，第127 页。

代与历史的发展方向。是自由概念、自由精神、时代精神、社会需要、历史发展方向等,使伟人成就事业、成为伟人,并拥有名誉、声望、事业与权力。使伟人成就事业、成为伟人的是上述这一类"伟大的东西本身",是伟人的伟大精神、心志、毅力、能力,而不是这些名誉、声望、权力一类"特殊而外在的东西"。① 我们不能浅显地只看到伟人的这种特殊性追求、欲望、激情、私见一类东西,而应当看到在这种特殊性追求中隐藏着的普遍性、客观性(或社会历史内容);伟人的这种行动及其结果,既是伟人自身的自由活动,亦是时代精神的自由存在或自由活动。所谓时代造英雄、时势造英雄,即为此理。

如果我们不能认识或把握到伟人功成名就背后所隐藏的这种深刻的自由概念、客观规定、历史内容、时代精神,那么,我们就不能真正理解伟人,我们自己也就注定不能成就事业、成为伟人,就注定只能是"小人"或"仆人"。所谓"仆人眼中无英雄"即为是。②

这样,黑格尔事实上就以自己的方式揭示:一方面,个人的追求、欲望、私见、创造这一类东西,不仅仅是个人的,它还是类的。它是类的追求、欲望、认识、创造的具体存在。正是个体的这种为满足诸多欲望的现实创造活动,构成了推动人类文明的演进历程。这正是黑格尔所说恶是历史发展动力表现形式思想的核心内容之一。一个社会共同体应当为个人的这种创造性潜力发挥提供充分

---

① 黑格尔:《法哲学原理》,第 127 页。

② 可参考黑格尔:《历史哲学》,王造时译,上海书店出版社,1999 年,第 32—34 页。

的空间，因为，为个体的就是为社会共同体、为类的。另一方面，个人的追求、欲望、创造这一类自由意志活动，只有以时代精神、自由概念、历史趋势为内在规定性，才有可能真实实现。

于是，对一个人而言，要想有所成就，实现自己的价值，成为自由的存在，就必须以自由概念、时代精神、历史趋势等为其自由意志的内在规定。人应当有大志，我应当是有大志的。此大志当然是我的，但是它又不是我的。就此大志是我所立而言，此大志当然是我的，然而，我这个志向之所以能成为大志，就在于我的这个志向中有不属于我的那个普遍性的东西。在我的特殊意志志向中有普遍性内容。这正如英雄在其个人志向及其目的满足中同时就包含着普遍性内容，普遍性内容通过英雄个人的特殊志向努力成为定在一样。

同样实存的外部生活世界，对每个人的意义不同。这种差别取决于各人对此实存生活世界的理解。生活世界是你所理解的生活世界，人生是你所理解的人生。有什么样的理解，就有什么样的生活世界与人生。因而，人须有大志。

当然，仅仅立大志是不够的，还要有激情，要能成大事。有了志向还需要激情，"假如没有热情，世界上一切伟大的事业都不会成功。"[①]激情使人能够具有豪迈气质、牺牲精神，拥有战胜一切困难的勇气与毅力，激励自己为实现志向勇往直前、顽强奋斗。人不仅要有大志与激情，更要有踏踏实实的行动，通过踏踏实实的行动成就大事。这正是黑格尔所强调的：人们不仅仅应当"立志做伟大

[①]　黑格尔：《历史哲学》，第 24 页。

事业","还要能成大事,否则这种志向就等于零。单纯的志向的桂冠就等于从不发绿的枯叶。"①

个人的自由意志既应是对自身特殊目的性的追求,亦应是普遍自由精神的具体存在。一个人在对自我特殊利益的追求中应当有普遍自由精神。这样,黑格尔就以自己的方式扬弃了幸福论与义务论的绝对对立或各自的片面性,实现了二者的统一。

3. 道德行为选择依据:"特殊福利"与"普遍福利"

如前述,我的自由意志有追求我的福利(或物质利益)的理由。不过,自由意志是因为福利作为自由意志的一部分才追求福利,而不是直接将福利本身作为自由意志的追求。纯粹福利本身不能成为自由意志行为的依据与理由——无论这种福利是我的、多数人的,还是他人的。自由意志的道德行为不排斥对福利(或功利)的追求,但是,自由意志却并不简单地以福利(功利)本身作为行为的理由与依据。

个人的特殊福利尽管是自由意志这一普遍物的特殊存在形式,但是,它不是自由意志本身,不同于"自在自为地存在的普遍物"②。"特殊福利"相对于"普遍福利"而言。"普遍福利"不同于"特殊福利"。"特殊福利"属于"私权"领域,"普遍福利"属于"公权"领域;"普遍福利"是作为整体的"国家的福利",它"属于一个完全不同的领域,在这个领域,形式法以及个人的特殊福利和幸福同

---

① 黑格尔:《法哲学原理》,第128页。
② 黑格尔:《法哲学原理》,第128页。

样都是次要的环节"。①

　　"众人的福利"或许多人的福利也不能作为道德行为的理由。"普遍福利"不是一个量的概念，而是一个质的概念。单个性并不因为量的增加而改变其单个性的特殊性、主观性。无论多少单个人的福利都是"特殊福利"，都是特殊性、主观性、或然性的。它并不以人数的多少为转移，不因人数的多少而改变其主观性与或然性。这就如黑格尔所说："其他许多特殊的人的福利也一般地是主观性的实质上目的和法。……特殊物的上述那些目的是与普遍物有区别的，它可能符合也可能不符合普遍物。"②因而，若干单个人福利的集合并不能改变其或然性、主观性、特殊性之特质。真实的普遍福利不同于单个人集合的特殊福利，它是作为自由概念存在的公共福利。这种区别就如同卢梭所作的"众意"与"公意"之区别一样。

　　"为他人谋福利"亦不能成为道德行为的理由。为他人谋福利似乎是善的，但这个"他"人与"我"的意图均是特殊性的，并不等于真实自由自身。这就如不能以为他人解除贫穷为理由我就可以贪污偷窃一样。所以，黑格尔认为也不能以"道德的意图"或动机替错误行为(an action which is wrong)作辩护。"不论是对我的还是对他人的福利的意图，——人们特别称后者为道德的意图，——都不能成为替不法行为(an action which is wrong)作辩解的理

---

①　黑格尔：《法哲学原理》，第 129 页。
②　黑格尔：《法哲学原理》，第 128 页。

由。"①因为我的行为意图属于主观、特殊、形式的法,它不能成为
判断行为合理、正当的依据。否则,这个世界上就没有什么伪善与
恶了。黑格尔以偷皮革替穷人制鞋为例,揭示尽管其行为是道德
的但却是错误的(wrong),②所说明的也正是这个道理。对此,书
中第140节的附释中有较详细的论述。

　　"我的生命"这一特殊福利本身也不能无条件地直接成为道德
行为的充足理由与依据。它只有成为自由精神的一部分时,才能
成为行为的理由与依据。这有两个方面的含义:一方面,生命权属
于自由权;另一方面,生命权高于财产所有权。

　　我的生命本身不能简单无条件地成为道德行为的依据或理
由,我的生命只有在属于自由时才能成为道德行为的直接依据与
理由。生命作为我人格的定在与直接承负,当然具有基础性意义。
但是,生命的价值规定不在于生命自身,而在于人、人的自由。人的
生命是属于自由的,生命只有从自由中才能获得自身存在的理由。
生命作为一种自然存在,只有属于自由时才有意义,才成为人的生
命。自由就是人的生命的根本内容。没有自由,就没有人格尊严,就
没有人的生命价值。此时,生不如死。"对着自由这一更高领域面
前,生命已非必要。"③这里并不是说人的生命并不重要,而是说人
为了自由的信念、理想,不能贪生怕死、苟且偷生。为了自由的信念
与理想,人有时应当不惧献出自己的生命。所谓"生命诚可贵,爱情

---

　　①　黑格尔:《法哲学原理》,第128页。
　　②　范译本在此将wrong均译成"不法",似不如"错误"更能准确表达原
意。参见黑格尔:《法哲学原理》,第129页。
　　③　黑格尔:《法哲学原理》,第129页。

价更高,若为自由故,两者皆可抛",也正是这个意思。

不过,在道德行为选择中,生命作为人格的定在,又优越于其他具体权利。在特殊情况下,仅仅生命权本身亦能成为道德行为的理由与依据。黑格尔通过"紧急避难权",在表达生命权高于财产所有权的同时,强调了生命权在行为选择中的价值优先性。

生命作为人格的定在,作为人的一切特殊利益的综合承担者,在一般情况下,生命权相对于其他具体权利具有价值优先性。在不涉及对他人根本利益伤害的前提下,生命权在价值冲突行为选择中具有优先性。即,在一些具体情况下,当生命等同于自由本身时,为了维持生命本身即可以为某些"不法"行为提供特殊的合理根据与理由。黑格尔以偷一片面包能保全生命为例对"紧急避难权"做了具体论述。

黑格尔认为:一个快要饿死的人"偷窃一片面包就能保全生命,此时某一个人的所有权固然因而受到损害,但是把这种行为看作寻常的窃盗,那是不公正的。一人遭到生命危险而不许其自谋所以保护之道,那就等于把他置于权利(原译为法——引用者)之外,他的生命既被剥夺,他的全部自由也就被否定了。"①如果在这种情况下自由权利不能容忍一个快要饿死的人得到一片面包的这种生命权优先性,它就不是自由的权利。如果在这种情况不承认这种紧急避难权,这就是对自由权利本身的根本侵犯。我们自己可以在快要饿死的情形下不"偷窃一片面包",也可以不赞成在这种特殊情景下的"偷窃一片面包"行为,但是,我们应当且必须容

---

①　黑格尔:《法哲学原理》,第 130 页。

忍、宽恕一个快要饿死的人偷窃一片面包的行为,否则,我们以及我们的社会就会失却最基本的同情与怜悯之人道精神。黑格尔明确认为:"克制而不为这种不法行为这件事本身是一种不法,而且是最严重的不法,因为它全部否定了自由的定在。"在世俗生活中"有许许多多细节与保全生命有关,我们如果瞻望未来,那就非关涉到这些细节不可"。① 黑格尔在这里不仅突显了一种对于生命价值本身的关怀、一种人道情怀——这种思想与中国古儒"饿死事小,失节事大"思想截然不同,②而且还直接将这种人道情怀引入社会—政治权利关系,为建立一种能够保持社会最不幸者起码生存权的社会政治制度提供思想基础。

在这里值得特别一提的是,黑格尔在《法哲学原理》正式出版前后做过许多相关演讲,这些演讲不同于正式出版的文字。在那些没有经过文字修饰删除的一系列演讲中,黑格尔明确认为绝对的私人所有权就是一种任意与暴力,并通过"紧急避难权"反对私人所有权的绝对性,以此为穷人挣得最后生存权的斗争而辩护。"紧急避难权"是一个人在特别急需条件下挣扎着活下去的权利。这是一个人自由权利在此特殊情况下的全部、集中体现,因而,它既是极端不幸者要求获得帮助的绝对强制性权利,亦是极端不幸者基于内心良知的自觉要求。③

---

① 黑格尔:《法哲学原理》,第 130 页。

② 黑格尔"从紧急避难权派生出债务人一定财产免扣押的利益"的思想,同样值得注意。这也是一种人道思想。中国大陆近年刚出台的最高法院关于财产封存扣押的司法解释中,才专门对此作出某种具体规定。

③ 参见洛苏尔多:《黑格尔与现代人的自由》,丁三东等译,吉林出版集

自由（权利）仅仅为自由（权利）自身所限。不能简单地以为私人财产所有权绝对不可侵犯。"紧急避难权"即是对此的具体实践。不过，这种生命的"紧急避难权"并不是在一般情况下可以轻易应用的。它有其条件：其一，只有出于自由的目的且为了自由。如果是出卖人格、苟且偷生，则不属于此范畴。其二，只有在当下紧急、急需且直接关涉生命本身的存在时。"只有直接现在的急要，才可成为替不法行为作辩护的理由。"[①]

在"紧急避难权"中，彰显了法（权利）与福利的各自偶然性与局限性：法（权利）的抽象正义性，福利实现的个人行为特殊性。具有普遍性的法（权利）却不能保护一个少了一片面包就要饿死人的生命权；出于自觉意识为了维护自身生命存在的一片面包这一福利，须通过快要饿死的人的"偷窃"来获得。换言之，在这里，法须通过个体（快要饿死的人）的特殊理解把握（即黑格尔所说良心）与特殊行为（"偷窃"）实现，且法与福利的统一亦通过特殊主体的这种特殊理解、把握与行为实现。在"紧急避难权"中，一个快要饿死的人"偷窃"一片面包，就不仅是此个体获得维持生命存在必需的福利，亦是普遍法（权利）通过被此个体自觉意识与实践而作为良

团，2008 年，第 5、201—231 页。黑格尔甚至明确说："一个快要饿死的人有绝对的权利去侵犯另一个人的所有权，因为他只在以一个有限的方式侵犯所有权：必需的权利要求他不要侵犯另一个人诸如此类的权利：他只是对一片面包感兴趣，他不是在把别人当作没有权利的个体对待。抽象的理智倾向于把任何违法的侵犯都看作绝对的，但一个快要饿死的人只是在侵犯特殊，他没有侵犯权利本身。"转引自洛苏尔多：《黑格尔与现代人的自由》，第 155 页。

　　①　黑格尔：《法哲学原理》，第 130 页。

心存在。在这里,善与良心就通过主体的良心自觉行为达至统一。但是,根据黑格尔的思想,此时善与良心的这种统一有赖于特殊主体,而不是一种社会客观关系秩序的必然性,因而,还是两个"并合起来"的"相对关系"①,还只是一种主观、偶然的统一。黑格尔在后面对善与良心的考察,就是要在主观性与个体性的意义进一步考察与揭示自由的实现,并以此为中介,进入自由实现的伦理客观境地。

黑格尔通过"紧急避难权"问题在道德领域将法由主体外在引入主体内部。尽管他对此环节的具体设定有点生硬,但是却明确将个体道德行为的根据引向主观、内心,引向良心:法在心中。

---

① 参见黑格尔:《法哲学原理》,第130—131页。

第8讲　善与良心

黑格尔在道德阶段所研究的是(个体)主体性,是主体的自由意志及其行为选择。主体的自由意志以善为规定,以良心为最高形式。

一、善

善是"被完成了的、自在自为地被规定了的普遍物"。[①] "善不是某种抽象法的东西,而是某种其实质由法和福利所构成的、内容充实的东西。"此普遍物是"世界的绝对最终目的",是"被实现了的自由"。[②]

1. 善:"被实现了的自由"

黑格尔此处主要是通过人存在的终极目的性,论述作为道德行为选择、道德价值判断依据的"善"的内容的客观性。

善通常被人们作为一种标准,用来评价判断事物的价值性质,

---

① 黑格尔:《法哲学原理》,范扬、张企泰译,商务印书馆,1982年,第131页。

② 黑格尔:《法哲学原理》,第132页。

故，通常被人们理解为是主体的主观性表达。其实，善之所以能作为一种标准，首先在于善具有客观规定性。不过，这种客观规定性并不是感性确定性意义上的客观存在、现实，而是自由理想（理念）的存在与实现：它是自由理想（理念）的实现，是作为目的性的自由的实现。当下日常生活世界总有欠缺。这种欠缺被反思性把握，并在观念中被克服，且以理想目的性方式存在，这种理想目的性就是作为行为标准、在观念中被实现了的自由。这个作为在观念中被实现了的自由有两个方面的意蕴：一方面，善以自由为内容，离开了自由，善就失却了内在根本规定性与确定性，就成了一空泛、空幻的东西；另一方面，此善不是自由的某一个别方面，而是自由的全部、整体，是自由的真理性存在，它是人们为之奋斗的最终目的。这样，一方面，善就具有理想、完满的意蕴，善是被实现了的自由这一完满理想；另一方面，善就成了世界的"绝对最终目的"。

自由是人的存在方式。人不同于万物，人是自由的。人的这种自由特质，既是初始、起点的自由——即人作为自由存在者来到这个世界上——亦是终极理想的自由，有对自由理想追求的自由活动。善作为世界的"绝对最终目的"意味着：在人类生活世界中，没有什么比自由（或自由的实现）这一目的更高的目的了。自由是人类生活世界的最高境地，是人的存在的最高价值目的。自由的追求，为理想生活，这是属于人的生活，亦是人的生命意义之所在。人之所以作为人存在，就在于人的这种自由追求精神。

善就是这种具有具体规定的被实现了的自由。它作为一种理想完满状态，是一种抽象、普遍，但是这种抽象、普遍又不脱离特殊、具体。它是特殊的普遍、抽象的具体。所以，黑格尔强调："善不是某种抽象法的东西,而是某种其实质由法和福利所构成的、内容充实的东西。""善就是作为意志概念和特殊意志的统一的理念;在这个统一中,抽象法、福利、认识的主观性和外部定在的偶然性,都作为独立自主的东西被扬弃了,但它们本质上仍然同时在其中被含蓄着和保持着。所以,善就是被实现了的自由,世界的绝对最终目的。"①

何种行为才是善的?"被实现了的自由"的行为即是善。善是自由的实现,这有两个方面的内容:其一,善是自由的实现。这是善的质的规定性。只有属于自由的,才有可能是善的。不过,此自由不是某种特殊个别的自由,而是普遍与特殊统一的自由。善就是被实现了的普遍与特殊统一的自由。普遍与特殊统一了的个人特殊福利,即是普遍自由的具体存在,这就是善。其二,善是实现了的自由。自由不是空洞观念中的东西,它应当且必须成为具体、现实的。

2. 善:法与福利的统一

善作为世界的"绝对最终目的"不是空洞的。它内容充实,具有丰富规定性,是法与福利的统一。所谓善是法与福利的统一是指:善不仅有自由的精神,还有自由精神的(感性)定在或自由精神的客观实现。善,不仅是形式的,亦是内容的;不仅是主观的,亦是客观的;不仅是普遍的,亦是特殊的。善是普遍自由与特殊自由、普遍幸福与特殊幸福的统一。在黑格尔的这个世界最终目的中,个人没有被社会吞噬,社会亦未被个人离散。

善内在地包含着福利。不包含福利的善不能称之为善。换言

---

①　黑格尔:《法哲学原理》,第 132 页。

之,作为世界绝对最终目的的善,如果不包含人们现实福利幸福,就称不上善、自由。然而,在善中所包含的这个福利,并不是作为行为主体的我的纯粹个别利益,而是普遍福利通过我的特殊福利的具体存在。①

善中的这个福利,它既是我的,又不是我的。所谓这个福利是我的福利指的是:这个福利确实是我所享有的福利,我的自由意志在这个福利中获得了定在或实现。然而,如果这个福利仅仅只是我的,那么,这个福利还只是偶然的,即,我的自由意志的定在或实现仍然缺失必然性。只有这个福利不再仅仅纯粹是我这特殊意志的定在时,我的自由意志实现才获得了必然性。而善中所包含的这个福利就正是扬弃了福利的我的特殊意志的单一性的福利,它是"普遍福利"。所谓善之福利是"普遍福利"就是指:尽管这个福利仍然要以我这个特殊的样式存在,但是这个福利已经不再是作为行为主体我的单个特殊意志之定在,而是所有人的福利的具体存在,是作为自由概念、作为普遍意志的定在。它是自由本身的定在。正是在这个意义上,在善中的这个福利尽管以我的福利的样式出现,但是,它已不是我的福利,而是普遍意志的普遍福利以我这个特殊样式存在而已。通过这种福利的普遍性,一方面,我扬弃了原先的纯粹个别自我之偶然性,成为必然性的;另一方面,自由意志概念亦通过我的这个特殊样式获得其现实存在。于是,我不

---

① 这个福利"不是作为单个特殊意志的定在,而只是作为普遍福利,本质上作为自在地普遍的、即根据自由的东西,才具有独立有效性"。参见黑格尔:《法哲学原理》,第 132 页。

再是个别的，我是普遍的；普遍自由、人格亦不再是抽象的，而是现实的。

如是，善是法与福利的统一又可以被理解为"福利没有法就不是善。同样，法没有福利也不是善"。① 如果物质生活幸福但没有自由权利，或者，如果只有自由权利但没有物质生活幸福，均不是善。

3. 善："特殊意志的真理"

善与（个人）主观意志是何种关系？这是黑格尔在这一章里所要着重揭示的内容之一。而对此内容的理解，就直接构成了关于良心、道德的理解。

每个人总有目的性追求，总有自由意志指向。现在的问题是个人应当有什么样的自由意志？应当以什么作为自身的目的性追求？黑格尔认为只能是以"被实现了的自由"这一"绝对最终目的"作为个人自由意志的真实内容。

黑格尔有这么一段论述：在道德阶段，"主观意志对善是处于

---

① 值得注意的是，黑格尔揭示："善，作为通过特殊意志而成为现实的必然性以及同时作为特殊意志的实体，具有跟所有权的抽象法和福利的特殊目的相对抗的绝对法。"在这里，黑格尔在相对于法与福利的意义上事实上表达了善的三个方面的内容：其一，善须通过特殊意志而成为现实存在，且善的这种通过特殊性获得自身存在的现实性具有必然性。其二，善是特殊意志的实体或真理，特殊意志须以善为自身的合理性根据。其三，善拥有法与福利所不拥有的真理性，这就是自由的概念，正是这个自由的概念成为法与福利的真理性内容。这样，我们就可以理解：法与福利作为善的内在环节，"一方面是与善有区别的，同时又仅仅以它符合于并从属于善为限，才有效力。"参见黑格尔：《法哲学原理》，第132页。

这样一种关系中,即善对主观意志说应该是实体性的东西,也就是说主观意志应以善为目的并使之全部实现,至于从善的方面说,善也只有以主观意志为中介,才进入到现实。""善是特殊意志的真理,而意志只是它对善来设定自己的东西。意志不是本来就是善的,只有通过自己的劳动才能变成它的本来面貌。从另一方面说,善缺乏主观意志本身就是没有实在性的抽象,只有通过主观意志,善才能得到这种实在性。"①在这里,黑格尔揭示了善与主观意志(或特殊意志)的关系有两个方面内容:一方面,善是特殊意志的本质、真理;另一方面,善必须获得自身的主观性,主观性是善得以实现自身的一个不可或缺的环节。因为,如果善不能获得主观性,则善只是"抽象理念"。善须通过特殊意志的主观性、通过人的自由意志活动成为现实,并进而获得自身的实在性——善的这种主观性要求,就构成了良心及其存在的内在依据。这两个方面是一体两面、一而二、二而一之事。黑格尔通过对善与主观意志(或特殊意志)关系的分析,事实上在说明一个道理:善是"主观意志的法"。② 所谓善是"主观意志的法"是指:一个人的自由意志行为须以善为规定,须善在心中、执善而行。

如黑格尔曾明确揭示的那样,道德的核心是使特殊意志上升为普遍意志,随之而来的问题是:为什么特殊意志要上升为普遍意志? 特殊意志如何上升为普遍意志? 特殊意志之所以要上升为普遍意志,就在于特殊意志原本并不就是善的、自由的。特殊意志就

---

① 黑格尔:《法哲学原理》,第133页。

② 黑格尔:《法哲学原理》,第133页。

其自身而言，是个别意志，是我的特殊意志，因而，特殊意志是主观
意志，并具有任意性、偶然性、个别性。任意性、偶然性、个别性，并
不是善的、自由的。特殊意志须通过教养、磨炼上升为普遍性，才
能成为善的、自由的。特殊意志上升为普遍意志，首先就是将善接
纳进自身，使善作为自身的内在规定，并在此基础之上，通过自主
创造性活动，进一步将善变为外在客观定在。我的特殊意志的教
养、磨炼，就是要摆脱其主观性与任意性，将外在于我的意志而存
在的善接纳进我的自由意志中，使我的特殊意志以善为内容，进而
使我的特殊意志摆脱其纯粹的特殊性而成为普遍意志的（一个部
分或具体存在）。所以，黑格尔认为："对主观意志说来，善同样是
绝对本质的东西，而主观意志仅仅以在见解和意图上符合于善为
限，才具有价值和尊严。"①

　　这样，我的特殊意志上升为普遍意志的过程，同时就是善进
入、存在于我的特殊意志内部的过程。这个过程即是黑格尔所说
善的发展的三个阶段。"（1）善对我作为一个希求者说来，是特殊
意志，而这是我应该知道的；（2）我应该自己说出什么是善的，并发
展善的特殊规定；（3）最后，规定善本身，即把作为无限的自为地存
在的主观性的善，予以特殊化。"②这三个阶段分别指的是：第一，
善成为我的特殊意志。即，它已不再是一般的善，而是具体的善，
它成了我的目的、是我的具体追求。第二，善为我自觉认识。这是
在具体时空背景中的自觉认识，因而，也是对善在具体情景中的具

---

① 黑格尔：《法哲学原理》，第 133 页。
② 黑格尔：《法哲学原理》，第 133 页。

体存在及其具体规定的自觉认识(这即是"发展善的特殊规定")。第三,这种为我自觉认识、被具体规定了的特殊化、具体化的善,成为我具有无限性的自由意志的内容,它是我这一特殊自由意志自由规定的意志。这就是良心。当善在主观精神阶段达到这种精神的无限自为、内部自我规定境地时,即为良心。

而当善达到这种主观精神的无限自为、自我规定境地时,善在获得其主观性的同时,善就给人们呈现出似乎是纯粹主观性之特质:善就是主体的自我规定、无限自为,似乎主观意志的自由就在于我的自我确定性。然而,在黑格尔看来,善在主观精神阶段的这种自我确定之主观性,并不能离开客观性、真理性,相反,这种主观性须以客观性、真理性为规定。

4. 善的客观性与真理性

自从休谟明确区分应然与实然、价值与事实以来,人们始终对道德的真理性、必然性持有论争。一种看法认为道德自由意志行为受纯主观情感的支配,没有真理性,另一种看法则认为道德自由意志行为中有真理性。黑格尔持后一立场。

在黑格尔看来,善不能离开真,善以真为内容,善是"真理中的意志"。在他看来,那些以为人只能与现象打交道、不能认识真理的主张,以为思维有害于善良意志的看法,不仅从精神中去掉了理智,亦去掉了其所有的伦理价值与尊严。① 善的行为,不仅具有价

---

① 原中译本将 depriving mind not only of intellectual but also of all ethical worth and dignity. 译为:"……从精神中取去了一切理智的伦理性的价值和尊严。"这里根据英译本稍作了改动。参见黑格尔:《法哲学原理》,第133—134页。

值合理性,亦具有认知、理智的合理性。

由于善以真为内容,故,在道德阶段的自由意志就有个认识的真与伪、主观与客观、形式与实质的问题。

前面曾说过,一方面,我的意志并非原本就是善的;另一方面,善只有通过主观性才能获得实在性。这就意味着,善一方面要将我的意志由特殊性上升为普遍性,另一方面同时使自身获得现实性。这里就有一个善须由我的外在存在进入我的意志之中的问题,有一个我对善的理性认识问题。而根据前述,对善的理性认识在根本上就是对真、必然的理性认识,因为唯有真才是善的。善是"真理中的意志"。所以,理性思维能力对于善而言就是不可或缺的。善的把握不能离开理性思维。善的规定性或善的内容不是感性经验的,而是本质的,因而,善的真实性不是感官确定性,而是理性的真实性。这就如在日常生活中偶尔所见的那样,众人起哄要将一个小偷打死。众人起哄这不能成为打死小偷的道德理由。故黑格尔说真理中的意志"它绝对地只有在思维中并只有通过思维而存在"。① 由此可见,若无我对真的理性认识,就无所谓善本身:善就成为无规定性的任意,就成为一种纯粹的主观识见。

黑格尔在前面曾揭示:我的自由意志行为责任以我的认知为限。② 这是否意味着在道德的领域我可以不要以真为前提,可以不要获得对真的认识? 如果果真如此,那么,人可以对任何行为不负责任。根据黑格尔的看法,人的自由意志行为必须以真为前提,

---

① 黑格尔:《法哲学原理》,第 133 页。
② 参见黑格尔:《法哲学原理》,第 117 节,第 119 页。

必须以普遍性为规定。因为"人的本性正在于它本质上是某种普遍物,他的知识不是抽象而霎时的,也不是片段而零碎的"。① 理性及其对真的认识,理性的实践能力,这是人之所以不同于动物之所在。人是理性的,这是问题的一方面。问题的另一方面是,人是否能够运用理性认识真或普遍性? 在黑格尔看来,这在原则上也是不成问题的。因为,人自身本质上就是普遍物,就是自由的定在,故,人是有能力认识真或普遍性的。人有认识善的良知良能。这不是一种形式逻辑、知识推演,而是一种对生命意义、做人方式的把握。有些似乎很复杂、难以决断的事,其实,只要扪心自问,对得起内心良知,就较易决断。这种良知良能并不是所谓本能,而是如胡塞尔所说生活世界所提供的一种能够达成一致认识的生活逻辑框架在个体内心中的存在。

善作为"真理中的意志","就是意志在它的实体性和普遍性中的本质"。② 作为善之内容的真,此真有两个方面的规定:伦理性与理智性的。伦理性的真是伦理的必然性之真,它是关于价值的;理智性的真是自然必然性之真,它是关于知识的。这两个方面的规定都指向普遍性,或者说都是关于普遍性寻求的:以普遍性作为善之规定。只不过,一个是关于意志自身的普遍性,这是关于自由意志概念的;一个是关于外在因果必然性之普遍性,这是关于自然必然性这一普遍性之认识,它使自由意志行为能够"有效"的。在实践理性的意义上,伦理性的真是价值合理性,理智性的真是技术

---

① 黑格尔:《法哲学原理》,第 135 页。
② 黑格尔:《法哲学原理》,第 133 页。

合理性,二者的统一构成真实的善。

在道德阶段,作为"主观意志的法"的善总是要以被我的特殊意志认识、把握的方式存在。我的主观意志是善的定在。这就是黑格尔说它"绝对地只有在思维中并只有通过思维而存在"的缘由。这样,在此善自身的真理性内容就取决于我的主观认识,并以我的主观性样式呈现,乃至这种主观性可以进一步遮蔽善自身的真理性内容而直接成为善的内容规定。

由于这种主观意志的法是我的主观规定,所以,它是"形式法"或"法的形式上规定"。"主观意志的法在于,凡是意志应该认为有效的东西,在它看来都是善的",①"凡是我的判断不合乎理性的东西,我一概不给予承认"。② 但是,我的这种主观意志规定作为形式法,其判断本身就有个真伪对错问题:其"判断也可能是真的,也可能是单纯私见和错误。"这个真伪对错取决于我的两个基本因素:一是取决于我的特殊的"主观教养",这是关于我的道德修养的状况;一是取决于我的识智能力,这是关于我对"现实世界的规律"的认识能力。③ 一个人是否能真正做出善的道德行为,既直接有赖于其对存在价值目的性的理解与把握,也直接有赖于其对自然必然性的认知能力。黑格尔曾在一个演讲中谈到教育时,也明确表达了道德实践中不能缺少基于科学知识的实际能力。他说:"形式文化对于伦理行为来说也是必要的,因为这样的行为展示了一

---

① 黑格尔:《法哲学原理》,第 133 页。
② 黑格尔:《法哲学原理》,第 134 页。
③ 参见黑格尔:《法哲学原理》,第 134 页。

种理解事情和形势的能力,一种清晰地在它们之间区分伦理规则自身的能力,恰当地运用这些规则的能力。这一能力是通过科学的教育形成的"。① 这样看来,不能将对自然必然性的认识排除在道德认知与道德实践之外,相反,它应当成为道德认知与道德实践不可或缺的内在部分。道德并不是一个纯粹善良动机的问题,它是一个善的目的及其实现问题。

在道德领域,这种特殊意志自我规定的主观意志的法,由于其特殊意志的自我规定性就进一步引出两个方面的内容:

其一,主观意志的法的真理性程度。在道德领域,作为主观意志的法是"个人达到他的那种判断的法"。"我可以对自己提出要求并把以下一点当作自己的主观法:我根据好的理由来判断一种义务,并应对它具有信心"。甚至并不排除这种可能:我作为行为主体确实自以为是在自由的"概念和本性上来认识"这种法,②对于这种法虔诚而执着,但是,由于主观意志的法是主观性的法,且其内在存在着真伪对错的问题,因而,在道德阶段,这个主观性的法与客观性的法就未必是同一的。这里甚至还直接隐含着这样一种结论:在道德领域,出于主观意志的法,自认为是真的、善的,却可能由于主体的主观修养或/和认知能力局限,实际上是伪的、恶的。

其二,主观善与客观行为善。主观意志的法是"判断善的法",是主观善,它既不是判断行为的法,亦不是客观行为善。如果只有

---

① 转引自洛苏尔多:《黑格尔与现代人的自由》,丁三东等译,吉林出版集团,2008 年,第 276 页。

② 黑格尔:《法哲学原理》,第 134 页。

主观善,而同时无客观行为善,则称不上自由的实现,称不上真实的善。

　　根据黑格尔的看法,"判断善的法和判断行为本身的法是有区别的。"这种区别就在于:在主观善或主观意志的法中,我只根据我的意志、我的认识来判断我的责任。这就是黑格尔所揭示的:"作为出现于外在客观性中的目的,按照主观意志是否知道其行为在这种客观性中所具有的价值,分别作为合法或不合法,善或恶,合乎法律或不合乎法律,而归责于主观意志。"①这种归责具有偶然性、主观性的特质。而在客观善或客观性的法中,就不是按照我的意志、我的认识,而是按照现实世界的规律、必然性来判断我的责任。这就是黑格尔所揭示的:"客观性的法所具有的形态在于,由于行为是一种变化,应发生于现实世界中,而将在现实世界中获得承认,所以它必须一般地符合在现实世界中有效的东西。谁要在这现实世界中行动,他就得服从现实世界的规律,并承认客观性的法。"②这种归责具有客观性、普遍性的特质。③ 这就是说,在实际伦理生活中,判断我的行为的道德责任,并不依据我的主观动机或识见判断,而是依据我的行为本身是否合乎客观法则。我在实际伦理生活中的自由,主要并不在于我的主观意志善,而在于我的行为善。

---

　　①　黑格尔:《法哲学原理》,第 133、134 页。

　　②　黑格尔:《法哲学原理》,第 134 页。

　　③　黑格尔通过对放火杀人犯罪的分析,以及揭示"通过法律的公布和通过一般习俗,国家从判断的法除去其在道德观点上尚为主体保留着的形式方面和偶然性",说的正是此意思。参见黑格尔:《法哲学原理》,第 134—135 页。

主观意志的法是主观善,主观动机善尚不是客观善,主观动机善须通过行为变为现实客观善。所以,在此意义上,主观善一方面必须以客观善这一自由的实现为自身的目的性追求,另一方面必须扬弃自己的纯粹抽象性而向客观善过渡。而在道德领域,作为行为主体的我尚未摆脱主观善与客观善的这种两极分离状态。

黑格尔于此事实上提出了主观意志的法这一"主观性的法",与"客观性的法"的统一性问题。这亦有两个方面的内容:其一,在我的思维中所自认为的真与客观的真的统一。在这种统一中,我自认为的真不再是我的"私见"。其二,我的这种主观目的(或动机)与这种目的(或动机)的外部自然必然性的统一。我必须选择恰当的行为方式,使主观目的变为现实存在。这样,道德就不是一种纯粹内心的孤芳自赏,而是一种实践的智慧与能力。在这种统一中,我的善良主观动机不仅仅是内在精神的,亦成为外部现实定在的。

善作为特殊意志的真理,使我的这个特殊意志不再是我的纯粹的自我规定,而是善的特殊存在。这样,善就成了我这个特殊意志的本质、内容。

二、义务

义务是善的要求,是普遍对特殊的规定。义务的根据在哪?义务一定是有"根据"的,所以才是客观不可推卸的。义务的根据一定是出自某种"权威",是权威的命令使之义不容辞。义务的根据自古以来分为两大类:外在的、内在的。禁忌、上帝、先知、圣贤、国家社会伦理共同体等,为外在的根据。当然,这些外在权威根据也均为人类自我创造,在此意义上,一切以某种外在权威为根据的义务、道德规范性均是人类的自我规范,是人类自律。只不过对具体人而言成为"他律"的。康德的工作是将义务由"他律"变为"自律",即义务的根据不是外在权威,而是理性的自我命令、自我立法。康德的自律以普遍理性能力规定人,这当然极为深刻、合理,但事实上也存在着理论上的可能缺陷:化客观为纯主观,通过纯主观使义务失却崇高性、普遍性品格,义务成为纯主观的空洞形式。黑格尔则以客观唯心主义方法,用"善"(绝对精神的客观化)规定"义务",使义务保持客观性品格,即便是良心作为义务根据,也仍然是"善在心中"的自我确信,是有"善"这一内在规定的。

　　然而,问题是:其一,"善在心中"的个体理性为何能够做到?其二,以"善在心中"的方式解决义务根据的外在性是否真地成功?真地能避免陷入为黑格尔自己所揭示的主观任性?就第一点言,黑格尔通过理性"认知",由"真知"引出"信仰"、"信念"解决:"善"之所以能被"确信"在心中,就在于"真知"。黑格尔在《宗教哲学》中明确揭示"信仰"是对"真"的"笃信"。不过,具体"知"与"真"总是有限的,无限、绝对"真"本为不可被知的,但人又须有对无限绝对"真"的"知"——这只有通过建立在"知"基础之上的"信"来实现:基于现有"知"(不违背既有知识与逻辑)的"笃信"那"真"本身之"知"。此"信仰"不同于宗教信仰。宗教信仰不以"知"为前提,是迷信、信从。"善在心中"之"确信"是理性之"信"。不过,正由于有由"知"到"信",就有主观性以及"真知"、"假知"的问题。打碎了外在权威的枷锁,也许可能或者是加上了一个内在的枷锁,或者是任性不羁——这正是黑格尔后面所要着力揭示的。这样看来,"义务"的根据在内外之间。

1. 义务:善的要求、责务

权利是普遍物的定在,义务则是特殊与普遍的关系,是普遍对特殊的规定。①

我、我的意志当然是特殊的,这正是我之存在。然而,我如果是纯粹特殊的,则我就失却了我的自由意志,失却了作为人自由存在的资格。我只有作为普遍的存在,才有自身的特殊之可能。

善与作为行为主体的我的意志,是普遍与特殊的关系,我的意志不等于善。我的意志不能是纯粹的自我规定,不能执著于绝对的特殊性,它必须上升为普遍性,必须成为善的。"善对特殊主体的关系"是:善是我这个特殊主体的"意志的本质",我的这个特殊主体意志"简单明了地在这种关系中负有责务"。正是由于这种特殊性与普遍性关系,正是"由于特殊性跟善是有区别的,而且是属于主观意志之列,所以善最初被规定为普遍抽象的本质性,即义务"。② 善及其规定与要求构成我的义务。义务不是纯粹主观的,义务有其客观内容,这个客观内容就是善。

2. 义务的普遍性与特殊性

正由于善是主体"意志的本质",善或"意志的本质对我说来就是义务",所以,义务就具有"绝对性"。③ 义务的绝对性,就在于善的普遍性、客观性。

---

① 参见黑格尔:《法哲学原理》,第 261 页。

② 黑格尔:《法哲学原理》,第 136 页。

③ 黑格尔:《法哲学原理》,第 136 页。

　　我作为特殊意志的行为主体,具有义务,且明白应以善为自身义务内容。但是,义务主要并不是认知问题——尽管认知是重要的,认识到善作为自身义务内容这一点对于我这个特殊意志行为主体而言是极其重要的——而是实践问题,是做、践履的问题,是自觉将所认识的这种普遍义务变为自身行动的问题。我自觉做、实践、行动,就是在实现自身的本质,就是在将自身的本质客观化。不仅如此,我在实践、做这些义务时,并不感到这些义务是外在强加给我的,而是出于对自身本质把握的自觉。我在履行这些义务时,我感到自己是自由的。正是在此意义上,义务具有绝对性,无条件性。"我应该为义务本身而尽义务,而且我在尽义务时,我正在实现真实意义上的我自己的客观性。我在尽义务时,我心安理得而且是自由的。"①

　　我的这种普遍、一般的义务由于以善为内容,故,它亦是有规定的,这就是"行法之所是,并关怀福利"。②"行法之所是,并关怀福利"这个义务的一般规定所揭示的是:我的特殊意志行为须实践普遍法则——即"行法之所是",并且必须能有实际效用,能够造福具体存在者——即"关怀福利"。当然,此福利正如黑格尔所说的那样——"不仅自己的福利,而且普遍性质的福利,即他人的福利"。③"行法之所是,并关怀福利",这就是我的最抽象、最一般、最普遍的具体义务。

　　这种一般、普遍意义上的具体义务,只是说我有"行法之所是,

---

①　黑格尔:《法哲学原理》,第 136 页。
②　黑格尔:《法哲学原理》,第 136 页。
③　黑格尔:《法哲学原理》,第 136 页。

并关怀福利"之义务,但是,我所要实践的普遍法、所要关怀的福利等在我特殊行为中的具体内容究竟是何,以及如何实践这一普遍法、如何关怀福利等这样一些具体内容等,我却不得而知。也就是说,这种一般、普遍意义上的具体义务还只是原则性、抽象性的,是"抽象普遍性"。这种一般、普遍意义上的义务似乎有"行法之所是,并关怀福利"的规定,不过,此规定却由于其"法"、"福利"的无具体内容规定的抽象性而成为无规定性的。它是无规定性的规定性。没有具体内容规定的义务,仍然只是抽象义务。①

这种普遍、一般意义上的义务要求,仍然只是抽象"应然"意义上的义务。它所揭示的只是我应当无条件地履行这种义务。然而,这种"应然"必须通过具体活动转化为现实存在才能获得现实性,才能成为"实然"的。如果一种道德义务仅仅停留于"应然"而不向"实然"转化,那么,这种道德义务只是一种抽象、形式的。②

----

①　在道德领域,由于意志的自我规定性,这种"法"、"福利"无规定的规定性则转向我的意志的自我规定。所以,黑格尔才进一步认为:在道德领域,"义务所保留的只是抽象普遍性,而它以之作为它的规定的是无内容的同一,或抽象的肯定的东西,即无规定的东西。"参见黑格尔:《法哲学原理》,第137页。

②　"应然"与"实然"关系,有两个方面的内容:其一,"应然"的"实然"基础。这是关于道德义务要求本身的合理性,关于道德义务要求本身是否具有客观性、普遍性方面的。其二,"应然"向"实然"的转化。这是关于抽象的道德义务原则要求的具体实践,由抽象到具体、由观念精神到现实定在方面的。通常我们在谈论"应然"与"实然"关系时,更多的注意到前一方面,更多的关注道德义务要求本身的合理性与否,而不同程度地忽视了后一方面。其实,从实践理性的角度看,后一方面更为重要。如何将善、义务这样一些抽象原则要求变为现实,这对于人的存在、人类生活而言,是一个极为严肃、极为智慧的问题。道德不仅仅是要有好心,更要有好事、好结果。

那种"未能越出应然一步"、固守于"应然"而不向"实然"转化的道德,是没有生命力的道德。① 道德义务必须超越其抽象性与空虚形式性,必须有具体规定性。

普遍的义务要求要变为现实行为,就必须经过特殊化。此特殊化规定义务的具体内容,以及规定这个具体义务的具体实践方式。"任何行为都显然要求一个特殊内容和特定目的"。这里,在我的具体行为的意义上提出了普遍义务的特殊内容或特殊目的问题,提出了在我的具体行为中"义务究竟是什么这样一个疑问"。这就如黑格尔所揭示的那样:"善作为普遍物是抽象的,而作为抽象的东西就无法实现,为了能够实现,善还必须得到特殊化的规定。"②

当我从事某一行为时,总是特殊、具体的,总是有其特定目的、特定内容。这就如在一般意义上说我有孝敬老人的义务,这个义务对我乃至对每一个具体人而言都是绝对、普遍有效的。但是,我光知道要孝敬老人这个义务原则是远远不够的。我还必须有康德所说的判断力,必须知道在每一个具体场景中真实的孝敬之具体内容、规定,必须知道如何在这特定场景中履行孝敬之义务。具体言之,一方面,我必须区分何为善的孝敬,何为不是善的孝敬;③另一方面,即使是善的孝敬,我也必须明了我的这个具体孝敬应当如何做。当我在履行孝敬这个义务时,总是有特定对象进而有特定内容的:或者是老人重病需要及时送医院医治;或者是老人孤寂需

---

① 黑格尔:《法哲学原理》,第 138 页。

② 黑格尔:《法哲学原理》,第 136—137 页。

③ 譬如,在特殊情况下,老人受了别人的气,一时难以平息气愤,要我把对方狠狠揍一顿。对老人的这个要求,就不能简单地在孝敬之下去做。

要子女经常回家看望,给予老人情感精神上的安慰;或者是老人经济生活有困难,急需要物质上的帮助,等等。不同的对象、内容,决定了我履行孝敬义务时必须根据具体情况选择不同的实践样式。如果没有这种具体区分,不根据具体情况具体选择自己孝敬的实践方式,很可能或者会手足无措,或者会将事情搞得一团糟。

如果在履行道德义务时,我仅仅固守于这种"抽象普遍性"的义务要求,而不深入具体伦理关系,不考量具体实际,没有判断力,那么,我只是与义务实现了"形式的同一",我履行义务的行为至多只是"为义务而义务"的"空虚的形式主义"行为。"为义务而不是为某种内容而尽义务,这是形式的同一,正是这种形式的同一排斥一切内容和规定。"①在这种"空虚形式主义"之下,我似乎是履行了道德义务、在尽善,但是,实际上由于我没有将这个道德义务具体化、特殊化,因而,我只是停留于空洞的行善之形式,而未将善、义务变为现实客观。不仅如此,甚至在这种"空虚的形式主义"之下,由于一切均诉求我自身,善的内容是我的自我规定,因而,一切伤天害理的行为均有可能在这种尽义务名下获得辩护,坦荡肆行。② 义务的履行所追寻的不是义务的形式,而是义务的内容、规定。

义务总是有其特定内容的。没有内容的义务是空洞的义务,甚至可能是一个善恶兼蓄、无所不包的虚幻义务。所谓义务总是有其特定内容,这不仅仅是指义务应是善的,是善在我意志中的存

---

① 　黑格尔:《法哲学原理》,第 138 页。
② 　这就如黑格尔所揭示的那样:"一切不法的和不道德的行为,倒可用这种方法而得到辩解。"参见黑格尔:《法哲学原理》,第 137 页。

在,更重要的还指义务总是具体的。因而,对义务的履行就不是一个毫无规定的为义务而义务、只要有出于义务的善良意志的问题,而是一个善良意志的具体智慧实践问题。

黑格尔针对"为义务而义务"的"空虚的形式主义"所提出的下述思想值得特别注意。在黑格尔看来,从"空虚的形式主义"出发,"就不可能有什么内在的义务学说;固然,我们也可从外面采入某种材料,借以达到特殊的义务,但是,从义务的那种规定,作为是缺乏矛盾的、形式上自我一致的……抽象无规定性来说,不可能过渡到特殊义务的规定;即使在考察行为的这种内容时,这项原则也不含有标准,借以决定该内容是不是义务。相反地,一切不法的和不道德的行为,倒可用这种方法而得到辩解。"①黑格尔在这里强调从事物自身的内在矛盾性来把握义务的规定,其主旨仍然是反对对义务的"空虚的形式主义"理解:义务总是有其规定性的,这个规定性不是来自于外部,而是来自于事物内部的内在矛盾性;不是任意或任性,而是有其客观性。

说义务总是有其特定内容规定,首先是在事物内在矛盾、事物自身内在生长的意义上而言。即,这种义务内容的规定,不是出自于外部任意,不是随便信手拈来的外部东西。还以孝为例。孝作为一种义务有内容规定,正是相对于这种具体内容规定,才有不孝。孝事实上在一般意义上已有其历史客观内容规定。义务正是根据这种一般意义上的历史客观内容规定而提出。否则,所谓孝或不孝,就失却了内容,而成为一种任意。孔子所说"父母在,不远

---

① 黑格尔:《法哲学原理》,第 137 页。

游"，孟子所说"不孝有三，无后为大"，这是孝的一种历史内容。而在今天，这种孝的历史内容已失却其存在理由，已不再成为一种现实的历史精神。故，好儿女志在四方，送老人进养老院等，就不是不孝。这样，孝与不孝，就不是人们可以任意规定的东西，它有自身的一般原则性内容。正是在这自身内在原则性内容的内在矛盾中，呈现出义务的进一步具体规定性。这就如黑格尔所说的那样，正是由于有了对于生命人格、所有权的义务规定，才谈得上偷窃杀人是对于生命人格、所有权这一类义务的违背。否则，如果没有对于生命人格、财产权义务的历史性价值规定，那么，杀死奴隶、打家劫舍就不是恶。

这样，关于抽象义务的"特殊化"理解就有两个方面：一方面，是关于这个抽象义务内容的历史性这一特殊化；另一方面，是关于这个已经特殊化了的具有历史性规定义务的具体实践样式或智慧方式。

义务就其内在规定性而言，就是普遍性与特殊性的统一：这个普遍性就是其绝对性，就是其善；这个特殊性就是这个普遍性的特殊化、善的具体存在。唯有特殊化、具体性存在的普遍性、善，才是真实的义务。这样，在关于抽象义务具体化、普遍义务特殊化中，就内在地包含着主体、主观的特质。正是这种主体、主观的特质，使道德义务的履行成为现实的。也正是道德的这种主观、主体特质，使得道德实践样式无穷变幻，令人神迷。

义务的履行有个主体化过程。这个主体化的过程是普遍义务要求特殊化的过程。道德之所以成为道德，就在于主观（主体）性。离开了主观（主体）性，抽象、普遍义务要求就会成为没有生命力的僵死教条,就是一种纯粹的"机械手册"。

通常我们认为道德行为具有选择性,在行为选择中突显行为主体的道德品质,并且认为合理的道德行为选择是据于善而作出的选择。然而,这里的关键在于:善本身是抽象的,行为主体须依据对这个善的具体理解、体悟作出具体选择。在这里,作为具有普遍性、绝对性意义的善及其义务要求,并不是操作手册,①而是行为的指导原则。这个行为指导原则只是给行为主体指明一种行为的基本原则与方向,只是给行为主体一种行为的基本指导价值精神,至于究竟如何行为选择,则有赖于行为主体本身对这种基本价值精神、行为原则的具体理解,以及基于这种理解而因时因地因事制宜。

人们面对以下道德二难选择会争论不休,难以有基本共识②:失控汽车驾驶员或者选择撞死一个无辜者保全一车人生命安全,或者为了避开那个无辜者只好眼睁睁地看着一车人失却生命。其实,这里问题的关键正在于道德的主观性,在于当事者(驾驶员)对于道德原则或善的理念在特定时空条件下的具体理解。这个善的理念或基本道德价值精神就是对于人的生命价值的尊重,就是平等的生命价值。只要当事人(驾驶员)具有这种善的价值精神,那么,这个当事人(驾驶员)就具有善的意志,就具有自由意志精神。

----

①　犹如现代电脑或各种现代机器设备使用中的操作手册。这些手册指导人们按图索骥、一步一步地循序渐进机械操作,若有任何次序、程序上的颠倒,就会导致操作上的失败。

②　尽管有些人往往会倾向于用功利主义的理据为此作出选择论证,但是功利主义价值精神在此并不具有充分价值合理性。因为根据这种功利主义理据,一切人的自由权利均是或然的,均有可能以他人功利为理由而被剥夺。

至于这种价值精神在这个当事人(驾驶员)心中的具体规定,则一方面有赖于其在这个特定条件下对于这种善的价值精神的具体理解,另一方面则有赖于其对于特定条件下具体道德实践的时空场景条件的具体理解,以及建立在这两种理解基础之上的二者的统一。在此,普遍的道义精神(善)须通过主观性才能成为现实的。

在此,当事人(驾驶员)对于善的精神的主观理解就是率性而为、不确定的。然而,这种不确定性并不是毫无规定的纯粹主观任意的不确定性,而是指善的理念、善的精神在当事人心中特殊存在的多样性与不确定性,以及缘于当事人心中这种善的内容多样性不确定性所作出的具体行为选择的多样性之不确定性。这种不确定性所标识的不是善的精神、自由意志精神的不确定性,而是善的精神、自由意志精神具体内容、具体存在样式的多样性。行为主体作出的行为选择只要是出于这种价值精神,无论其具体选择的实践样式为何,其在特定情境下均是一种尽可能良知平静、问心无愧的选择。① 这种选择注定是悲剧。②

---

① 当然,这里就进一步提出两个相关问题:其一,当时的良知平静、问心无愧,并不代表事后由于认识全面、冷静而达到的某种判断改变。这与人的一般认识选择活动规律一致。其二,对康德式的善良动机的认识。这里的关键不在于否认康德式的善良动机,而在于一方面坚持善良动机对于行为选择的原则意义,另一方面,这种善良动机在具体场景选择中并不内在地拒斥某种结果的追求,它所追求的正是这种善的原则精神的现实存在。

② 道德冲突选择常常并不是在善与恶中的选择,而是在善与善之间的选择。这种选择往往一开始就注定了是悲剧的。正因为是悲剧的,故才有震撼力,才能惊天地、泣鬼神。

　　道德的主观性与任性有原则区别。道德的主观性并不是任性,任性只是如后所说的纯粹自我确信,是纯粹的主观性。它缺失善这一前提或普遍性规定。在抽象的意义上,行为主体道德选择的主观性与任性的区别在于:任性是行为主体"我"想怎么做就怎么做,没有任何依据;而道德主观性则听从良心的"神圣声音"。

　　在道德领域必须十分重视主体的这种主观性。正是这种主观性,使得自由意志精神、善的理念、道德义务既具有现实性,又具有丰富多样性与生动性。这种丰富多样性与生动性,恰恰与人的自由存在的丰富多样性契合一致。

　　如是,则在道德实践中不可混淆道德法则与道德规范。道德法则是一种价值精神,它是一种行为的原则与方向,而不是具体的操作手册指南。博爱、平等、同情等,就是这样一些价值法则。道德规范则是一类具体行为规范,行为主体须严格按照这些规范行事,不得有任何形式上的冒犯。道德规范具有明确的行为动作操作性特质。诸如,守诺、在公共场所讲究秩序排队不插队、不随地吐痰、不说脏话、不骂人、不偷窃等等,就是这样一类道德规范。一般说来,这些道德规范有点类似于电脑操作手册,须不折不扣履行。道德规范与道德法则是两种不同的道德境界。①

　3.　康德义务论思想批评

　　康德实践哲学以义务论著称。黑格尔尽管对康德的义务论持

---

　　①　在社会公共生活层面,当然首先需要道德规范及其秩序。但是恰如罗尔斯所说,构成现代多元良序社会的公民应当且必须有基本的公民能力,这种公民能力就是正义感与道德感。它是现代多元社会中的基本道德法则或价值精神。

有强烈批判态度,但是,他亦充分肯定了康德实践哲学的功绩及其卓越观点,肯定了康德义务论思想中所包含的深刻内容。康德义务论思想的突出成就在于:揭示了"义务和理性应符合一致",揭示了义务的普遍性特质与绝对性品质,揭示了义务与人的自由存在的内在一致性。①

然而,康德的实践哲学亦有其致命的局限性。这就是:其一,"为义务而尽义务"的"空虚的形式主义";其二,"完全缺乏层次"。②

如前述,"为义务而尽义务"的"空虚的形式主义"对义务缺失内容的规定性。尽管康德关于义务内容的具体规定又进一步提出"普遍立法"的思想,且这种"普遍立法"思想包含有"对某种情况具有较具体的观念",但是,在黑格尔看来,这种"普遍立法"的义务内容规定仍然"缺乏矛盾",仍然只是"形式的同一",其"本身不包含任何其他原则"。③

正由于"为义务而义务"的义务论思想缺少义务内容的规定,故,这种义务自然缺少层次性。义务在其现实性上言,是善的特殊定在。然而,由于事物存在的具体性及其联系的复杂性,即使是作为善的特殊定在的义务亦有多方面的内容。即,即使是从具有现实客观性的意义上言,我作为行为主体所应当履行的义务亦是多方面的——这些义务都是善的,都是我应当履行的,然而,由于实

---

① 参见黑格尔:《法哲学原理》,第136—138页。

② 黑格尔:《法哲学原理》,第137—138页。

③ 黑格尔:《法哲学原理》,第137—138页。

践的时空特殊性规定,我作为行为主体只能选择其一,此时就有一个价值优先性及其选择的问题。"为义务而义务"只是在一般抽象意义上提出了履行义务的绝对性与无条件性,但是却没有考虑到义务的多样性及其冲突性,没有考虑到价值的优先性。所以,"绝对命令"、"普遍立法"就是缺少实践性的抽象空洞义务要求。仍以孝为例。根据一般理解,孝有敬与养两个方面,敬与养二者间具有明显的价值优先性,不能将二者在价值上等量齐观,更不能将养置于敬之上。

善在主观精神阶段是特殊意志的本质。当善为我自觉认识并存于心中时,即为良心。

三、良心

当善为我自觉认识并存于心中时,善就由一般抽象性过渡到一般特殊性,由抽象普遍性过渡到特殊主观性。善的这种由抽象到特殊、由一般普遍性到特殊主观性的过渡,既是善理念自我展开与自我实现的过程,亦是以"绝对自我确信"为标识的道德主体的良心形成过程。

1. "良心"一般:善在心中的"自我确信"

绝对精神为什么要有良心这个"自我确信"环节? 这有两个基本方面的缘由:

其一,在道德这一主观精神阶段,自由意志以内在法的方式存在。此内在法是自由意志的内在定在。如果自由意志理念固执停留于一般抽象普遍性,它固然有无限自为存在性,但仍因缺少主观性、主动性、特殊性而不能成为现实的存在。因而，自由意志理念内在要求进一步展开自身，扬弃自身的一般抽象普遍性，获得个体性、主观性、特殊性，并通过这个主观性进一步成为现实的自由存在。

其二，自由意志理念的这一特殊化过程，即是善在我心中的过程。此过程既是普遍性的特殊化存在过程，亦是原先个别自在的特殊性上升为普遍性的过程。这样，绝对精神在主观精神阶段就达到了普遍性与特殊性的统一。①

黑格尔通过良心这个"自我确信"环节，是要以思辨的方式确立起具有优秀道德品质的独立人格。在道德这一主观精神阶段，在现象上看似乎是主体自身的自由意志、自我确定，其实，它是自由意志理念的定在，是自由意志理念的自我确定，是自由意志理念在我这个行为主体中的特殊性存在。这就是黑格尔所说："由于善的抽象性状，所以理念的另一环节，即一般的特殊性，是属于主观性的，这一主观性当它达到了在自身中被反思着的普遍性时，就是它内部的绝对自我确信，是特殊性的设定者，规定者和决定者，也就是他的良心。"②这里需要注意：通常讲特殊性就是特殊性，为什么黑格尔在这里讲良心这一主观性时用"一般特殊性"这个概念？其关键就在于：一般普遍性的自由意志理念以我这个行为主体的自由意志的特殊方式存在，此特殊存在的主观性并不是任意的，而是经过反思的，是拥有普遍性的合理性根据的。正是此反思及其

① 这两个方面正是黑格尔在第 131 节中所揭示的基本内容。

② 黑格尔：《法哲学原理》，第 139 页。

所获得的充分自我确信,使我确信善在我心中,我心中的善即是一切行为的根据与规定。此自我确信的善,是我的、特殊性的,但它却是普遍善在我这个特殊身上的特殊存在。我确信这是"善"在此特殊情景下的具体存在,且这是在"伦理性"与"理智性"双重意义上的"真"的确信。

根据黑格尔的看法,一方面,善是特殊意志的真理;另一方面,善又在主体的反思中获得主观性与特殊性。在善获得这种主观性、特殊性的同时,善既在我心中,又为我所规定,成为我的自我确信:我确信这是善的,善就在我心中。[①] 这样,作为自由意志的法的善,就成为主体的内在法。此法既系我的自我规定,又成为对我唯一具有拘束力的东西。此时,我无所外求,无所他待,一切均依心中的善而率性而为。

所谓良心是主体的"绝对自我确信"是指:作为行为主体外在客观法的东西已成为其内在主观法;善已不再是行为主体之外的一般客观存在及其要求,而是行为主体的自我规定;善就在我心中,我心中的善就是我一切行为的依据与理由;我发自内心的声音即是"上帝的神圣声音"。一切外在现象性的特殊目的性,以及一切外部的要求,在我的良心面前都是或然的,听从良心就是自由意志行为。一切外在的特殊目的性,以及一切外部要求,对于我的自由意志而言不再具有有效性与拘束力,对我唯一具有有效拘束力,或我唯一必须对之负责的正是我的良心。我为良心所规定。正是在这

---

① 参见黑格尔:《法哲学原理》,第 133 页。

个意义上,良心是自我确信的精神自由。良心是"创造道德的天才"。①

这样,在道德这一主观精神阶段,良心就与人格、自由意志、善基本是同一意义上的概念。良心是做人的内在根据,是自由的精神,是生命的内在灯塔,是人的"心境"。② 黑格尔关于良心有这么一段论述:"良心是自己同自己相处的这种最深奥的内部孤独,在其中一切外在的东西和限制都消失了,它彻头彻尾地隐遁在自身之中。人作为良心,已不再受特殊性的目的的束缚,所以这是更高的观点,是首次达到这种意识、这种在自身中深入的近代世界的观点……良心知道它本身就是思维,知道我的这种思维是唯一对我有拘束力的东西。"③在这里,为什么黑格尔讲良心是主体的最深奥的"内部孤独"? 又为什么认为它是"近代世界"的"更高的观点"?

黑格尔在《精神现象学》中谈到"优美灵魂"时,曾有这样一段论述:"良心因而就凭它凌驾于一切特定法律和义务内容之上的至高尊严而把随便一种什么内容安置到它的知识和意愿里去;良心就是这样一种创造道德的天才,这种天才知道它自己的直接知识的内心声音即是上帝的神圣声音,而且由于它本着这种知识同样直接地知道它的特定存在,所以它是一种以其概念为生命力的那神圣创造力。这种道德天才同时又是自己本身中的上帝崇拜;因为它的行为就是它对自己的这种神圣性的直观。"良心是存在于内

---

① 黑格尔:《精神现象学》下卷,贺麟、王玖兴中译,商务印书馆,1979年,第164页。

② 参见黑格尔:《法哲学原理》,第139页。

③ 黑格尔:《法哲学原理》,第139页。

心的神圣,听从良心的声音就是听从存在于内心的神圣上帝的声音,因而,听从自己心中神圣声音的"上帝崇拜",就是主体的"内心的孤独"。① 此"孤独"是主体道德精神的独立。

由于良心是存在于主体内心的神圣,是主体的自我确信、主体的内在法,因而,主体的良心是孤独的。这种孤独不是萨特所说标识彼此离散状态意义上的形单影只,而是指主体具有独立反思性精神,以及基于这种反思性精神所形成的无所外求的自由意志,是指单个主体与绝对精神(或自由精神)的孤独对话,是指道德价值精神的合理性根据不是存在于主体之外的某种异己物,而是就存在于主体自身。这样,此孤独就不是消极贬义的,而是积极褒义的。它所揭示的就是主体的存在及其反思性的出现,它所标识的是人类近代以来的文明成就。② 所以,不能简单地望文生义,以为良心这种现象自古以来就有,说它是近代以来才有,这是胡说八道。黑格尔这里所说的良心,是自我意识、自由意志、反思能力这样一些实质性内容,是讲道德的根据不在彼岸,而是在此岸,不在外部风俗,而在主体自身。只有把握了这个理路,才能真正深刻把握良心、道德这样一些概念及其内容。在黑格尔这里,良心是主体

---

① 黑格尔:《精神现象学》下卷,第 164 页。良心创造道德天才,而根据黑格尔《法哲学原理》稍后部分基于伦理实体的论述,道德天才弥补不成熟的伦理关系及其秩序。即,在成熟的伦理共同体中,伦理性东西的实现并不依赖道德天才,而是依靠伦理关系及其秩序这客观存在的"自由体系"。参见黑格尔:《法哲学原理》,第 169 页。

② 在黑格尔看来,奴隶是没有反思能力的,既不知道自己,亦不思考自己,因而奴隶没有人格,因为人格开始于具有自我意识、具有反思能力。参见黑格尔:《法哲学原理》,第 31、45 页。

的反思精神,是"风俗"的"直接性的敌人",没有"良心解放"就不可能有真实的自由生活。① 不能因为黑格尔的思辨逻辑中"道德"要向"伦理"过渡并以"伦理"为内容,就简单地以为道德的主观规定性的虚幻性,主体良心的空洞无意义。相反,道德良心的这个主观规定性环节,是人类走向自由不可或缺的环节。正是这种主观反思、批判,才使共同体持有道义并富有追求自由的活力。没有反思、批判的个体,就不可能有自由存在的共同体。

良心的自我确信,就是主体的精神自由,就是主体的反思能力。它标识主体存在的自由、反思、批判性。正是在这个意义上,良心具有否定性、批判性、革命性价值。

由于良心的主观性、自我确信,就进一步引出了良心的真实性与形式性的问题。②

2."真实的良心"与"形式的良心"

对于黑格尔这里的"真实的良心"与"形式的良心"概念理解必须小心。这直接关系到对于良心的理解。

黑格尔在谈论良心时事实上有两个不同的层面:

其一,黑格尔明确认为在道德这个主观精神阶段,良心只是形式的良心,只有在伦理阶段,良心才是真实的良心。他认为"在道德这一形式观点上,良心没有这种客观内容,所以它是自为的、无

---

① 参见黑格尔:《历史哲学》,第 260—261、464 页。

② 黑格尔于此还提出"宗教的良心"概念。宗教的良心是在崇拜、信仰的维度所言。宗教的良心是一种特殊的对真的确信。宗教的良心是精神对于精神之关系。宗教的良心的认识与其对象的统一,是精神中的统一,而不是客观存在的统一。

限的、形式的自我确信"。① 在道德阶段,善仍然是主观、抽象的善,尚未成为客观的。在这个意义上,以自在自为的善与义务作为自我规定的良心,就只能是主观、形式的。"在本书中道德的观点和伦理的观点是有分别的,前者只涉及形式的良心……真实的良心包含在……伦理性的情绪中"。② 在道德阶段,黑格尔所强调或关注的是良心的主观性、主体的自我规定性这一类东西。

其二,黑格尔又认为主体的自我确信、良心的主观性应当以真实的善为内容,与真实的善同一。或者进一步引申言之,自由意志、善在其自身展开过程中,通过主观性的获得而获得向客观现实转化的可能。主观性只是作为其"自为"的内在环节之一而存在,自在自为性或主客观统一性,才是其真理性存在。这种善的自在自为性要求自为的良心以善的固有内容为规定,而不能成为一种纯粹形式的自我确定。良心如果仅仅是形式的主观性,那么,良心就是任性的代名词,就处于随时作恶的待发点上。在这个层面上,黑格尔所强调或关注的是良心的内容及其合理性。③ 尽管黑格尔自己明确将道德阶段的良心规定为"形式的良心",但是如果不是简单地拘泥于字面,而是把握其精神实质,如果注意黑格尔关于良心的具体思想内容,那么,我们就应当承认黑格尔自己更注重后一个层面上的问题,且事实上其论述的重点亦在后一个层面。因而,出于对"良心"的深刻把握及根据黑格尔的思想逻辑,我们对"形式

---

①　黑格尔:《法哲学原理》,第 139—140 页。

②　黑格尔:《法哲学原理》,第 140—141 页。

③　这些正是黑格尔在第 137—139 节所反复、仔细论证的内容。参见黑格尔:《法哲学原理》,第 139—146 页。

的良心"与"真实的良心"概念的理解,兼顾前一层面,但主要是在后一个层面上展开。

　　a. 真实的良心。

　　主体良心的自我确信是对善、自由意志理念,对权利与义务的自我确信。主体的这种自我确信,即是良心的权能。"良心表示着主观自我意识绝对有权知道在自身中和根据它自身什么是权利和义务,并且除了它这样地认识到是善的以外,对其余一切概不承认,同时它肯定,它这样地认识和希求的东西才真正是权利和义务。"①

　　然而,主体主观性反思后所达到的自我确信由于其主观性,有可能出现两种情况:一是对一般普遍善及其固有原则之内容的真实反思性把握,一是仅有自我确信的形式,失却一般普遍善及其固有原则之内容。前者是"真实的良心",后者是"形式的良心"。

　　"当我们谈到良心的时候,由于它是抽象的内心的东西这种形式,很容易被设想为已经是自在自为地真实的东西了。但是作为真实的东西,良心是希求自在自为的善和义务这种自我规定。"②良心是"希求自在自为地善的东西"。当我们通常说出于良心时,我们总是习惯于以为良心已经是善的、真实的了。其实,我们通常所说的这个良心未必就是善的、真实的,仍然是有待审视的。只有以"自由的实现"这一真实的善为内容的良心,才是真实的、善的。

　　这样,主观性的良心有其客观性内容,真实的(或自在自为的)

---

①　黑格尔:《法哲学原理》,第 140 页。
②　黑格尔:《法哲学原理》,第 141 页。

善是判断个人良心真实性的根据。确实,当我们进行行为选择时,
直接依据的是自己的内在良心,企求内在良心的平静。这是一种
自由的境界。然而,这种良心并不是毫无客观内容或客观规定的,
并不是行为主体自身的纯粹自我确信——如果真的是行为主体的
纯粹自我确信,则与任性无异。确实,权利、义务之类的东西,只有
经过我的独立反思并确信其合理性后,才是出于我自由意志的权
利、义务,而不是外在强加的某种要求与强制。但是,一方面,"权
利和义务的东西,作为意志规定的自在自为的理性东西,本质上既
不是个人的特殊所有物,而其形式也不是感觉的形式或其他个别
的即感性的知识,相反地,本质上它是普遍的、被思考的规定,即采
取规律和原则的形式的。所以良心是服从它是否真实这一判断
的,如果只乞灵于自身以求解决,那是直接有背于它所希望成为的
东西,即合乎理性的、绝对普遍有效的那种行为方式的规则。"①另
一方面,"真实的良心是希求自在自为地善的东西的心境,所以它
具有固定的原则,而这些原则对它说来是自为的客观规定和义
务。"②真实的良心不仅具有自我确信的主观性形式,更重要的是
具有真理性、善的内容的自我确信,是个人良心与良心理念的一
致。"特定个人的良心是否符合良心的这一理念,或良心所认为或
称为善的东西是否确实是善的,只有根据它所企求实现的那善的
东西的内容来认识。"③

① 黑格尔:《法哲学原理》,第 140 页。
② 黑格尔:《法哲学原理》,第 139 页。
③ 黑格尔:《法哲学原理》,第 140 页。

真实的良心又是一神物,具有神圣性。之所以说真实的良心是一神物,就在于由于真实的良心是"作为主观认识跟自在自为地存在的东西的统一",在认识行程中达到了主客观的统一,达到了真理性境地:一方面,它自成依据,无所它待,唯求诸己;另一方面,它又成为一切道德行为的依据与理由。真实的良心作为一种"神物",自然具有神圣性,"谁侵犯它就是亵渎。"①

不过,正由于良心的主观性之特质,使得良心有可能内容与形式相分离,堕落为纯粹的形式性存在。由于良心自我确信的主观性与其应有真实内容的并非直接一致性,因而,良心就有可能以其自我确信之主观性,以其向自我内在主观意见寻求根据之绝对内在性,排斥或遮蔽客观善之内容,使其成为形式的。这正是黑格尔所说的:"在真实的良心中未被区分的东西,是可以区分的,而且正是认识和希求的主观性这种决定性的要素,才能使自己跟真实的内容分离,使自己独立存在,并使这真实的内容降低为形式和假象。"②黑格尔这里所说"在真实的良心中未被区分的东西",指的是真实的良心中的内容与形式、认识与认识的内容的一致性和统一性。当这种统一性、一致性被割离而仅有其主观性时,良心就成为形式和假象。

"良心的意义是模棱两可的,它被假定为指主观认识和意志跟真实的善的同一而言,因而它主张和承认为一种神圣的东西,可是同时,作为自我意识仅仅在自身中的主观反思,它却要求自己有权

---

① 黑格尔:《法哲学原理》,第140页。
② 黑格尔:《法哲学原理》,第140页。

能，而这种权能只有属于上述同一本身，因为它具有绝对有效的、合乎理性的内容。"①必须区分良心的真实性与形式性，必须警惕良心流为形式性。

b. 形式的良心。

良心确实是主观性的，但是良心并不是绝对空无客观内容的主观性。绝对空无客观内容的主观性，只是形式的良心。

形式的良心"只不过是意志活动的形式方面"，它只有主体意志自我确信的形式，在这种形式中没有真理性、客观普遍性内容，故是空洞的。这个真理性、客观普遍性内容正是黑格尔所说"并无任何特殊内容"中的"特殊内容"。黑格尔此处所说"并无任何特殊内容"针对的是这种形式良心的空洞性、任性，而不是说形式的良心没有任何具体内容可言。②

形式的良心是纯粹的自我确信，是将良心所欲或所应认识的内容与其主观性相分离，仅有其主观性而无其客观内容，使良心的真实内容"降低为形式和假象"。

良心的主观性特质，使其客观内容取主观的形式存在：自我规定、自我确信。正是这种自我规定、自我确信，一方面使得我这个特殊行为主体自我规定、自成依据，无所外恃；另一方面使一切外在的权利、义务等诸多规定性在我这个特殊行为主体的自我规定中蒸发，使得我这个特殊行为主体仅仅因为良心本身就获得了全部理由与根据。这样，良心的主观性特质就是作为特殊行为主体

---

① 黑格尔：《法哲学原理》，第 140 页。
② 参见黑格尔：《法哲学原理》，第 139 页。

的我的"抽象的自我规定"和"纯粹的自我确信"之特质。

3. "纯粹的自我确信"

a. "蒸发"与"重建"。

个体在良心中达到了"纯粹的自我确信":不再将外在、既有的东西直接作为权利、义务的规定性,而是从自我内在良心中获得充分的规定性。此时,特殊个体的意识内容已不再是由外在东西规定,而是由自身内在的这种自我确信规定。良心既是个体作出善恶判断的依据,又是善的理念获得主观性进而由抽象变为现实的中介环节。所以黑格尔进一步揭示:良心"这一主观性作为抽象的自我规定和纯粹的自我确信,在自身中把权利、义务和定在等一切规定性都蒸发了,因为它既是作出判断的力量,只根据自身来对内容规定什么是善的,同时又是最初只是被观念着的、应然的善借以成为现实的一种力量"。[1]

"自我意识一旦达到了这种在自身中的绝对反思,它就在这种反思中认识到自己是一切现存的和现成的规定既不能又不应干涉的这样一种意识。"[2]之所以自我意识达于良心这种自我确信境地后,一切现存的规定不能干涉,就在于良心设定或规定了特殊性,或者换言之,我就是我的良心,一切他物、现存的规定无法再对这个自我意识予以规定。而之所以一切现存的规定不应干涉,就在于此时良心已是(自以为)以自在自为善的、真实的东西为希求。

自我意识的这种"纯粹的自我确信",使得个体有可能超越现

---

① 黑格尔:《法哲学原理》,第 141 页。

② 黑格尔:《法哲学原理》,第 141 页。

实、现存:当现实中已有的那些关于善、正义的规定已不再符合善良意志要求时,我就从自己内心理想世界中去认识与规定善、正义,并依据这种出于自己内心理想世界规定的善与正义而行为。黑格尔以苏格拉底、斯多葛派等为例所揭示的正是这种思想。当"在现实和习俗中被认为正义的和善的东西不能满足更善良的意志"时,当"到了更善良的意志已不信任目前自由的世界的时候",自我意识"就不会再在现行的义务中找到自己",就"想在自己内部去寻求并根据自身来认识和规定什么是善的和什么是正义的",因而,就"不得不在理想的内心中去寻求已在现实中丧失了的协调"。① 以不同流合污,洁身自好。

良心的这种主观性具有否定性与革命性。一方面,在良心面前,一切既有的东西不再拥有天然的合理性,一切既有的规定都必须接受良心的审视,"一切规定都……必须从这里重新出发"。"所有一切被认为权利或义务的东西,都会被思想指明为虚无的、局限的和完全不是绝对的东西。"② 另一方面,良心从内心理想中发展出新的关于事物、存在的认识与规定,并以这种新的认识与规定指导自己的行为。当然,在其现实性上,良心的这种主观性的否定性与革命性特质,有赖于自我意识所赋予自身(或良心)的内容。这正是后面所述伪善有可能得以在良心之名下存在之缘由。

自我意识的这种"纯粹的自我确信",将行为依据、权利义务规定由外在转向自身内心世界。用黑格尔的话说,这是主观性"把一

---

① 黑格尔:《法哲学原理》,第 141 页。
② 黑格尔:《法哲学原理》,第 142 页。

切内容在自身中蒸发"。但是,主观性不仅要在自身中蒸发一切,更应使一切"重新从自身中发展起来"。① 这就是说,行为主体在良心阶段还必须积极行动,"寻求据以行动的种种原则",寻求具有普遍效准性的正义、善原则及其内容,而不是停留于纯粹的自我规定抽象的内心世界。良心不是人们借以消极遁世的托词,而应是人们积极行动的理由。良心不应是人们的抽象修养,而应是人们现实行为的出发点。

值得注意的是,黑格尔对个人回避现实生活、逃遁进入内心世界的批评态度。在他看来:个人进入自身内心世界之自我确信并非是无条件的,只有在现实世界虚惘不实的情况下,即,只有在现实世界不能提供给人们现实有效的权利、义务,不能提供给人们现实有效的价值规定的情况下,人们才有理由完全进入内心世界寻求善与正义。"只有在现实世界处于空虚的、无精神和不安定的实存状态中的时代,才容许个人逃避现实生活而遁入内心生活。"黑格尔正是在这个维度上为苏格拉底辩护。"苏格拉底生活在雅典民主衰颓时期,他逃避了现实,而退缩到自身中去寻求正义和善。"②在此,黑格尔向我们传达一个思想:当一个社会普遍诉诸于道德、诉诸于个体的内心精神时,这个社会很可能是缺少正义与善的,很可能就是空虚和无精神的。此时,一方面,这个社会需要通过社会成员内心精神的诉求而获得某种精神支撑与导向;另一方面,这个社会中的大多数成员很可能对现存状态既不满又无可奈

---

① 黑格尔:《法哲学原理》,第142页。
② 参见黑格尔:《法哲学原理》,第142页。

何,进而转向内心,以寻求某种宁静与安逸,这就是所谓不能兼善
天下,则独善其身。一个社会如果没有具有普遍效准性的基本价
值标准,没有基本的正义与善,则这个社会就会主观性盛行,盛行
自以为是的"替天行道",并在这主观性盛行之下呈现出动荡与混
乱;这个社会中的成员不再有普遍的价值标准,他们直接将现存有
效性作为价值取舍的依据,并作为自身自由意志的内容。① 这或
许正是理解托克维尔讲德行"美好"与"有用"的一个机缘。

对这种遁入个人内心世界现象的认识,从黑格尔这里可以得
到某种有益启示:发生在社会成员个体身上的这种现象,其根本缘
由在于这个现实世界本身,在于这个现实世界的社会正义与善价
值精神及其秩序的失落;这种现象并非是绝对消极的,它本身就可
能预示着社会正义与善价值精神及其秩序的重构。

在现代多元社会,人们更多地进入自身的内心世界,反思正义
与善,或许本身就是多元社会的一个基本特质。这个进入内心世
界的过程,一方面,是以社会基本结构及其制度的正义安排为背
景,以一个具有公共理性且较为规范的公共生活为前提;另一方
面,它又是一个具有丰富内容的公民美德的精神陶冶过程。这或
许就构成如哈贝马斯所说"商谈""对话"的前提,并进而构成"商
谈""对话"过程的一部分。只不过,现代多元社会中的这个个人进
入自己内心世界的活动,本身就是一个严肃、积极、负责的活动,而

----

① 这就是黑格尔所揭示的:"人们对巩固地存在着的东西已不再敬畏,
他们硬要把现行有效的东西作为自己的意志、作为自己所承认的东西。"参见
黑格尔:《法哲学原理》,第 142 页。

不是任意纵性。

b. 善恶同源。

良心将自我意识的一切外部的规定性蒸发消失,仅成为"纯粹的自我确信"。此纯粹的自我确信是无所他待、自成依据的"纯内在性"。黑格尔将此蒸发过程理解为"贬低"过程:"自我意识把其他一切有效的规定都贬低为空虚,而把自己贬低为意志的纯内在性。"[1]为何这是个"贬低"过程?其基本缘由在于:这个过程是自由意志获得主观性的过程,但我的自由意志、自我意识的善、义务这样一些具有客观普遍性的内容,在此主观性、抽象性过程中消失了,由普遍变为空虚、由内容变为形式、由必然变为或然。故,此过程是"贬低"。[2]

良心的纯粹自我确信,乃是无所他求的纯粹个体(主观)性。正是这个体(主观)性是理解良心中善恶同源的钥匙。值得注意的是,黑格尔此处所说"恶",并不是违背道德规范、为非作歹这一类人们通常理解意义上的恶,而是指执著于纯粹个别性、个体性、特殊性,听任纯粹个别性、个体性、特殊性支配。

当良心成为纯粹的自我确信这一主观性时,良心自身就成为自我意识的原则。这个良心既可能是以善(或自由意志的理念)为

---

① 黑格尔:《法哲学原理》,第 142 页。

② 胡塞尔亦以自己的方式提出了良心的这种自我确定性的主观性局限性问题。胡塞尔对"良心"本身并不推崇。在他看来,"良心"所传达的只不过是一种"历史直觉的声音",良心是直觉、情感,有良心只是表明人具有直觉能力,但并不表示(相对于其他"良心")因此就具有价值优越性。在他看来,"良心"是等价的。参见胡塞尔:《伦理学与价值论的基本问题》,中国城市出版社,2002 年,第 18 页。

内容,如我们通常所说的为真理而献身之精神,亦可以是以任性为内容,如江湖黑社会的讲义气,贪官污吏们为家庭成员幸福贪得无厌、不顾一切铤而走险时的所谓良心。"良心如果仅仅是形式的主观性,那简直就是处于转向作恶的待发点上的东西,道德和恶两者都在独立存在以及独自知道和决定的自我确信中有其共同根源。"①这就是黑格尔所揭示的:良心"就有可能或者把自在自为的普遍物作为它的原则,或者把任性即自己的特殊性提升到普遍物之上,而把这个作为它的原则,并通过行为来实现它,即有可能为非作歹"。② 这样,行为的善、恶,均可以在良心中获得自身的理由。这就是所谓在良心中善恶同源之基本意蕴。这表明:反思后重建的良心由于其绝对的主观性就有双重或双向可能性,它既可能为善,亦可能为恶。究竟是为善还是为恶,取决于良心的内容或良心自身的规定性。

反思自身并不必定导致善,反思亦可能导致恶。反思自身仅仅表明自我意识与自觉,而这种自我意识、自觉的内容却有待进一步具体规定与确定。正是这种自我意识、自觉的内容,规定了反思自身的善恶之性质。有反思,才有善与恶。或者换言之,正是这种自我意识与自我反思的存在,才有善与恶的存在,无这种自我意识与自我反思,即无所谓善与恶。

这样,我们就可以对"恶"有进一步深刻认识。恶对于自由意志的意义何在? 恶是否具有绝对消极性? 这些均依赖于对"恶究

---

① 黑格尔:《法哲学原理》,第 143 页。
② 黑格尔:《法哲学原理》,第 142—143 页。

竟是什么"的认识。而对于"恶究竟是什么"的回答,则有赖于对
"恶的根源"的认识。

恶的根源何在? 恶源于意志。或换言之,善与恶均源于意志。
为什么恶源于意志? 这是因为:

其一,只有人才有善与恶,因为只有人有反思、有自我意识、有
自由意志选择。"唯有人是善的,只因为他也可能是恶的。"没有反
思、自我意识、自由意志,就无所谓人,也无所谓善与恶。这正是黑
格尔所说的"具有自我意识的成人",且具有"对善的认识"之能力
所隐含的真实内容。①

其二,反思、自我意识、自由意志选择这样一类东西之所以可
能是恶的,就在于它的纯粹个别性、主观性、内在性。这种个别性、
主观性、内在性,似乎与意志的自然冲动不同,似乎使人摆脱了纯
粹的自然性,但是就其内容而言,它只不过是将外在纯粹自然性的
特殊性变为内在自觉意识的特殊性,由自在的存在变为在形式上
是自为的存在。这种纯粹个别性的自我意识"它只能从情欲、冲动
和倾向等自然意志的规定中汲取其内容"。这种纯粹个别性、特殊
性的意志有"两面性",这就是"意志的自然性和内在性"。② 此两
面就是外在的纯粹自然性,以及将这种纯粹自然性通过自觉意识
而变为内在的。这个自觉意识了的内在性似乎与自然性彼此对
立,但实质上它与纯粹自然性一样均是特殊性的。这个经过内在
化的特殊性与普遍善相对立。纯粹自然性本身并无善恶可言,但

---

① 黑格尔:《法哲学原理》,第 145 页。
② 黑格尔:《法哲学原理》,第 143 页。

是,自觉意识了的这种纯粹自然性活动则是恶。这样,我们就不难理解黑格尔为什么说"人在他自在的即自然的状态跟他在自身中的反思之间的联接阶段上是恶的"。①

其三,意志不是纯善,即意志并非"在它根源上就是善的"。纯善的意志是空洞的。"意志在它的概念中既是善的又是恶的。"②这有两个方面的含义:一方面,意志具有内在矛盾性,正是这内在矛盾性,使得意志具有丰富内容。意志的内在矛盾性,即为人及其存在的矛盾性。人的存在具有普遍与特殊、一般与个别的内在矛盾性。每一个人都既是个别的存在,又是一般的存在。个人利益是作为类的人的利益的定在,每一个个人利益都有某种合理性。另一方面,恶是意志或善的内在环节。意志的概念(或理念)"本质上具有区分自己并否定地设定自己的因素",③恶是与普遍性、一般性、理性相割裂、对立的特殊性、个别性、自然性。而特殊性、个别性、自然性的出现与存在,本身就是意志自身的内在展开。人的自由存在,就是以自我发现、自我独立为前提。无论在类还是在个体的文明进化过程中均如此。在某种意义上,这种分化、独立、自我特殊的发现,本身就是一种文明与进步。当然,问题的关键在于,不能固执于这种与普遍、一般绝对相对立的特殊、个别。自由意志就是要扬弃这种对立。扬弃这种对立就是善。这样,意志自身所包含的这种恶的环节就成为意志发展的内在动因:自由意志

---

①　黑格尔:《法哲学原理》,第 143 页。

②　黑格尔:《法哲学原理》,第 145 页。

③　黑格尔:《法哲学原理》,第 145 页。

正是在不断扬弃自身内部的这种恶中发展。①

如是,我们就可以发现:恶源于意志其实是指恶源于人自身特殊性与普遍性的分离。固执于意志自身的特殊性,就是固执于主体的自然冲动,将行为主体的自然冲动作为意志的内容,进而使自然意志与自由处于对立状态。这样,当我们说恶源于意志时,就是在说恶源于自身特殊性与普遍性的分离,就是在说恶源于自然意志与自由的对立。

自然的东西原本无所谓善与恶,只有当它与自由相联系时,才有善与恶可言。"自然的东西自在地是天真的,既不善也不恶"。甚至自然的东西在一般的意义上如果是作为自由的环节,其本身也可能是善的。但是,自然的东西如果成为自由意志本身,那么它就是恶的。这就是黑格尔下面论述的基本内容:"一旦它与作为自由的和认识自由的意志相关时,它就含有不自由的规定,从而是恶的。人既然希求自然的东西,这种自然的东西早已不是纯粹自然的东西,而是与善,即意志的概念相对抗的否定的东西了。"②

人总是以个体的方式具体存在着,离开了个体就无所谓人。个体、个别、特殊是人所无法摆脱的存在特质。正是在此意义上恶不可避免。当然,此恶的"不可避免"不是说个人为非作歹的不可

---

① 恶是个体性、特殊性、个别性的这样一种认识,有助于我们对"恶是历史发展动力的表现形式"的理解。人们在解释社会历史现象时,有时会将那种贪欲、掠夺等理解为是推动历史进步的动因。这种看法过于浅薄。贪欲、掠夺等本身是恶而并不是善。但是在这种恶、特殊性背后存在某种普遍性的内容。正是这种普遍性内容才是善的,才是历史进步的动因。

② 黑格尔:《法哲学原理》,第 145 页。

避免，而是说特殊性、个别性、自然性这样一类东西，是自由意志的内在环节，是人存在既不可或缺亦无法避免的方面。不过，一方面，这种不可避免性只是表明自由意志的存在，因为无自由意志即无所谓善与恶；另一方面，这种不可避免性只是表明特殊性、个别性、自然性这样一些意识存在的必然性，而并不表明人的意识必定固执于与普遍性、一般性、客观性绝对对立意义上理解特殊性、个别性、自然性。个别性、自然性、特殊性完全可以在自由意志中成为普遍性、一般性、理性的个别性、特殊性、自然性。每一个人作为特殊存在的自由意志主体，一方面，其有对善的认识能力；另一方面，其行为都是其意志自由选择的结果。这样，一个人的恶并不是注定的，而是行为主体自觉选择为恶：是行为主体自觉选择与普遍性、一般性绝对对立的特殊性、个别性、自然性。在这里，"不可避免性并不是自然的不可避免性"，而是不可避免的选择性，是"当我面对着善和恶"时"我可以抉择于两者之间"的自觉选择。这正是黑格尔强调"恶的本性就在于，人能希求它，而不是不可避免地必须希求它"之缘由。①

恶源于意志即为恶源于自由，是自由意志的一个环节，那么，这就意味着恶是必定应当被扬弃的。这是因为：尽管特殊性、个别性、自然性这样一些自我意识，是人作为主体存在之不可或缺，但是，主体存在不仅仅是特殊、个别的，还是普遍、一般的。如果主体仅仅固执于自己个人的自由权利，而不在乎别人的自由权利，那么，其自由权利的真实实现是值得怀疑的。这样，这种特殊性、个

---

① 黑格尔：《法哲学原理》，第 146 页。

别性、自然性,就是自由意志生长的环节:它既否定了人的存在的自在性,使人的存在成为自为的,同时,其自身又是要被否定的,并通过这种否定使自身成为自由的。这就是黑格尔强调"与恶的必然性这一方面绝对地结合着的,乃是这种恶被规定为必然不应存在的东西,即应该把它扬弃"之道理。[1]

特殊性、个别性、自然性这样一些作为恶的自我意识,既然是必定或应当被扬弃的,那么,这是否意味着这种恶的自我意识原本就不该出现?在黑格尔看来这种观点是浅薄识见。个体的出现是人类文明进程中的一大进步,是人类经过漫长艰苦卓绝斗争获得的成就。恶的必定被扬弃"这不是说最初那种特殊性和普遍性分裂的观点根本不应当出现",而是说"意志不应停留在这一观点上,不应死抱住特殊性,仿佛这个特殊性而不是普遍物才是本质的东西"。不仅如此,在黑格尔看来,这种特殊性与普遍性的分裂本身就具有价值:"这一分裂的观点倒是无理性的动物和人之间的区别所在"。[2] 这种分裂标识着人的自觉、自主意识,以及基于这种自觉、自主意识的自由意识;这种自觉、自主意识正是人与动物区别之所在。这种自我意识、个体性之恶,作为生长的环节,必不可少。问题的关键不在于是否要有个体性、特殊性,而在于不要固执纯粹的特殊性与个别性,在于应当使特殊成为普遍的特殊,成为普遍定在的特殊。

当主体通过反思、意识将其特殊性由自然外在性变为精神内

---

[1]　黑格尔:《法哲学原理》,第143页。
[2]　黑格尔:《法哲学原理》,第143—144页。

在性,进而成为自己的义务时,就会声称自己的行为是善的——而事实上,它既可能是善的,也可能是恶的。如果行为主体的这种声称与其认识是一致的,那么,行为主体是真诚的。如果行为主体在反思中"意识到意志的普遍方向"或普遍性内容,且这种普遍性内容与其行为正相反,即,声称的善与其自觉意识到的善(之普遍内容)正相反,那么,就是伪善与矫作。

四、伪善

伪善与矫作是善的否定性实现样式。在黑格尔这里,伪善、矫作阶段与不法阶段一样,都是以否定性方式表达肯定性内容。由于伪善与矫作是同一物相对于不同对象的不同表达,故,我们下述集中于伪善展开讨论。

黑格尔在这里所讨论的"伪善"并不仅仅是通常一般"虚伪之善"意义上的,他所关注的核心问题仍然是道德阶段自由意志的主观性、个别性问题,是主观性必须有客观性内容规定、特殊性必须上升到普遍性问题。

颠倒善恶,混淆是非,指善为恶、指恶为善,口是心非、言行不一,乃是精神领域中大恶。这种精神之恶,明知善恶是非,但却假善行恶,并在假善行恶过程中竭尽全力诋毁、污蔑、糟蹋真实善之内容。如果这种精神生活状况仅仅表现在个别社会成员身上,那只是个别人的伪善,这种伪善对整个人类社会精神生活并不构成重大影响。如果伪善盛行,成为一种社会时髦与倾向,那么,不仅意味着这个社会精神的没落,更会深刻影响时代精神的确立,造成时代精神的进一步混乱与堕落。我们过去曾熟知的所谓"形而上学猖獗,唯心主义盛行"时代,其实,正是在唯物主义、辩证法的名义下的形而上学猖獗、唯心主义盛行。其造成的直接后果之一,就是人们习惯于形而上学、唯心主义的思维方式,并从精神深处自觉不自觉地抵制唯物主义、辩证法的思维方式。其所造成的后果,将会影响几代人。这是时代的悲剧、哲学的悲剧,更是中华民族社会精神生活的悲剧。

在黑格尔看来,"把恶曲解为善,善曲解为恶这种高深莫测的恶的形式,以及自知为实行这种曲解的力量从而是绝对者的这种意识,乃是道德观点中的主观性的最高峰,它是在我们时代邪恶猖獗泛滥的形式,这是哲学造成的结果"。这种哲学是肤浅、冒牌的哲学:它把深刻的思想曲解成肤浅的并"僭称为哲学",就如同"把恶冒称为善一样"。①

1. "伪善"一般

伪善是对善的否定。尽管伪善是一种特殊的恶,但伪善不等同于恶。伪善是虚伪之善,是以善的面貌否定善、以虚伪形式出现的恶。伪善"不能改变恶的本性,但可给恶以好像是善的假象"。②

伪善有三要素:对善的自觉知识,对恶的自觉意识,以善矫饰其恶,即,明知善、恶,虽行恶却以善饰之。这就是黑格尔所说的伪善的三环节:"(1)关于真实普遍物的知识……(2)与这种普遍物相对抗的特殊物的意向……(3)把上述两个环节作有意识的比较,以

---

① 黑格尔:《法哲学原理》,第 146 页。
② 黑格尔:《法哲学原理》,第 158 页。

便希求的意识本身明了它的特殊意向是被规定为恶的。"①

　　能够称之为伪善的,固然具有恶的意识,然而,仅仅"具有恶的意识的行为,还不是伪善"。一方面,伪善不仅具有对恶的自觉意识,还有对于善的知识。如果仅仅只有恶的自觉意识而无关于善的知识,不知道善恶是非,无须以善的面貌饰之,就无所谓伪善,只能是明火执仗的恶。另一方面,伪善在这种善恶知识的对比中明知自己行为是恶的,明知自己恶的行为本身没有存在的合理性、不能为社会认肯接受,但是仍然选择恶,且"对别人和对自己主张他的行为是善的",②故意以善的面貌遮蔽其恶的行为本身。所以黑格尔强调:"恶以及出于恶的意识的行为,还不是伪善。伪善须再加上虚伪的形式的规定,即首先对他人把恶主张为善,把自己在外表上一般地装成好像是善的、好心肠的、虔敬的等"。③

　　伪善是要尽一切可能"找到替恶作辩护的根据",进而使恶的变为善的,使恶获得存在的合理性理由与根据。伪善是故意"颠倒黑白变恶为善"的"欺骗他人的伎俩"。这种心口不一、言行不一、颠倒善恶的行为,对于别人而言,就是伪善。伪善这一虚伪之善,乃是做给别人看的。故,伪善是对于别人而言。这种心口不一、言行不一、颠倒善恶的行为,对于其自身而言,乃是言不由衷的"矫作"。④

①　黑格尔:《法哲学原理》,第 146—147 页。
②　黑格尔:《法哲学原理》,第 146 页。
③　黑格尔:《法哲学原理》,第 148 页。
④　参见黑格尔:《法哲学原理》,第 148、146 页。人们时下所熟悉的下列情况均属此列:某些拆迁明明是为了与开发商勾结捞钱,但却信誓旦旦地说是为百姓办实事;某些官员不断动干部明明是为了设租捞财,但说是为了打破小山头。

在这个世界上,赤裸裸的恶固然可恶,但是,伪善更为可恶。尽管伪善亦是对善的否定,但是,伪善对善的否定不同于那种赤裸裸的恶对善的否定。赤裸裸的恶对善的否定,是在善恶直接对立的形式之下否定善,这种否定性由于其直接性与确定性,而较易为人们识别,且更易引起人们对于恶的憎恨。伪善则不同。伪善是以善的形式否定善的内容,是假善的力量否定善自身。这是从善的内部对善的一种腐蚀性否定。它具有相当的隐蔽性与不确定性,进而具有更大的欺骗性与破坏性。世上有多少罪恶假善之名,世上又有多少罪孽假善之口。一方面,善良的人们往往对伪善信以为真,终至真挚情感信念被亵渎玩弄;另一方面,当善良的人们终于警醒时,出于对既有痛楚的深刻教训,出于对善良的心不再被玩弄、欺骗的警惕心理,对于一切外观是善的东西又不得不抱有一种警惕与怀疑,乃至当再次面对真正善的东西时,也不得不在深深的警惕之下持有某种强烈的怀疑态度。这也就不难理解,为何历史上当某一时期伪善盛行之后,总会随即不同程度地流行某种虚无主义、怀疑主义之价值立场与价值态度。

伪善的存在表明:道德重要的不是认知、意识,而是意志、行为;有善的道德认知,明辨善恶是非,只是善的必要条件,但不是充要条件。中国古人所说的“知行合一”固然内中包含了知行应当统一的价值要求,但是,其内中亦隐含着对于道德生活领域中“知行不一”现象的揭示。伪善就是一种以“知行合一”形式出现的特殊的“知行不一”。

伪善亦是对恶的一种特殊否定。伪善不仅表明恶自身没有存在的理由,还以特殊方式表明了善的力量:恶不得不承认善,不得不以善的方式存在。正是在这个意义上,善在伪善这个特殊的否定性环节中亦获得了自身的普遍性。我们这个世界总是要向着文明境地演进,因为我们这个世界上的所有力量,都以人权、人道、自由、平等这样一些基本价值精神为旗帜——哪怕是那些真正邪恶的力量亦不得不举起这面旗帜。

伪善的特质是以善的形式出现的恶。就行为主体而言,就是寻找一切"有利的理由"作为"替恶行作辩护的根据",进而"黑白颠倒变恶为善"。这种黑白颠倒变恶为善的行为就是"道德的诡辩"。①

2."道德诡辩":伪善的方式

伪善的关键是偷换道德价值合理性根据。伪善指恶为善总得有所依据,这些依据就成为伪善变恶为善的所谓价值合理性根据。然而,伪善的这种价值合理性根据本身却是虚妄、不真实的。正因为作为伪善价值合理性根据的东西是虚妄、不真实的,故伪善才成其为伪善,而非真善。

以主观性取代善恶行为规定的客观性,这是伪善进行"道德诡辩"、变恶为善的基本方式。其具体做法主要有:

a. 以我为主,随心所欲,取舍依据。

伪善以实用主义的态度取舍价值判断标准。在这种方式中,伪善有两个值得注意的方面:其一,任意肢解作为判断标准的善,并通过这种肢解改变善的客观内容与规定。伪善颠倒判断对象与标准,将本应作为判断对象的东西作为选择判断的依据。当人们

① 参见黑格尔:《法哲学原理》,第 148、158 页。

在进行行为选择时,判断一个行为是否合理,本应是以该行为本身为判断对象,以某种具有客观必然性的善的行为标准作为判断标准或尺度,并以此尺度标准来评价判断这个行为本身。但是,伪善却将此完全颠倒:尽管自知我的行为或我所意欲的行为本身不合乎善,但是我却先在地要设定我的行为或我所意欲的行为本身就是"善"的,并以此来选取那些有利的理由。在这里,道德善恶标准成为伪善者玩弄于股掌间的玩物。

其二,任意挑选合意、有利的标准,故意回避那些不合意、不利的标准。一种行为好的理由可以有多种:可以是直接的,也可以是间接的,可以是必然的,也可以是或然的,且这些理由本身也可能同时就隐含着某种内在的消极性因素,因而,当人们在行为选择时,就必须仔细甄别这些理由,剔除那些或然性、消极性的理由。但是伪善却并不作如此理性的选择。伪善是只拣有利于自己、合自己意的那些东西来为自己贴金。

伪善只是以自身意欲的行为本身为取舍依据,只关注那些有利于自身意欲行为的理由,而不关注这些理由本身是否合理。凡是于我有利的、我中意的,我就取之;凡是于我不利的、我不中意的,我就舍之。诉诸权威,只言片语、断章取义,只及一点、不及其余,扯虎皮作大旗,等等,这一切对于伪善而言,就顺理成章,毫不见怪。在这里,判断行为善恶是非的"不是事物的客观性,而是主观性","好恶和任性变成了善与恶的裁判员"。在这里,没有什么原则与良知,"伦理和宗教心都遭到毁灭"。① 不仅如此,尽管这种

---

① 黑格尔:《法哲学原理》,第148—149页。

行为依据选择完全是出于我的主观性，但是，我在作出如此行为时，却还故作姿态地表白：我如此行为的善的性质并不是出于我自己的主观性判断，而是出于我主观之外的那些理由，出自于那些权威，正是这些权威与理由才使我的行为成为善的。

伪善有多种样式。一手为善，一手作恶，以善之面具遮蔽其恶行，这种伪善处于善恶明显二分状态，易为人所拆穿。这是伪善的初级样式。伪善的较为成熟、较为精巧的存在样式，则是直接以善的面貌出现作恶。它或者是依据所谓自己的善良内心动机，或者是依据所谓某种外在公认的权威，直接将自己的行为本身说成是善的。这种伪善试图使善恶不再处于明显的二分状态，它通过善恶颠倒、混淆善恶的方式使恶本身就成为善的。这正是黑格尔在后面所揭露的："现在伪善采取了更精巧的形态，这就是盖然论的形态。它的含义是：行为人根据自己的良心企图把犯规行为设想为一种善行。这种学说，只有当道德和善由权威来决定时才会发生；其结果，有多少个权威，就有多少个把恶主张为善的理由。"[1]这后面一类形式正是黑格尔所揭示的伪善的另一种方式：

b. 以善的意图取代善的行为。

这种伪善使恶的意图披上善的外衣，以抽象动机替换具有现实内容规定的行为，并以抽象善的动机、意图为恶的行为辩护。[2]在这里，"一切关于善恶邪正的、自在自为地存在而且有效的规定

---

① 黑格尔：《法哲学原理》，第 159 页。

② 诸如某些地方政府官员强行推行企业改制，美其名曰"深化改革，发展地方经济，改变地方经济落后面貌"，其实，往往是官商勾结，鲸吞公共财产。

都被一笔勾销,而这种善恶邪正的规定都被归结为个人的感情,表象和偏好。"①

善具有丰富的内容规定。正如前述,善是自由的实现,因而,善就不仅仅是主观意识,更是现实存在:它具有现实规定性。仅有善的意图,至多只是主观识见,并无任何具体规定:这是何种善?谁之善?它存在于何处?以何种方式存在?没有具体规定的善,就是虚无,就是一种主观任意的规定。由于善的这种空洞抽象性,相对于善的恶亦是空洞无内容的,恶亦成为一种主观任意的规定。这样,一切行为均可以在扬善惩恶这一一般性原则之下获得自身的正当性与合理性。

人的任何行为都有其目的指向性,都是为了满足某种需要。相对于这种目的指向性及意志的需要满足而言,直接满足这种意志需要及其目的指向性的东西,都会获得某种肯定性的理由,或者用黑格尔的话来说,都会具有"肯定的东西的规定"。这样,一方面,一切行为的善恶判断就会蜕变为纯粹的主观性;另一方面,一切行为的意图都会在这种目的性与满足需要中成为善良意图,进而一切行为都会成为善行。若果真如此,则世间无所谓善、恶。以杀人、盗窃、怯懦言,尽管这些行为为人们不齿,但是,这些行为的当事人却可以在善良意图、目的性追求、需要的满足这样一类主观性中获得充分的辩护:我可以在伸张正义、忠于友情之名下报仇杀人;我可以在济贫救危、扶助弱小之名下盗窃抢掠;我可以在追求利润、实现事业之名下欺诈无信;我可以在保全性命、关照家人之

---

① 黑格尔:《法哲学原理》,第 152 页。

名下临危逃脱,等等。如此,则世间没有什么行为不是善的! 没有什么人不是善的! 或者换言之,世间就没有恶事、恶人! 这正是黑格尔所尖锐揭露的:"为了赈济穷人而盗窃,为了对自己的生命和家庭(或许是可怜的家庭)尽其应尽的义务而盗窃和临阵脱逃,出于憎恨和复仇而杀人,总而言之,就是为了满足对自己的权利和对一般的法所抱的自信以及为了满足对他人的邪恶、对他人加于自己或别人、全世界或一般人的不法所抱的感情,因而消灭这种包藏邪恶本性的坏人,以期对杜绝邪恶至少有所贡献,——所有这些行为,都是用这种方法而使其内容具有肯定的一面,所以它们都成为出于善良意图,从而都是善行。""在这种抽象的善中,善和恶的区别以及一切现实义务都消失了。"在这种抽象的善中,"世界上没有一个真正恶人,因为没有一个人是为恶而恶,即希求纯否定物本身,而总是希求某种肯定的东西……善的东西。"这种变善的客观性为纯粹主观任性的做法,本身就是恶。"仅仅志欲为善以及在行为中有善良意图,这毋宁应该说是恶,因为所希求的善既然只是这种抽象形式的善,它就有待于主体的任性予以规定。"①

以目的、意图证明手段,以为"只要目的正当,可以不择手段",正是这种以善良意图作为行为善的根据、变善的客观性为纯粹主观性做法的典型存在形式之一。在这里,黑格尔再次论述了目的与手段的关系,并揭示:目的不能证明手段的合理性,目的要求有作为自己内在环节的手段,目的要求与自己手段的统一。"正当的

---

① 黑格尔:《法哲学原理》,第 150—151 页。

目的使手段正当……不正当的目的就不会使手段正当。"①这个命题如同"凡是现实的总是合理的,凡是合理的总是现实的"命题一样充满了辩证法,必须仔细引起足够的注意。具体言之:

首先,目的与目的的实现离不开手段,手段是目的实现的中介环节。手段与目的并不是一种外在或然关系,而是一种内在必然联系。正是在这个意义上,手段是目的的。所谓手段是目的的有两个方面的含义:一方面,手段作为目的的内在环节,应具有目的的价值特质,否则手段就由于价值上对目的的否定性而不成其为该目的的手段;另一方面,手段作为目的实现的中介,又应具有有效性,否则手段就由于其无助于目的的现实存在而不能成为该目的的手段。目的的价值特质与功用有效性,这是手段的现实规定性。这样,就不难发现:并不是任何东西都可以无条件地成为某种特定目的的手段。那种以为"只要目的正当,可以不择手段"的"恶名昭彰"观点,其根本性失误之一就在于没有看到目的与手段之间的这种内在联系,将目的与手段之间的这种内在必然联系沦落为外在偶然的联系,以为"为了某种善良的目的,把原来完全不是手段的东西用作手段,把某种本来是神圣的加以毁损……把罪行当作某种善良目的的手段",以为这一切不仅是"许可的",甚至还是"人们的义务"。② 事实上,目的的具体内容及其内在规定性本身,就规定了某些手段与目的没有任何内在联系,或不可能成为该目的的手段。这就好比:为了公共福利进行城市改造拆迁这一公共

---

① 黑格尔:《法哲学原理》,第 151 页。
② 黑格尔:《法哲学原理》,第 151 页。

福利善的目的，与那些欺诈、诓骗、强制原住地居民动迁这一类手段，二者间本无任何内在联系，天壤不相及，或者换言之，前者之目的注定了后者之手段不可能成为前者目的之手段。善的目的必定要求善的手段。手段的卑鄙只能表明目的的卑鄙。当然，日常生活中的善意谎言，一方面本身无伤大雅；另一方面，它是以否定的方式所表达的善，此外，它还是一种实践理性的生活智慧，故，应当别论，不能简单地与不择手段混为一谈。

其次，手段总是目的的，因而，手段总是被具体目的具体规定、总是有其具体内容的。一个人为了实现某种道德目的而采取某种特定手段，这是此人履行道德义务的一个必不可少的内容。然而，一个人为了完成这个道德目的而采取的手段必须有特殊具体规定，不能泛泛而论，否则，此手段本身就会成为一种无所限制、具有普遍绝对合理性的东西。这就如士兵杀人、外科医生动刀一样，士兵在何处杀人、杀什么样的人，医生在何处动刀、如何动刀，总是有其规定，而不是任意。一般而言，离开了战场、手术室，士兵开枪、外科医生在人体上动手术刀，那就是不允许的。离开了这些具体规定，手段本身就失却了合理性理由。

上述关于目的与手段关系的一般认识固然是合理且深刻的，但在总体上言，这种认识尚只是一般辩证法的原则结论。更为重要的还在于：

再次，手段总是有其特有的价值内容规定，此规定并不以某个人的主观意见而改变。就试图以主观目的意图证明行为善的伪善来说，以为"只要目的正当就可以不择手段"的看法的根本性失误在于：否定了作为行为手段的行为自身所固有的善恶价值性质，否定了特定行为的特定价值特质,并将其归结为个人的主观意图。
这就如说盗窃、诈骗行为本身并不是恶,只是由于我主观以为这个
行为是恶它们才是恶一样。这正是黑格尔所揭示的:"标志某种行
为为罪行的……它早具有客观上已经确定的界限"。①

"只要目的正当,可以不择手段"的伪善,试图以个人的主观意
见代替善的客观内容,以个人的主观信念规定行为的伦理本性。
在这里,"主观意见……被宣示为法和义务的规则"。② 以行为者
主观意图动机代替行为善恶的客观内容规定,这是以主观偏好规
定行为伦理本性的一种特殊样式。

c. 以主观信念规定行为的伦理本性。

这种伪善将行为主体自身的信仰、信念、良知作为特定行为善
恶的标准,进而将特定行为善恶规定视为行为主体自身的事。

确实,在日常生活中人们不乏依靠信仰、信念、良知来判断某
一行为的正当性、善,但是,这种日常生活常识本身只是揭示了一
种实存的现象,并未表明信仰、信念、良知在何种意义上成为行为
善恶判断的标准,并未表明信仰、信念、良知是否为这种行为的最
终标准。因为,信仰、信念、良知本身仍然是主观性领域的,它们自
身的具体内容及其合理性、正当性仍然有待进一步被规定。伦理
实体或事物的伦理本性,正是信仰、信念、良知的这种客观内容与
具体规定性。正是来自伦理实体的客观内容与具体规定性,信仰、
信念、良知本身才有真伪善恶的问题。信仰、信念、良知的真伪、善

---

① 黑格尔:《法哲学原理》,第 152 页。
② 黑格尔:《法哲学原理》,第 152 页。

恶,并不是一个纯粹的主观性问题,它们首先是一个客观性的问题。这样,当人们在日常生活中以良知、信仰、信念作为善恶判断依据时,至少在形式上还只是一种主观的判断,它们需要获得来自伦理实体的客观内容支撑。就善恶标准自身而言,不是主观的任意,它有其客观内容、规定。善恶内容的客观性,并不依行为主体的认识程度(或认识错误)而转移(必须区分认识的真理性程度与事物本身的善恶属性)。不能因为人的认识存在着差异、高低、对错,就简单地以为事物本身的善恶(标准)也随着主体认识的这种不一而变化。

如果这种信仰、信念、良知以真为内容,具有客观规定性,那么,这种信念、信仰、良知只是以主观性方式存在的客观性,是客观的主观表达。客观、真本身亦在这种主观性表达中获得了主体性、能动性,并进而成为现实实践的。这正如黑格尔所揭示的那样,"规律不会行动,只有现实的人才会行动。"外在的规律、要求只有通过我的自觉、信念才能成为我的自觉义务,并对我"具有约束力"。这些外在的规律、规范、要求,如果不能成为行为主体的自觉义务,那么,它们就只是"空洞字句",就"蜕变为具文"。[①]

如果构成行为善恶标准的仅仅是信念、信仰、良知,仅仅是行为主体的绝对自我确信,而不是进一步以真、客观性为内容与规定,如果行为主体以这种无客观规定性的信念、信仰、良知"自负"地对抗一切客观伦理要求及其历史规定,那么,就是一种自大狂。

---

① 黑格尔:《法哲学原理》,第 154 页。

"如果我不能认识真理,则我之所谓确信是极其无聊而卑不足道的。"①在这种情况下,就无异于取消行为的善恶客观性,使行为善恶沦为主体的纯粹主观任意。

"如果好心肠、善良意图和主观信念被宣布为行为的价值所由来,那么什么伪善和邪恶都没有了,一个人不论做什么,他都可通过对善良意图和动机的反思而知道在做某种善的东西,而且通过他的信念的环节,他所做的事也就成为善的了。这样就再没有什么自在自为的罪行和罪恶了……在行动中所抱的善良意图以及我对这一点的信念,就可使我的行为成为善的。我们在判断和评估一种行为时,如果依照这种原则,那只好以行为人的意图和信念即他的信仰为标准。"②

不仅如此,如果真的以主体信念、信仰、良知作为行为善恶的判断依据,那么就会发现:由于不同主体间的信仰、信念、良知内容的不一,由于不同主体间的利益关系不同,同样是出于良知、信仰、信念,会有完全不同的善恶判断;因而,在自由意志领域,在不同行为主体之间,善恶是游离乃至对立的,没有普遍的善。我在信念、信仰、良知的主观确信之下,可以认定他人的行为是恶、犯罪,可以伤害他人的自由权利;同样,他人亦可以以同样的方式对我做出类似的判断与行为。这正是黑格尔提醒人们注意的:"根据以信念为理由来作辩解的这个原则……在应付他人反对我的行为所采取的行为方式时,我得承认他们是完全正当的,因为至少他们依据他们

---

① 黑格尔:《法哲学原理》,第 155 页。
② 黑格尔:《法哲学原理》,第 153—154 页。

的信仰和信念主张我的行为为犯罪;根据这种逻辑,我不仅自始得不到任何东西,甚至反而从自由和光荣的地位降到不自由和不光荣的情况。"①在现代多元社会,在思想、信仰、信念多元背景下如何构建起良序正义社会,其所面临的最基本问题之一,就是在多元基础之上对善恶判断客观性的寻求与认肯。这个善恶客观规定性正是现代性社会得以稳定存在的最隐蔽基础。罗尔斯提出的"重叠共识"还只是识见方面的,其实,正是公共生活中的公共理性及其规范生活方式,正是平等的基本自由权利及其主观性存在的时代精神,构成了"重叠共识"得以存在的客观基础。

在以信念规定行为善恶的做法中,已经将善恶依据由外在客观蜕化为行为主体的内在主观,并借以与客观伦理实体精神相对抗。这就预示着行为主体在自我确信之下对客观伦理的主观玩弄。

d. 讽刺:"玩弄"客观伦理。

黑格尔这是在借用柏拉图描述苏格拉底交谈思想方法的术语"讽刺",用以进一步揭示道德伪善主观性特质。

苏格拉底思想对话交谈有两种主要方法,这就是助产术与讽刺。助产术是通过对话诘难将包含在对方思想中的内容明晰引导出来。讽刺则是通过对话诘问,将抽象问题、抽象观念具体化,从对方的一个既定命题中引申出与此命题完全相反的命题。② 根据

---

① 黑格尔:《法哲学原理》,第 155 页。

② 譬如说谎。一般而言,说谎是不对的,但是,苏格拉底将说谎问题引入具体场景:对敌人、对强盗说谎对否? 进而引出与一般认识相反的东西。

黑格尔的看法,苏格拉底的这种讽刺法有其伟大之处,一方面,它"能使抽象的观念具体化,使抽象观念得到发展";另一方面,苏格拉底的这种讽刺法"是他的主观思维对现存的伦理的反抗",他超越了现存的伦理,他持有一种"朴素的目的",要"引导人们走向真正的善,走向普遍的观念"。① 但是,黑格尔在这里借用"讽刺"概念,并不是在上述讨论苏格拉底的意义上所使用,而是指道德伪善之主观性不再严肃对待任何事物,而是把一切神圣崇高的东西庸俗化、空虚化、幻影化。这种"讽刺"是一种纯粹的否定:通过将主观意识至上化,使一切事物沦为虚无与虚幻。②

"讽刺"这种主观性是"主观性的顶峰"。在这种主观性中,行为者"自命为绝对者"。一方面,它视自身为真理、正义、法、义务的终审者,将自身主观意识作为一切善恶、正义、义务的终极性依据;另一方面,它尽管知道伦理性的客观东西是什么,但却并不按照这种伦理性东西去行为,而是随心所欲地玩弄这些伦理性东西于股掌之间,它要使崇高的东西毁灭、使客观的东西虚无——唯有使崇高毁灭、客观虚无、神圣堕落,才能使它这个主观成为绝对的存在。卖假药的说是为你好,既能治病又能省钱;卖假农药的说这安全,想喝农药自杀也死不了人,你还得感谢我;卖房子的房地产商说高房价、挣暴利是他们的社会责任,他们是要做大、做强品牌,是为了带动相关产业链。如此等等。这就是黑格尔所揭示的:"这种主观

---

① 黑格尔:《哲学史讲演录》第2卷,贺麟、王太庆中译本,商务印书馆,1983年,第55、57页。

② 关于对"讽刺"的这种理解,可参见黑格尔:《哲学史讲演录》第2卷,第56—57页。

性就在于,它的确知道伦理性的客观东西,但却没有舍身忘我地浸沉于它——伦理性的东西……并根据它而行动。相反地,这种主观性只是与伦理性的东西保持着若即若离的关系,它知道自己是如此希求和决定的主体,虽然它同样可以希求别的东西,作出别种决定。"①"事物说不上是优越的,我才是优越的,才是规律和事物的主宰者,我可以玩弄它们,如同我玩弄我的偏好一样,而且在这种讽刺的意识中,我使最高的东西毁灭,而沾沾自喜。这种形态的主观性不仅使权利、义务和法的一切伦理的内容变成虚无——它就是恶,甚至是彻头彻尾的普遍的恶,——而且还加上它的形式是一种主观的虚无性,它知道自己是缺乏一切内容的虚无,并在这种知识中知道自己是绝对者。"②

在道德价值判断的信念、信仰依据中多少还有一些原则(尽管这种原则本身的正当性、合理性有待证明,但是它毕竟是有其原则存在),然而,在"讽刺"玩弄中,这种原则性已不复存在。在这里,没有任何原则可言,有的只是行为主体自身及其任性,或者换言之,行为主体自身及其任性就是原则。我作为行为主体就是存在的主宰者,一切客观的东西在我这个主宰者面前都将消失,荡然无存。没有诚挚性,信仰就成了一种纯粹口号,被玩弄于股掌之间。"我凌空飘荡,俯瞰广阔无垠的空间,唤出各种形态,而又把它们消灭。主观性的这种最高形态只有在高度文化的时期才能产生,这

---

① 黑格尔:《法哲学原理》,第 157 页。
② 黑格尔:《法哲学原理》,第 157—158 页。

时信仰的诚挚性扫地以尽,而它的本质仅仅是一切皆空。"①这样看来,纯粹的自我确定乃至讽刺亦不是绝对消极性的东西,它是文明较高发展阶段所特有的一种现象。这是一种主体性现象。这就如布肯哈特关于主体性意识的揭示一样。

在这种自命为绝对者的"讽刺"中,行为者自身的主观意识成了行为善恶的标准。这就与一般伪善不同。如果行为者以自我意识为依据并"对着他人号称自己的行为是善的,那么这种主观性的形式是伪善"。但是,如果行为者以自我意识为依据并主张其行为本身就是善的,或"主张它的作为本身就是善的,那么这是自命为绝对者的那种最高峰的主观性。对这种主观性来说,什么绝对的善和绝对的恶都消失了,它就可随心所欲,装成各种样子"。这就是道德的诡辩。道德诡辩"俨然以立法者自居,并根据其任性来区别善恶"。② 在这里,行为主体以一种特殊方式实现了自我立法:通过纯粹的自我规定而自我立法。此时,社会盛行道德相对主义,弥漫着道德虚无主义气息。

这样,伪善作为变恶为善的主观性,就有不同的样式:其一,或然理由的。这是以或然的、权威的东西为依据变恶为善。其二,主观信仰、信念的。这是以自身的信念、信仰为依据变恶为善。其三,自以为是,随心所欲的任性。这是一种没有任何原则的彻底的主观性。这三种样式其实质均是否定道德价值善恶、义务规定的客观性,均将善恶、义务等规定理解为是主观性的。这三种样式之

---

① 黑格尔:《法哲学原理》,第 160 页。

② 参见黑格尔:《法哲学原理》,第 158—159 页。

间有一种依次递进的逻辑排列。于此,我们亦不难发现,黑格尔在道德阶段反复提示的基本内容之一就是:必须找出道德主观性背后的客观性内容,必须找出道德价值善恶的现实客观伦理规定。

伪善作为虚伪之善,主观性是其特质。然而,这个主观性是变恶为善的主观性,故不是执善而从之的主观性。于是,对于主观性亦须作进一步区分,应当区分其两种不同类型:作为优美灵魂的主观性,与作为伪善的主观性。[①] 前者是高贵的主观性,是一种"创造道德的天才",[②]后者则是卑劣的主观性。主观性并非绝对是否定性的。自由意志理念通过道德阶段获得自身的主观性,并通过这种主观性使自己成为活的、现实的存在,这个主观性就是良知之优美灵魂。那种变恶为善、任性妄为的主观性,则是应当警惕并努力加以克服的。

自由意志在道德阶段通过自我确信、自我立法而成为自由的。然而,这种自我确信、自我立法,由于其主观性而有可能陷于抽象、空洞、虚无。道德阶段的自由意志具有主观(主体)的特质,然而,正是这种主观(主体)特质使得道德阶段的自由意志具有偶然性、不确定性——这在黑格尔关于"紧急避难权"以及"良心"等诸多环节的论述中均已有明确揭示。自由意志(或自由存在)在主观性、偶然性中不可能得到真正实现,它只有在客观必然性中才能得到真正实现。于是,道德就向伦理过渡。

---

① 黑格尔:《法哲学原理》,第 158 页。
② 黑格尔:《精神现象学》下卷,第 164 页。

在黑格尔《法哲学原理》思辨体系中,"伦理"是真理性环节。"道德"向"伦理"的过渡,不仅使道德、良心摆脱了抽象、主观性,获得具体客观规定,而且还使道德、良心成为鲜活、生动的存在。在伦理实体中,良心仍然存在。"良心"这一主观反思性批判精神,不仅具体规定了伦理共同体成员的基本特质,而且本身就构成伦理实体的内在否定性力量,成为伦理实体的生命之源。

良心不能成为纯粹主观的,它必须从纯主观世界中走出来,必须具有客观性。这有两层意蕴。a.良心不是"任性",不能"任性",应有"自由概念"规定。良心不是指一般有信仰、听从心底声音,而是有对"自由精神"的信仰,有人格、生命、平等、尊严等这一类普遍自由精神。这就从根本上杜绝了极端原教旨主义与不宽容。b.良心必须变为现实。个体在"伦理实体中须保持反思批判精神,此反思批判精神是伦理共同体及其文明秩序维系与演进的内在力量。舍此,伦理实体本身就是空洞、僵死的"。① 黑格尔的道德观是接着康德讲的。他继承、坚持了康德的独立人格、主体性精神、反思批判等有"自己"头脑的启蒙思想。这是在理解其道德、良心内容时须特别注意的。黑格尔是要秉持主体独立反思批判精神,为建立绝对精神的"自由"新世界打破固执旧念,确立起新的价值精神。但是,他不满意停留于抽象、主观,而是要进一步深入具体关系、具体实践活动场景,具体地承担责任、履行义务。在伦理环节,"良心"不仅获得具体内容规定,而且还有积极反思批判、执着

---

① 参见高兆明:《心灵秩序与生活秩序:黑格尔〈法哲学原理〉释义》,商务印书馆,2016年,第203—205页。

信念、坚守原则的社会引领功能。

严格说来,黑格尔的"道德"是个体主义的,是个体自由意志的自我规定或"良心"。正由于个体主义这一根本基点,它与普遍主义就有了深刻的内在紧张。黑格尔意识到了这一点,试图以"伦理"为其内容,以正义为其存在背景。然而,这种努力只是揭示良心(或善)与正义的协调平衡问题,却不能彻底解除二者间的内在紧张,以及个体道德、良心与社会合理性二元生发基础及其冲突可能。① 这也就不难理解,黑格尔最终只能在其思辨封闭体系中以作为"地上行进的神"的国家来解决一切问题。不过,就学理而言,黑格尔此处事实上以自己的方式提出了个体善(或良心)与政治正义、个体反思批判精神与宪法法治秩序关系等极为重要的学术问题。

---

① 参见倪梁康:《心的秩序》,江苏人民出版社,2010 年,第 84 页注①。

第 9 讲　伦理与美德

在黑格尔《法哲学原理》思想体系中,由"道德"向"伦理"过渡除了其正反合思辨节律以外,有三个基本理由:

其一,义务、美德内容的具体确定。义务的具体、特殊化,美德的真实性,都有赖于伦理实体及其具体伦理关系的具体规定。

其二,仅仅个体美德并不能保证自由权利的真实实现,只有伦理实体的社会伦理关系及其基本结构的客观制度性安排,才能保证自由权利的真实实现。个体美德是主观、偶然的,自由权利的真实实现不可能以主观、偶然为根基。

其三,人追求自由的活动,应当走出纯粹的内心精神世界,走向丰富的现实伦理生活世界,建立起具有必然性的伦理关系与社会基本结构。真正的自由不可能建立在纯粹内心精神世界的孤独基础之上,它必须建立在客观的伦理实体基础之上。正是在这建立伦理实体的客观活动过程中,才有可能使主观自由与客观自由达至统一。

尽管黑格尔本人并没有明确清晰地将这些基本理由说出,但是,只要我们仔细神思领悟,就能发现这些内容。从黑格尔思想所隐藏的上述内容中,我们甚至可以隐约见到后来马克思、罗尔斯的影子。在上述三个理由中,后两点值得特别重视、挖掘。由于主题的关系,我们下面主要就第一个方面略做进一步阐述。

就道德维度言,道德向伦理过渡的核心是义务与美德的规定及其实现,其关键是走出善的抽象性,扬弃主体纯粹自我确定性的主观性。对于这种过渡,又有两个基本解释维度:

其一,义务的社会维度。这是由作为主体的个体内在美德、良心,上升为客观社会关系、结构的维度。这是黑格尔明确揭示的维度。

在黑格尔那里,道德是主观性的东西,是个体的良知、操守与精神世界。它仅表明主体的主观性,主体良知的自我确信与自我规定性。这就直接带来了两个方面的问题:一方面是道德这种主体主观性内容的客观规定性,进而使其摆脱任性的问题;①另一方面是主体的这种主体性、能动性,由纯粹内在的变为外在客观现实性的问题。这样,在黑格尔那里,道德就在内容的客观规定性与存在的客观现实性两个意义上要求自我否定。

在黑格尔的思想体系中,自由是一个展开过程,抽象法权、道德是其中的两个环节。抽象法权是纯粹的客观性,道德是纯粹的主观性。在抽象法权中,外在事物对于主体具有绝对的权威性,主体被财产这一外在的东西所决定,缺少主体的自主性。道德使主体从外部世界回到了自身内部世界,确立起了主体的权利,有了自主性,主体只服从自身的良知。但是,在道德阶段,一方面,主体似

---

① 义务履行须有个由抽象、普遍到具体、特殊的过程。只有具体、特殊了的义务才是有具体内容规定的义务,进而是可履行的真实义务。义务具体内容规定,或义务的具体化、特殊化,就是具体伦理关系中的具体规定。

乎成了一个无须外在凭借就可以自由存在的精灵,进而使主体缺失其实在性;另一方面,主体的这种自由意志因缺失具体规定性,而有可能沦为为所欲为的任性。所以,黑格尔认为:"无论法的东西和道德的东西都不能自为地实存,而必须以伦理的东西为其承担者和基础,因为法欠缺主观性的环节,而道德则仅仅具有主观性的环节,所以法和道德本身都缺乏现实性。""主观的善和客观的、自在自为地存在的善的统一就是伦理……如果道德是从主观性方面来看的一般意志的形式,那么伦理不仅仅是主观的形式和意志的自我规定,而且还是以意志的概念即自由为内容的。"①故,由道德向伦理过渡,既是道德扬弃其自身纯粹抽象性、主观性的过程,亦是自由意志的具体实现过程。

其二,美德的历史维度。这是个体善与社会正义的历史维度。这个维度虽然黑格尔没有明确揭示,但却值得重视。

一个人的良心品行操守可以一定程度地超越于其生活的那个社会、时代,如孟子所说大丈夫之精神气概,如苏格拉底的牺牲精神。个人的这种美德自然令人们仰慕,然而,它会遇到两个方面的问题:一方面,个人的美德总是受其生活于其中的那个时代、社会影响,总是带有那个时代、那个社会的印记,正是在此意义上,个人的美德良心由于其所生活于其中的那个时代、社会的不完美而并不能达到完美。换言之,要使一个人的良心品性操守成为完美的,就必须使那个社会、时代变得完美。这样,我们的视野就须通过个

①　黑格尔:《法哲学原理》,范扬、张企泰译,商务印书馆,1982 年,第 162—163 页。

体美德进一步深入社会秩序。这正是罗尔斯关于"社会正义优先于个体善"思想所包含的深刻内容。另一方面,个人的美德如果仅仅只是个体、个别的,那么,还只是偶然的,它只有成为一种社会的普遍存在,才会是必然的。个别存在的美德,不仅仅是偶然的,而且往往以悲剧的形式存在。只有在一个正义、良序的社会中,个体美德才有可能成为普遍存在,才能摆脱悲剧性色彩。期望普遍的个体美德,就必须建立起一种社会生活秩序,这种生活秩序本身就是有利于人性健康生长的。根据这种理解,我们的视野就须由道德深入进伦理,由个体美德进入对于社会生活秩序的改造。这后一维度的理解,或许能使我们从黑格尔的逻辑结构、从其"伦理篇"中读出新的内容。

一、伦理:活的善

根据黑格尔的理解,善是世界的绝对且最终目的,善就是自由的实现。[①] 伦理是"活的善",是"自由的理念"。[②]

1. 伦理:生活、关系、秩序

黑格尔《法哲学原理》中译本中的"伦理"概念在与其对应的英文本中有几种不同的表达:ethical life,ethical order。这表明:黑格尔所理解的伦理不是抽象的概念,不是主体的内心修养,而是一种(社会)生活及其秩序,这是自由的(社会)生活及其秩序,是自由

---

①　参见黑格尔:《法哲学原理》,第 132 页。

②　黑格尔:《法哲学原理》,第 164 页。

的现实存在。这种自由的现实存在由人们自由交往关系所构成，在自由的秩序中所呈现出的是人们的自由生活。正是在这个意义上，伦理的观点，就是（社会）生活、关系、秩序的观点，就是人们的生活世界的观点。伦理具有实体性。这就是黑格尔在后面所揭示的"伦理关系是实体性的关系……它包括生活的全部"的内容。①而这种生活、关系、秩序、生活世界的观点，就是社会的而非个体的观点，就是实体的而非抽象的观点。这样，"伦理"概念亦可以被进一步理解为是"社会伦理"。"社会伦理"与"伦理"实乃同一概念。②

黑格尔所理解的这种生活及其秩序、关系及其生活世界之"伦理"，不同于我们通常所理解的"道德"概念。在这里，"伦理"已不再是一种个体、主观、操守、修养之类的概念，而是一种社会、客观、生活、关系、秩序之类的概念。当然，这并不意味着在"伦理"（或伦理的视域）中就没有个体、主观、操守、修养一类内容。相反，在"伦理"中包蕴着这些内容。只不过它已不再是从个体、主观的维度关注这些内容，而是从社会、客观的维度关注这些内容。它所关注的主旨在于：个体美德操守的真实内容是何？个体美德操守何以可能？这就是我们通常所说的道德内容的客观规定性及个体健全人格、善美人性形成的生活世界问题。

把握了"伦理"的这种 ethical life、ethical order 内涵，就易于

---

① 黑格尔：《法哲学原理》，第 176 页。

② 如是，我们亦有理由认为：当罗尔斯在努力探究良序社会何以可能这一社会正义问题时，事实上罗尔斯就是以自己的方式在探究他所理解的良序社会这一伦理生活及其秩序，就是在探究伦理问题。

理解与把握黑格尔关于伦理是"活的善"思想：为什么伦理是"活的善"？黑格尔在什么意义上讲善的"活"与否？"活"的善与非"活"的善区别何在？

黑格尔在前面揭示："善不是某种抽象法的东西，而是某种其实质由法和福利所构成的、内容充实的东西。"即，善作为世界的目的，它是现实存在着的"被实现了的自由"，而不是某种抽象的一般规定。仅仅作为事物"绝对本质"而未具有具体现实性的善，还只是抽象的善。这种抽象的善须通过主体的活动以"主体的意志为中介"，才能"进入到现实"并获得"实在性"，或者换言之，才能变为现实活生生的善。① 这表明：作为世界的目的的善本身就有一个由一般抽象到具体现实的过程，这个过程同时亦是主体的自由意志活动过程。善由抽象一般变为具体现实的过程，就是扬弃自身抽象性的过程。这个扬弃了自身的抽象性而具有具体现实性的善，就是活的善。这样，伦理是"活的善"就是相对于抽象的善而言，并是对抽象的善的否定，它所强调的是具体现实性。② 所谓伦理是活的善是指：伦理是具有实体性、实在性的具体、现实善。

人的一般自由权利、福利财富等，固然是人自由存在的要求，是人权、人道、自由、平等这样一些价值要求的内在要求——因为没有这类一般自由权利，没有这类社会价值精神或时代精神，就无所谓人的自由存在或人的自由权利。然而，如果这种自由权利、福

---

① 参见黑格尔：《法哲学原理》，第 132—133 页。

② "伦理性的东西不像善那样是抽象的，而是强烈地现实的。"参见黑格尔：《法哲学原理》，第 173 页。

利财富等仅仅停留在一般要求层面,而没有变为人们的现实生活,那么,这种自由权利仍然是空洞抽象的。自由权利的现实、具体存在,才是活生生的真实自由。这或许是黑格尔关于"活的善"思想中所包含的最重要思想内容之一。

抽象法权、道德均是善的环节。抽象法权虽有客观性但缺少主观性,尚是主体外在的东西,道德虽有主观性但却缺少客观性,尚只是主体的一种自我规定。抽象法权、道德作为片面的善,都不是活的善。伦理作为活的善,是主体自由生活的客观必然之善。①

2. "伦理实体"

伦理作为活的善具有实体性,这就提出了"伦理实体"概念。"伦理实体"概念是理解"伦理是活的善"的关键。

黑格尔揭示了伦理具有实体性,但是并未对伦理实体本身做出明确规定。这给人们的理解留下了迷惑与误解之可能。尤其是黑格尔在伦理篇中以家庭、市民社会、国家作为伦理的三个环节,似乎仅指称了这三者为伦理实体。这些有待澄清。

根据黑格尔自己的思想理路,"伦理实体"是具有伦理性的实体性存在。这个"实体性"存在是具有时空规定的有限、特殊的存

---

① 伦理一方面具有主体的自主意志与自觉行动,它"在自我意识中具有它的知识和意志,通过自我意识的行动而达到它的现实性";另一方面又有其客观规定与客观目的,"自我意识在伦理性的存在中具有它的绝对基础和起推动作用的目的"。这样,伦理就在现实世界与自我意识两个方面标识着自由的实现。这就是黑格尔所说"伦理就是成为现存世界和自我意识本性的那种自由的概念"的基本意思。参见黑格尔:《法哲学原理》,第 164 页。

在。① 黑格尔的"伦理实体"是作为"客观世界"的"社会生活"、"实践世界",是"社会生活"、"实践世界"的共同体。黑格尔通过作为伦理三个环节的家庭、市民社会、国家,事实上论述了"社会生活"、"实践世界"的三种历史形态。家庭是以情感为基础、未经反思的直接统一体,市民社会是以契约交换为基础的独立个体通过共同需要结合在一起的合作社会,国家则是以公共理性为基础的政治共同体。② 黑格尔将家庭、市民社会、国家作为伦理实体的三环节,表明了他把握"伦理实体"时的深刻历史意识:就人类文明演进历史进程而言,血亲家庭、市民社会、公民国家,构成伦理实体演进的三个基本历史阶段。

在黑格尔的体系中,家庭、市民社会、国家构成伦理实体螺旋运动的三个环节,且国家在其中作为真理性环节存在。然而,既不能据此就简单地以为只有国家才是伦理实体,也不能简单地以为伦理实体只有家庭、市民社会、国家三种具体存在样式。一切作为社会生活、实践世界的共同体,即,一切具有伦理性的实体,均为伦理实体。伦理实体的具体存在样式具有无限多样性可能。不仅如黑格尔所说家庭、市民社会、国家,而且村落、单位、社团、集体、企业等任何一个现实存在着的社会学意义上的有机组织,均构成特殊的社会生活与具体的实践世界,均是特殊的伦理实体。正由于伦理实体的这种开放性与无限多样性,才使得伦理本身的存在样

---

① 参见泰勒:《黑格尔》,张国清等译,译林出版社,2002 年,第 558—559 页。

② 参见泰勒:《黑格尔》,第 661、663—675 页。

式成为"活"的,而不是僵死的,才能够深刻把握伦理这个"活的善"。

作为活的善的伦理具有实体性,是伦理实体。现在,我们可以在实体性的意义上对伦理做进一步认识。

首先,伦理是具体的,但此具体并不简单地等同于实存。作为活的善的伦理,既存在于现存世界中,又不等于现存世界。这有两个方面的意思。其一,现存世界是既包含普遍必然又包含偶然特殊杂多的世界,这就如黑格尔所说现存的未必就具有现实性。某种现存的东西很可能就是一种失缺必然性、行将消失的东西。时髦的东西往往昙花一现。这就意味着:当我们在面临后面所说人们应当做些什么、应当从伦理实体中找到依据时,必须注意仔细区别什么是活的善,什么不是活的善,什么是具有必然性的东西,什么是不具有必然性的东西。

能够作为道德内在规定性的伦理生活、伦理秩序,不是现象形态的,而是自由精神这一质的规定的。这个自由精神就是伦理精神。伦理精神是隐藏在伦理生活与伦理秩序背后且作为其本质存在的客观精神。道德以伦理为内容,就其现象而言,似乎是以伦理生活、伦理秩序为内容,但是,就其根本而言,道德是以隐藏在伦理生活、伦理秩序背后的伦理精神为内容。正是伦理精神才摆脱了伦理生活、伦理秩序可能存在着的偶然性,才有可能从根本上摆脱通常以为的道德是由外在习俗、惯例调节的那种浅薄理解。

其二,作为活的善的伦理不是抽象的善,而是具体的善。即,它是以特殊样式存在着的普遍善,在其特殊性中蕴藏着普遍性,它是特殊性与普遍性的统一。没有这种特殊性存在样式,它就不可能是活的。这就进一步意味着：一方面，作为活的善的伦理总是具体实存的，这种具体就是人的具体生活关系、生活世界。正是在这具体生活关系、生活世界中，人们的权利、义务获得具体规定。因而，当我们在说到人的权利、义务时，只要不是在纯抽象的意义上而言，就必须深入这种具体生活关系、生活世界具体认识与把握。另一方面，当我们在具体交往关系、生活世界中认识与把握人的权利——义务关系时，不仅仅要看到具体的权利、义务要求，更应当认识与把握存在于这种具体权利——义务关系背后的更为深刻、更为一般的价值精神。应当透过特殊把握一般，把握人类的普遍价值精神，唯如此，才会有存在的透彻性，才不会变得鼠目寸光。①

那么，这个活的善的内容又是如何被规定的？黑格尔有这么一段论述："代替抽象的善的那客观伦理，通过作为无限形式的主观性而成为具体的实体。具体的实体因而在自己内部设定了差别，从而这些差别都是由概念规定的，并且由于这些差别，伦理就有了固定的内容。这种内容是自为地必然的，并且超出主观意见和偏好而存在的。这些差别就是自在自为地存在的法律

---

①　值得注意的是，黑格尔在第 143 节讲"意志的概念和它的定在（即特殊意志）的这种统一就是知识"时，就是讲这种普遍与特殊的统一，就是强调普遍与特殊的统一者是真理或真理性认识。仅仅现象、定在的描述，并不能成为人的存在的真理。必须通过这种外部特殊性深入普遍、一般这一更为深刻的层面，达至黑格尔所说特殊与普遍之统一境地。这就好比说流行"不说谎话办不成大事"、"不腐败不能暴富"，并不表明说谎话、腐败就是人存在的真理性规范要求一样。说谎话办大事、腐败暴富，只不过是人性在一种特殊境况中的否定性存在。它是从否定性方面揭示了人性及其存在的真实内容。

制度。"①黑格尔的这段论述就进一步揭示了伦理更为丰富的特质,这就是:

其次,伦理实体是人的现实生活世界及其秩序。这个现实生活世界及其秩序有其客观内容、客观规定。此客观规定、内容不是人为加予的,而是这个生活世界得以存在的内在结构。在这内在结构中,每一个具体位置都有其相应的权利与义务。这就是伦理实体的必然性。一切权利、义务都不是空洞的,都是伦理实体这个现实生活世界及其秩序的要求(或规定)。

再次,伦理这个活的善具有无限样式,它是无限内容的丰富体系。具体善的无限性在于人的活动、人的关系的无限性,它包括了人的全部生活世界。正是伦理关系这种包括人的全部生活世界的无限性,使得伦理这个活的善具有无限存在样式。这种存在的无限样式有两个方面的理解:一方面,伦理的无限形式其实就是人的具体实践方式、交往关系的无限样式。伦理的具体内容规定正是现实的人的这种具体关系。正是这种具体关系之间的差别,才使人具有丰富的权利—义务关系规定。黑格尔在此处讲实体在自己的内部设定了"差别",其实讲的是共同体中人与人关系的特殊性,以及由这种特殊性所规定的权利—义务关系的具体性。这样看来,黑格尔说这些差别是伦理实体"自己内部设定"、"自为地必然",其实是在说人的权利—义务关系并不是一种当事人自己的主

---

① 范扬等中译本中此处的"规章制度"所对应的英译本内容是 laws and institutions,"规章制度"似不能准确表达黑格尔的原意。笔者将此处改动为"法律制度",且这里的"制度"还包含有宪法制度的意蕴。参见黑格尔:《法哲学原理》,第164页。

观愿望关系,而是一种客观关系,是一种客观结构性规定与要求。① 另一方面,即使是同一伦理原则或伦理精神,在不同的实践关系中会有不同的具体存在样式。这个世界上可以有人们所共同认肯的仁爱、慈善精神,但是,这个世界上却不可能只有一种具体不变的仁爱、慈善行为。仁爱、慈善及其他一切具有普遍性意义的价值精神,都有无限的实践样式。不承认无限多样性的善的实践样式,就没有善自身。

　　然而,对于伦理实体多样性的理解,还有较之上述两个方面更为重要的内容。这就是:伦理实体不仅具体存在具有丰富多样性,而且自身是一丰富的体系。根据黑格尔的思想,伦理或伦理性的东西本身亦有个"合理性"问题:"伦理性的东西就是理念的这些规定的体系,这一点构成了伦理性的东西的合理性。"提出伦理性东西自身的合理性问题,这非常重要。如黑格尔后面所说,一个应当的行为就是做伦理环境中所熟知的,但这绝不意味着要按照一切实存的要求、习惯行事,而是要依那些具有真实合理性的伦理要求行事。伦理性东西的合理性依据就在于"自由"或"自在自为地存在的意志"。而由于自由或自在自为地存在的意志本身又是具有丰富内容规定的东西,且这些丰富内容本身又不应当是杂乱的,而

---

　　①　当我们说伦理的规范性时,也正是在这种伦理实体"自身内部设定"了的权利—义务关系具体要求的意义上而言,它是这种具体伦理关系、伦理秩序的具体规范性要求。离开了伦理关系与伦理秩序自身的内部具体规定性,就无法理解这种规范性要求,个体亦无法具体实践这些规范性要求。因而,伦理学讲规范应是具体的,这在各种具体职业规范要求中体现尤为明显。

是有序的体系,是"必然性的圆圈",①因而,作为伦理性东西合理性根据的自由或自在自为地存在的意志,就是具有丰富内容的东西,且这些丰富内容相互间是有序的体系。所谓"有序"、"体系",是指的权利—义务间的价值关系,这种价值关系不仅确定具体权利—义务要求的合理性根据与范围,而且还确定不同权利—义务要求间的层次性与价值优先性。

值得注意的是,黑格尔在这里揭示作为体系的伦理性东西是"必然性圆圈"。此处的必然性圆圈,并不是抽象法、道德、伦理这个圆圈运动,而是指伦理实体自身存在的丰富内容体系及其圆圈运动。这就是黑格尔在后面所要具体论述的家庭、市民社会、国家这个圆圈运动。伦理关系自身具有丰富的结构,此丰富结构亦是伦理关系自身的展开过程。此圆圈中的各个环节对于个人行为均有调节作用。这就是黑格尔所说的"这个必然性的圆圈的各个环节就是调整个人生活的那些伦理力量"。②

作为伦理实体丰富体系中具体存在样式的具体伦理实体,诸如家庭、市民社会、国家,除了拥有作为丰富体系的伦理实体所共有的一般伦理精神外,还均有其自身独特的伦理精神。这种独特的伦理精神是一般伦理精神在此独特伦理实体中的具体化。家庭的伦理精神是(血亲)孝亲慈爱,市民社会的伦理精神是(个体)诚信互惠,国家的伦理精神是(公民)平等自由。

伦理实体是个丰富的"体系"与"必然性的圆圈"表明:一方面,

---

① 参见黑格尔:《法哲学原理》,第 165 页。

② 黑格尔:《法哲学原理》,第 165 页。

即使是在自由、善的立场来看,调节个人行为的伦理要求也有多方面。即,在特定境况下个人的权利、义务可能会有多方面内容,单独地看,这些权利、义务中的任何一个都有其存在的合理性或理由;另一方面,正由于自由的内容是作为"规定的体系"出现,因而,这些不同权利、义务之间会有价值优先性区别,而并不是简单同一的。这样,黑格尔通过对伦理的具体实体性分析,就为进一步揭示权利—义务关系及权利—义务关系冲突时的选择,奠定了一个学理基础。

当然,伦理实体对权利—义务关系的这种客观规定性,并不意味着其中没有人的自觉意识,而只是说这种意识并不是某一单个人的主观意识,而是一种共同体、类的历史性意识。

对于任何一个具体个人而言,当其来到世间时,就会首先被规定为自由或不自由的,就会先在地有一系列权利、义务规定加于其身。这些权利、义务对于这个具体个人而言,在具有先验性的同时亦具有神秘性:它们从何而来? 为何具有这等权威? 这个问题直接关涉权利、义务规范要求的起源。黑格尔借用安悌果尼表达了自己的看法:"谁也不知道法律是从什么地方来的;法律是永恒的,这就是说,法律是自在自为地存在的,它们是从事物本性中产生出来的规定。但是这个实体性的东西同样具有意识,尽管这种意识总是处在环节的地位的。"①这里重要的是"事物本性"。

权利—义务、法律制度等规范要求从何而来? 是否如人们通常所认为的那样它们是人的自觉创制? 是人们通过议会制定或各

---

① 　黑格尔:《法哲学原理》,第 165 页。

级政府部门颁布？如果真的仅仅如此，那么，它们就不能摆脱偶然性与任意。人们为什么制定这些法律制度规范、提出这些权利—义务要求，而不是其他？为什么在日常生活中有些具体法律制度规范、权利—义务要求是短命的，而另有一些则具有某种持久性？这就不得不透过主观而深入客观，深入人们的生活世界，深入"事物本性"。那些具有某种持久性的法律制度规范、权利—义务要求，正是"从事物本性中产生出来的规定"。正是这些"从事物本性中产生出来的规定"才具有客观性必然性。

那么，这个"事物本性"又是什么？它又如何被把握？确实，一个人面对那些历史悠久的权利—义务关系规定时，会对其充满神秘感与敬畏心，不知道它们"从什么地方来的"。然而，在黑格尔看来，它们来源于"伦理性的东西"，来源于伦理实体。原初的权利、义务规范要求，来源于人们在长期共同生活中形成的稳定的交往关系结构。当这种稳定的交往关系结构为人自觉意识、把握并成为一种自觉的安排后，就成为我们所说的法律制度及其权利—义务关系。①

黑格尔的《法哲学原理》以抽象法开篇，提出人的自由权利（与义务），并事实上提出这些自由权利对于具体存在者的拘束性——尽管黑格尔对于抽象法持有批评态度，但是他的这种批评是对其抽象性的批评，而不是对自由权利精神的批评。尽管黑格尔本人

---

① 笔者在《道德生活论》（1993 年）、《存在与自由：伦理学引论》（2004年）、《伦理学理论与方法》（2004 年）中关于道德起源及道德与法律规范关系的相关论述，就是对这种"事物本性"及其自觉把握的一种阐释。

以直觉的方式当然地将自由作为原点,但是,一方面,正如前已指出的那样,黑格尔事实上是以现代性社会的出现、现代性社会价值精神为其历史前提,在这一点上,其思辨逻辑与历史逻辑具有高度一致性。即,自由权利是现代性社会或人的现代性存在方式的"本性",没有自由权利,即无人的现代性存在方式,即非现代性社会。另一方面,这种自由权利精神的提出,又是黑格尔对前现代性社会与现代性社会区别的反思性把握,即,它是被"意识"了的"自在自为"的存在,且这种反思是建立在对生活世界杂多否定的基础之上,是对生活世界必然的把握。

由于作为活的、具体的善的伦理是存在的本性,是否定了杂多的必然、普遍,因而,它就具有了共同体这一特质。

3. 伦理共同体:伦理实体与个人

伦理这一活的善作为实体性的存在,不是聚合体,而是共同体,并具有共同的价值精神。个人对于它是"偶存对实体的关系"。①

伦理性的东西对个人有调节作用,那么,这种伦理性的东西或伦理实体与个人究竟是何种关系? 为什么伦理性的东西拥有这种调节作用? 这种伦理性的东西又是如何对个人起调节作用的?

黑格尔有这样一段论述:"伦理性的规定就是个人的实体性或普遍本质,个人只是作为一种偶性的东西同它发生关系。个人存在与否,对客观伦理说来是无所谓的,唯有客观伦理才是永恒的,

---

① 　与中译本"偶性对实体"相对应的英文本表达是"accidents to substance",根据原文本意思,似乎"偶存"较之"偶性"更为恰当。故此处做了相应改动。参见黑格尔:《法哲学原理》,第 165 页。

并且是调整个人生活的力量。因此,人类把伦理看作是永恒的正义,是自在自为地存在的神,在这些神面前,个人的忙忙碌碌不过是玩跷跷板的游戏罢了。"①黑格尔在此对个人的自以为是泼了一盆冷水。那些整日忙忙碌碌的人们,殚精竭虑、不惜一切、自以为是地追求着功名利禄等一切自以为是重要的东西,其实,在伦理实体这个具有神性的存在物面前,无异于蝼蚁。尽管黑格尔这是从个体存在的本质规定性维度论述自己的思想,但是,至少在他的这个思想中隐含着忽视乃至否定个人价值的消极性内容,缺失个体对于共同体批判、反抗这样一种积极性内容。不过,如果我们能够从个体存在的本质规定方面理解,那么,亦不难从中发现以下值得注意的有益思想:

其一,伦理实体相对于个人而言是"独立"存在着的,并具有"绝对的权威和力量"。② 在社会学构成的意义上而言,社会总是由个人构成的,似乎社会不能离开个体而独立存在。但是,在黑格尔这里,伦理实体不是一个构成的概念,而是一个本体的概念。它本身就自成依据、自成理由。用黑格尔的话说它是"自在自为的意志"。在社会学意义上,我们可以说一个民族是由无数个人构成

---

① 黑格尔:《法哲学原理》,第 165 页。值得注意的是中译本中此处"伦理性的规定构成自由的概念"的相应英文本表达是"the laws and institutions of the ethical order make up the concept of freedom"。根据英文本的表达,黑格尔此处并不是一般泛泛讲伦理性的规定,而是讲伦理性的法律制度构成自由的概念,其突出强调的是伦理性的法律制度是实存着的自由理念,这种实存的自由理念对于个人具有现实有效规范性。

② 参见黑格尔:《法哲学原理》,第 165—166 页。

的,在一般抽象的意义上,我们也可以说个体与类一体两面、互为依存。然而,当我们不再是在这种抽象的意义上而言,而是针对某一具体个人而言,那么,我们就必须承认一个民族的存在不依赖于这个民族中的这一个或那一个具体个人。民族本身就是一个具体实体,这个实体正是单个人的生命本根,它对于单个人具有绝对的权威与力量。当我们说"人"时,思维有其逻辑进程,在这个逻辑进程中首先是在类意义上的人,其次才是个人意义上的人。即使是类意义上的人,首先也是在与自然万物相区别意义上的人,在此基础之上才进一步提出以不同集团、不同共同体方式存在着的人。个体的人及个体间相互关系,只有在人与万物、共同体间区别的基础之上,才能被真实把握。

其二,个人与伦理实体是"偶存对实体的关系"。个人应当如何行为,既有法律制度、权利—义务关系对个人拘束力的合理性等问题,在根本上取决于个人与其所生活于其中的伦理实体的关系。个人是"偶存"的,这在何种意义上而言? 这里的个人是在社会学意义上而言,指的是单个人。个人的偶存性不仅仅指个体生命本身的有限性与偶然性,亦不仅仅指具体个体活动对于伦理共同体影响的局限性与偶然性,更重要的是指个人的存在及其意义都必须从伦理共同体中获得根据。这就是如黑格尔所说客观伦理"是永恒的,并且是调整个人生活的力量","伦理性的规定就是个人的实体性或普遍本质"。①

---

① 个人总是作为某一伦理共同体中的一员存在,甚至个人对于这个伦理共同体具有不可退出性。尽管在今天人们可以选择加入另一个国籍,但是,

而伦理实体则不同。尽管伦理共同体的存在以及伦理性力量的显现都离不开现实的个人，[①] 但是，由于伦理共同体的历史延绵性而获得的稳固性，由于伦理共同体对于具体个人的先在性，由于个体的社会化或人化过程就是进入伦理实体、成为这个伦理实体一员的过程，就是将这个伦理实体历经世代积淀而至的价值精神内化的过程，因而，伦理共同体相对于个人而言，就是一种历史、永恒与生命之根，其对于个人行为就有调节的理由与功能。

不能离开个人存在的社会性、个人存在的生命之根、个人存在价值、个人行为合理性根据的意义，来泛泛谈论什么个人对于伦理共同体是偶存的，谈论"个人存在与否，对客观伦理说来是无所谓的"。因为在哲学的意义上，共同体是个体的共同体，社会是个人的社会，没有个体就无所谓共同体，没有个人就没有社会。伦理共同体由个体构成，伦理共同体的价值精神是无数个体在现实活动中历史性生成的价值精神，伦理共同体的历史既由个体所承负又由个体所创造。泛泛谈论个体是"偶存"的，就会失足于否定个体价值、否定个体权利与自由，进而会事实上否定自由与权利本身。

其三，以伦理规定正义，伦理是"永恒的正义"，是"自在自为地存在的神"。正义是人类自由之追求。何为正义？正义何在？如何在众多正义见解中寻得真实、真理性之正义内容？黑格尔以伦

这并不意味着她/他就可以背叛自己的民族。否则她/他就会成为千夫所指，众人所唾。正是在这个意义上，即使是她/他选择加入了另一个国籍，她/他也无法退出原先的伦理共同体。

① "正是在个人中，这些力量才被观念着，而具有显现的形态和现实性。"参见黑格尔：《法哲学原理》，第165页。

理实体为规定。黑格尔的这个规定充满睿智。它是没有规定的规定。与其说黑格尔在此规定了正义的内容,毋宁说他在此揭示了关于正义内容寻求之路:正是伦理实体规定了正义的内容,伦理实体才是判断正义与否的真实依据。正义不是空洞的,而是具体的,正义之内容正是特定时代、特定伦理共同体的价值精神。

　　伦理作为活的善,对个人具有绝对的权威与力量,其法律制度、权利—义务要求对个人具有拘束力。然而,伦理实体的法律和权力及其拘束力"对主体说来,不是一种陌生的东西,相反地,主体的精神证明它们是它所特有的本质。在它的这种本质中主体感觉到自己的价值"。①　这样,由伦理实体所规定的义务,就是如康德所说人的自我立法。正是由于伦理实体的存在,义务才有可能被合理说明。

二、义务与美德

　　权利与义务均源于伦理实体及其关系的具体规定。

1. 义务

黑格尔在前面曾批评了形式主义的义务论,认为义务应有其客观内容规定。②　义务的这种客观内容规定,就通过伦理实体得到了进一步合理揭示。

　　a. 义务:伦理性的规定。

---

① 　黑格尔:《法哲学原理》,第 166 页。
② 　参见黑格尔:《法哲学原理》,第 135 节。

　　义务不是一种主观的东西,而是一种客观伦理关系及其规定。如果义务是主观的东西,那么,一切义务就是游离不定的。

　　个人的义务与个人在伦理实体中的具体存在、被规定直接同一。纯粹的个人由于无任何规定性的抽象空洞,因而至多只能在抽象的意义上说她/他作为人有做人的义务。个人必须在伦理实体中获得自身的规定,并成为具体的存在。义务源于伦理实体的规定。对于个人而言,伦理实体的"法律和制度这些实体性的规定"就是"义务"。这就是黑格尔所说"个人作为主观的东西和在本身中(原本)没有规定性的东西,或者作为被规定了的特殊的东西",不同于法律和制度这些伦理性的东西,因而个人把法律和制度这些伦理性的东西"作为他的实体性的东西来对待"中所包含的基本思想。① 黑格尔的这一思想,与后来马克思所说人的存在的社会性本质思想,有一脉相通之处。

　　这样,对于个人而言,义务就是个人的伦理性规定,就是一种客观"必然的关系"要求,②就是主体在伦理实体中的具体关系性规定。所谓"必然的关系"是相对于任意、偶然而言。人现实存在中的关系,未必都是"必然的关系"与"伦理性规定"。只有那些内蕴自由(伦理)精神、自由体系中的关系,才是伦理性规定。正是这些伦理性规定,才是人的真实义务。

　　① 黑格尔:《法哲学原理》,第167页。中译本此处"法律和权力"相对应的英文本内容是"laws and institutions",根据上下文,似乎此处译为"权力"欠恰当,本人将此改动为"法律和制度",前面引文中的括号及其"原本"亦为引者所加。

　　② 黑格尔:《法哲学原理》,第167页。

由于个人存在的伦理性规定具有丰富内容,或者用黑格尔的话说,伦理性实体本身就是一个"圆圈",因而,在其现实性上,个人的义务就是丰富多样性的,其中的每一个方面都是一种"必然的关系"。个人的任何一个伦理性规定都是一个具体的义务,任何这样一个具体义务都具有必然性。至于在义务冲突中如何选择,则属另一个问题。并不能因为义务冲突及其择一而否定义务存在的多样性及其合理性。黑格尔在后面对家庭、市民社会、国家的分析中,就包含了对这种个人存在伦理规定性的丰富多样性的具体揭示。

b. 义务:对任性冲动的限制。

由于义务是个人的伦理性规定,个人在这种伦理性规定中获得自由的现实内容,因而,义务使个人获得了解放,并使人成为自由的存在。

义务具有拘束性,这是伦理实体对其成员的一种规定与要求。当且仅当社会成员以这种规定与要求的方式存在时,她/他才是此伦理实体中能够自由存在的现实成员。正是在此意义上,义务是人的本质对具体存在的规定。人的自由存在不在于任意,而在于自由意志行为,在于如孔夫子所说的"从心所欲不逾矩"。这样,当人们自觉执行这种伦理实体对个人的规定,履行义务,就无所谓约束。约束只是针对那些缺少自觉意识、不能履行伦理实体的义务要求的人而言。所以,黑格尔说:"具有拘束力的义务,只是对没有规定性的主观性或抽象的自由、和对自然意志的冲动或道德意志(它任意规定没有规定性的善)的冲动,才是一种限制。"[1]"义务仅

---

[1] 黑格尔:《法哲学原理》,第 167 页。

仅限制主观性的任性,并且仅仅冲击主观性所死抱住的抽象的善。当人们说,我们要自由,这句话的意思最初只是:我们要抽象的自由,因此国家的一切规定和组织便都成了对这种自由的限制。所以,义务所限制的并不是自由,而只是自由的抽象,即不自由。义务就是达到本质、获得肯定的自由。"①

人总是有意志冲动的,然而,并非任何意志冲动均是自由的存在。自然意志与纯粹自我意志冲动是任性冲动。自然意志以自然欲望为内容,纯粹自我意志则是纯粹率性而为。只有自由意志冲动才是自由的存在。个人的伦理性规定,一方面使其摆脱了对自然冲动的依附性,另一方面,又使其摆脱了纯粹率性而为的主观任性。所以,黑格尔揭示:"在义务中个人毋宁说是获得了解放。一方面,他既摆脱了对赤裸裸的自然冲动的依附状态,在关于应做什么、可做什么这种道德反思中,又摆脱了他作为主观特殊性所陷入的困境;另一方面,他摆脱了没有规定性的主观性,这种主观性没有达到定在,也没有达到行为的客观规定性,而仍停留在自己内部,并缺乏现实性。在义务中,个人得到解放而达到了实体性的自由。"②

这样看来,个体道德操守的核心,是将伦理共同体的伦理性规定这一义务变为主体的内在自觉并身体力行,或者换言之,主体自觉将这种伦理性规定之义务作为自我规定性的内容,主体就具有了美德。

----

① 黑格尔:《法哲学原理》,第 168 页。
② 黑格尔:《法哲学原理》,第 167—168 页。

2.　美德:"伦理上的造诣"

美德是个人在"伦理上的造诣"①,是伦理性要求在个人性格中的反映。"伦理性的东西,如果在本性所规定的个人性格本身中得到反映,那便是美德。"②善或恶,或美德与否,在特定的社会环境中总有其可公度的客观判断标准。这个可公度的客观标准就是特定伦理实体中的伦理要求。大"道"内守为"德"。此"道"为普遍精神、法则,得此"道"即为"德","德"系"道"在个体身上的特殊存在。正由于"德"系"道"的特殊存在,故"道"才在现实中表现出无限丰富的实践样式。

从这种伦理性规定及个人的伦理上的造诣出发,个人义务及其行为选择就有了明确的规定:做那个伦理共同体所规定的。"一个人必须做些什么,应该尽些什么义务,才能成为有德的人,这在伦理性的共同体中是容易谈出的:他只需做在他的环境中所已指出的、明确的和他所熟知的事就行了。"③

所谓做那个伦理共同体所规定的是指:一个人生活在这个伦

①　黑格尔:《法哲学原理》,第 170 页。

②　黑格尔:《法哲学原理》,第 168 页。这一段英文本的译文是"Virtue is the ethical order reflected in the individual character so far as that character is determined by its natural endowment."此处相对于中译本中"德"之英文本内容是"virtue"。由于在中文中"德"至少可以有"道德"与"美德"之区分,且这两者在特殊场合所指还是有重大差别——如,当我们说"道德现象",就是在一般道德领域而非其他领域这一意思上使用,当我们说一个人是"有道德的"时,严格地说,则是指这个人具有"美德"。故而,此处改译为"美德"似乎更切合原意。

③　黑格尔:《法哲学原理》,第 168 页。

理共同体中,总是为这个伦理共同体所规定;一个人生活在这个伦理共同体中总是拥有多样性伦理关系,正是这些伦理关系的具体规定,成为人所应做的义务。在这具体时空条件下,我究竟应当做些什么,什么是我的义务?对此,我只需搞清楚我在这个具体时空条件下的具体伦理关系,明白我在这个伦理关系中的具体所处,我就很容易回答。这个"应做"义务,不是针对"我"这个人,而是针对这个特殊的伦理关系,针对处于这个伦理关系中的个别存在而言。故,这既针对我个人,又不仅仅针对我个人。它针对的是一种关系。

所谓"做伦理共同体所规定与要求的",这里有两点值得注意:

其一,由于伦理共同体本身具有丰富内容,它如黑格尔所说是一个展开的圆圈,因而,伦理共同体的规定本身就有丰富内容。家庭、社团、地区、社会、民族、国家等等,都是伦理共同体的具体存在。这些实存的伦理共同体对个人都会有各自特有的规定。正由于伦理共同体规定的这种丰富内容,个人美德实践就具有丰富多彩的方式,就有道德冲突及其选择问题。正是在这个意义上,"做伦理共同体所要求的"对于个人而言,既说了一切可能说的,又什么都没有说。之所以说是说了一切可能说的,就在于:它明确揭示美德并不是个人主观任性,而是对于客观伦理性规定的自觉践行。之所以说其什么都没有说,就在于:它只是揭示了一种行为选择依据的基本方向,这个基本方向只能是客观伦理规定而非主观任意,但是,由于伦理共同体自身内容的丰富多样性,所以,当这种丰富多样性伦理规定呈现在个人面前且只能择其一而行时,仅仅凭借这个一般规定显然是远远不够的,它必须要求对这些伦理共同体及其规定本身进行进一步反思。

其二,并非做"环境中所已指出的、明确的和他所熟知的事"必定是善、美德。黑格尔的上述思想充满玄机,既有深刻思想智慧,又有荆棘陷阱。黑格尔这个论述的思想方向旨在揭示:个人之美德须有客观规定性,此客观规定性来自于伦理实体。就此思想方向而言,是合理、深刻的。但是,一旦离开了这个思想方向,满足于字面的意思,则充满荆棘与陷阱。"做在他的环境中所已指出的、明确的和他所熟知的事"成为善恶选择的依据,在日常生活层面很容易被理解为依据于俗常风尚习惯行事。而问题的关键恰恰在于:俗常风俗习惯本身并不是善恶内容自身,不能成为具有"真"的属性的客观标准。

尽管黑格尔此处仅说"只需做在他的环境中所已指出的、明确的和他所熟知的事就行了",但对此却不可简单理解,以为简单地按习俗行为即可。黑格尔在前面曾明确将"风俗习惯"与"风俗习惯中的真理"相区别①,再结合他在《历史哲学》中的一段论述:"习俗是没有反对的活动,在那里边只剩下一种形式上的持续,生命的目的原来所特别具有的丰富和深刻,在习俗里是谈不到了"②,就不难发现,所谓做"环境中所已指出的、明确的和他所熟知的事",并不是简单地依风俗习惯行事,也不是从众,而是明确自己的具体伦理关系及其要求,依"风俗习惯中的真理"行为。习俗有陋习恶

---

①　参见黑格尔:《法哲学原理》,第 160 页。

②　黑格尔:《历史哲学》"绪论",王造时译,北京三联书店,1956 年版,第 116 页。

俗,习俗中有真理与谬误。只有习俗中的真理才能成为个人行为
选择的真实依据。应区分"习俗的道德"与"反思的道德"。"习俗
的道德"不是真理性的道德,不能将习俗道德等同于(反思)道德
之身。

这样,做伦理共同体规定的、做环境中所熟知的这样一些要
求,内在地向个人提出理性反思判断这一行为选择前提。是否能
够从习俗中判断出真理性内容,这取决于一个人智慧生活与自由
选择的能力。一个具有自由选择能力的人,是一个能够清楚地从
习俗中辨别出真理与谬误的人。正是在这个意义上,判断与选择
能力是一个人道德行为的最根本能力。这在随后黑格尔关于"正
直"的论述中可以明确体会。黑格尔视"正直"为"自然的"、"低级
的"道德,正是批评风俗道德义务要求的简单适应、顺从精神状态。
黑格尔心目中的"美德"是"冲突"中的创造与恰当,是"个人特殊天
才"的表现。①

3. "正直"与美德

美德是伦理上的造诣意味着美德即是对伦理要求、义务的忠
实履行。正是在这个意义上,美德具有康德式的绝对命令性质。
然而,如果美德仅仅只是履行具有绝对命令性质的义务,而不与履
行义务的特殊时空、对象、方式等相结合,那么,就难免康德式的为
义务而义务。黑格尔既强调人应当有美德,但是又反对为义务而
义务的空洞思想与实践。履行普遍义务有个特殊化、个性化、个别
化的问题。普遍义务的履行必须经过特殊化、个性化、个别化过

---

① 参见黑格尔:《法哲学原理》,第 168—169 页。

程。普遍义务没有经过特殊化、个别化、个性化，并不能被真实履行，也不会有真实的美德。美德并不仅仅是康德式的本乎律令，更是对普遍义务、绝对命令的特殊化、个性化、个别化的理性实践能力。本乎律令只是一种善良主观愿望，只有将这种绝对命令、普遍义务要求经过特殊化、个性化、个别化实践后，才能说是真实履行了这种普遍义务、绝对命令要求。

黑格尔曾提出义务的一般抽象表达是"行法之所是，并关怀福利"。履行义务的一般要求仅此而已。然而，究竟是何种具体义务要求、以何种方式履行这种义务要求，却正是义务履行现实化中不可或缺的。仅仅停留在一般履行义务、服从绝对命令的美德境界，并不能有效地履行义务。在此，黑格尔通过"正直"概念对此做了进一步阐述。

"正直"在此指的是一个人仅仅在一般意义上忠实履行义务。"如果仅仅表现为个人单纯地适合其所应尽——按照其所处的地位——的义务，那就是正直。"[1]正直，忠实履行义务，是值得赞美的美德。在一个充满诱惑、物欲横行的社会，一个人能做到正直，实属不易。不虚枉，不委曲，不奸猾，不口是心非，不阳奉阴违，不两面三刀，不玩弄义务于股掌之间，总是令人尊敬，并拥有某种人格的力量。一个社会，如果正直能够成为一种风尚，成为大多数人的品质，则此社会就是一个清朗良序社会。在一个腐败没落的社会中，正直总是作为奢侈品为少数人拥有。正是在此意义上，正直永远是社会的稀缺品，人们永远不会嫌正直太多。

---

[1]　黑格尔：《法哲学原理》，第 168 页。

　　然而,仅仅在一般意义上忠实履行义务的"正直",还并不是真正的美德。黑格尔用"单纯地适应"、"较低级"的字眼谈论"正直"。① 如果不能做到将普遍义务要求特殊化履行,不能在更高价值精神引领之下履行义务,这种对义务的履行还只是为义务而义务,这种美德还只是一种形式上的美德。黑格尔在《历史哲学》"绪论"部分提出"形式上的正直"概念。他在讲到私人道德与世界历史进程中的"精神"的关系时说道:"那些主持旧的权利和旧的秩序的人,他们所拥戴的也只是一种形式上的正直——只是一种有生命的'精神'和上帝所抛弃了的形式上的正直。"并认为世界历史进程将这些私人道德"完全置之度外"。② 仅仅在一般意义上秉持义务本身,而不考量义务的具体内容及其具体实践,还只是一种空洞、形式的"美德"。正直本身仍然是有待提升的精神。

　　之所以说正直本身是有待提升的精神,这有两个方面的具体理由:

　　第一,履行义务必须将普遍义务要求特殊化。不能特殊化履行普遍义务,并不能真实有效地履行义务。如果履行义务不分对象、场合,不知道具体问题具体对待,不知道恰当"隐"、"曲",不知道义务履行中的特殊化、个性化,未必就能真正履行好义务。诸如,尽管是出于好意并秉持公道,但是不考虑别人的感受,说话"直

---

① 参见黑格尔:《法哲学原理》,第 168 页。
② 参见黑格尔:《历史哲学》,王造时译,上海书店出版社,1999 年,第 70 页。

冲",未必就能很好履行义务。① 医生不知道在某些特殊情况下须善意谎言,司机不知道在特殊紧急情况下为了救人驾车闯红灯等这些似乎违反特定义务要求的道德实践,就是没有特殊化、个性化、个别化的道德实践,就不能很好地履行道德义务。这就如在伦理共同体中亲子关系的具体规定是慈、孝,但是一个人在具体情境中究竟如何慈或孝,或者说,慈或孝的具体存在样式究竟是何,却是一个特殊性存在的问题,必须有一个具体、恰当的考量。所以,仅仅有慈、孝之心,未必就能真正履行好慈、孝义务。所以,黑格尔通过"正直"概念就进一步揭示了普遍义务履行中的特殊化要求。"正直是在法和伦理上对他要求的普遍物。但从道德观点看,正直容易显现为一种较低级的东西,人们还必须超越正直而对自己和别人要求更高的东西;其实,要成为某种特殊的东西这种渴望,不会满足于自在自为的存在和普遍的东西……。"仅仅满足于这种一般普遍性而不深入特殊性的美德言论,近乎"空话","因为这种言论尽是讲些抽象的和没有规定性的东西"。② 黑格尔此处还肯定了亚里士多德关于"把特殊的德规定为既不过多也不过少的中间物"的思想。不过,黑格尔将亚里士多德"既不过多也不过少的中间物"理解为"量"的因素,这不妥。此处"多"或"少"似乎是量的,实乃为"恰当"、"合适",其要旨是做"恰当"、"合适"的。亚里士多德在《尼各马科伦理学》中关注美德及其实践问题,并提出了"中

---

① 黑格尔甚至将这种"直冲"视为"无教养"。参见黑格尔:《法哲学原理》,第 203 页。

② 黑格尔:《法哲学原理》,第 168 页。

道"思想。"中道"不是一个量的概念,而是"恰当"、"允执厥中"这样一种事物的具体"好"的概念。[①]

第二,履行某一具体义务必须以更高价值精神(自由理念)为灵魂,必须在自由精神引领之下、于一完整义务体系中把握此义务。当此义务在完整义务体系中有助于更高价值目的的实现,则此义务是应当被履行的,如果相反,则不应当被履行,且这种不履行本身就是在履行更高的义务。所谓为义务而义务,履行义务不分对象、场合,不知道具体问题具体对待,还有另一种情形,这就是仅仅独立地考虑此单一义务本身,而没有在价值冲突、没有在完整的义务体系,进而没有在更高价值层次的义务中把握此义务。这种情形似乎是履行了义务,但实际上并没有正确地履行义务,相反,甚至可能是在伤害一种更高价值层次的义务,伤害作为普遍理念的自由精神自身。通常所说战争中执行命令枪杀无辜百姓这一履行执行命令的义务,就是这种履行义务但伤害更高义务的恶。二战结束后的纽伦堡国际审判中,德国纳粹分子以执行法律为由替自己迫害犹太人行为辩护,试图以所谓"执行法律的人不受法律追究"为由开脱罪责。后来,法官们受到德国法学家拉德布鲁赫《法律的不法与超法律的法》一文的启示,得出结论:凡是展示人类共同理性,维护人权为特征的法才叫法;凡是背离了人类共同理性,剥夺和践踏人权、侵犯人的尊严的法,不叫法。并据此对纳粹分子做出公正的审判。这里关于守法义务的辩驳,正是我们此处所说为义务而义务的一种特殊情形。又如,公务员有执行上级决

---

① 参见黑格尔:《法哲学原理》,第 169 页。

定与命令的义务,但在我国《公务员法》中有这样一条规定:当公务员认为上级的决定与命令有违法律时,下级可以要求上级纠正。如果上级不纠正、收回,则其后果由上级承担法律责任。如果是对一个明显违反法律的决定或命令,即使下级向上级提出了收回的要求,下级在上级坚持的情况下仍然继续执行,那么,下级就不得免责,就得与上级承担法律责任。① 此法律条文即是以法律的方式表明,具体义务履行必须以更高价值精神为灵魂。

　　这样看来,美德就不仅仅是我们通常所理解的一个人忠实履行义务的操守修养,它还包含着个别化、特殊化、个性化的做、行动、践行这样一类特质。一方面,正是在做、行动、践行中才存在着这个普遍性的特殊性、具体性问题;正是这个做、行动、践行,才使美德能够摆脱抽象性的普遍性,而成为普遍精神的具体实践。另一方面,也正是在这做、行动中,才鲜明地提出了更高价值精神指引下的履行具体义务问题。即使独立地看具有正当性的义务,还必须获得更高价值精神的审视,使之成为其内在一部分,只有这种特殊义务,才是应当被履行的义务。这样,我们对人们通常所说的道德行为的评价,就不仅仅是一个动机、目的、善良意志的问题,更应当是包含因时、因地、因人的普遍价值要求特殊实践的问题。一个能够称得上是美德的行为,应当是普遍价值精神的恰当实践,是普遍性与特殊性的统一。

　　严格意义上的美德,不仅仅是个人对伦理性规定的自觉践行,

---

　　①　参见徐显明:《和谐社会中的法治》,载《新华文摘》,2007—3(11—13)。

更是伦理性一般规定的恰当特殊化存在的践行。它有三个基本要素：其一，个人的这种行为是一种自觉行为，而不是形同神异、仅仅在行为上的合乎要求；其二，这种自觉行为是将一般普遍伦理性规定要求具体化、特殊化的恰当实践；其三，这种特殊化了的恰当实践必须是在自由理念这一更高价值精神指导之下的实践，必须有作为价值灵魂的东西贯注其中。这就是说，首先，一个人做了仅仅合乎伦理性规定要求的事，还不就是具有美德的。借用康德术语表达，就是仅仅合乎律令不是美德，只有本乎律令且恰当行为的才是美德。其次，一个人即使是本乎律令、自觉根据普遍义务要求行事，也未必是真实的美德。只有那些自觉将普遍义务要求恰当特殊化、个性化、个别化了的道德实践，才是真实的美德——且此个性化、个别化了的道德实践必须内在地包含效果（或目的的实现）这一自由精神定在要素。再次，为了更高的善或具有更高价值等级属性的义务，有时不履行那种就某一特定义务而言似乎是正当的义务，本身就是在履行一种更为崇高的义务，就是一种崇高美德。

美德作为伦理上的造诣，是伦理性要求在个人性格中的反映，是作为灵魂存在于行为中的人格精神。那么，这种美德如何形成？

4. 美德养成："第二天性"

美德是伦理性的东西在个人性格中的反映。① 即，只有当伦理性规定、要求成为一个人性格中的稳定内容时，才能称此人有美德。

---

① 参见黑格尔：《法哲学原理》，第 168 页。

美德作为一种人格精神,不应当是偶然的。一个人的行为如果仅仅合乎律令尚不是美德,因为这种行为还没有成为这个人性格中的固定部分,它还只是一种偶然的东西。只有当这种行为成为一个人性格中的固定部分时,这种行为才会摆脱其偶然性而成为一种必然性。所以,黑格尔才说:"一个人做了这样或那样一件合乎伦理的事,还不能就说他是有德的;只有当这种行为方式成为他性格中的固定要素时,他才可以说是有德的。德毋宁应该说是一种伦理上的造诣。"①

黑格尔关于美德还有两个提法:"真正的美德",及"关于德的学说不是一种单纯的义务论,它包含着以自然规定性为基础的个性的特殊方面,所以它就是一部精神自然史"。② 对此该如何理解?

在黑格尔看来,只有在全部伦理关系已经得到充分发展和实现时,才会有"真正的德"。③ 为什么真正的美德非要有在已经充分发展和实现,且有冲突的关系中才能实现? 其真实意蕴是何? 这里面有深刻内容。它不仅揭示了考察个体美德形成的"精神自然史"或"精神发育史"这一理解理路,揭示了应当在"精神发育史"的视野中理解个体美德及其教育内容,更揭示了只有经历了丰富

---

① 黑格尔:《法哲学原理》,第 170 页。

② 黑格尔:《法哲学原理》,第 169 页。

③ 黑格尔:《法哲学原理》,第 169 页。与此相关的英文本表达是:"In an existing ethical order in which a complete system of ethical relations has been developed and actualised, virtue in the strict sense of the word is in place and actually appears only in exceptional circumstances or when one obligation clashes with another."

复杂的社会生活关系,经历了丰富的人生历程,个体才有可能真正
形成健全的人格。

已经充分发展和实现的伦理关系,不是混沌一体的存在,而是
具有丰富内容的伦理性实体。在这种伦理实体中,各种伦理关系
在伦理实体中的地位、相互联系都会在整体中呈现,并获得自身的
丰富规定性。只有在这种全部伦理关系已经形成并实现的伦理秩
序中,伦理性的规定才具有丰富的内容并具有确定性,进而,作为
伦理性东西在个人性格中反映的美德,才具有全面性与确定性。

伦理关系及其秩序的充分展开过程,就是人的自由意志生长
过程,且这是"一部精神自然史"。人的自由意志生长史在类与个
体两个层面上发生。类的层面上是人类自由意志的精神发展史,
这个精神发展史是一自然历史过程。个体精神发展史是类的精神
发展史的重演。个体美德的形成亦是一过程。个体美德的形成与
发展,取决于其所生活于其中的伦理关系及其秩序。孔子讲三十
而立,四十不惑,五十知天命,六十耳顺,七十从心所欲不逾矩。其
中就包含了这种伦理关系丰富性与个体美德形成的内在关系性思
想。没有丰富的人生经历,没有经历丰富的伦理关系及其价值冲
突磨砺,没有经历大开大合、大喜大悲,就不可能有真正的美德。
这就好比一个没有长大的儿童,不会知道生活的艰辛、不会懂得忠
孝义务的道德冲突一样;就好比没有经历过恋爱的青年男女,不会
真正懂得爱情一样。

同样,在一个市民社会没有得到相当发展、现代国家政治生活
没有发展成熟的社会中,缺失基于现代市民社会、民主国家政治生
活基础的一系列伦理关系及其秩序。在那里,处于支配性地位的

只会是血亲家族等级伦理关系及其要求,其成员的个人美德在总体上亦不会超出此境界。在此意义上来认识黑格尔关于"真正的美德"一说,就会真正深刻理解美德是伦理上的造诣这一思想,就会明白个体美德原本是个体在伦理实体及其丰富伦理关系中所养成。

美德在伦理实体中养成的核心是:伦理性的规定成为一个人性格中的固定部分。使一个人的性格成为伦理性的性格,这是对伦理性事物的习惯。按照黑格尔的看法,人有第一天性与第二天性。第一天性是"直接的、单纯的、动物"的①,这是自然天性。第一天性是先天、生物学意义的。第二天性则是人的存在本体论意义上的,它系人后天获得。人在伦理生活中形成第二天性。"对伦理事物的习惯,成为取代最初纯粹自然意志的第二天性,它是渗透在习惯定在中的灵魂,是习惯定在的意义和现实。"②使某种行为方式"成为性格中的固定要素"、成为性格中的"习惯",这就是人的第二天性。人的这种第二天性是在伦理实体中熏陶习染习惯而成。这种习惯当然不是行为动力定势这样简单的外在行为习惯,而是一种稳定的心理—精神结构。这种稳定心理—精神结构之习惯,表明了一个人的稳定人格状态。

----

①　参见黑格尔:《历史哲学》,第 42 页。

②　在黑格尔看来,对伦理性东西习惯的过程即是获得自由的过程:"当他成为伦理性的性格时,他就认识到他的起推动作用的目的就是普遍物,这种普遍物是不受推动的,而是在它的规定中表现为现实的合理性。他还认识到,他的尊严以及他的特殊目的的全部稳定性都建立在这种普遍物中,而且他确在其中达到了他的尊严和目的。"参见黑格尔:《法哲学原理》,第 171 页。

美德是将特定伦理性东西内化成为性格中的固定要素,成为性格中的习惯。不过,值得警惕的是:习惯的这种内在稳定性同时包孕着对生活、新生事物无动于衷的消极可能。这就是黑格尔揭示的:"人死于习惯,这就是说,当他完全习惯于生活,精神和肉体都已变得迟钝,而且主观意识和精神活动之间的对立已消失了,这时他就死了。因为一个人之所以在活动,是因为他还没有达到某种目的;而在争取达到目的时,他就要创造自己发挥自己。目的一经达到,活动和生命力也就消失了,接着而来的乃是对一切失去兴趣,也就是精神或肉体的死亡。"①一个人如果对生活不再有新鲜感,不再有好奇心,不再有兴趣,不再有追求意识,那么,她/他事实上已经踏进死亡的坟墓。② 兴趣、好奇心、追求,这些均是表示生命力的概念。它们相对于僵死、麻木,是一种表示生命力存在的善。有兴趣、好奇心、追求,表明具有活力、生命力。一旦没有了任何兴趣、好奇心、追求,则意味着没有了活力与生命,没有了反思、批判。然而,兴趣、好奇心、追求等,也只是在生命力、活力意义上而言是善的。舍此,则不能简单地说它们无条件地就是善的。

个人在伦理实体中的熏陶习染过程,就是个人的社会化、人化过程。个人的这个社会化、人化过程,从个人的角度看,就是个人接受伦理共同体(或社会)教育的过程;从伦理共同体的角度看,则

---

① 黑格尔:《法哲学原理》,第171页。
② 老人对于生活的习惯、恬淡,与其肉体趋于死亡二者之间是否有着某种隐喻、玄机与奥秘?

是伦理共同体对于个人的教育过程。①

教育是塑造人性的艺术。教育是伦理共同体与人的第二天性之间的中介环节。正是教育将伦理共同体的伦理规定性与人的第二天性形成内在的联系，并在使个人成为伦理共同体一员的同时，使伦理性规定成为个人性格中的一部分。"教育学是使人们合乎伦理的一种艺术。它把人看做是自然的，它向他指出再生的道路，使他的原来天性转变为另一种天性，即精神的天性……使这种精神的东西成为他的习惯。"②教育就是要转变人的自然天性，使之成为人。教育当然包括知识技术技能传授，但是教育最重要的并不是知识技术技能传授，而是一个有自由存在能力的自由人的塑造。知识技术技能只不过是人自由存在的手段、工具。教育的核心是人或自由人的塑造，是人的人化，是人的第二天性养成。没有人化、人性塑造的教育，只是在制造一个个有活动能力的现代动物。

作为塑造人性的艺术的教育，并不是人们通常所以为的书本

---

①　黑格尔在讲到"德"时，曾比较了当时的德、法两个民族对"德"的态度差别。在他那个时代，"法国人最常谈德"，他们把"德"视为"个人特性和行为自然方式的问题"。即法国的唯物主义者们基于原子个人主义与功利经验的双重缘由，将"道德"视为个人基于理性获取利益的行为方式。在黑格尔看来，法国人的这种"道德"缺失普遍性。当时的德国人则从"普遍性"的立场理解"德"，认为个人的美德在于拥有普遍客观内容，在于对"伦理性事物的习惯"。然而，依据黑格尔自身的理路，这种普遍内容不能离开个人、个人利益，关键在于个人利益不是自然冲动、任性。这样看来，当时德、法两国人对"德"的立场应当互补、整合。参见黑格尔：《法哲学原理》，第 170 页。

②　黑格尔：《法哲学原理》，第 170—171 页。

教育、课堂教育,而是生活教育、伦理共同体教育,或者换言之,是生活、伦理共同体这个大书本、大课堂的教育。这就是说,一个人的美德养成固然需要自己努力,但是,在根本上却有赖于伦理共同体本身,有赖于伦理共同体这个大书本、大课堂。在这里,精神(包括意识、语言)逻辑依赖于生活逻辑,精神逻辑是对生活逻辑的把握与反映。离开了特定的生活世界,就无法理解某种精神(包括意识、语言),无法理解个体美德的具体内容、形成方式与途径。理解一个时代的精神、意识或其文化内容与结构,必须首先理解那个时代的生活方式、交往结构。

就美德的生活教育而言,至少有两个方面的基本内容:

其一,美德教育不能回避现实。那种回避现实、与世隔绝的教育方式,不利于人性塑造。回避现实的教育,本身就是一种虚伪与软弱。虚伪与软弱的教育,不可能塑造出健康人性。温室中培养不出能够经风雨见世面的健康人格。只有直面现实生活世界,使个人在纷繁复杂、风起云涌的生活世界中经受洗染、磨炼,通过反思,才有可能塑造出真实健康的人性。这正是黑格尔批评卢梭、爱弥儿等人主张孤离世界从事教育方式的基本缘由。①

其二,健康人性或美德的养成有赖于伦理共同体的善。伦理共同体所呈现的伦理关系及其秩序不佳,一个人要想在人性上有所成就则比较难。所以,黑格尔借用古希腊人之口表达了一个极为重要的思想:"成为一个具有良好法律的国家的公民"是人性教

---

① 参见黑格尔:《法哲学原理》,第 172 页。

育的最好途径。① 所谓"良好法律的国家"就是罗尔斯所说公平正义的"良序"社会。为什么非要通过成为一个具有良好法律国家中的公民的方式才能有助于人的第二天性的塑造？这不仅仅是因为在这样一种国家中，社会伦理规定及其法律规范表达稳定有效，因而人们有章可循，更重要的在于：这种法律秩序、风俗习惯具有真理性，在这种伦理关系及其秩序中，个人能真正获得"自己的（自由）权利"，个人的特殊意志与伦理性规定的普遍要求能够达至统一。② 一旦这种具有真理性的伦理关系、伦理秩序作为伦理性的东西，成为一个人性格中的固定部分，成为性格中的习惯，她/他就必然会在人性塑造上有所成就，拥有美德。

三、义务与伦理实体

黑格尔《法哲学原理》在总体上是探究自由权利及其实现问题。不过，就"道德"的观点审思，道德是否在"道德"环节就已完成？由"道德"向"伦理"过渡的真实内容可能还有哪些？这些值得进一步深究。

1. 道德：在伦理实体中实现

黑格尔在道德阶段还只是在抽象的意义上讨论了自由精神的内在定在问题。在此阶段，黑格尔强调法在心中，人必须自觉履行

---

① 黑格尔：《法哲学原理》，第 172 页。
② 黑格尔：《法哲学原理》，第 172 页。引文中的括号及自由二字为引者所加。

道德义务,强调道德义务履行须个性化、个别化、特殊化。然而,这种论述与强调仍然是原则、抽象的。对于现实具体存在者而言,究竟应如何履行义务、抽象义务要求的具体规定究竟是何,则有待进一步具体揭示。这正是"伦理"阶段的基本任务之一。如是,则:

a. 道德在黑格尔《法哲学原理》的"道德"阶段并没有真正完成。道德义务具体内容须在伦理阶段规定,道德义务实践须在伦理阶段展开,道德精神须在伦理实体中实现。这一方面体现了义务规定的具体性,另一方面亦揭示了道德的具体实践品性。

b. 道德以伦理为内容。这不仅是讲道德的主观性须以伦理的客观性为内容,更重要的是讲一般、抽象、原则的道德义务要求,须在伦理关系中获得具体规定。没有这种具体规定,道德总是空洞的。

c. 黑格尔在其后关于家庭、市民社会、国家等伦理实体的具体分析,既应当被理解为是对自由权利、正义关系在不同领域具体实现的揭示,亦应被理解为是对一系列相关具体义务的具体揭示。履行这些自由权利、维护这些正义关系,就构成道德的现实内容。道德品质、道德修养不是空洞的,它体现在日常生活的每一个方面、每一个环节。家庭、市民社会、国家生活中的具体行为,正是道德的具体存在。故,道德修养不是纯内心的东西,而是渗透在日常生活每一个具体方面的心与行。

黑格尔对道德的论述,重点在义务的现实性及履行义务的自觉性与具体性。黑格尔在对义务强调的意义上,继承了康德的义务论思想,具有规范论的特质。但就其强调道德的做、行动、实践,强调义务履行的个体性、个别性、特殊性而言,他又承袭了亚里士多德的实践智慧的美德论思想。在黑格尔这里,义务论与美德论并不处于二元对立的状况,而是一种内在一体的存在。黑格尔的道德思想处于美德论与义务论之间。

2. 义务与权利

如前所述,谈论道德离不开义务。然而,道德是否仅仅就是纯粹义务的? 或者换言之,道德义务履行是否与权利截然二分、在道德义务中并不包含着道德权利?

在黑格尔心目中自由本身就是"权利与义务的统一"。作为自由现实存在的社会,应当是权利与义务统一的社会;这样的社会就是一个正义的社会。在这个社会中,"一个人负有多少义务,就享有多少权利;他享有多少权利,也就负有多少义务。"①没有无义务的权利,亦没有无权利的义务。权利与义务的统一,是一个对于法律与道德均具有合理性与有效性的思想命题。

根据黑格尔的看法,无论是在抽象法阶段还是在道德阶段,权利与义务均是分离的,此分离均是在抽象性意义上而言。在这两个阶段中的权利均是抽象的,它们只有摆脱抽象性并获得现实性才能得到真实实现。"在抽象法的领域,我有权利,别一个人则负有相应的义务;在道德的领域,对我自己的知识和意志的权利,以及对我自己的福利的权利、还没有……同义务一致起来,而成为客观的。"②自由权利摆脱其抽象性的任务在伦理阶段、并在伦理实体中实现了。一方面,伦理实体本身无法再将自己的权利实现诉

---

① 黑格尔:《法哲学原理》,第 172—173 页。

② 黑格尔:《法哲学原理》,第 173 页。

诸外部,否则,这将意味着这个伦理实体本身缺失真实性;另一方面,伦理实体又不可能将自身内部一分为二,使一部分人拥有权利,另一部分人履行义务,否则将意味着这个伦理实体缺失客观性。

抽象性,这是抽象法阶段的法律权利与道德阶段道德权利的共同特征。正由于这种抽象性,它们才必须在伦理实体中成为现实的。抽象法中的抽象法权(法律权利)只是一般规定与要求。在这种法律权利中,"我"的权利即是他人的义务,但是,此"我"本就是一般抽象意义上的,它可是任一具体个体,故,这种普遍意义上的"我"亦就是"他"。在这里,"我"对权利的享有与"我"对义务的履行是一体的:"我"对权利的享有要求他人履行义务,同时,他人作为"我"享有权利要求作为他人的"我"履行义务。只不过,这种权利与义务一体还只是停留于一般规定、要求意义上,以抽象的且权利与义务分离的方式存在。道德阶段的权利是特殊的精神权利,它是"我"对自己意志的精神权利。此权利是"我"善在心中、秉持自由精神、恪守自由精神要求(或如康德所说绝对命令)履行义务的良心权利。故,在这个意义上,道德权利与道德义务履行亦为一体。不过,这种道德权利就其仅是"我"的精神权利而言,它既没有超出内心自由意志自决定、率性而为的主观性,又没有超出内心独白成为现实的客观存在,因而不具有现实性。伦理实体中的权利则是摆脱了这种抽象性的现实权利与义务的统一。①

---

① 这样看来,"道德权利"概念应当有广义与狭义两种理解。狭义的"道德权利"是良知的主观性权利,广义的"道德权利"则不仅包括良知的主观性权利,还包括伦理实体规定的主体所拥有的客观性权利。

在伦理实体中,普遍意志与特殊意志达于统一。伦理实体中内在地包含着个人对于自己特殊需要满足的权利,个人存在的特殊性亦不再是与普遍性相对立、在普遍性之外的东西,而是普遍性自身的实存方式。"特殊性是伦理性的东西实存的外部现象。"①这种普遍意志与特殊意志的统一,是个人与共同体的统一。这个共同体是个体存在与实现自身价值的方式。与此相应,个体的存在方式则标识了这个共同体的现实内容与具体规定。正由于在伦理实体中普遍意志与特殊意志获得了统一,因而,权利与义务亦获得了统一。

其实,黑格尔关于伦理实体中权利与义务现实统一的这一结论,与其对时代及时代精神的理解直接相一致。这个结论不是纯粹抽象理论的推演结果,而是一种基本价值立场、一种正义内容的价值规定。正如黑格尔在《法哲学原理》开篇所强调的那样,关于权利问题的研究以自由为第一前提,即以启蒙时代以来所确立起的平等的自由权利这一时代精神为第一前提。一个权利与义务相分裂、权利与义务不统一的社会,不是自由的社会,不具有正义性,没有存在的理由。只有权利与义务相统一的社会,才是一个自由的社会,才具有正义性,进而拥有存在的合理性根据。这样,我们就不难明白为何黑格尔不是借助于思辨而是借助于意志的"独断"

---

①　黑格尔:《法哲学原理》,第 172 页。第 154 节内容英文本的表达如下:"The right of individuals to their *particular* satisfaction is also contained in the ethical substantial order, since particularity is the outward appearance of the ethical order-a mode in which that order is existent."英文本的表达更有助于我们把握黑格尔的原意。

讲:"如果一切权利都在一边,一切义务都在另一边,那么整体就要瓦解,因为只有同一才是我们这里所应坚持的基础。"①

不过值得注意的是,对于黑格尔所说"一个人负有多少义务,就享有多少权利;他享有多少权利,也就负有多少义务"的思想,应当有所警惕,不能作无限制的任意理解。黑格尔在这里说一个人负有多少义务就享有多少权利,享有多少权利就负有多少义务,他是在一般意义上而言,且是针对社会基本结构的权利与义务不可分离这一主旨而言,他所强调的是作为一个自由存在的社会,不能出现这样一种社会权利或福利安排:一部分人享有权利,另一部分仅仅履行义务。如果真的是那样,这个社会就不是一个正义、自由的社会。如果离开了这种一般意义而泛泛理解黑格尔的这一思想,奢谈"享有多少权利"就"负有多少义务"的论调,很可能会出现重大偏差:通过"免除"义务而剥夺权利,这甚至可能包容奴隶制;或者借口那些由于种种原因失却履行义务能力的社会不幸者因不能履行义务,剥夺他们享受自由的权利,从而成为欺凌弱者的工具。

伦理实体由于是普遍与特殊的统一,是个人自由的现实存在方式,因而,对于伦理实体的考察,就必须取实体性的而非还原论构成式的、普遍与特殊统一的而非纯粹特殊的考察方法。在黑格尔看来,对于伦理生活及其秩序的考察有两种基本方法:"或者是从实体性出发,或者原子式地进行探讨,即以单个的人为基础而逐

---

① 　黑格尔:《法哲学原理》,第 173 页。

渐提高。"黑格尔认为原子式的方法"只能做到集合并列",只能是特殊性的聚合,而不能把握伦理生活及其秩序的真实内容。他主张从实体性出发,即从伦理共同体的有机整体性出发,在普遍与特殊的统一中认识伦理生活及其秩序。他通过家庭、市民社会、国家这几个实体性环节,就是要从实体性出发具体揭示伦理生活及其秩序、存在的自由权利的具体内容。① 事实上,原子式的方法面临的最大问题是:个人的无规定性及由此引出的自由的抽象性,社会的不可还原性。而实体性的方法则可以在普遍与特殊、个人与共同体的辩证关系中,合理揭示各自的具体规定性,揭示自由及其秩序的具体内容。正是这种方法论上的深刻,决定了黑格尔关于自由权利、伦理生活及其秩序思想的深刻性。当然,实体性的考察方法亦有自身无法回避的问题。其所面临的最大问题是个人的绝对被规定性,以及以整体淹没个体的可能。任何一种思想方法都有其有限性。

---

①　黑格尔:《法哲学原理》,第 173—174 页。

第 10 讲　家庭

　　黑格尔将家庭、市民社会、国家作为伦理实体存在的不同环节或阶段。对黑格尔伦理实体的这种规定或理解究竟应当在何种维度上把握？是在现代性意义上，即是在现代社会的家庭、市民社会、国家的意义上来把握，还是在历史性的意义上，即将家庭、市民社会、国家理解为人类社会发展的不同历史阶段来把握？这直接关涉对黑格尔思想深刻性的理解。既然黑格尔思想的基本特征是精神生长史，具有深厚的历史感，那么，我们就必须首先遵循其基本思想脉络，以一种历史感或在历史的维度把握其关于伦理实体的基本思想。在此基础之上，再进一步进入现代性的维度，在现代性意义上理解家庭、市民社会、国家的伦理关系及其秩序。对黑格尔伦理实体三环节思想的具体理解，应当注意有两个理解维度，应当注意历史维度的优先性与基础性。在这种历史的维度基础之上，我们可以合理地展开现代性维度的分析。我们后面对"伦理篇"的分析，正是以这种历史维度为基础并兼顾现代性维度。

　　黑格尔通过家庭、市民社会、国家这三个伦理实体环节，从权利哲学的维度揭示了人类政治关系（制度）的演进过程，这就是：自然（家庭）—社会（市民社会）—政治（国家）。须注意黑格尔在其阐释过程中将"社会"区别于"政治（国家）"的思想。尽管社会、社会性中隐含着生长出政治、政治性的可能与逻辑,但社会、社会性不等同于政治、政治性。"社会性"本身可能是私人间的,这种私人间的社会性不具有政治性。不能将社会性泛政治化,不可将一切社会性的均视为政治的。市民社会就其本身而言就不直接具有政治性——尽管市民社会的存在本身标识着某种政治的社会历史类型,并有作为背景性存在的社会政治制度安排。这样,在理解柏拉图"人是政治的动物"时,就不能简单地将此"政治动物"理解为"社会动物"。①

就历史的维度言之,家庭、市民社会、国家这三个伦理实体环节,所揭示的是人类历史发展进程中的三种不同类型的社会伦理关系及其秩序,这就是以自然血亲为特质的前现代伦理关系及其秩序,以市场经济、个体间普遍交往为特质的现代伦理关系及其秩序,以及克服这种有局限性的现代伦理关系及其秩序的理想社会政治伦理关系及其秩序。这三个伦理环节可以被理解为分别对应家庭伦理、社会伦理、政治伦理。

家庭这一伦理实体性存在阶段所标识的是伦理实体的"自然"性存在,它所揭示的是宗法血缘等级制的伦理关系及其秩序。"家庭关系……是以牺牲人格为其实体性的基础"。② 家庭关系由于其天然的自然血亲性而成为一个具有自然等级、身份依赖性的伦理实体。在这种"自然"性伦理实体中,每一个人均作为"成员"而

---

① 参见赫费:《政治的正义性》,庞学铨、李张林译,上海世纪出版集团,2005 年,第 156—157 页。

② 黑格尔:《法哲学原理》,范扬、张企泰译,商务印书馆,1982 年,第 49 页。

不是作为一个"独立的人"而存在。① 在这里,没有个体与特殊,没有个别意志,只有家庭这一普遍整体及其意志,家长是家庭这一普遍与整体的化身与代表,家长的意志即为家庭的普遍意志,家长在这个伦理实体中拥有绝对的权威与意志。市民社会则是个体获得了自身个别性、特殊性存在的伦理实体。在这个伦理实体中,每一个体均拥有自己的独立权利与利益,这些拥有独立权利与利益的个体通过交往形成普遍性联系,并在这种普遍性联系中成为普遍、整体的。不过,这种普遍、整体由于是基于个体、个别间的普遍形式交往,因而,并没有摆脱偶然性,个体的自由权利亦没有获得必然性。黑格尔所称之为国家的这一伦理实体,不能简单地理解为是实存的国家。它其实是共同体的一种理想、完满存在,所标识的是个体与整体、特殊与普遍、偶然与必然相统一的作为真理性存在的真实伦理实体。在这个伦理实体中,存在着一个既超越于单个个体又代表了单个个体真实利益的共同体,这个共同体是在地上行走的神,它作为一种"绝对精神"以"上帝"的超越性、正义性之光普照大地,使社会获得一种必然性的正义关系与秩序。在这里,人的自由意志得到了真实实现,在这里,犹如马克思恩格斯后来明确所说的那样,每个人的自由发展是所有人自由发展的条件。

在这种历史维度中把握黑格尔所说伦理实体的家庭、市民社会、国家三个环节,甚至就会发现其中内涵着后来马克思所揭示的人的依赖性——以独立个体为形式的物的依赖性——人的自由存在这一历史发展三阶段论思想胚芽。或者换言之,黑格尔关于伦

---

① 参见黑格尔:《法哲学原理》,第 175 页。

理实体发展环节所揭示的人类历史发展进程思想,可以被理解为是马克思历史发展三阶段论的思想资源之一。

每一思想家的思想表达方式都受其历史所限制,都有其独特性。我们应当善于认识与揭示其具体表达方式背后所存在着的真实思想内容。对于黑格尔伦理实体存在三环节的认识,我们首先应当有上述历史感,唯如此,方不至于一叶障目。

家庭是"直接"、"自然"的伦理实体,"以爱为其规定"。① 所谓"直接"、"自然"是指家庭是以血亲自然关系为基础所形成的原初性的伦理实体,自然血亲性是其特质。家庭这个伦理实体是人自然性与伦理(社会)性的连接点或直接统一点。家庭关系是人的最初社会关系。这就进一步意味着家庭是人存在的最初伦理实体。正是在家庭关系基础之上,才进一步演进出丰富的伦理关系。以家庭作为伦理生活的原初环节,体现了逻辑与历史的统一。

黑格尔"家庭"阶段的思想核心是理解"家庭"阶段的权利、义务、责任。他之所以讲婚姻、爱的"伦理性",缘于不是在个体主观情感的立场,而是客观关系的立场理解问题。在黑格尔的理解中,家庭环节存在的伦理性理由就是类的生命繁衍、类的生命的再生产,所以个人在家庭阶段的责任就是生育子女、教育子女。这就能够理解为何黑格尔特别强调性这"自然生活""具有无限重要性",反对"禁欲主义"。伦理性的"爱"的责任在此阶段就是生育、教育孩子,使类得以存续。

---

① 黑格尔:《法哲学原理》,第 173、175 页。

一、爱：家庭的伦理规定

家庭"以爱为其规定"，爱是家庭的伦理精神。作为家庭伦理精神的爱不是普爱、博爱，而是基于自然血亲同一性的自然（血亲）之爱。① 这个自然之爱是没有理由的：自然性或自然血亲关系本身就是理由。因为她/他是我的父亲或母亲、兄弟姐妹、丈夫或妻子、孩子，这就是我爱她/他的理由，就是我应当且能够为她/他放弃一切的理由。这就如一个人爱自己的祖国一样，祖国本身就是理由。祖国是我存在之根，无须其他任何特殊的理由。

作为家庭伦理精神的爱，使我成为这个自然伦理实体中的一员，并为这个伦理实体所设定。我是一个自然的存在，然而，这个自然的存在并不是指的生命肉体本身这种自然性，而是指一种自然的伦理关系、自然的伦理实体性存在：由于我生命肉体形成所构成的自然的伦理关系及其自然血亲性的伦理实体性存在。正是在这个血亲性自然伦理实体中，我摆脱了自身的抽象性，得到了规定，成为一个具有规定性的具体社会成员。在这里，我不是作为抽象的、纯粹的个人而存在，而是作为一个成员存在：我是一个丈夫

---

① 当然，家庭作为原初的伦理实体也具有伦理实体的一般普遍性内容，或者说在家庭这个特殊伦理实体性存在中，包蕴了一般伦理实体普遍性内容。家庭中的血亲之爱是家庭这个特殊伦理实体中的普遍之爱，它是家庭成员间相互的关系。如是，从家庭这个原初伦理实体性存在中的爱，亦可随着家庭本身的升腾而升腾起超越有限性的博爱。博爱正是在日常生活伦理实体、伦理关系中所滋生出的这样一种高尚人格精神。

或妻子、父亲或母亲、兄弟或姐妹、儿子或女儿存在。在这里,我获得了自身存在的理由与依据,正是在家庭这个伦理实体中,我拥有了自己的价值。正是由于我的这种成员身份,我被设定,并被规定了一系列职责、权利与义务。这样,作为家庭伦理精神的爱,对于我而言,就不再是空洞的,而是具有现实内容规定的,且这种具体规定是与我作为这个伦理实体中的具体成员身份直接同一:做这个伦理实体中的好成员。具体言之,就是做个好丈夫或妻子、父亲或母亲、兄弟或姐妹、儿子或女儿,使自己与这个共同体成为一体。这个"好",并非某个人的主观规定,而是家庭这个伦理实体的伦理性规定。按照黑格尔在另一处的说法,家庭的爱的关系孕生"天然道德",此"天然道德"便是"孝悌"。①

　　家庭这一伦理实体中有三种基本伦理关系:夫妻(男女)、亲子、兄妹关系。这三种基本伦理关系使家庭这个伦理实体的爱具有丰富内容。它不仅仅有我们通常所说的基于两性的爱情或情爱,还包括慈爱、孝爱、友爱。爱情(情爱)、慈爱、孝爱、友爱分别表达了两性间、代际间以及同伴间的伦理性规定或伦理关系。唯有情爱、慈爱、孝爱、友爱的统一,才能构成一个现实丰富的家庭伦理实体。中国古人所说的父慈子孝、兄友弟恭、夫义妻顺等所表达的正是这种丰富的伦理规定。

　　爱自身规定的丰富性,不仅仅在于上述关系结构的多维全面性,更在于其内容的丰富性。它是人的一种真实存在状态。这通过黑格尔关于爱的环节阐述可以被感受到。"爱的第一个环节,就

---

　　①　参见黑格尔:《历史哲学》,第 62 页。

是我不欲成为独立的、孤单的人，我如果是这样的人，就会觉得自己残缺不全。……第二个环节是，我在别一个人身上找到了自己，即获得了他人对自己的承认，而别一个人反过来对我亦同。……作为矛盾的解决，爱就是伦理性的统一。"①黑格尔这是在以爱情来具体说明、阐释爱。爱有三个环节：否定孤独的自我，在他人身上肯定自我，自我与他人的统一。爱是对孤独自我的否定。因为，一方面"我"是在"他"中才存在着的，没有"他"就无所谓"我"。孤独的自我是抽象的自我，无法得到规定。我是作为一个孤独的男/女人存在，但是，我这个孤独的男/女人自身不能证成，我必须与她/他形成联系、发生关系，才能证明自己是作为一个真正的男/女人存在，进而才有可能有自我意识，真正认识到自己是一个男/女人。另一方面，通过爱我获得了他人（另一个女/男人）的承认，与他人达到了统一，我并由此找到了生命存在的方式与意义。

孤独的自我是"我"的孤离存在状态：我既是所谓无根漂泊的孤魂野鬼，又是霍布斯式的孤独的狼。我只有进入伦理实体中才能作为一个真实的人存在，才有生命之根，才有存在家园。所以，否定孤独的自我其实是要发现与确立真实的自我。在爱中同样如此。"我只有抛弃我独立的存在，并且知道自己是同别一个人以及别一个人同自己之间的统一，才获得我的自我意识。"爱中的无我正是有我，只有无我，才能有我。一个人的爱首先必须是无我的，

---

① 黑格尔此处的"爱"概念已发生漂移。已不是在一般意义上而言，而是事实上在两性爱情的意义上而言。我们姑且凑合着理解为他是在以爱情来说明、阐述一般爱。参见黑格尔：《法哲学原理》，第175页。

以所爱者的幸福为主旨,这才是真正、真实的爱。一个自私的人不可能有爱。一个人对自我孤独的否定,事实上是对自我的重新发现与确立。这就是我在他人身上"找到了自己",我"获得了他人对自己的承认"。此时,我不再是孤独的,我由于他人的承认而成为真实的存在。伦理实体使我成为真实的自由存在。爱正是这种自我与他人统一的精神。这样看来,在这个意义上的爱就不仅仅是我们通常所理解的那样只是一种主观情感与偏好。爱其实是一种基于两性基础的自我与他人统一的存在境界。所以黑格尔认为:"爱是一种最不可思议的矛盾,绝非理智所能解决的,因为没有一种东西能比被否定了的、而我却仍应作为肯定的东西而具有的这一种严格的自我意识更为顽强的了。爱制造矛盾并解决矛盾。作为矛盾的解决,爱就是伦理性的统一。"①

　　爱作为家庭的伦理精神,其所表达的是人在家庭这个伦理实体中的存在,以及在家庭中自我与他人的统一。这样,一个无我而有我的人在家庭中就并不是绝对无我的。他是有我的,并通过家庭这个伦理实体而享有自己的权利。这样看来,爱内蕴着(个人的)权利。这个权利主要有两方面的内容:其一,"他在这统一体中的生活"的权利。这就是家庭赡养老人、抚养教育儿童等的义务,就是不得虐待、抛弃老人与儿童等的伦理性义务。其二,享有家庭财产的权利。这就是黑格尔所说的"外部方面(财产、生活费、教育费等等)"的内容。② 为什么享有家庭财产是一种家庭伦理精神的

---

① 黑格尔:《法哲学原理》,第 175 页。

② 黑格尔:《法哲学原理》,第 175、176 页。

规定？因为，一方面，一个人在家庭中与他人的统一并不是抽象的；另一方面，一个人在家庭这个伦理实体中生活的权利亦不是抽象的，或者说，这种生活的权利必须有其客观存在、外部定在，只有具有客观存在或外部定在的生活权利才是真实的权利。这就不难理解，为什么说妇女在家庭中的解放及平等自由权利的真实实现，必须建立在妇女经济地位获得的基础之上。

个人在家庭中的权利缘于家庭这个伦理实体自身的统一性。一方面，"家庭的实体性应具有定在"；另一方面，这种权利本身的存在表明家庭这个伦理实体存在的真实性，进而，人们有义务维护这个家庭伦理实体。不过，家庭中的这种个人权利，在维系这个伦理实体统一性的同时，事实上又从内部否定家庭这个伦理实体。家庭这个伦理实体，按其本性而言，"它是反对外在性和反对退出这一统一体的权利"，①然而，家庭中个人权利意识的普遍存在，意味着在家庭这个伦理实体中，个人不再仅仅是作为血亲成员存在，而是亦作为公民②存在。正是这种公民身份与公民意识从内在否

---

① 黑格尔：《法哲学原理》，第176页。黑格尔讲"退出"家庭这一伦理实体，这容易引起误解，以为一个人可以随心所欲地退出家庭这一伦理实体。家庭这一伦理实体是无法退出的，这由一个人的自然实体性存在所决定了的。尽管在现象层面上似乎不乏这种退出家庭关系的实例，其实，那只是一种法律民事关系上的退出，而不是伦理意义上的退出。当一个人通过某一家庭来到人世间时，这个基本存在方式就决定了他永远无法摆脱自己家庭这一伦理关系的"纠缠"。

② 此处"公民"概念用得有点勉强。它只能表明我们是在现代社会的立场理解家庭。如果在严格的前现代自然血亲社会中，则此"公民"概念的使用是有问题的。

定了家庭伦理实体,并使一个人通过家庭进入社会。家庭作为人自然性与社会性的联结点,家庭关系就具有二重性:自然血亲身份与公民身份。只不过家庭的这种社会性及与此相应的公民身份关系的明晰,也只是近代以来的事。

值得一提的是,黑格尔在关于家庭总论中的上述论述容易引起误解:一个人在家庭中不是作为一个独立的人存在,是否意味着一个人在家庭中就没有个性、没有独立人格? 其实不是。一方面,根据黑格尔自己的表述,在家庭中一个人"不是一个独立的人",但是却是有"个体性"的成员。她/他是有特殊性的、个体性的个人。在家庭这个特殊伦理实体中,黑格尔的主旨仍然是解决人的存在的特殊性与普遍性统一问题。另一方面,黑格尔在这里所要强调的重点不是人的独立、个别一面,而是要强调人的存在的伦理关系或社会性一面。作为一个现实的人,总是存在于某种伦理实体、伦理关系之中,总是首先作为一个社会性成员而存在,否则,这个人就是抽象的,而家庭正是一个人来到人世间后生活于其中的最初的伦理实体。人是从家庭进入社会的。在把握黑格尔的这些思想时,须时刻注意逻辑与历史统一的思维方法。

家庭自身是一个形成与演进的逻辑过程。黑格尔通过婚姻、家庭财产、子女教育这三个环节具体分析与揭示了家庭的形成与演进逻辑过程。

二、婚姻:直接伦理关系

婚姻是"家庭的概念在其直接阶段中所采取的形态",婚姻直接构成家庭的存在。①

1. 作为"直接伦理关系"的婚姻

在黑格尔看来,婚姻"实质上是伦理关系",婚姻关系是"直接伦理关系"。为何婚姻关系是"伦理关系"?为何这种伦理关系包含着"自然生活"?一方面,伦理关系是实体性关系。类自身生命的生产与再生产是个现实过程,离开了这个生命生产的自然过程,就无所谓人的存在、关系与活动。另一方面,两性关系本身在纯粹的自然界中天然存在。就人的男女自然性别差异、两性交媾及其繁衍而言,如同其他一切哺乳类动物一样,是一个自然过程。只不过,人又不是纯粹自然的存在物,人是能够自觉意识到这种两性关系的存在物。人使两性关系脱离纯粹的自然性而成为属于人的生活的一部分,使纯粹的自然性升华为令人心醉的高尚爱情。自然性以及对自然性的扬弃,构成爱情婚姻的两个环节。自然性表明爱情婚姻以两性为前提并通过两性结合的方式使男女为一体,在这种男女肉体的自然结合中,各自否定自身而成为一个统一体。但这种两性自然性别生活的统一,不是纯粹自然的"外在的统一",必须以爱为其内在规定性。②

根据通常的看法,婚姻是两性的结合,是两性的关系。然而,婚姻尽管以性关系为基础,但婚姻却首先是种伦理关系。两性关系为一切雌雄异体生命体所有,故两性关系并不是人的关系。人的关系是伦理性关系。属于人的两性关系是超越了动物自然冲动

---

① 黑格尔:《法哲学原理》,第 176 页。
② 参见黑格尔:《法哲学原理》,第 176—177 页。

的伦理性的两性关系。在这里,尽管还存在着两性及其性关系,但是这已是一种人化、文明化了的性关系。婚姻关系是一个以两性自然结合为直接实存形式的伦理关系。

"婚姻实质上是伦理关系"这一理解把握了婚姻关系的内在规定性,并与婚姻问题上一系列浅薄思想相区别。黑格尔基于"婚姻实质上是伦理关系"的理解,尖锐批评了以下三种相关谬见:①

其一,以为婚姻是纯粹的自然肉体关系。这种观点"只是从肉体方面,从婚姻的自然属性方面来看待婚姻",它只是将婚姻看成是"一种性的关系"。这种观点并没有从人的立场来认识性关系与婚姻。

其二,以为婚姻关系是一种纯粹物品交易利用的契约关系。这种观点将婚姻关系理解为"按照契约而互相利用的形式",理解为男女双方根据契约互相对对方性器官的利用。黑格尔曾在抽象法权篇契约交易部分直接批评过康德的相关观点。尽管这种观点试图从人的立场来认识两性婚姻关系,但是却并没有把握彼此内在统一性这一伦理性关系特质;尽管这种观点试图从契约关系的立场来认识两性关系,但是却没有认识到性器官不是一般物品,没有认识到必须从人格统一性的维度来认识性这一特殊身体器官。"婚姻不是契约关系"。契约关系是两个独立人格之间的外部物的交换,而婚姻则是两个独立人格扬弃自身独立性的"双方人格的同一化……成为一个人"。②

---

① 黑格尔:《法哲学原理》,第 177 页。
② 黑格尔:《法哲学原理》,第 179 页。

其三,以为婚姻仅仅是一种主观爱。这种观点将婚姻归结为主观爱,而没有把握其中所存在着的伦理性的东西,因而,这种观点的婚姻就充满了偶然性。婚姻确实不能没有爱,但是爱却是一个颇为模糊的概念,在爱的口号之下,可以包容人间一切轻率无情乃至罪恶。爱必须有其伦理性规定,必须有其社会责任。为了摆脱这种纯粹的主观性,婚姻必须有其客观性。这个客观性不仅仅指其内容应当是伦理性的,还指其存在样式必须是经过法的确认并受到法的保护。这正是黑格尔通过对于婚姻的"精确规定"所要表达的思想内容。黑格尔认为婚姻的精确规定应当是:"婚姻是具有法的意义的伦理性的爱,这样就可以消除爱中一切倏忽即逝的、反复无常的和赤裸裸主观的因素。"①不过,黑格尔在强调爱情婚姻中的责任精神时,事实上又流露出对没有爱的婚姻的顽固支持偏向。婚姻的严肃责任精神与爱情不能互相拒斥。即使是根据黑格尔自身的逻辑,爱是家庭的伦理性规定,那么,此爱首先就应当包括两性结合婚姻存续中的爱。责任与爱情两者不可偏废。

婚姻是伦理性关系,这是对婚姻内容的一般规定。一个现实存在着的婚姻还有其主客观要件,这就是身心灵肉及其统一。

2. 婚姻中的偶然与必然、身与心

家庭以爱为其基本规定,婚姻亦不例外。不过,婚姻中的爱不是纯粹的主观爱,而是包含着自我否定、与对方缔结婚姻、结为一体、灵肉交融的客观性追求。这就是黑格尔所说的婚姻中的主观

---

①   黑格尔:《法哲学原理》,第 177 页。

出发点与客观出发点。①

　　婚姻具有偶然性。这个偶然性主要在于:当事人双方相遇相识的偶然性(萍水相逢或咫尺天涯),以及当事人双方特殊爱慕的偶然性(特殊境遇下的一见钟情)。罗马假日、廊桥遗梦,等等,不失偶然。没有偶然,婚姻本身就会失却神秘与向往,索然无味。

　　一对男女结合走进婚姻殿堂,期间充满一系列偶然性。然而,如果婚姻仅仅是一种纯粹偶然性的东西,那么,婚姻就没有神圣性与圣洁性,就会成为一种纯粹的快餐享乐。婚姻具有偶然性,但是在这偶然性中却贯透着一种必然性,这种必然性就是爱。无论婚姻以何种偶然性方式呈现,爱总是其灵魂。没有爱的婚姻是一个无法在对方中发现自身生命,或者换言之,自身生命无法在对方生命中存在的结合,因而,没有生命力。婚姻以爱为规定。没有爱的婚姻是没有存在根据的婚姻。

　　婚姻以爱为规定,当事人灵肉交融成为一体,达至主客观统一。不过,就其现实性而言,一对男女究竟如何形成这种主客观统一的伦理关系,却途径万千。这些万千途径大致可分为两类,这就是通常所说的先婚后爱与先爱后婚两类。黑格尔倾向于偏好先婚后爱,认为这是一条"更合乎伦理的道路"。② 究竟是先婚后爱还是先爱后婚更好? 尽管先爱后婚是一种较为理想的过程,然而,生活中亦不乏先婚后爱之佳谈。其实,对于是先婚后爱还是先爱后婚这一问题,本身并没有一个绝对的回答。严格地说来,无论哪种

---

①　参见黑格尔:《法哲学原理》,第 177 页。

②　黑格尔:《法哲学原理》,第 177—178 页。

途径本身并不很重要——因为两个人的结合充满了偶然性——重要的或核心在于:当事人双方都应当超越纯粹的主观冲动激情,都应当有那样一种爱的精神以及这种爱的精神所内在具有的责任精神,都意识到对方是自己的生命所在,意识到"这个统一是实体性的目的",在于双方"恩爱、信任和个人整个实存的共同性",努力在实际生活过程中建立与呵护这样一种亲密关系。①

由于婚姻是种伦理关系,因而,婚姻关系状况亦可以反映一个时代的伦理关系类型。这正是黑格尔关于婚姻和爱慕关系考察所留给我们的重要思想。自古以来,婚姻曾经历了不同历史类型:特殊财产处置(父母"任意安排"子女的婚姻)、功利追求的手段("对财产、门第、政治目的等考虑……成为决定性因素")、爱情的现实存在("恋爱被看作唯一重要因素")。② 与婚姻发展的这几个历史类型相吻合的则是人自身的自由存在状况:人究竟在多大程度上是自由的,人究竟是作为物、作为交易商品存在,还是作为自由的存在者存在。

如是,灵与肉的统一,应当是婚姻的真实规定之一。有性无爱、有爱无性都不是人的自由存在方式,都不是人道的。有爱无性有时会被冠以"纯洁的爱"之名义,但在黑格尔看来这与"僧侣观点"即宗教禁欲主义无异。僧侣观点或宗教禁欲主义"把自然生活环节规定为纯粹否定的东西"。黑格尔认为在婚姻这个伦理关系

---

① 黑格尔:《法哲学原理》,第 178 页。
② 黑格尔:《法哲学原理》,第 178 页。

中,两性关系这个"自然生活环节本身……(有)无限重要性"。①
婚姻关系以自然性为前提,缺失这个自然性,一方面,婚姻关系由
于缺失这个自然环节而缺失完整性,进而呈现出某种欠缺;另一方
面,婚姻关系由于缺失这个自然性内容而缺失人格统一性的直接
实存基础。值得注意的是,这里所说的有爱无性,指的是一种对待
婚姻、两性关系的态度:对两性性生活持一种绝对否定性态度,而
不是柏拉图式精神恋爱之崇高。柏拉图式的精神恋爱与宗教禁欲
主义是两个完全不同的概念。这在罗密欧与朱丽叶的悲剧中可以
得到某种体会。

3. 婚姻自由

婚姻是自由的。此自由集中体现在:首先,选择与之结合为一
体的选择自由。其次,在婚姻统一体中彼此恩爱信任平等人格的
自由。再次,在婚姻死亡时选择离婚的自由。关于第一点,黑格尔
事实上在论及婚姻的现代性形态时已有所揭示。关于第二点,黑
格尔则表现出思想的矛盾性。他一方面强调婚姻的双方"恩爱、信
任和个人整个实存的共同性"、"互爱互助";另一方面则又表现出
强烈的歧视女性的大男子主义。② 对于离婚这一事情本身,黑格
尔虽然承认其存在的可能性,但在总体上持有一种强烈的反对态

---

① 黑格尔:《法哲学原理》,第 179 页。引文中括号及其内文字为引者
所加。

② 如黑格尔认为:女子在家庭中的责任就是"守家礼",女性天生不配
从事研究高深的学问,女性不需要获得知识的教育,女性不能领导国家,等
等。参见黑格尔:《法哲学原理》,第 178、180、182—183 页。

度。① 在婚姻问题上黑格尔表现出某种强烈的思想迟钝与保守。

不过,黑格尔关于婚姻自由问题的思想,亦以自己的方式给我们留下了某些值得重视的思想财富:

第一,婚姻自由并不意味着任性随意。这主要体现在两个方面:其一,婚姻的排他性。"婚姻本质上是一夫一妻制",具有"直接的排他的单一性"。一夫一妻制是"任何一个共同体的伦理生活所依据的绝对原则之一"。因为在婚姻关系中存在着的乃是人格,只有两个人格全部投入才有可能建立一个无我而有我的统一体。这就是黑格尔下面一段话的基本含义:"只有从这种人格的全心全意的相互委身中,才能产生婚姻关系的真理性和真挚性。人格如果要达到在他物中意识到他自己的权利,那就必须他物在这同一中是一个人即原子式的单一性,才有可能。"②其二,血亲禁婚。血亲禁婚是人类从原初蒙昧状态进入文明状态的标志之一。血亲禁婚是基于文明的理由,而不是如有些人所认为的优生理由——尽管血亲禁婚有其客观上的优生优育之优点。

第二,婚姻当事人应当承担起必要的责任。当事人双方通过婚姻被伦理实体规定了一系列相关义务与责任。当事人双方缔结婚姻有双重意蕴:一方面,意味着当事人进入一种新的伦理关系之中,使自身获得更为丰富的存在规定。一个人由小而少而壮的过程,就是一个人的社会联系、社会关系日益丰富复杂的过程。一个人的生长过程,事实上就是一个人自身的展开过程,就是由抽象变

① 参见黑格尔:《法哲学原理》,第 180 页。
② 黑格尔:《法哲学原理》,第 183—184 页。

为具体的过程。婚姻不仅表明了一个人的成熟,更表明了一个人进入了一个全新的生活世界、获得全新的社会规定。如果我们并不是过多地注意黑格尔歧视妇女的大男子主义,而是进一步看到其关于男女在家庭角色分工及其能力品性要求论述中所隐含的更为重要的思想内容:婚姻中的社会角色分工及其相应的伦理义务,那么,在一般的意义上我们可以说婚姻本身就意味着当事人的一系列新的社会责任与义务。

当事人双方缔结婚姻另一方面还意味着当事人双方的一种承诺。这种承诺既是相互间的承诺,更重要的还是对自己生活于其中的这个伦理关系的承诺。这种承诺的核心就是爱与责任,就是对社会伦理关系及其秩序的维护。这就是黑格尔专门讨论婚姻仪式及其庄严问题留给我们的思想。在黑格尔看来,仪式的使命是使"实体性的东西得以完成",尽管仪式本身只是一种符号,但它是赋予婚姻神圣、庄严、庄重的一种方式。人们通过婚姻的庄重仪式,"把这种结合的本质明示和确认为一种伦理性的东西",明确意识并公开承诺摆脱"爱慕的偶然性和任性","服从"伦理"实体性的东西",以伦理性的内容"凌驾于感觉和特殊倾向等偶然的东西之上"。① 仪式作为一种形式,承载着重要的内容。日常生活中的那些隆重婚礼等一类仪式风俗,往往有着深刻的伦理价值:它们既是获得世俗合法化的方式,更是以一种严肃、庄重、隆重的方式表明一种伦理关系及其相应责任的确立,表明当事人对此的庄重承诺。

婚姻使恋爱双方组成家庭。家庭这一实体性存在意味着:一

---

① 黑格尔:《法哲学原理》,第 180—181 页。

方面使双方由原先热恋浪漫变为平凡朴实的日常生活,在这里,爱不再是花前月下,而是日常锅碗瓢盆交响曲。另一方面,由于婚姻使双方间原本存在着的空间距离荡然无存,原本由于距离而无法发现的东西现在一览无余。在这里,双方有一个彼此再认识与再适应过程。

三、家庭财富

婚姻的实存即为家庭。家庭以财富为其存在基础。

1. 财富:家庭存在的基础

财富是家庭得以存在的基础,这在三种意义上而言:

其一,生命存在。就家庭的存在而言,家庭是由其成员所构成的现实存在,而家庭的存在与延续首先有赖于现实生命体的存在,这些现实生命体的存在本身以消耗一定的物质财富为前提。家庭的存在与稳定需要一定的物质财富,没有起码的物质财富,衣食住行及医疗、子女教育等就成为虚无缥缈的东西,家庭的维系亦难以想象。

其二,生命繁衍。家庭作为一种伦理实体,直接承负着人的自身再生产这一伦理性使命。没有人自身的再生产,伦理实体就会由于没有新生命而消亡。家庭本身在这种人自身再生产过程中得以延续,而人自身的这种再生产又必须以一定的物质条件为前提。正是在这双重意义上,财富对于家庭而言不可或缺。不过,上述财富对于家庭存在的基础性意义,仍然只是在财富提供人的生命存在与繁衍意义上而言。财富对于家庭存在的基础性意义还有另一

个更为值得重视之处,这就是:

其三,独立自尊。财富为作为人格存在的家庭及其成员提供独立自尊的依据。虽然财富不能直接简单等同于人格,但是在其现实性上,人格及其尊严往往离不开财富。抽象的平等自由权利与这种平等自由权利的现实存在不是一回事,甚至人们要在现实生活中现实地行使自己平等的自由权利,有时亦离不开一定的物质基础。不仅如此,黑格尔后述家庭子女教育、使子女成长为受到良好教育、具有健全人格,亦离不开必要的家庭财富。

正是基于这样一些理由,我们就不难理解黑格尔所讲:"家庭不但拥有所有物,而且作为普遍的和持续的人格它还需要设置持久的和稳定的产业,即财富。"①正由于财富是家庭得以存在的基础,因而,家庭成员为了家庭这个伦理实体的存在而追求财富本身就是正当、合理的。如果我们能够将家庭理解为社会的细胞,如果我们能够说财富是家庭存在的基础,那么,对于一个社会而言,重要的是富家富民。民富家富而后才会有真正的国强。

不过,也正是在家庭成员为了家庭这个伦理实体性存在追求财富的过程中,滋生出对家庭这个伦理实体的内在否定性。

2. 家庭财富:自私心向公益心转化

一个人总有其自然欲望与特殊需要,且一个人总要设法满足这些欲望与需要。家庭成员亦不例外。不过,由于个人在家庭这个伦理实体中是与家庭一体的,她/他一方面通过家庭这个伦理实体获得自身的规定,另一方面通过家庭满足自己的特殊需要。在

---

① 黑格尔:《法哲学原理》,第 185 页。

家庭中,一个人为了获得更多的利益、满足更多的需要,在总体上就得努力劳作、为家庭创造更多财富,在此基础之上,或者在使家庭财富增多的同时使自己相应比例份额的绝对量增大,或者赢得家长的喜好获得特殊的偏爱。这样,在家庭这个伦理实体中,一个人为了自身的存在就必须关怀家庭并努力增进共同利益。这就是黑格尔所说的"在抽象所有物中单单一个人的特殊需要这一任性环节,以及欲望的自私心,就转变为对一种共同体的关怀和增益,就是说转变为一种伦理性的东西"。① 在家庭这个伦理实体中,"顾家"、"爱家"是一种美德。"泛爱众"如果是在博爱的意义上而言当然不失高尚。不过,博爱必须落到实处,必须从自己身边做起。不爱家人、不爱邻人,何以爱众人? 一般而言,如果一个连家人都冷漠不顾的人,很难说是一个真正具有爱心的人。

在家庭这个伦理实体性存在中,我们已经见到了包括后面所说市民社会在内的、所有具体伦理实体样式中都可以见到的个人自私心及其超越可能,见到了公、私向自身对立面转化的可能。个人自私心在这里甚至成为伦理实体自身发展的一个内在环节。在家庭这个伦理实体中,一个人的纯粹自私冲动转变为为家庭这个伦理实体利益的冲动。此转变就是个人对自私心的一种自我否定,就是个人对共同体利益的一种关怀。

3. 家庭财富的公共性及其支配权

家庭中没有个体,只有成员,因而,家庭财富就是家庭的"共同所有物",它为所有家庭成员共同享有。然而,这个"共同所有物"

---

① 黑格尔:《法哲学原理》,第 185 页。

还有一个支配问题:尽管每一个家庭成员都有权利享有这些"共同所有物",但却并不是每一个家庭成员都能够直接支配这些"共同所有物"。家庭财富总是通过作为家庭伦理实体中"家神"之定在的家长来支配。这就意味着在家庭这个伦理实体中,存在着家庭成员对家庭共有物的享有权与"家长的支配权"的"冲突"。[①] 这里直接隐含着在其他一切具体伦理实体中可以见到的公共产品的所有权与支配权、所有者与支配者、委托人与代理人的矛盾与冲突的雏形。这些矛盾与冲突内在于一切具体伦理实体之中。不仅如此,家庭公共财富中所隐含着的这些内在矛盾,还以一种特殊方式孕育并表达了在家庭这个伦理实体中存在着双重伦理关系及其彼此间的矛盾冲突,这就是家庭血亲关系与公民关系及其彼此矛盾冲突。

家庭财富的创造,及对共同所有物的享有权与支配权之矛盾,孕育着家庭这个伦理实体内部个人独立人格意识的觉醒,催生着家庭自身内部的自我否定性。

四、家庭解体:子女及其教育

家庭解体是子女及其成长这一家庭内在否定性的结果。家庭解体表明家庭这个直接的伦理实体向更高形式伦理实体的过渡。

1. 子女:爱的定在

子女是爱的结晶。根据黑格尔的看法,尽管夫妻所结成的伦

---

① 黑格尔:《法哲学原理》,第 185 页。

理统一体具有实体性,但是这种实体性尚不具备客观性。"在夫妻之间爱的关系还不是客观的",因为他们是基于爱的感情的统一。而在子女身上,他们获得了这种客观性,子女是他们"结合的整体",他们在"在子女身上见到了他们的爱客观化了"。①

父母对于子女的爱是对自身及自身所处于其中的伦理实体的爱。父母的生命与爱在子女身上得到存在与延续。"父母把……子女作为他们的爱、他们的实体性的定在而加以爱护。"正是在父母对子女的这种爱中,不仅生命得以世代薪火相传,更使伦理实体本身成为一个"世世代代无穷进展的历程"。② 一个人的自然生命是有限的,但是由爱所构成的伦理实体的生命却具有无限延续可能。在这无限延续可能的伦理实体中,爱的精神自身亦得到无限延续。这样,子女作为爱的定在,就具有双重含义:夫妻统一的定在,家庭伦理实体的定在。如是,则子女就不仅仅是父母的,更是伦理实体的。

父母对于子女的爱是慈爱。而在伦理实体中父母与子女的关系是双向的,它不仅有父母对于子女之慈爱,亦有子女对于父母的孝爱。慈爱与孝爱构成家庭伦理性实体中父母与子女的完整伦理关系及其秩序。遗憾的是黑格尔在家庭伦理中仅明确揭示了慈爱,而未明确揭示孝爱。③ 其实,在对子女的教育中,父母亦通过

---

① 　黑格尔:《法哲学原理》,第 187 页。

② 　黑格尔:《法哲学原理》,第 187 页。

③ 　当然,黑格尔亦表示:"父母有要求子女为自己服务……的权利,但仅以一般性的照顾为基础,并以此为限。"不过,就总体而言,黑格尔主要强调与关照的是父母之爱。参见黑格尔:《法哲学原理》,第 187 页。

自己孝爱长辈的日常行为教育子女养成孝敬的美德。

子女的出现是对父母的一个否定。这是伦理实体自身无穷进展过程中的一个否定性环节。子女经教养而成为自由人格,独立成人,组成自己的家庭,这就是既有家庭的解体与家庭伦理实体的无限展开过程。①

2. 子女教育

由于父母对于子女的爱是对自身及其伦理实体的爱,因而,一方面,这种爱是使子女成人之爱,它是有客观规定性的伦理性的爱,内在地包蕴了对于子女的教育;另一方面,这种爱不是顺从子女任性的溺爱。溺爱将使人毁灭。

父母对于子女的爱中直接包含了抚养教育子女、使子女成人的权利与义务。子女不是父母的私人财产,不是父母的附属品,子女自身就具有自由的权利。"子女是自在地自由的,……他们不是物体,既不属于别人,也不属于父母。"②子女是属于伦理实体的。父母对于子女的教育,就其根本而言,不是他们本人对于子女的教育,而是伦理实体对于子女的教育,因而,父母教育子女的权利就其根本而言,不在于他们固有的权利,而在于伦理实体赋予的权利。这里隐含着一个命题:对子女的教育不是纯粹家庭的责任,它亦是社会、国家的责任。为儿童提供平等、良好的教育,是现代社会、国家义不容辞的重任。

"子女有被抚养和受教育的权利"。子女的这个被抚养与受教

① 参见黑格尔:《法哲学原理》,第 190 页。
② 黑格尔:《法哲学原理》,第 188 页。

育权利的本体论根据就在于：人并不是其本能所是，雕琢其本能而
人化，方可为人。这就如黑格尔所说："应该怎样做人，靠本能是不
行的，而必须努力。"正是在子女的这种成人过程中，伦理实体自身
的生命得以延续。

教育的目的在总体上是使子女去除基于纯粹自然本性的"任
性"，"破除子女的自我意志，以消除纯粹感性的和本性东西"。教
育这种对于子女自然本性的否定性，就是要使子女成为伦理实体
中的现实成员。具体地说，家庭教育的目的有两个基本方面：一方
面，"灌输伦理原则"，使子女拥有"伦理生活基础"；另一方面，使子
女成为独立自由人格的公民。换言之，家庭教育的任务是双重的：
一方面使子女成为这个家庭伦理实体的一员，另一方面使子女成
为国家伦理实体中的一员。前者是使其成为家庭成员，后者是使
其成为社会成员。这就是黑格尔关于父母对于子女教育的两个目
的："肯定的目的在于，灌输伦理原则，而这些原则是采取直接的，
还没有对立面的感觉的那种形式的，……否定的目的，……使子女
超脱原来所处的自然直接性，而达到独立性和自由的人格，从而达
到脱离家庭的自然统一体的能力。"①家庭教育的这双重任务意味
着其爱的教育与公民教育的双重取向，意味着家庭教育的内在规
定性中就包含着民主的教育这一公民教育的基本价值取向。

家庭教育以爱、服从为基本内容。黑格尔特别强调儿童作为
人生的第一阶段，应当"在爱、信任和服从中度过"，应当"处于为父

---

① 黑格尔：《法哲学原理》，第 188 页。

母所爱和信任的环境中"。① 黑格尔在这里事实上将爱、信任、服从三者作为家庭教育的主要内容。不过,由于信任是在爱基础之上所形成的一种对家长的特殊情感,故,信任可以归之于爱之下:由爱而生信任。这样,根据黑格尔的思想,家庭教育的主要内容有二:一是爱的情感性教育,一是服从规范的规范性教育。

　　a. 爱的情感性教育。(父母对于子女的)家庭教育不同于一般社会教育,其特殊性就在于它是基于亲情基础之上的教育,且是针对儿童这个充满稚气的未成年人的教育。因而,家庭教育中亲情的情感性教育就具有特殊的意义。伦理必须首先"作为一种感觉在儿童心灵中培植起来"。② 在家庭教育中,爱是核心。在一个没有爱的生活教育中,儿童不可能培育起信任精神。由爱、信任所构成的生活环境是儿童伦理性教育的第一课堂,亦是儿童人格形成过程中的最重要阶段。儿童时期所受到的情感教育将影响人的一生。一个人的性格、心理特征在儿童时期塑造,一个儿童时期生活在爱与信任环境中的人,会对世界拥有更多的爱与信任。相反,则会对世界怀有更多的怀疑、冷漠乃至敌视与仇恨。正是在这个意义上,一个家庭所能够给予孩子的最大教育与最珍贵财富,莫过于在爱与信任中形成的健康人格。弗洛伊德的心理学理论,罗尔斯的公民美德形成社会条件思想,都从不同层面揭示了这一点。③ 当然,这种爱的情感性教育并不等于溺爱,并不等于无规范。其中

---

① 黑格尔:《法哲学原理》,第 188、189 页。

② 黑格尔:《法哲学原理》,第 189 页。

③ 罗尔斯关于公民正义感美德形成的三个阶段(权威的道德、社团的道德、原则的道德)思想,也揭示了爱在公民健全人格形成中的基础性意义。

的区别在于:这种规范性教育本身就是通过爱与信任进行的。诸如,父母对子女的爱的教育,并不否定父母有要求子女为家庭服务的权利,并不否定父母有对子女行为规训的权利。父母要求子女对于家庭的照顾,是以一种特殊方式进行的塑造子女爱的情怀与品德的教育,并通过这种特殊教育使子女能够体悟到爱的互相性与互动性。父母对于子女行为的规训权利,亦是伦理实体琢其成器之大爱权利。

b. 规范性教育。"教育的一个主要环节是纪律"。① 父母教育子女的核心任务就是要"矫正子女"的"任性",认识与接受社会的规范性。一个人的成长过程,就是文化、文明、规矩的过程。文化、文明、规矩,当然需要说理,然而,由于人的本性的恣意性,往往仅仅言说教导并不有效。所以,黑格尔强调:"不得以为这里单靠善就够了,其实直接意志正是根据直接的恣性任意,而不是根据理由和观念行动的。如果对子女提出理由,那就等于听凭他们决定是否要接受这些理由,这样一来,一切都以他们的偏好为依据了。"②如果说服不够,这时,就需要强制与惩罚。这种强制与惩罚,一方面表明这种规范纪律本身的权威性与神圣性;另一方面,通过这种强制与惩罚使子女服从这种规范纪律,并逐渐对这种规范纪律形成习惯,以培养成第二天性。在教育中惩戒是必要的环节或手段。尽管仅仅依靠强制与惩戒的教育是不行的,但是没有强制与惩戒就没有教育。"惩罚的目的不是为了公正本身,而是带

---

① 黑格尔:《法哲学原理》,第 188 页。
② 黑格尔:《法哲学原理》,第 188 页。

有主观的、道德的性质,就是说,对还在受本性迷乱的自由予以警
戒,并把普遍物陶铸到他们的意识和意志中去。"①当然,教育中的
这种惩罚本身须有度,须以不伤害子女身心健康为原则。

其实,教育中的这种惩罚本身就表明伦理实体的一种价值取
向与价值灌输。这是生活本身向儿童所灌输的价值内容。这种通
过生活本身向儿童所传达灌输的价值内容,对于儿童的影响,较之
一般说服更为深刻与持久。

儿童确实有其天性,有其稚气,对于儿童的教育方式应适合其
天性。然而,这并不表明对于子女的教育就是要保留子女的儿童
气息,而不是通过教育提升子女。这可能正是黑格尔对"游戏论的
教育学"批评的真实意蕴所在。② 教育对于儿童的提升应寓于游
戏过程中,使儿童通过游戏学会遵守规则、发现规则、创造规则。
纯粹游戏只是一个无规定的手段性东西。游戏须有思想内容,须
有适合儿童身心发展的积极价值引导。游戏教育中的游戏,既应
当适合儿童的天性,又应当成为传达这种价值内容、引导儿童身心
健康发展的合适方式与途径。

对于子女的教育,父母均有不可推卸的权利与义务,并各自承
担着特殊的角色。只有在父母的共同配合统一中,才能使子女受
到良好健康教育。黑格尔以为:在"幼年时代,母亲的教育尤其重
要"③,因为母爱通过一种直接的爱使子女获得存在的信任、安全

---

① 黑格尔:《法哲学原理》,第 187 页。
② 参见黑格尔:《法哲学原理》,第 189 页。
③ 黑格尔:《法哲学原理》,第 189 页。

感。其实,即使在整个儿童时期,父亲亦有其重要作用。如果说母亲是大地,施之于温暖与庇护,那么,父亲则是苍穹,施之于法律与威严。母亲与父亲所承负的这两种教育内容,对于子女缺一不可。这亦从一个特殊层面呈现出子女教育的情感性与规范性两个方面的统一内容。

黑格尔有这么一个看法:"总的说来,子女之爱父母不及父母之爱子女。"①这既是对生活现象的一种概括,更包含深刻的哲理。一方面,这不是简单地说子女对父母的爱不及父母对子女的爱,而是说子女的爱更多地指向生活自身,以及对于自己子女的爱。老年人作为伦理实体的一部分,当然应当得到良好的照顾,颐养天年。一个老人能够安度晚年的社会,才可能有资格被称之为和谐的社会。不过,儿童、年轻人是社会的希望与未来。在一个社会中,若儿童与年轻人较之老年人能得到更多关注,则这个社会就是一个充满希望、具有未来的实体;若老年人得到更多关注,则就是一个老年人占主导地位的老人社会,这个社会就缺少未来与希望。父母(老年人)不要因为子女(年轻人)对自己照顾少了,就简单责怪子女(年轻人)。子女乃至这个伦理实体有其未来,他们应当为未来努力。这是老年人对于子女、对于这个伦理实体的一种睿智与豁达。另一方面,伦理实体本身的生命在于其生生不息,在于自身内在的否定性。如果一个人或一群人永远占据着这个伦理实体的中心,那么,这就意味着这个伦理实体本身缺失生命力,缺失基于内在否定性的未来。当下实存的一切,总是要被事物自身的进

---

① 黑格尔:《法哲学原理》,第 189 页。

程所否定。

子女长大成人，组成新的家庭，既有的家庭因子女组成新的家庭而自我否定。这就是家庭解体。家庭解体是伦理实体发展的中介环节。

3. 家庭解体

黑格尔认为家庭解体有三种形式：夫妻离异、子女成家、双亲去世，其中，子女成家是内在否定性的家庭解体。

婚姻自由中包含了离婚自由。无论结婚还是离婚都应当是一个严肃的事。然而，相比而言，由于婚姻后所形成的新的伦理关系，由于子女的出现，离婚较之结婚似乎有了更多的责任因素。必须认真考虑由于离婚而可能对子女、父母所造成的伤害。这是问题的一个方面。另一方面，离婚本身应当以平静理智的方式进行。爱情与友谊是两回事。当不能成为夫妻一体生活时，未必就不能拥有珍贵的友谊。离婚未必意味着两个人间有着根本的对立，甚至彼此间仍然会由衷地认为对方是一个好人，只不过由于个性、习惯、生活习性等的差异，使得双方对成为一体的生活方式难以适应而造成离异而已。

"家庭的伦理上的解体在于，子女经教养而成为自由的人格，被承认为成年人，即具有法律人格，并有能力拥有自己的自由财产和组成自己的家庭。"此时，"儿子成为家长，女儿成为妻子，从此他们在这一新的家庭中具有他们实体性的使命。同这一家庭相比，仅仅构成始基和出发点的第一个家庭就退居次要地位"。① 这种

① 黑格尔:《法哲学原理》,第 190 页。

家庭解体是严格意义上的伦理性解体,它是家庭自身生命过程的一个环节。

双亲去世——曾在一个相当长历史时期中,尤其是父亲去世——亦是家庭解体的一种形式。这种解体不仅在于既有家长的消失,更在于由于伴随着双亲去世而出现的财产继承及其财产分立所造成的分户而立。这里的核心问题是财产分立而造成的个人独立。① 在更为一般的意义上,它所包含的是隐藏在家庭财产分割方式中的家庭存在形式。这种财产继承关系可以折射出家庭关系的历史类型。② 与这种双亲去世家庭解体直接相关的家庭财产分割方式,以及由这种分割方式所造成的家庭存在形式,有三种类型:

其一,嫡长子继承。这种嫡长子以身份等级制的方式继承制保持与维护了既有家庭在世袭性中的存在。它甚至成为一种政治权力转移的结构模式。在黑格尔看来,"长子世袭权连同不可让与的宗族财产"不是"任性",因为它不是依据一个人的当前主观感觉,而是依据一种伦理共同体理念所形成的一种实体性的财产存续方式。③ 根据黑格尔的理解,嫡长子继承制不会因为分家而造成家庭财富与力量的分散与削弱,从而有助于维系这个既有血亲家庭的强盛。

其二,遗嘱继承分割。这种遗产继承方式表达了家长对于财

---

① 参见黑格尔:《法哲学原理》,第 190—191 页。

② 这正是黑格尔通过揭示古罗马时代儿子、妻子在财产继承问题上的历史事实,向我们传达的一个信息。参见黑格尔:《法哲学原理》,第 192—193 页。

③ 参见黑格尔:《法哲学原理》,第 194 页。

产的自由处置权利。但是根据黑格尔的看法,它却又同时充满了主观任性。它一方面可以呈现出亲属关系的亲疏远近,使人感到不快;另一方面或者可能给一些人以可乘之机,通过"不光彩的手法"获得遗产,或者可能立遗嘱者借此而要求指定人去做"卑鄙龌龊的事"。因而,黑格尔对于遗嘱遗产分割方式持有保留态度。①

其三,家庭内的火拼。这种形式的家庭解体,在历史与现实中往往会因争夺遗产而刀刃相见,玉石俱焚。这是毁灭意义上的解体。

黑格尔通过家庭解体这种特殊思辨方式,揭示了人必定要从既有血亲关系中走出来、成为独立人格的思想。

家庭不仅是市民社会得以存在的逻辑原点,亦是民族、国家得以存在的逻辑原点。或者换言之,从家庭这个伦理实体中可以逻辑生长出市民社会与民族、国家。从家庭伦理实体的自身存在与发展过程中来看,家庭解体是家庭的扩大与发展,它造就了更多的家庭。"家庭的平静扩大"成为民族。民族是无数家庭"平静扩大"了的自然统一体。根据黑格尔的看法,民族形成有三种方式:基于自然血亲渊源的方式,外族暴力占领后在漫长历史过程中融合形成的方式,②不同血缘群体间的自愿结合。如果这些诸多"家庭"间通过某种方式集合在一起,并形成自己的政治结构,则成为

---

① 参见黑格尔:《法哲学原理》,第 194—195、191 页。

② 漫长的历史不仅使暴力占领被淡化,归于平静,更重要的是使占领与被占领者之间在文化上逐渐实现融合。这对于在历史上曾经出现过被占领现象的民族的形成与存在而言,特别重要,这是内容上的"平静"。

国家。①

子女从家庭中独立导致家庭解体，家庭解体的结果是独立人格的出现。这些独立人格以独立的身份存在，且彼此之间以有差别的特殊性的方式存在。这些互有差别、有独立身份的人的平等交往，构成了市民社会。

第 11 讲　市民社会概述

　　"市民社会"部分是黑格尔《法哲学原理》中最精彩部分之一。黑格尔从思辨的历史观、政治经济学出发,在宏观上把握与理解"市民社会",并将市民社会视为现代国家中的一部分。[①] 依据黑格尔的看法,家庭、市民社会分别是关于"私权"和"私人福利"的领域。[②] 市民社会是由作为独立人格存在的个人所构成的伦理性实体。市民社会一方面以独立存在的个人为前提,另一方面以独立存在的个人具有普遍性(法则)意识为指向。市民社会所要解决的核心问题是:私人利益及其普遍实现的方式是何?独立存在着的自利的个人,如何通过满足需要的普遍交往活动组成一个有机整体并和谐有序?

　　在理解黑格尔"市民社会"相关思想时必须注意以下几点:其一,不是任何一个人都可以成为"市民社会"生活中的主体,能够成为"市民社会"生活现实主体的有其具体规定,他们是具有平等权利、独立人格、自由反思批判精神者(这就如同理解斯密相关思想

---

　　① 　参见洪镰德:《黑格尔哲学之当代诠释》,台北:人本自然文化事业有限公司,2007 年,第 229—230 页。

　　② 　参见黑格尔:《法哲学原理》,商务印书馆,1982 年,第 261 页。

一样）。这是黑格尔《法哲学原理》思辨体系所明确阐释了的。其
二，"市民社会"尽管以市场经济为核心，但"市民社会"不仅仅指市
场经济，它指一切由平等、独立的个人自发活动所构成的"民间"
（非政治）社会。这样，就能理解黑格尔将教会归入"同业公会"、
"市民社会"一说。其三，"市民社会"的存在有其政治背景性框架，
这就是黑格尔所说的"国家"及其一系列相关宪法法律体系。这亦
是由其思辨体系所明确阐释了的。另外，黑格尔"市民社会"之"市
民"（borgese）指"资产者"。根据"抽象法权"中的规定或解释，财
产权是一个广义概念，包括体力、智力、精神等，这样，只要是正常
健康人就均拥有自己的某种"财产"与"财产权"。故，此"市民"就
不是通常的"资产者"，更不是作为组成资产阶级分子的"资产者"，
而是商品经济活动主体。通常所说的工人、劳动者亦是其现实部
分，他们从事市场交换，在市场交换中实现自身的需要。

一、"市民社会"一般

1. "市民社会"理解维度

"市民社会是处在家庭和国家之间的差别的阶段"。① 对于这
个问题的理解有两个维度，一是逻辑的维度，一是历史的维度。就
逻辑的维度而言，市民社会所表达的是绝对精神在客观精神阶段
的否定性阶段：家庭（普遍）——市民社会（特殊）——国家（普遍）。
在此阶段，有了个体性、特殊性，客观精神通过这种个体性、特殊性
展开自身，使自身得到丰富的内在规定性；在此阶段，作为主体存

---

① 　黑格尔：《法哲学原理》，第 197 页。

在的个体,通过普遍交往活动获得关于自身的普遍意识,进而为进一步提升自身开启了通向更高存在环节的空间。不过,我们是立足于历史的维度来理解。

a. "市民社会"理解的历史维度:对作为市民社会"前提"的"国家"的理解。

就历史的维度言,市民社会的出现是人类历史上较近的事实。在黑格尔看来,市民社会的"形成比国家晚",它是"在现代世界中形成的"。① 黑格尔的这个看法似乎合乎历史事实。但是却未必然。这里的关键点有二:其一,此处所说"国家"的内在规定性是何? 其二,此处所说市民社会"必须以国家为前提",是在应然的意义上而言,还是在实然的意义上而言?

就"国家"的内在规定性而言,黑格尔这里所说国家是何种意义上的国家? 是作为传统意义上的国家,还是近代以来意义上的国家? 如果指的是传统意义上的国家,则由于人类自摆脱蒙昧时代以后就有了国家现象,而市民社会作为一种运动最早在公元 9 世纪才出现,其作为一种普遍社会存在现象、并用以指称现代工商业社会,则是 18 世纪以来的事,在这个意义上,国家确实先于市民社会而存在。但是,若是以近代意义上的政治国家而言,那么,以民主政治为内在规定性的近代以来意义上的政治国家,则以市民社会为基础,是先有市民社会而后才有严格的近代以来意义上的政治国家。

如果说市民社会"必须以国家为前提"是在实然的意义上而

---

① 　黑格尔:《法哲学原理》,第 197 页。

言,那么,确实,近代市民社会的兴起总是有其寄生、依托,传统意义上的国家正是其寄生与依托,因而,传统意义上的国家确实是市民社会的前提。然而,这个"前提"却不是指作为市民社会健康存在必要条件这一"前提",故不是黑格尔本人所意指的作为市民社会真理性存在环节的国家。这样看来,黑格尔所说的作为市民社会前提存在的国家,并不是在实然意义上言,而是在应然意义上言,不是指的传统国家,而是指的近代以来意义上的政治国家。如是,则关于市民社会必须以国家为前提的思想就应当被理解为:市民社会的健康存在,离不开超越于市民社会的东西,离不开某种超越于原子式存在个人之上的、作为公器的东西的存在,这个超越于市民社会的公器就是国家。这个国家,不是传统、实然的国家,而是现代、应然的国家。

b. 市民社会是现代社会的产物。

尽管市民社会运动可以上溯至欧洲 9 世纪,但是作为伦理实体存在环节之一的市民社会却"是在现代世界中形成"。这个在"现代世界中形成"的市民社会指称的并不是通常意义上所说的市民社会运动,①而是指称商品经济这一人类社会经济历史形态。在这个历史形态中,有了个人、个人利益,有了个人的人格独立性,并通过市场交换进入普遍交往的历史关系。这个历史形态有完全不同于既往的伦理关系及其秩序。

---

① "市民社会"有两种理解理路,一是政治的,一是经济的。黑格尔以及后来的马克思所秉持的基本理解理路是经济的。具体可参见高兆明:《中国市民社会论稿》(中国矿业大学出版社,2001 年)"导言"中"'市民社会'理念与研究进路"部分。

2."市民社会"原则

市民社会的原则是（个体）主体性原则。在市民社会这一伦理实体中，每一个人都是作为主体存在，并通过主体间的普遍交换（交往）构成自己的丰富伦理关系与现实生活世界。这样，作为市民社会原则的主体性，首先就是个体主体性，以及在此基础之上进一步生长出的交互主体性。只不过这种交互主体性还只是交换正义的主体性，它是平等交换互惠意义上的外在交互主体，尚未是存在正义意义上的内在交互主体性，故，还停留于形式普遍性的层面。

黑格尔本人并没有明确提出这种思想，他只是通过晦涩的方式，以市民社会二原则思想隐约表达了这一思想。黑格尔认为市民社会有"特殊性"与"普遍性形式"两个原则。其"特殊性"原则讲的正是个体主体性原则，"普遍性形式"原则讲的则是平等互惠、普遍交换正义意义上的交互主体性。具体言之，市民社会的主体性原则有两个方面的规定：

a.个体主体性或个人利益的"特殊性"原则。

根据这个原则，个人及其利益本身具有目的性，且"利己"[①]在市民社会中具有正当性、合理性。这就是黑格尔所说："具体的人作为特殊的人本身就是目的。"[②]这是市民社会不同于家庭的根本之处。在家庭中没有特殊与个人，只有整体。当家庭中出现了特殊与个人时，就意味着家庭本身的瓦解。近代人类在双重意义上

---

① 参见黑格尔：《法哲学原理》，第 198 页。

② 黑格尔：《法哲学原理》，第 197 页。

获得解放:一是从神的庇护下的解放,使人不再成为神庇护下的存在;一是个人从类中的解放,个人不再是无足轻重的存在,每个人都有其独特的存在价值。当康德提出"人是目的"时,这里的人就不是一般抽象的类的人,而是普遍的个体。只有普遍个体成为目的,作为类的人才可能真正作为目的存在。

市民社会中作为特殊存在目的性的个人,对自身的需要有自觉意识,并以追求个人私利为目的。这就如黑格尔所说这些具体的人是作为"各种需要的整体"并具有"任性"特质。① 因而,市民社会亦是一个富有个性的社会。在市民社会中,"一切癖性、一切禀赋、一切有关出生和幸运的偶然性都自由地活跃着"。这个富有个性的市民社会充满激情,这种个性激情仅仅受到"理性的节制"。② 而这个理性的节制首先就是指的作为精明的经济人存在,并如后来韦伯所说以理性的方式获得私利。

市民社会是一个为了私利(或是为了个人经济利益)的领域,在这里,我个人的私利是目的,其他每一个人都不过是实现我目的的手段。黑格尔在另外一个地方认为:"市民社会是个人私利的战场,是一切人反对一切人的战场,同样,市民社会也是私人利益跟特殊公共事务冲突的舞台,并且是它们二者共同跟国家的最高观点和制度冲突的舞台。"③这就是说,人们在市民社会这个私利领域的出发点不是为了他人,也不是为了某种共同体的利益或崇高

---

① 黑格尔:《法哲学原理》,第 197 页。
② 黑格尔:《法哲学原理》,第 197—198 页。
③ 黑格尔:《法哲学原理》,第 309 页。

的目的,一切都是为了自己,是为了自己私人利益的最大化。因而,在市民社会领域充满了激烈的竞争,这是一个人与所有人的竞争;个人为了私利有可能选择与公共利益乃至国家利益相背离的行为。①

　　然而,市民社会中的个人追逐私利、以自己为目的,这并不意味着这个追逐私利、以自身为目的的个人,眼中就只有自己而无他人,只承认自己逐利的权利而不承认他人的逐利权利。如果真的是那样,那么,在市民社会中的个人就不具有平等的自由人格——这就从根本上违背了黑格尔《法哲学原理》思考的基本出发点。一方面,这不是黑格尔在《法哲学原理》中所说的"市民社会",而是在《精神现象学》中所说的"主奴社会";另一方面,这种私人利益、个人目的性存在,就不可能通过如后所说的普遍交换得以实现。这样,这里的"特殊性"原则,就是一个普遍的特殊性,即承认市民社会中的每一个成员,都无一例外地拥有这种追求自己利益的平等权利。在这个作为普遍的特殊性原则中,同时就隐含着市民社会中的每一个人相互承认彼此具有平等的自由权利。

　　如果仅仅只有特殊性原则而无普遍性原则,如果市民社会

_____

　　①　霍布斯所揭示的那种一个人与所有人的战争状况,在某种意义上是现代社会无法避免的一种状况:它是以市民社会为标识的市场经济的内在特质之一,是普遍竞争。现代社会的人生来就无法避免这种竞争,这是一种近乎存在本体论的"宿命"。但是,现代社会的人如果仅仅只有市民社会、市场经济生活而无其他生活,那么,现代人则是不幸的。人不是纯粹经济的存在。市民社会、市场经济生活并不是现代人的全部生活领域。物的利益法则只能在市民社会、市场经济中起支配作用,并不能在全部社会生活中起主宰作用。不能将物的支配法则错位移置到私人家庭、精神文化、公共生活等领域。

中的每一个仅仅承认自我而不相互承认,如果市民社会中的每一个人仅仅只是为了自己而完全不顾及他人,如果只有我是绝对的目的而其他所有人都是绝对的手段性存在,那么,个人私利就无法实现,无所谓市民社会、市场经济秩序,我的目的性存在也无法实现。故,市民社会的特殊性原则总是离不开普遍性这另外一个原则。

b. 交互主体性原则或共同利益的"普遍性形式"原则。

黑格尔说:"普遍性的形式是市民社会的另一个原则"。① 根据这一原则,市民社会中的个人利己就不是在一种纯粹己他对立中实现的利己,而是在己他共同利益中实现己之利益。只不过此共同利益不是存在本体论意义上的,而是互惠交换正义这一外在形式意义上的,个人的目的性存在须通过普遍交往形式才能得以实现,在这种普遍交往形式中每一个人又互为目的。这里有以下几层意思:

其一,在市民社会中,每一个具有特殊利益且作为目的性存在的个人,并不是孤立的存在,并不是荒岛上的鲁滨逊,而是处于广泛联系的复杂关系之中。"特殊的人在本质上是同另一些这种特殊性相关的,所以每一个特殊的人都是通过他人的中介,同时也无条件地通过普遍性的形式的中介,而肯定自己并得到满足。"②作为目的的个人须通过为他人服务的方式实现自己的目的,并通过这种普遍交往获得自身的普遍性。在这种以我为目的的活动中,

---

① 黑格尔:《法哲学原理》,第 197 页。
② 黑格尔:《法哲学原理》,第 197 页。

尽管我将他人作为实现目的的手段,但是,我却必须通过为他人服务的方式获得来自于他人的服务、实现自身的目的。这就意味着:一方面,尽管我是将自己作为目的,将别人作为手段,但是,事实上我为了实现自己的目的,却又不得不将他人作为一种目的性存在来对待;另一方面,这个我通过为他人服务以实现自身特殊目的性存在的过程,同时即是对我的纯粹特殊性目的的自我否定过程,在这个过程中,我至少通过普遍交换使自身成为形式上的普遍性存在。

其二,在市民社会中每一个人都以自我为目的,都是"利己"的。然而,这种以自身为目的的"利己"性,并不必然意味着彼此的绝对对立。"利己"作为社会交往关系及其秩序的原点本身并不可怕,甚至在道义上也并不可恶。相反,它还在一定意义上拥有善的品质。因为,它所标识的是个人自我意识的觉醒,个体独立自主权利的存在。在历史的视域中,个人作为独立主体存在是一种社会进步现象,它普遍出现在对封建宗法等级人身依附制否定之后。主体性的自由权利必定包含着个体的自由权利。[1]

马克思恩格斯亦曾揭示:人总是从自己出发的。[2] 马克思恩格斯的这个思想与欧洲启蒙时代以来的主流思想一脉相承。不能简单浅薄地谈利己而色变。对"利己"的认识既必须有历史的眼光,亦必须有逻辑的认识。从利己出发,可以是彼此间的绝对对

---

① 参见洪镰德:《黑格尔哲学之当代诠释》,第 232 页。

② 参见马克思恩格斯:《德意志意识形态》,人民出版社,1961,第 504 页。

立,亦可以是彼此的和谐共存。究竟会出现何种结果,关键在于:一方面,取决于行为主体的精神意识,取决于是否具有普遍利己心,取决于具有利己心的个人以何种方式实现自身的目的,取决于究竟是以两极不相容彼此拒斥的方式,还是兼容共在的方式实现自身的目的性存在;另一方面,取决于行为主体行为活动的客观制度性背景,取决于那个特定的背景性制度安排是否能够有效地引导并规范个人只有通过为他人服务才能获得自身的利益,实现利己。"在市民社会中,每个人都以自身为目的,其他一切在他看来都是虚无。但是,如果他不同别人发生关系,他就不能达到他的全部目的,因此,其他人便成为特殊的人达到目的的手段。但是特殊目的通过同他人的关系就取得了普遍性的形式,并且在满足他人福利的同时,满足自己。"①因而,市民社会中自利的个人,绝对不是原子式的个人。这正是黑格尔在后面所说:"这种原子式的抽象的观点在家庭和市民社会中就已经消逝了,因为在那里,单个的人只有作为某种普遍物的成员才能表现自己。"②

其三,市民社会是一个基于相互承认、人格平等的普遍交换的社会,自利的个人在普遍交换中实现自己的利益。黑格尔在讲到市民社会时有这么一个思想:"整个市民社会是中介的基地。"③所谓"中介的基地"指的就是基于平等身份的"普遍交换"之处。作为具有特殊利益的特殊个人自身,并不是必定想成为具有(形式)普

---

① 黑格尔:《法哲学原理》,第 197 页。
② 黑格尔:《法哲学原理》,第 322—323 页。
③ 黑格尔:《法哲学原理》,第 197 页。

遍性的社会人,但是,这种具有特殊利益的个人又总是成为社会、普遍的存在。其缘由何在? 即便我们在此不考虑个体生长过程中的教化、经验性学习演进这一社会化过程,只是从理性主义的建构主义思想方法维度来认识,也不难发现:具有理性能力的特殊个人,正是在对自身特殊利益的目的性追求中,通过目的性实现的手段寻求而自觉使自己成为社会、普遍的存在。

严格地说,这种社会存在的"中介"性概念亦是近代以来的概念。在一个身份等级制社会中,不存在"中介"、交换,只存在着索取、豪夺。"中介"所表达的普遍交换,是以平等身份为前提的经济上的平等交换。这是普遍交往的物质基础。

市民社会基础之上的普遍交往有两个方面的基本含义:一方面,这是一种客观交往关系。这种交往关系是由市场交换所客观造成的普遍交往关系,每一个生活在市民社会中的人都无法摆脱这种相互依赖性的关系。另一方面,从事这种交往活动的主体对这种客观交往关系具有自觉意识。作为具有特殊目的性存在的个人具有理性能力,具有理性能力的个人通过这种普遍相互依赖的交往关系——用黑格尔的话说是"普遍性的形式"——意识到这种普遍交往关系及其秩序的存在。正是这种对外在普遍客观交往关系的自觉意识,才使得个人不仅在形式上遵循客观普遍交往规则,而且有可能在对自身特殊性的反思中,自觉将这种特殊性上升为普遍性。

其四,具有必然性的现代国家制度是个人利己目的的实现条件。特殊存在的个人通过普遍交换实现自身的目的性存在,这具有偶然性。只有在一种客观制度性安排中,这种通过普遍交换实现自身目的的方式,才是"现实"与"可靠"的,才能成为一种必然。
所以黑格尔强调"普遍性"、"制度"的重要。"受到普遍性限制的特
殊性是衡量一切特殊性是否促进它的福利的唯一尺度。""利己的
目的,就在它的受普遍性制约的实现中建立起在一切方面相互倚
赖的制度。个人的生活和福利以及他的权利的定在,都同众人的
生活、福利和权利交织在一起,它们只能建立在这种制度的基础
上,同时也只有在这种联系中才是现实的和可靠的。这种制度首
先可以看成外部的国家,即需要和理智的国家。"①值得注意的是,
在黑格尔的这个思想中,隐约包含着一个重要思想:这种具有必然
性的制度是由这些利己目的性的个人"建立"起来的。

　　市民社会的两个原则,表明了市民社会这一伦理性实体的基
本特质:特殊个人的目的性存在与普遍性交往形式。在这里,特殊
性与普遍性获得了形式统一,且这种形式统一自身成为走向实质
统一的中介环节。

二、市民社会的内在矛盾:特殊与普遍或个人与国家

　　在市民社会中,特殊与普遍出现了分化,在这里出现了特殊、
个别、私人、个性、人格及其自由意志。每一个个人都是特殊的目
的性存在。个体的出现似乎消解了国家、整体,但是,这些自身作
为目的性存在着的个人又要求有一个能够真正维护与实现自身自
由权利的国家。在市民社会中,特殊与普遍具有不可分离性。"在

---

　　①　黑格尔:《法哲学原理》,第 198 页。

市民社会中特殊性和普遍性虽然是分离的,但它们仍然是相互束缚和相互制约的。其中一个所做的虽然看来是同另一个相对立的,并且以为只有同另一个保持一定距离才能存在,但是每一个毕竟要以另一个为其条件。"①只有特殊与普遍统一的伦理实体,才是真理性的伦理实体。此真理性的伦理实体,在黑格尔看来是作为"地上行进的神"的国家。

黑格尔在对市民社会的一般考察中,尖锐批评了将特殊与普遍分离的思想意识与具体行动。黑格尔在两个方面展开了自己的思想行程:

其一,批判否定特殊性的普遍性、否定个人的国家。

黑格尔以柏拉图的理想国为批评对象。黑格尔认为柏拉图的理想国否定了个人、个性、特殊性,否定了"私有制",否定了个人的自觉意识与自由意志(用黑格尔的话说是"主观任性");在柏拉图的理想国中"普遍性把特殊性的力量都吸收过来",使特殊性、个人没有任何存在的余地,这样的国家不是真理性的伦理实体,或者换言之,不是"实体性的真理",而只是"抽象思想的幻想"。柏拉图理想国这样一类思想观点与实践,割裂普遍与特殊,使伦理实体失却活力与真理性。"因为普遍性和特殊性两者都只是相互倚赖、各为他方而存在的,并且又是相互转化的。我在促进我的目的的同时,也促进了普遍物,而普遍物反过来又促进了我的目的。"②

---

① 　黑格尔:《法哲学原理》,第 198 页。

② 　参见黑格尔:《法哲学原理》,第 199—200 页。

尽管个人拥有独立人格作为一种普遍的历史形态是近代以来的事情,然而,作为一种历史存在现象,却曾分别在古罗马与基督教世界中出现,且这两者分别体现为内在精神与外在实存两个层面。基督教中出现的个人独立特殊性存在,是以"单个人独立的本身"具有"无限的人格"这一"主观自由"原则的"内在的形式"出现,古罗马则以自由民公民社会的实践方式出现。①

其二,批判脱离普遍性的特殊性、否定国家伦理实体存在的个别性。

特殊性、个性、自由人格的出现,是人类自由进程中的一大进步。然而,特殊性、个性、自由人格亦有其消极性或内在自我否定性。随着作为特殊目的性存在的个人的出现,就出现了个人的需要及其满足,且这种需要及其满足本身亦获得了某种正当性与合理性。然而,正是个人的这种需要及其满足本身却内含着对个体自身的自我否定性。这具体体现为两个方面:

一方面,个体需要的主观任意性。作为特殊目的性存在的个人的"主观偏好"与"偶然任性",在追求自身的"享受"与"需要"过程中,会使个体在似乎拥有可以任意而为、随心所欲的自由意志形式下丧失自由意志。这就是黑格尔所说"特殊性本身既然尽量在一切方面满足了它的需要,它的偶然任性和主观偏好,它就在它的

---

① 参见黑格尔:《法哲学原理》,第 200 页。根据黑格尔关于作为真理性的伦理实体的国家应当是特殊与普遍相统一、应当以个人特殊独立人格自由存在为前提这一思想,似乎就应当对黑格尔是一个否定个人自由权利的集权主义者这一结论持谨慎的怀疑态度,并应当对黑格尔作为真理性存在的伦理实体的国家有更准确的理解。

这些享受中破坏本身,破坏自己实体性的概念"的基本含义。[1]

　　另一方面,个体需要满足的偶然性。这种偶然性在于:由任性所产生的需要及其满足的无限性,人的欲望自身具有无限性,既有欲望的满足同时即产生新的欲望,既有欲望满足的过程就是不断催生新的更大欲望的过程。更值得注意的是,由于人具有意识能力,人能够"通过表象和反思而扩张他的情欲……并把情欲导入恶的无限"。[2] 这种永无止境的欲望产生及其满足均处于一种偶然状态,它完全依赖于外在偶然与任意。不仅如此,由于个人需要的满足总是要通过他人、社会,通过普遍交换才能得以实现,且由于这种个人需要的满足又总是不能摆脱特定社会制度性安排这一客观力量背景,因而,这种个人需要的满足就事实上超出了个人可以任性处置的范围,而不得不受到一种普遍性力量的限制,且在这种普遍性力量限制中呈现出一种实现的偶然性。这就是黑格尔所说个人需要"得到满足是偶然的,因为这种满足会无止境地引起新的欲望,而且它完全倚赖外在偶然性与任性,同时它又受到普遍性的权力的限制"所揭示的基本内容。[3]

　　上述基于个人需要及其满足偶然性的这种内在否定性,决定了个人特殊性向客观普遍性过渡的必然性。一方面,在客观普遍性中合理形成个人需要,使这种需要成为自由意志、人性健康生长的内在环节,或者换言之,使个人需要本身成为合乎人性的存在,

---

[1]　黑格尔:《法哲学原理》,第 199 页。

[2]　黑格尔:《法哲学原理》,第 200 页。

[3]　黑格尔:《法哲学原理》,第 199 页。

而不是相反,成为毁灭人性的东西;另一方面,在这种普遍性中,个人需要满足本身摆脱了偶然性而成为必然的,这种需要满足的必然性本身表征着人自身的自由存在。

正是基于对特殊性与普遍性、个体性与社会性统一的理解,黑格尔坚决反对任何形式的割裂个体性与社会性、特殊性与普遍性的做法,并坚决主张特殊性应当上升为普遍性、个体性应当上升为社会性。这个普遍性与特殊性、个体性与社会性的统一,通过国家这个伦理实体实现。

需要注意的是,黑格尔事实上是在双重意义上使用"国家"概念:通常意义上的实存国家机构,以及作为理想公器而实现个人与社会协调统一的统一体。在这双重意义中,黑格尔似乎更着重后一种含义。在黑格尔看来,市民社会中作为特殊目的性存在的个人具有个体性及交互性的形式普遍性原则。市民社会拥有这两个原则,似乎是达到了特殊与普遍的统一,在市民社会中这两个原则是"各自独立的",因而,这种统一"不是伦理性的同一"。即,这种普遍性形式所表达的只是市场的普遍交换、普遍依赖这种"必然性",以及个人对这种普遍交换与普遍依赖"必然性"的认识。在市民社会中,个人利益、个体间平等互惠关系是否能够真正实现,尚处于偶然、不确定状态。这种不确定、偶然状态的自由存在,是类似于萨特所说的被抛向自由的不得不自由,它不是真实的自由。所以,黑格尔说它"不是作为自由……存在的"。个人要作为自由存在者存在,就必须在自由的伦理实体中。在这个伦理实体中,个人与他人、特殊与普遍达到了真实统一。这个伦理实体,在黑格尔看来就是国家。①

在市民社会基础之上存在着的、作为个别性与普遍性统一的伦理性国家,其基本职能就是使特殊性与普遍性现实统一,在使个体成为普遍的同时,亦使普遍成为个体的。它有两种调节职能:其一,节制个人欲望及其满足方式;其二,调节社会财富分配,节制贫富差别。这就是黑格尔在第 185 节"补充"部分所阐述的基本思想。②

三、作为中介环节存在的个体性或私人性

1. 个体性存在的合理性

尽管黑格尔坚决主张特殊性应当上升为普遍性,个体性应当上升为社会性,但是,这种上升不是一种外在力量的提携,而是伦理实体自身内在的发展,这是一种内生性的自我否定性生长。这里包含两个方面的基本内容:一方面,普遍性并不是从外在强加于作为特殊目的性存在的个体的,而是从作为特殊目的性存在的个体内在生长出的,这就是黑格尔所说的"特殊性的原则,正是随着它自为地发展为整体而推移到普遍性";另一方面,这个内生出的普遍性是特殊性的真理性存在,即是作为特殊目的性存在的个体的真实自由(权利及其实现)的存在,这就是黑格尔所说的特殊性"只有在普遍性中才达到它的真理以及它的肯定现实性所应有的

---

① 参见黑格尔:《法哲学原理》,第 201 页。
② 参见黑格尔:《法哲学原理》,第 200—201 页。

权利"。①

在这种个体性上升为普遍性的内在否定性过程中,个体性本身作为自为的存在环节,则成为人的存在由自在向自由过渡的中介性环节。没有市民社会这样一个自为的存在环节,没有市民社会这样一个个人独立、个人利益,没有基于这种自我利益的作为特殊目的性存在的自我意识觉醒,就不可能有自由的精神,亦不可能有人的真实自由存在。自由,不是某种外在力量赋予人的,而是人通过自己的理性在生活中学习而获得的一种能力。如果联系到黑格尔前述个体美德只有在全部伦理关系已经形成并实现的伦理秩序中才能真实形成,以及个体美德形成本身就是一部"精神自然史"的思想,就会明白市民社会阶段对于个体自由精神、个体健全人格形成的意义。市民社会的这种个人自我意识、自利精神,似乎给社会带来了诸多问题与混乱,然而,这种问题与混乱正是人们走向成熟不可或缺的阶段。这就如儿童一样,始终被裹在襁褓中就永远长不大,放手让其学习独立行走、生活,尽管免不了摔跤乃至碰个鼻青脸肿,但是却能够学会独立生活。或许正是基于这种理由,黑格尔坚决批判了那种固执于以为"未开化……的风俗是淳厚质朴的",任何文明教育引导都是一种"腐蚀性的东西"的思想。②在这里,黑格尔的思想表现出鲜明的启蒙性质。

在普遍交换的市民社会中,尽管每一个都是作为"私人"存在,尽管每一个人都是从自己出发,"把本身利益作为自己的目的",尽

---

① 黑格尔:《法哲学原理》,第 201 页。
② 黑格尔:《法哲学原理》,第 201 页。

管每一个人在普遍交换活动中都将"普遍物"当作实现自己目的的"一种手段",进而亦将他人作为手段,但是,这个作为"私人"存在的个人为了实现自己的目的必须进入普遍交换活动。不仅如此,"如果他们要达到这个目的,就只能按普遍方式来规定他们的知识、意志和活动,并使自己成为社会联系的锁链中的一个环节。"①即,这个作为"私人"存在的个人,为了在这普遍交换活动中能够实现自己的目的,满足自己的需要,就必须认识这普遍交换活动,把握普遍交换活动的规律,按照普遍交换活动的规律行为。这样,这个作为"私人"存在的个人就在这种将自己作为目的的普遍交换活动中,事实上形成关于普遍交往的普遍性理智。尽管这种普遍性理智是基于其私人目的性的,但是,这种普遍性理智本身却已是对其"私人"性的一种否定,已使作为"私人"存在的个人拥有形式上的普遍性。这样看来,市民社会或普遍的市场交换活动本身,就是对个别意志的特殊濡养过程。市民社会或市场经济活动,作为社会生活大课堂,其所培育出的最重要社会精神,就是对于普遍交往活动的普遍性规则的知识与自觉,或者换言之,就是濡养出普遍性知识与普遍性规则意识。这就是黑格尔下面一段话所揭示的深刻道理:在市民社会以普遍物为中介实现私人目的的活动中,"理念的利益——这是市民社会的这些成员本身所意识不到的——就存在于把他们的单一性和自然性通过自然必然性和需要的任性提高到知识和意志的形式的自由和形式的普遍性的这一过程中,存在

---

①　黑格尔:《法哲学原理》,第 201 页。

于把特殊性教养成主观性的这一过程中。"①

　　市民社会中的私人,受自身欲望支配,直接以追求自身利益为目的,因而,并不能自然地就成为具有普遍责任精神的国家公民。市民社会中的私人必须经受教育,使自己摆脱直接受自身欲望支配的自然性,从狭隘的个人利益中走出来,成为自由存在的公民。这样,市民社会阶段亦提出了个体存在及其教育的问题。

　　2.　教育:人的解放

　　"教育的绝对目的就是为了人的解放。"此解放是一个无限开放的过程。② 人生的过程就是教育的过程。在人生的每一个阶段、每一个环节,都有教育问题。尽管人生每一阶段教育的具体内容及其形式各异,但是,这些各异的具体教育内容及其形式中却有共同性,它们所指向的均是:远离自然性、兽性,具有社会性、人性;由特殊性上升为普遍性,使特殊成为普遍中的特殊。这个教育过程即是人获得解放的过程。当然,这种共同教育指向在人生的不同阶段有不同的具体内容。在黑格尔所说家庭这一伦理阶段,人生教育主要是爱的教育,是在爱基础之上的信任、规则意识及其习惯养成教育。处于市民社会阶段的个体同样有个教育的问题。此

---

　　①　黑格尔:《法哲学原理》,第 201 页。

　　②　此处英译本的原文是:"The final purpose of education, therefore, is liberation and the struggle for a higher liberation still; education is the absolute transition from an ethical substantiality which is immediate and natural to the one which is intellectual and so both infinitely subjective and lofty enough to have attained universality of form."参见黑格尔:《法哲学原理》,第 202 页。

教育的具体内容主要是独立人格、平等互惠、遵守规则精神。此教育过程须通过市民社会生活实践本身完成。

市民社会平等互惠普遍交换活动的这种濡养教育，不能仅仅停留于纯粹手段性，停留于通过这种交往活动获得某种知识、手段的意义上来理解，而是要在人的交互性存在这种存在本体论意义上理解。只有这种意义上的理解，才能把握市民社会生活教育对于人的解放的真实内容。教育在根本上是为了人的解放。

黑格尔站在反封建、反教会控制教育的立场上，主张公共力量进入教育领域，强调教育的公共性。教育不是纯粹私人的事，教育不仅仅是为了"做一个好的人"，更是为了"做一个好的公民"。教育要为人进入公共生活服务。教育直接关涉人的自由能力、社会地位的升迁与改善之可能。[①] 黑格尔明确否定了下述两种教育思想：其一，以为人的自然性是"淳厚质朴"的，教育腐蚀了这种淳厚质朴性；其二，以为教育只是提供满足私人享受目的的手段，只是知识的传授。

教育是对人的纯粹自然质朴状态的否定。正是在此意义上，教育的目的是为了人的自由解放，教育工作是一项使人获得自由、解放的工作。自然质朴性固然可爱，然而，由于它是自然质朴的，因而，就是有待生长、进而有待被扬弃。这就如儿童的天真一样。儿童的天真质朴自然可爱，但是没有几个成年人真的希望自己被别人看作是如儿童般天真质朴，因为那是不成熟的显现。从

---

① 参见洛苏尔多：《黑格尔与现代人的自由》，丁三东等译，吉林出版社集团有限责任公司，2008 年，第 268—290 页。

自然质朴中超越出来，成为人的存在，这是人的自由进程之一。正是在人的自由、解放历程中，我们才可以合理地理解与把握教育这种理性、文明的意义，才能合理理解教育是内在于人的自由、解放的工作。不能将质朴自然简单地作为完美来欣赏，亦不能简单地以为只有自然状态才是"纯洁的"，更不能离开人的自由、解放进程简单地仅仅将教育"看成只是某种外在的东西和腐蚀性的东西"。①

作为人获得普遍知识、进而成为人满足自身需要的手段的教育，对人亦具有自由、解放意义。因为，这种教育毕竟使人可以通过知识的获得、手段性的掌握，从外部自然界获得某种自由与解放。然而，教育的这种解放工作，还只是一种外在形式上的解放。如果教育仅仅停留在这种手段性意义上，那么，教育本身有可能成为催生人自身异化的东西：人不再以自身解放为目的，人所追求的仅仅是对外部世界的支配权、享有权，以及建立在此基础之上的对物质生活的享受与无休止追求。如是，则不仅教育沦为一种手段，甚至人本身亦沦落为一种手段：物的自我消费的手段。遗憾的是，尽管黑格尔之后历史又过了两个世纪，但是，社会对于教育的这种解放人的工作性质，似乎仍然处于某种迷茫乃至无知状态。教育正日益成为一个培养工匠的机械加工厂。我们所生活于其中的这个社会，亦由于教育的这种机械加工厂性质，而成为一个拥有巨大身躯微小头颅的侏儒。

必须将教育理解为人的内在性的东西，理解为人的自由解放

---

① 黑格尔:《法哲学原理》，第 201 页。

的过程。这正是黑格尔通过批评关于教育问题上的两种谬见向我们所传达的重要思想内容。在黑格尔看来,无论是将教育看成是对自然状态的腐蚀,还是看成仅仅是满足需要的手段,都是将教育看成是人的外在性的东西。这种看法是对于人的自由存在的无知。用黑格尔的话说这种看法"表示着对于精神的本性和理性的目的的一无所知"。黑格尔认为人的自由存在或"理性的目的既不是上述的自然的质朴风俗,也不是在特殊性发展过程中通过教养而得到的享受本身。理性的目的乃在于除去自然的质朴性"。①所谓理性的目的在于除去自然质朴性,这里的"自然质朴性"根据黑格尔的看法有两个方面:一是"消极的无我性",一是"知识和意志的朴素性"。前者指的是人停留于自在状态,缺失自为性与主体性,缺失自我这样一种"自然质朴"存在状态。后者指的是人虽有自为性与主体性,但是,这种自为性与主体性只是一种对于自身需要这类"自然必然性"的自觉及其意志要求。由于这种自觉及其意志要求还只是对于自身自然需要、享受这样一类东西的自觉与意志,因而,正是在这个意义上,它们仍然是行为主体对于自身的一种"自然性"意识及其意志,这种"自然质朴"性的知识和意志并不具有普遍性形式。

　　这样,所谓教育的目的就是除去"自然质朴性"就包含两个方面的基本内容:一方面,通过教育使人去除其自然性而成为拥有人性的自由存在的人。人能够称其为人的,不是其自然性,而是其精神、理性、自由。另一方面,通过教育使人由单个的自然人,提升为

---

①　黑格尔:《法哲学原理》,第 202 页。

具有普遍性形式的普遍性存在。这个普遍性形式就是对于普遍性的知识与意志。值得注意的是,在个体身上,这种形式的普遍性正是其自由意志的主观性之内在规定。个体正是通过这种形式普遍性的自觉意识而在主观性的意义上成为自由意志的存在。在现代市民社会,一个人只要具备了这种普遍性的知识与意志,就是善的。当这种普遍性知识与意志成为一个人的第二天性时,这个人就有了较高的道德境界。与此同时,这种普遍性知识与意志亦通过个体的特殊性活动成为现实的存在。

教育当然有个教育主体的问题。在一般抽象的意义上言,此教育主体就是人自身。人的自由是人在日常生活中通过理性学习而获得。人的解放是人的自我解放。没有任何他物可以使人获得自由与解放,唯有人自身才可能使自己获得自由解放。在具体层面、相对于特殊存在者而言,教育就有一个他者教育与特殊存在者这一个体的自我教育之区分。在这种区分中,他者的教育极为重要。若在伦理实体的视域中审视,这个他者的教育就是生活本身的教育:任何具体现实的生活方式、交往方式中都贯注了一种价值精神、伦理关系,都在向个体进行某种特定的价值引导。这就是18世纪法国唯物主义者所说环境决定人、马克思所说合乎人性的生长环境、杜威所说生活就是教育、罗尔斯所说社会正义优先于个体善等思想中所包含的重要内容。不过,就主体本身而言,教育首先是自我教育。自由、解放首先是主体自我争取自由、解放。教育的过程是主体自我摆脱自然性而成为理性、琢磨特殊性而上升为普遍性的艰苦过程。教育的这种解放人的过程亦是自我革命过程。根据黑格尔的看法,"在主体中,这种解放是一种艰苦的斗争"，它要"反对举动的纯主观性，反对情欲的直接性，同样也反对感觉的主观虚无性与偏好任性。"①

教育是使特殊性上升为普遍性，其核心是否定自然性，而不是否定特殊性本身——与其说在这种使特殊性上升为普遍性的过程中特殊性本身被否定，毋宁说特殊性在上升为普遍性中获得了新生。这个获得新生的特殊性，不再是那个作为自然性存在的特殊性，而是作为普遍性定在的特殊性。在特殊性的这一新生过程中，"特殊性给予普遍性的充实的内容和无限的自我规定，所以它自己在伦理中就成为无限独立的和自由的主观性。"②

教育的本质是人的自由与人的解放，因而，一方面，"教育就是要把特殊性加以琢磨，使它的行径合乎事物的本性"；另一方面，教育本身就必须合乎人自由存在的本性与规律，它要求"真正的教育"而不是虚假的教育。虚假的教育似乎也是在改造人、创造人，但是，这种教育只是根据某些人的主观任意、荒诞想象来扭曲人性。这种教育与其说是在解放人性，毋宁说是扭曲、湮没人性。所以，黑格尔明确提出要区分真正的教育与虚假的教育："创造事物的这种真正创造性要求真正的教育，至于假的创造性只采用无教养的人们头脑中所想出来的荒诞事物。"③这种区分不乏洞见。

黑格尔在此提出的"有教养者"与"无教养者"之间的区别，亦很有意思。在他看来有教养者做事不故意标新立异，不张扬，从他

---

①　此处译文根据英译本稍有改动。参见黑格尔：《法哲学原理》，第202页。

②　黑格尔：《法哲学原理》，第203页。

③　黑格尔：《法哲学原理》，第203页。

人出发,考虑他人的感受;而无教养者做事则故意标新立异,张扬自身,只有自己没有他人,不考虑他人的感受。黑格尔的这个思想在个体修养的维度是有道理的。①

　　黑格尔通过"市民社会"这一环节试图揭示:作为特殊目的性的个体存在的合理性。个体在市场普遍交换活动中所获得的普遍性知识与法则,以及对这种普遍性知识与法则的自觉与意志,使个体获得形式普遍性。这种形式普遍性是个体自由意志的现实存在。这样,黑格尔关于"市民社会"的思想其实是对个体、个体性合理性的一种思想辩护与思想启蒙。不仅如此,由于在这种对普遍知识与法则自觉意识与意志的形式普遍性中,普遍性本身亦获得了多样性的存在:个体依据自己的理解自觉遵循这种普遍知识与意志。因而,黑格尔的市民社会其实又内在地是一个现代多元社会,此多元社会不仅具有多元的存在,更有一元的基本价值精神。

　　值得特别注意的是,黑格尔通过"市民社会"研究,所要表达的并不是对于作为市民社会基础的市场经济(普遍交换)效率性的辩护,而是对于作为市民社会基础的市场经济(普遍交换)的自由辩护。在法哲学、政治哲学的维度理解市场经济,其核心不是效率,而是自由,是作为个体存在的人的普遍交往的自由。自由是市场经济存在的最深刻价值根据。正是这个自由,使市民社会及作为市民社会基础的市场经济获得存在合理性的哲学辩护。在这里,市场经济被理解为是人的自由活动在经济这一具体领域中的定

————————

　　① 　参见黑格尔:《法哲学原理》,第 203 页。

在。也正是这种缘自对市场经济的自由的辩护,一方面能够使我们明白市民社会、市场经济的合理性在于它属于人的自由的现实活动,没有这种经济生活中自由的现实活动,就无所谓人的自由存在本身;另一方面,使我们进一步清醒看到市场经济并不等于人的自由存在本身,意识到市场经济对于自由精神生长、人的自由存在的局限性。仅仅只有纯粹市场经济的自由,没有公共政治生活的自由,没有人的内在道德自由精神,不可能有人的自由存在。

在黑格尔的体系中,市民社会有三个环节:需要的体系,这是特殊性环节;司法(the Administration of Justice),这是普遍性环节;公共权力与同业公会(the Public Authority and the Corporation),这两个分别是从外在与内在作为特殊与普遍统一的环节。

第 12 讲 私人利益及其实现

　　《法哲学原理》中"市民社会"的论域为经济生活,其主题为"交换正义","国家"的论域为政治生活,其主题为"政治正义"。黑格尔在市民社会中直接面对的是现实的具有独立人格的私人,所要揭示的则是:这些单独存在的私人是社会性的存在;这些私人的特殊利益只有在社会中才能真实实现,且这私人的特殊利益本身亦是社会普遍利益的一个环节或具体存在。黑格尔通过这种揭示是要进一步揭示:在市场经济普遍活动基础之上的现代社会中,个人是如何成为社会的、并通过社会实现自身的利益;社会自身的利益又是如何通过个人的特殊利益追求而成为现实的;在现代社会中个人是社会的,社会是个人的。

　　以市场交换为基础的市民社会,以现实存在着的具有独立人格及其独特利益的个(私)人为前提。这样,对市民社会分析的逻辑出发点就是个(私)人的需要体系。正是从这个(私)人需要体系的展开中,可以揭示市民社会的丰富伦理关系。而在欧洲近代史上,首先出现的就是个人自由权利意识觉醒、个人作为独立权利主体登上历史舞台。正是这个(私)人的出现,才导致了欧洲近代以来历史的深刻变迁。这样,以个(私)人及其需要体系作为逻辑出发点,在其抽象性意义上,就是以逻辑的方式再现历史。

一、私人需要及其满足：需要的体系

这里的"需要的体系"不是在一般心理学意义上言，而是在市民社会意义上言，它有具体历史规定。

与抽象法权阶段不同的是，市民社会阶段的人已不再是抽象的人，而是具体现实的个人，是 the burgher 或 bourgeois，[①]因而这里所讨论的就不是一般抽象的所有权问题，而是现实存在着的作为经济行为主体的具体个人需要及其满足这样一类具体问题。通过对个人需要及其满足方式的揭示，就可以具体揭示人的社会存在方式。由"需要"（kind of need）而至"劳动"（kind of labour），由"劳动"至"阶层"（或"阶级"）（classes），就构成了这部分的三个环节。[②]

1. 私人需要：个体性、自觉性

市民社会中具体存在着的个人总是有需要的。此处的需要不是在人的自然生理要求意义上而言——尽管它以这种自然生理要求为基础，而是在人的自由意志、自觉意识这一"主观"性意义上而言。黑格尔强调作为市民社会出发点的个人需要是"主观需要"。[③]纯粹自然生理需要是"客观需要"，市民社会中的私人需要则具有主观性，它是自觉了的需要。正是这主观性表明需要中的

---

① 参见黑格尔：《法哲学原理》，第 205 页。

② 这样三个环节在英译本中有明确标识。

③ 参见黑格尔：《法哲学原理》，第 204 页。

人的自由意志存在。黑格尔这里说的"主观需要"有双重意思：一是个体性，一是自觉性，核心是个体对需要的自觉。

　　私人需要首先是个人的，总是特定私人的需要，且总是通过此特定个人需要的满足得以满足。这正是私人需要的个体性。根据通常的看法，私人需要似乎只需提供外在物就能满足[①]，然而，在黑格尔看来，问题并不这么简单。这种通常的看法至多只是一种经济学的看法，不能成为哲学的认识。在哲学的维度看来，个人的这种"主观需要"要得到满足，主要不是通常所谓物的问题——尽管这很重要——而是"客观性"问题，是主观需要的客观实现问题。[②] 这就必须考虑需要的内容及其实现方式，必须进入人的存在关系、进入特殊与普遍关系的领域。黑格尔认为个人的这种"主观需要"通过"两种手段而达到它的客观性，达到它的满足"。这两种手段就是"外在物"与"劳动"。

　　满足需要当然得有"外在物"，然而，此处"外在物"并不是无主、可由"我"任取的，相反，它是"别人需要和意志的所有物和产品"。由于这是市民社会而不是奴隶社会或宗法封建社会，不能强取剥夺占有，只能通过交换获得。于是就进一步引出满足需要方式的劳动。正是市民社会中这个劳动的出现，使个体的需要成为人自由存在的一个环节：一方面，个体的需要通过劳动得以满足；

---

　　① 当然，由于是在市民社会市场经济活动的范围内考虑个人需要问题，因而，此处暂不考虑所谓高级精神生活需要。

　　② 主观需要的"客观性"包含需要内容的客观性与需要实现方式的客观性两个方面，这两个方面的统一揭示了此"客观"需要是那特定伦理实体中的必然性要求。由此，"奢侈"、"贫困"等亦可获得学理性判断前提。

另一方面,个体的需要通过劳动扬弃其个别性、主观性而成为普遍、客观的,与此同时,作为个体存在的人亦不再是个别、偶在的,而是社会、普遍的。个体自由在这需要及其满足过程中实现。

人的需要不同于动物。动物的需要是纯粹自然性的,这种纯粹自然性体现在两个方面:其一,出于本能的自然需要。动物饿了就找吃的,要下崽了就做个窝,这些是出于纯粹本能的自然性。正因为动物的需要是纯粹自然的,因而它是有限的。其二,满足需要的方式是"随遇而安"①式的对自然界的纯粹适应。正由于动物的需要是纯粹本能的自然性,它不能、也不可能改变自身的需要,因而,动物的这种需要就是有限的:仅是满足这些本能本身的要求,而没有其他;满足了本能,就满足了需要。

人则不同。人的需要是自觉的需要。人是能够自觉意识到、且能创造自身需要的存在。人的需要不是作为本能、自然存在,而是作为自由的内在环节存在。不仅如此,人的自由精神、自觉意识还创造着需要。譬如,衣服作为人的需要而言,就不仅仅是保暖御寒这一纯粹自然需要,它还是一种遮体文明的需要。随着人的审美意识增长,衣服的功能还具有了审美、身份、个性等方面的需要内容。附加于衣服之上的这类审美、身份、个性标识等需要,就完全是人的精神自觉创造。作为自觉需要的人的需要,有几个基本特质:其一,内容的无限性。动物的需要出于本能,因而总是有限的。人的需要却不同。人的需要是一种自觉意识、被创造的需要,因而具有无限性。一方面,如后所述,人有动物所不具有的精神需

---

①　黑格尔:《法哲学原理》,第 206 页。

要；另一方面，如黑格尔所说，人在满足自由需要的过程中总有"精炼"的倾向，总是有生理自然性以外的其他诸多需要内容，诸如身份、地位、权力、享受等。故，在这个意义上，人比之动物更贪婪、更劳碌。其二，满足方式的创造性。一般来说，动物需求的满足总是直接受外在自然条件所限制，是在自然界面前的"随遇而安"。人则能通过劳动创造出自然界原本不存在的物品来满足自身的需要。其三，精神需要。人的需要本身不是纯粹物的，人有动物所没有的精神需要这一更为高级的需要，且人的物的需要及其满足受自身精神需要的制约。人的精神、理性使需要变得特殊化、多样性（"殊多化"），人在这种创造需要的过程中，甚至"需要本身也受其影响。必须得到满足的……不再是需要，而是意见了"。①

　　精神需要的出现对于人的自由存在而言，具有决定性的意义。如果人的需要仅仅是外在物的，则意味着人自身亦是纯粹自然的存在。只有精神需要才能标识人是不同于纯粹自然物的特殊存在，这种特殊存在有自身的精神生活世界。正是此精神生活世界，使人有可能成为自由的存在。这样，对于人而言，尽管物的需要是其自由存在的前提，但是真正能使人拥有人的需要的，则是精神需要。正是这精神需要甚至使对物的需要亦成为精神需要的一部分：人不再成为纯粹物的，相反，物应成为人的一部分；物欲不再对人有绝对支配作用，相反，物欲应当服从人的自由精神。这正是黑格尔所说："需要的殊多化就包含着对情欲的抑制"中所包含的重要思想。这样，也就会清楚地认识到教育在人的自我提升中的意

――――――――――

① 黑格尔：《法哲学原理》，第 206 页。

义:在作为人的需要的维度,使人明白人的需要的多样性,在这种多样性需要中尽管物的需要不可或缺,但物的需要自身并不是人的最高需要,人还有较之物的需要更为重要的精神需要。[①] 这也正是后来马斯洛需要层次说中所包含的内容。

人的需要不同于动物之处还在于:人能够通过自己的自觉活动来满足自己的需要,并在这种满足自己需要的创造性活动中创造新的需要及其满足手段。满足需要的过程即是创造需要的过程。黑格尔以英国人对于"舒适"追求为例所作的解释,内在所包含的正是这种人的需要及其满足"是某种完全无穷无尽的和无限度前进的东西"。[②] 人通过自己的自觉意识及其活动创造自己的需要,进而使得自己的需要具有无限开放性。[③]

纯粹自然本能的需要是有限的、自然的、物的需要,人的需要是自由意志所创造的无限的、社会的、精神的需要。

需要通过劳动得到满足,劳动成为需要(主观性)及其满足(客观性)的中介。

2. 市民社会的劳动:满足需要的手段

需要及其实现方式所表达的是人的自由存在方式,人的需要的实现方式揭示人是否自由以及在何种程度上自由。市民社会中

---

① 黑格尔本人在此并未明确区分"物的需要"与"精神需要"。黑格尔在此关于教育对情欲抑制的论述亦牵强附会。具体参见黑格尔:《法哲学原理》,第 206 页。

② 参见黑格尔:《法哲学原理》,第 206—207 页。

③ 正是在此意义上,人较之动物有着更加贪婪、更加劳碌的可能性。人似乎是在不断满足自身需要的追求中实现自我,但人往往成为物之奴。

需要的实现方式有其自身独特规定性。黑格尔反对中世纪教会的"安贫"信誓,肯定劳动、工作的价值,认为"人的尊严在于他完全依赖了他的勤劳、行为和理智来满足他的需要",懒惰、不劳动、贫穷是"不道德的东西"。①

a. 需要与劳动统一的历史形态。

人与动物的显著区别之一,就在于人通过劳动满足自己的需要。然而,劳动与需要究竟以何种方式统一,却标识人脱离动物界的文明进化程度。

需要总是通过劳动实现,这似乎是一个常识。然而,在这实现需要的劳动中隐藏着人的存在方式,或者更具体地说,需要与作为需要实现中介的劳动在抽象意义上是统一的,但究竟二者以何种方式统一,却直接揭示了人的不同存在方式。在原始初民社会,需要与劳动直接以原始自然的方式混沌一体。在这里,一方面,劳动或人的活动直接为了血亲社会自身;另一方面,人的劳动对自然有极大依赖性。当社会出现分化,需要与作为实现自身手段或中介的劳动亦分化,二者两极殊立。在这里,一部分人作为主人拥有需要,另一部分人作为奴隶拥有劳动,需要与劳动的结合以二者截然对立基础之上的占有与被占有方式实现形式的统一。在这种外在形式统一中,所实现的需要并不是普遍的需要,而只是部分、特殊(即主人)的需要。在这种外在形式统一中,无论是拥有需要的主人,还是拥有劳动的奴隶,均失却了存在的自由特质。在这里,人不再作为自由存在者存在。市民社会的出现则使需要与劳动在个

---

① 参见黑格尔:《历史哲学》,第 392 页。

体身上得到了直接统一。

在市民社会中,需要与作为需要实现手段的劳动不再二者截然对立,需要与劳动的统一不再通过人身占有与被占有的方式实现。相反,它通过理智、通过使特殊性提升为普遍性的方式,使需要与劳动统一,并在这种统一中使需要得到普遍实现。市民社会尽管是一个具有独立人格及其权利的社会,但这不是一个普遍对立的社会,相反,它至少在形式上通过彼此理智、合作、互惠成为共在的共同体。

黑格尔此处关于市民社会中劳动及其与需要统一的思想,意蕴深长。他不仅仅是揭示了通过劳动创造财富、满足需要这一经济学的形式的内容,更重要的是他从权利哲学的角度,揭示、证成了现代社会财产占有正当性的一般原则。这就是以合法的方式、通过劳动所占有的财产,才具有正当性。与此同时,黑格尔对于劳动在自由中的理解,亦从主奴社会的斗争哲学演进到市民社会的法权哲学高度。[1]

市民社会是一个具有"理智"(Understanding)的社会。正是此"理智",既成了市民社会的基本特征,又成了市民社会"合理性"表现之一。[2] 在市民社会中,尽管个人是作为独立人格与利益主体存在,有其需要体系,但是,个人却是以一种理性的态度认识与

---

[1]　应当重视黑格尔在《精神现象学》与《法哲学原理》中对于"劳动"理解的重大差别。黑格尔在《法哲学原理》中是从现代宪政的法权自由意义上把握劳动。关于此,可参见高全喜:《论相互承认的法权》,北京大学出版社,2004 年,第 55—61 页。

[2]　黑格尔:《法哲学原理》,第 204 页。

把握市场交换的一般法则,并使之成为自觉意志。个人的行为不是出于任性,而是如前述出于对这种一般法则的认识与意志。在市民社会中尽管有利益差别,但是这并不影响一般社会秩序的形成。即这是一个具有正义秩序的社会。在这个社会中,既往社会中的那种基于人身占有与依附关系的财富占有与被占有、剥夺与被剥夺关系,以及基于这种关系的社会公开赤裸裸两极对立状况,得到了有效调和。

由于市民社会中的劳动是一种消弭绝对两极对立的、需要普遍实现的中介与手段,因而,市民社会中的劳动对于人的自由存在而言,是人的解放方式,是人解放的环节之一。

b. 劳动是人的解放方式。

如果不是在人与动物区分这一最一般的存在本体论意义上而言,那么,劳动并不注定是人的解放方式。劳动甚至也可能成为人失却自由的一种重负。① 劳动要能够成为人的解放方式必须是:劳动是自由存在的方式,是自由存在的环节,而不是一种奴役的方式。而劳动要能够成为人的自由存在方式,至少需要两个条件:

其一,普遍性品质。这是使个别劳动成为普遍劳动的普遍性品质。这里的个别劳动并不是在经济学抽象劳动与具体劳动意义

---

① 耶拿时期的黑格尔就曾对他那个时代的市民社会的劳动方式,有过较为具体的分析。在他看来,广大劳动群众在现代工厂中的劳动,尽管使人从原先的自然桎梏中解放出来,但是与此同时却又成为机器的奴隶。肮脏的环境,危险的劳动条件,无聊的重复活动,使劳动本身成为人的桎梏。参见洪镰德:《黑格尔哲学之当代诠释》,台北:人本自然文化事业有限公司,2007年,第235页。

上所言,而是在人的利益关系及其所表达的存在方式、交往方式意义上所言。人总是具有利己心的,具有利己心的个人在追求满足自身需要的活动中,究竟如何才能摆脱奴役与被奴役或一个人对所有人的战争状态? 这是直接关涉人类自身命运与前途的根本性问题。如果人类不能摆脱这种利己心,那么,就意味着自由不过是海市蜃楼式的梦想,人类社会根本不可能实现自由。人类如果真的能够摆脱这种利己心,那么,在何种意义上才能摆脱? 黑格尔以自己的方式严肃认真地探索与回答这个问题。

黑格尔通过权利的立场、通过个人需要及其实现的存在方式表明:个人总是有自利心,总是有其存在的特殊性;这种特殊性只有通过成为普遍性、作为普遍性的特殊存在,通过为己—为他的一体性才能真正实现。为自己的就是为他人、为社会的,为他人、为社会的就是为自己的。在这种思维方式中,利己心的存在并不可怕,亦不可恶,相反,它通过劳动的普遍性品质,而成为普遍性的一个环节,成为社会共同利益的一个方面。这正是市民社会或市场经济不同于前市民社会或前市场经济的根本点之一。在市民社会中,每一个人的权利不应当是彼此尖锐对立的。彼此尖锐对立的个人权利,是一个谁都不能真正实现其权利的权利(姑且称其为权利),因而,是谁都没有自由的权利。

在市民社会中,个人通过自己的劳动为他人提供服务,在满足他人的需要中获得自己需要的"外在物",同时,个人在这种通过劳动满足自己需要的过程中亦为社会创造了财富、为他人增进了福利,进而成为社会有机体中的一员。所以,黑格尔揭示劳动是"主观性和客观性的中介"。"需要的目的是满足主观特殊性,但普遍性就在这种满足跟别人的需要和自由任性的关系中,肯定了自己。"①"需要和手段,作为实在的定在,就成为一种为他人的存在,而他人的需要和劳动就是大家彼此满足的条件。""我必须配合着别人而行动,普遍性的形式就是由此而来的。我既从别人那里取得满足的手段,我就得接受别人的意见,而同时我也不得不生产满足别人的手段。于是彼此配合,相互联系,一切各别的东西就这样地成为社会的。"通过需要及其满足手段的这种普遍性,"孤立的和抽象的需要以及满足的手段与方法都成为具体的、即社会的。"各个体的需要及其满足亦成为普遍需要及其满足中的"一个环节"。②

其二,平等性品质。这是在相互服务中平等人格的平等性品质。以劳动作为需要及其满足的中介或手段,"直接包含着同别人平等的要求"。③ 这里的平等,首先不是指的平等市场交换这一经济活动内容,而是指的平等的特殊个别存在这一人格内容——经济活动中的平等交换只是这种平等人格的次生性平等。正因为每一个特殊、个别存在在人格上都是平等的,这才是一种普遍的平等;只有在这种普遍平等中,每一个人的人格及其需要与需要的满足才能被平等对待。正是劳动主体的这种平等性品质,使得劳动本身不再成为奴役与占有的方式,而成为人获得自由存在的现实方式。

在劳动的这种普遍性、平等性品质中,每一个人通过自己的劳

---

① 黑格尔:《法哲学原理》,第 204 页。

② 黑格尔这里所说需要及其实现手段由抽象变为具体、社会性的,还包含着在这种普遍劳动交往关系中,个人需要及其满足方式不再是空洞的,而是具体现实的这一思想。参见黑格尔:《法哲学原理》,第 207 页。

③ 黑格尔:《法哲学原理》,第 207 页。

动满足自己的需要,并在这种满足需要的活动过程中获得自由:由自然性的存在成为社会性的存在,由个别、偶然、主观的存在成为普遍、必然、客观的存在。

值得注意的是,在劳动的这种普遍性、平等性品质中所包含的是个人人格的抽象、普遍平等。这种抽象、普遍平等并不意味着个人特殊性、个性的消失,相反,个人的个性、特殊性应当在这种抽象、普遍性中得到现实存在。换言之,作为具体存在的个体,要在普遍性中得到真实存在,就必须保持自己的特殊性与个性;作为具体存在的个体的需要及其满足,要能够成为自己的并得到真实满足,就必须保持自己的特殊性(包括劳动的特殊性)。没有个性、特殊性的需要与满足需要的劳动(方式与结果),就既不可能有真实的需要,也不可能使需要得以满足。因为,没有成为特殊的,就不可能进入普遍交换,更不能进入以普遍交换为基础的普遍性关系。只有特殊性的,才有可能是普遍性的。需要以及满足需要的劳动及其产品的特殊性,这是获得自身普遍性存在的内在要求。这正是黑格尔在论及需要的平等时强调突出“特殊性”、“用某种突出标志肯定自己”所包含的最重要思想之一。①

不过,以劳动作为需要及其满足中介的这种人的“解放”,还只是“形式的”。② 之所以如此说,就在于:以劳动作为需要及其满足中介的这种人的解放,只是就社会成员间关系而言,且指的只是人们的需要及其满足方式不再以一种绝对彼此对立排斥的关系存

---

① 黑格尔:《法哲学原理》,第 207 页。
② 黑格尔:《法哲学原理》,第 208 页。

在,而是以一种为己—为他的互惠方式存在。但是,正如前述,人具有不断创造自己需要的能力,人在通过劳动满足既有(物的)需要的同时,又会通过"细致化"、"精炼化"产生新的需要,以至无穷,这就产生了奢侈、贪婪,并进而陷入(对物的)需要的恶的无限性。① 这样,劳动作为满足需要的手段并不能使人从对物的需要、依赖中解放出来,相反,它还有可能加深人对物的依赖性。正是在这个意义上,劳动作为满足需要的手段对人的解放还只是形式的。

在这里,人类事实上面临一个近乎恶的无限性问题:(物的)需要的无限性。(物的)需要,到通过劳动、发展科学技术满足人的需要,再到新的需要,再进一步发展科学技术……以至无穷。在这无穷过程中,人的物欲贪婪性地膨胀。在这种不断膨胀的物欲追求中,人始终处于一种焦虑与紧张之中,内心精神不得安宁。这使人越来越倾向于将自身等同于物,越来越远离自我、自由。仅仅依靠劳动这一外在活动形式,并不能使人真正获得自由、解放。人的解放必须从形式的上升为内容的。②

---

① 这就是黑格尔所说:"社会状况趋向于需要、手段和享受的无穷尽的殊多化和细致化。……这就产生了奢侈。"参见黑格尔:《法哲学原理》,第208页。

② 这样看来,通常所以为的生产力的历史动力论,至少必须得到进一步澄清后方可获得其存在的合理性。因为在生产力历史动力论中隐含着这种基于需要及其满足欲望的恶的无限性,这种恶的无限性非但不能使人获得自由,反而会使人在发展生产力过程中进一步远离自由。这也从一个侧面表明(经济)发展并不是,也不能成为人类社会的至上目标。人类是否有能力控制自己的这种恶的无限需要,是否有能力以精神需要恰当地代替这种需要及其满足的无限内容,正是人类能否真正获得自由的关键所在。难道人类真的陷入这种恶的无限性的悲剧之中? 真的会毁灭于自身追求自由的过程中?

现代社会的最伟大成就之一就是科学技术的发展。科学技术给人类带来了巨大解放,人类对于科学技术亦寄予厚望,期望通过科学技术手段解决一些社会问题,使人类获得更大的自由与解放。然而,科学技术对于人类的这种解放作用也只是形式上的。现代科学技术在不断创造出满足物质生活需要的新的手段的同时,也在不断创造出新的物质生活需要,乃至于奢侈、贪欲;在创造出巨大社会财富的同时,亦创造出贫困的无限增长——需要的无限增长决定了人的基本需要的相应增长。科学技术进步,以及以科学技术进步为核心的经济发展,可以带来财富的增长,但却并不能消除贫困。这不仅是因为科学技术自身只能带来财富增长但不能决定财富分配,更重要的是因为科学技术进步所带来的财富增长会创造出新的无限(物的)需要。这种需要一方面会不断改变对于贫困的既有规定,另一方面会不断膨胀人的物欲与贪婪。正是在这个意义上,科学技术进步、经济发展、劳动并不能使人真正获得解放,相反,它们却有可能使人陷入无限焦虑、无限贫困的恶的无限性之中。物质生活改善永无止境。在这种永无止境的追求中,人自身会异化为需要的存在、物的存在。人类应当警惕这种恶的无限性,警惕这种在幸福物质生活名义之下的恶的无限性。人类应当从自身内部的自由精神生活中寻求对这种恶的无限性的消解,平和欲望,朴实需要,以内在精神需要的无限性代替外在物的需要的无限性。

奢侈是人在满足自身需要过程中无法避免的一种否定性环节。奢侈有相对性与绝对性两重不同含义。在一般情况下,奢侈是文明生活水准提高过程中的一种现象:一种新的、有利于人的身心健康的生活消费内容(或方式),当其不能为一般人所能承受而仅为少数人所享有时,即为奢侈;当其成为绝大多数人所享有时,则失却其奢侈性而成为生活必需。这是奢侈的相对性。这种相对性,与文明、进步内在相连,并构成人的自由存在的内在环节。另一种奢侈则是自由存在的绝对否定性内容。这种绝对否定性就在于它无论从何种意义上看均不利于人的身心健康。① 然而,即使是前一种相对意义上的奢侈,也可能是前述恶的无限性的定在,因而,也应当对其持有警惕。

　　既然人类需要及其满足具有恶的无限性可能,那么,人类是否有可能摆脱这种无限物欲的恶的无限性? 结论似乎是肯定性的。这里的关键有二:其一,人类能够创造自己的需要,这种需要既有物质的,亦有精神的。物的需要不是人所特有,人所特有的是精神需要。对于人而言,物质的需要只有成为精神的一部分时才有可能成为人的。正是在这个意义上,人们应当在满足基本物质需要基础之上,寻求精神需要及其满足。正是这种精神需要及其满足,才有可能将人从外在无限性追求中召回,使人获得心灵的宁静与精神的恬淡。其二,精神的追求也是无限的,但这种追求不再以对外在物的依赖为特征,而是回归人自身。

　　尽管劳动作为需要及其满足的中介对于人的解放只是一种形式的解放,但是,并不能因为其形式性而否定其存在的某种合理性,因为它毕竟是超越了人与人之间绝对对立关系的互利共在的交往方式。对于人类而言,人类尚不能找到一种较之劳动更好、更

---

　　① 诸如时下时有所闻的斗富显富中的黄金床、黄金马桶、黄金宴等。

为有效、更合乎人性健康生长的满足需要的手段。这样,人类就必须面临两个方面的任务:一方面,警惕其所隐藏的某种滋生恶的无限性之可能;另一方面,为了使人满足自己的需要、成为自由的存在,必须培养人的劳动能力。

c. 劳动能力的培养。

人的劳动能力通过教育培养获得。这个教育有理论与实践两个方面的内容。理论教育是"一般理智教育",它训练人的思维、思想,使人获得各种知识、观念,掌握对外部世界必然性认识。实践教育"就在于养成做事的习惯和需要",它要使人养成善的行为习惯。这种行为习惯既包括关于勤劳、认真、克制这样一类的美德性习惯,亦包括关于从事专门劳动所需要的技能这样一类的技能性习惯。①

由于在市民社会中劳动是人满足需要的手段,因而,劳动能力状况就直接决定了一个人需要的实现状况,以及由这种实现状况所进一步决定的新的需要内容,进而直接决定了一个人的自由存在状况。正是在这个意义上,作为劳动能力培养途径的教育,是市民社会中每一个人最重要的基本自由权利之一。平等的自由权利,在这里首先意味着平等的受教育权利。由于作为劳动能力培养的教育是人获得满足需要手段的方式,因而,这种教育就不能仅仅是一般知识、理智的,更重要的是其实践能力、技能方面的。

市民社会成员通过劳动满足了自身的需要,其在创造社会财富的同时,亦使自己从社会中分享了财富。

---

① 　参见黑格尔:《法哲学原理》,第 209—210 页。

3. 市民社会的财富：社会财富与私人财富

a. 市民社会财富的普遍性与特殊性。

由于市民社会中的个人只有通过为他人、社会服务的方式才能获得自身的物质利益，只有通过为他人、社会创造财富的方式才能为自己创造财富，因而，市民社会中所创造的财富，就不仅仅是个别人的财富，而是社会的财富，市民社会中的财富本身也就直接具有普遍性与特殊性双重性质：它既是社会、普遍的财富，又是个人、特殊的财富。市民社会中财富的这种双重性质，在一般的意义上为人类社会从根蒂上消除物质利益上的根本对立，提供了一个现实可能。

在人类历史的相当长一段时间内，财富总是以彼此尖锐对立的方式存在，只有特殊，没有普遍。而市民社会以劳动作为社会成员获取社会财富的基本手段，就有可能使这种情况发生根本性变化。在这里，财富既是普遍的又是特殊的。这就如黑格尔所揭示的那样：市民社会"在劳动和满足需要的……依赖性和相互关系中，主观的利己心转化为对其他一切人的需要得到满足是有帮助的东西，即通过普遍物而转化为特殊物的中介。这是一种辩证运动。其结果，每个人在为自己取得、生产和享受的同时，也正为了其他一切人的享受而生产和取得。在一切人相互依赖全面交织中所含有的必然性，现在对每个人说来，就是普遍而持久的财富"。个人通过劳动所创造的财富，对于个人而言，使他能够从社会中分享到保证自己生活的一部分；对于社会而言，则又增加了社会的普遍财富。①

---

① 黑格尔：《法哲学原理》，第 210—211 页。

b. 市民社会财富分配中的平等与不平等。

劳动作为满足需要的手段只是表明在市民社会中社会成员获得社会物质财富的方式,且这种获取物质财富的方式表明社会成员之间平等人格的自由存在状态。就以劳动作为社会成员满足自身需要的手段、从社会获得自身物质财富的方式这一点而言,在劳动面前人人平等,社会成员在劳动获得财富面前不再有人格身份等级的差别。

然而,由于每个社会成员劳动状况本身受先天禀赋、后天机遇、主观努力、客观条件等一系列偶然因素的影响,因而,市民社会中的财富分配在其具体实现上则是偶然、不平等的,且这种不平等"为其必然结果"。① 以劳动为获得社会物质财富方式的这一平等,必然是这种劳动结果所致财富分配的不平等。这种不平等正在于劳动平等,在于人的平等的自由权利。试图无视社会成员先天、后天、主观、客观等方面的差别,要求平等(平均)分配社会物质财富的做法,是"保持着自然状态的残余"的"任性的特殊性","是空洞的理智的勾当"。②

在劳动平等面前分配社会物质财富,其具体实现只能是不平等。这种基于平等的不平等,就是权利正义。不过,对于市民社会这种物质财富分配中的平等、不平等之认识,须仔细注意其内在所包含的紧张:尽管这种不平等本身是出于平等的,但是由于这种不平等存在的理由是平等的自由权利、人格平等,因而,这种不平等的存在本身就不能伤害原本作为前提的平等的自由权利、人格平

---

① 黑格尔:《法哲学原理》,第 211 页。
② 黑格尔:《法哲学原理》,第 211 页。

等。必须寻求二者之间的平衡点,以真正维护人的平等的自由权利。在市民社会中通过劳动分配社会物质财富必定会出现不平等,且这种不平等有可能反过来伤及平等人格自身。对于这种市民社会、市场经济活动中的财富分配差别乃至两极分化,市民社会、市场经济本身无法解决,它必须有赖于如同斯密所说的作为"旁观者"的国家这一第三者的公正之手。所以,黑格尔在其思辨逻辑中要将市民社会纳入国家之中,呼吁作为"地上行走的神"的国家发挥调节作用。在此,已经隐含着后人们所说的初次分配、二次分配及其关系思想。

　　c. 市民社会的阶层:个人的个别性存在与普遍性存在。

　　在市民社会的普遍交往过程中,会形成不同的"普遍的集团",每个"普遍的集团"都有其特有的需要及其满足需要的劳动方式,有其特有的思想观念与行为习惯。这些具有特殊性的"普遍的集团"就"形成阶层的差别"。① 在黑格尔看来,阶层非常重要,因为,阶层与家庭是国家的两个基础,但是,阶层不同于家庭,阶层不是以人的自然血缘性,而是以自利的人追求自利的现实劳动生活方式使人联系结合为一整体,它从利益的方面成为人的特殊性与普遍性、私人性与公共性的现实结合点。②

---

　　① 此处与中译本相比有所改动。与中译本中"等级"一词相对应的英译本为 class,此处译为"阶层"似乎更为恰当。参见黑格尔:《法哲学原理》,第 211—212 页。

　　② "阶层之所以重要,就因为私人虽然是利己的,但是他们有必要把注意力转向别人。这里就存在着一种根源,它把利己心同普遍物即国家结合起来,而国家则必须关心这一结合,使之成为结实和坚固的东西。"参见黑格尔:《法哲学原理》,第 212 页。

黑格尔根据劳动方式将市民社会阶层三分:农业、产业、公职,这三个阶层分别以实体性、反思性、普遍性为特质。并认为农业阶层"比较倾向屈从",产业阶层"比较倾向自由",公职阶层则是以"普遍利益为其职业"。① 黑格尔的这些具体看法极其勉强。除了其所包含的不同职业活动自身特点之外,不必给予过多重视。在黑格尔市民社会阶层思想中,值得重视的是:

其一,个人自由须通过社会集团、阶层才能得到实现。个人总是属于阶层的,并通过阶层进入社会普遍联系。在黑格尔看来,市民社会的每一个具体成员作为"个别的人则分属于"这些阶层,并通过阶层融入到整个社会的普遍联系中去。②

黑格尔认为:"人必须成为某种人物。"人为什么要成为"某种"人物? 要成为何种"人物"? 黑格尔自己的两段话对此作了说明解释:"个人只有成为定在,成为特定的特殊性,从而把自己完全限制于需要的某一特殊领域,才能达到他的现实性。"又说:"人必须成为某种人物,这句话的意思就是说,他应隶属于某一特定阶层,因为这里所说的某种人物,就是某种实体性的东西。"③ 这样看来,"人必须成为某种人物"就有两种含义:

第一,个人只有成为某个社会集团、某个阶层的人,才能成为一种现实的定在,才可能是伦理实体性的存在。一个不属于任何社会集团、阶层的人,是一个没有伦理实体性的空洞的存在,进而,

---

① 参见黑格尔:《法哲学原理》,第 212—214 页。

② 参见黑格尔:《法哲学原理》,第 211 页。

③ 参见黑格尔:《法哲学原理》,第 216 页。

其所谓自由权利亦是一种空幻的东西。这就是黑格尔所说:"不属于任何等级的人是一个单纯的私人,他不处于现实的普遍性中"所包含的思想内容之一。[①] 这是对人的一种伦理实体性的理解。现代社群主义思想中的一些基本内容秉持了黑格尔的这个思想精神。

第二,成为某种伦理实体性中的人物,即意味着拥有了作为人存在的特定自由意志精神内容,获得了伦理精神的具体规定。这样,个人美德就不再是一种空洞的东西,而是具有现实规定的具体存在。这种美德当然包括人作为人存在的一般自然美德,但是,此处主要是在市民社会的职业活动、在特殊性的意义上来认识把握这一问题的,故,主要是在与阶层相关的"职业美德"意义上而言。黑格尔认为:一个人在这种社会"等级"(此"等级"应当被理解为社会分工及其职业)中会形成一种"伦理性"精神,这就是"正直"与"等级荣誉"。[②] 这里的"正直"指的是"忠于职守"、"恪尽职守"这样一类"敬业"精神,它内在地包含诸如刻苦勤劳、技能上的精益求精等相关实践精神。这里的"等级荣誉"指的是一种职业自豪感与职业荣誉感。这样,市民社会中的美德内容就具有现实规定:职业敬业,与职业自豪感、荣誉感。前述"行法之所是,并关怀福利"之一般义务要求,也就在社会职业活动中得到了具体规定。在现实生活中,义务并不是空洞的,总是与具体生活、活动关系直接相联系,并从中得到具体规定。

---

① 黑格尔:《法哲学原理》,第216页。
② 黑格尔:《法哲学原理》,第216页。

基于这种理解,我们就不难发现:在成为某种伦理实体性中人物的过程中,由于特定阶层的社会活动有其特有的行为规范,因而,这些行为规范同时又成为这些阶层的美德内容。

现在问题是:市民社会中的个人是为满足自身需要、获取自身财富而劳动的,那么,个人要作为"某种人物"成为某种伦理实体性中的存在,除了在社会阶层利益的意义上能够使自己利益得以实现以外,还有什么更为重要的意义吗? 有的。这就是使个人原初的直接满足需要之冲动升华为一种道德精神,使原初的为己而为他的理智升华为职业活动精神,而这种职业活动精神的确立反过来又"遮蔽"了个人原初的那种满足需要的直接支配性。这其中隐含着微妙但很重要的精神境界提升过程。

其二,作为个人存在的自由状态,既在于所属阶层的自由状态,更在于个人主体的自为状态。在市民社会中个人是自由的,然而,个人的这种自由首先是其所在社会集团、阶层的自由。而个人属于何种阶层,"却受到天赋才能、出生和环境等"各种偶然性因素影响。这些偶然性因素对于个人来说完全是一种异在的东西,个人面对这些异在的东西,就如萨特所说的是被"抛向"自由。然而,这并不意味着市民社会中的个人在这种阶层中就无所作为,无法改变自己的存在命运——如果真的是无所作为、无法改变自己的命运,那么,一方面,市民社会本身就不是开放流动的,因而就不具有普遍性;另一方面,则是宿命论的,因而,人就是不自由的,进而人的自由就无从谈起。所以,黑格尔特别强调:"最后的和基本的决定因素还在于主观意见和特殊任性",个人在改变自己的阶层方面是"自己意志(的)作品"。黑格尔此处所说"主观意见"、"特殊任性"指的是个人的主观自觉、自由意志行为。①

　　如果结合黑格尔前面关于这三个阶层特质的认识,那么,黑格尔此处关于个人在社会阶层变动方面的能动性论述,与其说是社会学的,毋宁说是哲学的。他所要表达的核心思想就在于:个人对于自身的自由存在状况并不是无能为力的,相反,个人自由的现实状况,在相当大程度上依赖于个人自身的努力。

　　其三,自由的真实实现不在于拒斥个体、特殊性,相反,必须将个体、特殊性成为自身的一个本质的环节;社会作为一整体,其生命力与秩序在于将个人特殊性作为"本质的环节""接纳"进自身。黑格尔在第206节附释中关于东西方、古代与现代政治生活差别的分析,所表达的正是这种思想。在黑格尔看来,东方社会以及人类社会古代是整体性的存在,在这里个人"特殊性的原则并没有同时得到它应有的权利",个人分属于何种社会阶层,或者是"听凭统治者来决定",或者"听凭纯粹出生的事实"。这是一个封闭的社会。在这个封闭社会中,个体性、特殊性就"表现为敌对的原则,表现为对社会秩序的腐蚀"。黑格尔认为个体性、特殊性"作为本质的环节",无论如何总是要显露出来的:它或者像古希腊、罗马各共和国所发生的那样"颠覆社会秩序";或者像在古斯巴达人以及18世纪印度人的种姓制度中所发生的那样;尽管社会通过权力或宗教权威得以维持一种秩序,但是它却使这个社会"内部腐化和完全蜕化";或者就像在市民社会中那样,即使个体"主观特殊性被维持在客观秩序中并适合于客观秩序,同时其权利也得到承认",这样,

---

　　①　参见黑格尔:《法哲学原理》,第215页。

"它就成为使整个市民社会变得富有生气、使思维活动、功绩和尊严的发展变得生动活泼的一个原则了"。① 所以，黑格尔明确认为："如果以为某物获得了它所必要的定在，它就因而限制了自己、舍弃了自己，这种思想是错误的。"②

在市民社会中，个人通过劳动满足自己的需要，这使得作为自由权利定在的财产权有可能成为现实存在。然而，这种财产正义在市民社会的私人领域还只是一种或然或可能，它要成为客观、必然的，就必须有平等交换得以在其中进行的合理的制度背景与制度性安排。黑格尔正是通过"司法正义"具体揭示、阐述了制度背景性安排对于私人交换正义实现的前提性意义。

二、司法正义

在黑格尔看来，私人并不是天生的有教养者，并不天生具有服务他人的普遍性思想，公益并不能自动地从私利中涌现。市民社会犹如一头猛兽，必须严加控制才不至于伤人。③ 国家正是控制市民社会的现实存在物，司法及其正义对于市民社会是必要的。

根据黑格尔的看法，需要与劳动的内在统一性在于：每一个特殊的人都是"跟一切人同一的"、"普遍的人"，拥有普遍性（用黑格尔自己的话来说，在这里，人首先是一个普遍的人，"人之所以为

---

① 黑格尔：《法哲学原理》，第 215 页。
② 黑格尔：《法哲学原理》，第 217 页。
③ 参见洪镰德：《黑格尔哲学之当代诠释》，第 236 页。

人，正因为他是人的缘故"，而并不是因为他是某个特殊人）。即，每一个人都不在己——他绝对两极对立中来认识与实现自己的物质利益，相反，是以平等的身份，通过为他人、社会服务的方式来实现自己的利益、满足自己的需要。然而，每一个人的这种"普遍的人"的意识是"反思"、"教养"的结果。① 这样，原本作为需要与劳动内在统一的前提性条件，却是另一活动的结果。于是，司法一方面作为客观普遍性使这种需要与劳动的统一、财产权的实现成为现实；另一方面同时承负起对私人教育的工作，使私人在这种"有教养"的环境中逐渐成为"有教养"的存在。

司法有自身存在的合理性根据。生活常识告诉我们：法律是人制定的，法律对于我们日常生活中的需要及其满足、维护自身权利而言亦是有用的。然而，正如黑格尔曾论述的那样，有用性与人所制定并不是司法本身存在合理性的充分根据。因为，这种理由所能提供的仍然没有超出主观、任性、偶然的范围。必须从法的客观性及其定在来寻求对此的必然性解释。司法是定在法的实践。而定在法是作为自由精神的法的定在，它是"被普遍承认的、被认识的和被希求的"具有"有效性和客观现实性"的东西。②

法的客观现实性在于它是被普遍"知道"并普遍"有效"。③ 这个"知道"不仅仅是形式方面的，如一般所云知晓某一信息之"知"，更重要的是内容方面的，是"意识"、"认识"、"把握"。这里的"有

---

① 参见黑格尔：《法哲学原理》，第 217 页。
② 参见黑格尔：《法哲学原理》，第 217 页。
③ 参见黑格尔：《法哲学原理》，第 218 页。

效"亦不仅仅是外在形式上的,如一般所说之实效,更重要的是实质内容方面的,是其必然性之有效性。

1. 法律的一般阐释

"法律就是……原来是自在的法,现在被制定为法律。"①这个"自在的法"就是法的理念或法的精神。法律是被自觉意识到并通过明确成文规定的方式使之成为现实权利的自由权利精神。②即,法律是自由权利精神的定在。实在法是对自由权利精神的自觉意识与成文表达。实在法自身的合理性就在于它是这种自由权利精神的定在。

a. 实在法(或法律)的普遍性品质。

实在法须具有普遍性品质或须是普遍性的。实在法的普遍性品质有两个方面的含义:其一,形式的普遍性,这是指效力作用范围的普遍性,它是适用于所有人的行为法则。即,没有任何一个人或任何一个社会团体能够不受法律的制约,没有任何一个人或任何一个社会团体能够凌驾于法律之上。③ 其二,实质的普遍性。法律的普遍性当然包含着形式上的普遍性,然而,这种形式上具有

---

① 黑格尔:《法哲学原理》,第 227 页。

② 见英译本第 211 节:"The principle of rightness becomes the law (Gesetz) when, in its objective existence, it is posited (gesetzt), i. e. when thinking makes it determinate for consciousness and makes it known as what is right and valid; and in acquiring this determinate character, the right becomes positive law in genera."

③ 严格地说,法律的形式普遍性中还应当包括法律自身构成部分之间的体系性,以及基于这种具有层次性的法律体系的严密有效性,上位法对下位法的普遍有效性。

普遍性的实在法并不必定真的具有普遍性效力。实在法当然是人制定,但是,人制定的法并不必定是具有普遍性品质的法。只有具备了自由权利精神这一普遍性内容的法,才具有普遍性品质。所以,黑格尔揭示:自由权利在变为法律时,不仅"首先必须获得它的普遍性的形式,而且必须获得它的真实的规定性"。立法、创制法律的活动,重要的不在于把法律仅仅理解为是对一切人均有效的行为规则,而在于认识到这种被规定为普遍有效性的法律中所包含的内容。这个内容就是法的精神或自由权利精神。① 实在法的普遍性首先在于其内容的普遍性,在于其内含着自由理念或自由权利精神。没有这种自由理念或自由权利精神的实在法,是恶法。

法的理念的定在,取成文法与习惯法两种形式。无论法的理念的定在以何种形式出现,其核心是自由权利精神。不过,值得注意的是,黑格尔强调:只有被明确经过思维且被思维所把握了的东西,才能成为法的理念的定在,只有成文法才能成为法律。他反对将习惯法这一非成文法视为法律。因为在他看来习惯法是"主观地和偶然地被知道的"东西,具有"不确定"、"模糊"、"残缺"乃至"畸形"等属性,因而,习惯法不具有普遍性与客观性。② 成文法当

---

① 参见英译本第 211 节"附释"中的相关表达:"In becoming law, what is right first time not only the form proper to its universality, but also its determinacy. Hence making a law is not to be represented as merely the expression of a rule of behaviour, valid for everyone, though that is one moment in legislation; the more important moment, the inner essence of the matter, is knowledge of the content of the law in its determinate universality."参见黑格尔:《法哲学原理》,第 218 页。

② 参见黑格尔:《法哲学原理》,第 218—221 页。

然得考虑且尊重"公序良俗",但成文法对"公序良俗"的考虑与尊重是在尊重法律的方式下进行的。因为,一方面,"公序良俗"是一极为模糊的东西,在"公序良俗"名下甚至可以包藏截然相反的内容。它使得法律失却了自身的清晰周知之特质,并给法官的主观恣意留下了过多的空间。另一方面,法律与以"公序良俗"所表现出的道德是两个不同的领域,如果直接以"公序良俗"等道德作为法律内容,那么,就会事实上出现泛道德倾向,就会削弱乃至否定法制的独立性。① 道德这一类非成文法除非经过恰当程序直接成为成文法的具体内容,否则,不能直接作为法律规范应用。②

真正具有有效拘束力的法律,是那种基于法的理念或自由精神并经过恰当程序明确表达的东西。这里有两个基本要素:其一,善法;其二,善法的法律规范。实在法所关注的是"符合法律",是符合法律的权利,但是,实在法的合法性本身却必须被仔细追问。这正是黑格尔所说"只有在自在的存在和设定的存在的这种同一

---

①　诸如,前不久曾引起人们广泛注意的郑州市婚嫁伴娘诉闹洞房过程中的人格伤害案,法官能否拥有充分的自由裁量权,以当地民俗为由而置伴娘人身权利不顾? 又如,连杀数人的邱兴华案。能否因为邱兴华连杀数人、民愤极大、不杀不足以平民愤这一社会习俗影响力,而不敢"冒天下之大不韪"不愿提请做精神病司法鉴定? 参见《南方周末》,2006 年 11 月 30 日。

②　不过,黑格尔此处似乎将习惯法、不成文法与判例法混同。反对将不成文法作为法律规范实践,并不能逻辑地推论出要反对司法实践中的判例法。判例法可以理解为是基于法的理念而对于特殊法律条文的某种正当合理解释,这种解释对于司法实践具有指导意义。参见黑格尔:《法哲学原理》,第 219—221 页。

中,法律的东西才作为自由权利而具有拘束力"①的含义。

然而,由于法律是被人自觉意识并被正式制定出来的东西,是一种被"设定的存在",由于在这种意识、设定、制定过程中带有制定者的主观偏好,因而,法律的内容就可能与法的理念、自由精神有所出入。即使人们是出于自由精神、法的理念所制定的法律,也未必就真的是合乎自由精神,真的能使人们获得更大自由。这正是黑格尔在下面一段论述中向我们所传达的思想内容之一:"由于设定的存在是一种定在,也可能有自我意志和其他特殊性等偶然物加入在内,因之,法律的内容和自在的法是可能不同的。"②

b. 实在法的适用范围。

法律的普遍性是指其内容的必然性、客观性,以及效力的无一例外性。不过,法律的这种普遍性并不能简单地被理解为是普遍适用于人类社会生活的一切现象、一切领域。法律仅仅适用于权利关系、实体性范围,而不适用于纯粹的主观精神领域。

黑格尔以自己的思辨方式揭示:实在法所适用的内容是"定在",其具体适用范围或内容是关于"所有权和契约"关系,以及家庭伦理关系中的家庭成员权利。他明确认为道德意志不能"成为实定立法的对象"。③ 外在实体性之定在,是法律适用范围的规定

---

① 此处译文稍有改动。英译本相应处的表达是:"It is only because of this identity between its implicit and its posited character that positive law has obligatory force in virtue of its rightness." 参见黑格尔:《法哲学原理》,第 221 页。

② 黑格尔:《法哲学原理》,第 221 页。

③ 参见黑格尔:《法哲学原理》,第 222 页。

性。这里的核心在于:那些纯粹主观精神的东西、那种个人的内心生活、道德良心等,不能也不应当成为法律调节的适用范围。不存在着所谓思想罪、意识罪、精神罪。

只有作为权利关系存在的东西,才能成为实在法调节的适用对象。婚姻、爱情、宗教等作为人们的精神生活,它不在实在法调节的适用范围之内,然而,当人们在这些方面具有权利关系这样一些"外在性"、"定在"方面内容时,实在法才在此有限范围内对其有调节作用。①

c. 实在法的特殊应用。

实在法具有普遍性,实在法的应用则是将此普遍有效性的东西应用于个别、特殊。实在法作为普遍性是种原则性,实在法的应用则是将这种原则性具体应用于个别、特殊。实在法的这种原则规定,既是质的规定,同时又有此质的量的规定。但是,这种量的规定是一种范围与界限,而实在法的个别、特殊具体应用则是在质所规定范围内的量的某一点,这样,实在法的特殊应用就会出现偶然与主观任意性。② 这种偶然与主观任意性,表明法律正义只是一种相对正义,而非绝对正义。

"法律和司法包含着偶然性……其所以如此,乃由于法律是应适用于个别事件的一种普遍规定。"当普遍适用的法律规定应用于某一具体、特殊时,就必定包含着偶然性,这种偶然性、"任性"是法

---

① 参见黑格尔:《法哲学原理》,第 222 页。

② 诸如,同样是罚款,在法律规定的 500—1000 元范围内均是合法;同样是刑罚,在法律规定的 3—5 年范围内均是合法。这种自由裁量范围,使得法律呈现出相当的偶然性与主观任意性特质。

律应用过程中的"必然"。① 此时,问题的关键在于:一方面,努力完备法律规定本身,使这种原则规定细化、具体化;另一方面,努力使这种偶然性保持在法律原则规定的范围之内。

法律具有多方面内容,这些多方面内容是具有内在统一性的完整体系。正是法律体系的这种内在统一性,才能使得法律应用过程成为正义的。

2. 法律体系:法律的定在

作为自由精神定在的法律本身也必须是定在的。法律的定在,使得法律成为人们争取与维护自由的武器。

a. 法典:法律拘束力的形式依据。

法律对人具有拘束力,法律拘束力的直接依据是法律自身。因而,法律要有普遍效力,就必须以清楚明白的方式存在,并使所有人了解。"法律必须普遍地为人知晓,然后它才有拘束力。"②更为重要的在于:"法律与人最神圣可贵的自由有关。如果一事物对人有拘束力,人就必须了解它。"③

法律只有以法律体系的方式存在,其拘束力才拥有形式合理性。这有两个方面的基本理由:其一,只有以法律体系方式存在的法律,才有可能是客观、公开、公知的法律,而不是个别人的主观随

---

① 黑格尔:《法哲学原理》,第 223—224 页。

② 黑格尔:《法哲学原理》,第 224 页。

③ 此处中译文有所改动。英译本相应处的表述是:"Law is concerned with freedom, the worthiest and holiest thing in man, the thing man must know if it is to have obligatory force for him."参见黑格尔:《法哲学原理》,第 224—225 页。

意；其二，只有客观公开公知的法律，才能使人们能够据以作出自己的判断，并对其承担相应的责任。

黑格尔不但谴责了暴君狄奥尼希阿斯将法律"挂得老高"、不让百姓读到它的做法，还谴责了将法律规定本身搞得只有专门人士才能知晓，而一般民众根本摸不着头脑的做法。在黑格尔看来，这两种做法都剥夺了民众对法律的周知权，因而，用这种民众不周知的法律来拘束民众是"不公正的"。法律有效性的这样一种周知前提，并不否定专门法律人士的存在及其作用，它所关注的焦点在于：法律规定本身的客观、公开、系统、条理。

现代社会的特点之一是法律体系的建立健全与公开周知。这里有两个方面：一方面是法律体系的建立与健全。这要求有一个完备的法典。如果没有一个完备的法典，则自由权利就不能得到完整有效的保护。另一方面是法律规定的公开。如果故意将法律、法规、规章等秘而不示，仅为少数人知晓，并在民众有所行为时从中挑选一二，用来拘束惩戒民众，则不仅是对法律的一种垄断，更是对民众的一种戏弄与支配。那样，不仅法律成为少数人用来支配、戏弄民众的一种统治工具，甚至法律本身亦为少数人支配与戏弄。法律以具体系统的条文方式存在并使之周知，至少可以使民众在法律面前获得某种形式上的自主、自由。这样看来，政务公开、信息公开、法律公开、制度公开，不仅仅是个行政公开的问题，更是个法治社会、宪政民主的问题。

b. 法律规定的稳定与变易。

法典体系自身内部具有稳定性与变易性、普遍性与特殊性的紧张与矛盾。一方面，法典规范总是作为一种一般、普遍性的原则规定,但是,日常生活法律规定的特殊应用却会不断提出新问题,要求法律作出新的具体规定,且这种要求本身是开放的。另一方面,法典是一个相对完备的体系,但是,法典面临日常生活所提出的各种新情况时,又需要不断有新法规补充。世界上不可能有一种绝对完备的法典或法律体系,世界上也不可能有一种一成不变的法律体系。法律体系的完备只是相对的,法律体系永远是生长着的。这里的关键在于:法典的精神、原则应当稳定,这种稳定是保持实在法内在一致性的基础;在这种法典精神、原则稳定的基础之上,注意对法典具体内容的及时修订。法的精神作为一种时代精神总是稳定的,而作为实在法的法律体系总是不完备、总是需要修订的——这是由人的日常生活的特殊性、多样性、开放性、丰富性所决定。①

在这个问题上需要反对两种倾向:以法典稳定性为由否定法典的修正,及以法典的不完备性为由而否定法的完整性。这就如一棵大树总是要修剪一样。修剪总是针对于枝叶,而不是去砍树干,树干的存在既使其古老,又可使其发新芽。但不能不断地砍树、栽树,那样,永无果实,永无庇荫。②

---

① 参见黑格尔:《法哲学原理》,第 225 页。1949 年建立共和国以后的最大失误之一,就是对中华民族经过几十年努力所已经构建起的现代法典的彻底否定。

② 黑格尔打了另一个比方:"一棵高大的古树不因为它长出了越来越多的枝叶而就成为一棵新树;如果因为可能长出新的枝叶,于是就根本不愿意种树,岂不愚蠢。"黑格尔这里突出强调的是建立一种新的价值规范体系。参见黑格尔:《法哲学原理》,第 226 页。

c. 法律形式中的特殊性与普遍性。

由于法律规定的存在以及法律规定自身的普遍性特质,使得任何一件具体特殊行为在法律形式下都变成普遍的,成为普遍中的特殊与个别,任何一个具体意志都是普遍意志中的个别意志。法律保护日常生活中的任何一个具体自由权利,都是对自由权利这个普遍物本身的保护。同样,如果法律不能保护日常生活中的每一个具体自由权利,或者换言之,不能从保护日常生活中的每一个具体自由权利做起,则这种法律不能称之为是具有普遍性品格的法律。这样,在司法、护法、执法的日常实践中,尽管面对的是一个个具体特殊事务,但是,它们却总是眼有特殊而心有普遍(无特殊),它们心中只有法的普遍性品格,维护一般、普遍的自由权利。

这种法律形式下的特殊性向普遍性的转换,具有极为深刻的意义:在这种法律形式下的特殊性成为普遍性转换中,普遍权利不再存在于私人特殊权利之外,任何私人特殊权利事实上就是普遍权利,私人特殊权利被视为普遍权利而加以保护,或者换言之,普遍权利在保护私人特殊权利中得到实存与保护。这样,私人权利的实现就不再是私人、主观、偶然的,而成为社会、客观、必然的。

在黑格尔看来,所有权在原始状况下只是"我"以直接方式的取得,只是获得有限范围内的相关方的承认。但是通过法律形式的应用后情况就不一样:所有权就不再是个别当事人的特殊主观意志,它拥有了普遍、客观性。在这里,所有权的主观特殊性就向客观普遍性转化。①

---

① 　参见黑格尔:《法哲学原理》,第 226—228 页。

同样,在法律的形式下,犯罪对象亦发生了由特殊向普遍的转化。在这里,犯罪已不再是直接对某一个人、某一具体自由权利的侵害,而是对法、自由、社会这样一类普遍自由权利的侵害。任何一个具体犯罪,都是"侵犯了普遍事物"。这样,"对社会成员中一人的侵害就是对全体的侵害","侵害行为不只是影响直接受害人的定在,而是牵涉到整个市民社会的观念和意识"。由于在法律形式下的犯罪是对社会、普遍的侵害,因而,犯罪行为的严重性就有了重大的变化:它不再仅是个别当事人的危险性,而且还是"社会危险性"。① 这就如盗窃、抢劫、强奸等犯罪,尽管直接针对的是某一具体当事人,但实际上它会造成社会的普遍紧张与不安全感,所造成的是社会危害。所以,法律惩罚时就不仅仅是针对犯罪对受害人造成的侵害这一事实,更要考虑到犯罪对社会造成的侵害这一社会性危害。

由于特定犯罪行为作为一定在总是具体的,总有其质与量上的规定,而特定的犯罪行为又不仅仅是对当事人的侵害,它还是对社会的侵害,因而,对社会的"危险性就成为它的严重性的一个规定"。不过,此严重性因社会情况不同而有异。这会具体体现在量刑上,会在量刑时带来很大差异。这就如黑格尔举例:有时偷窃一颗甜菜的人被处以死刑,有时偷窃成百倍价值的人被处以轻刑,这从表面上看起来是不公正的,似乎是"自相矛盾"的。事实上,它们在罪罚相当的意义上可能是公正的。这里的关键就在于这种犯罪所造成的社会伤害。这个"社会伤害"是具体的、历史的概念。在

---

① 参见黑格尔:《法哲学原理》,第 228 页。

不同的社会历史条件下,同一件犯罪行为所造成的社会伤害,事实上会有很大不同。同一件犯罪行为,在稳定的社会中与在动荡不安的社会中,所起到的侵害作用是不一样的:在前者侵害较轻,在后者侵害则较重,与此相应,二者所受惩罚程度也就有轻重之分。但在基本相同的社会背景条件下,则须循罪从法定、罪罚相当原则,不可或重或轻。所以,"严厉的刑罚不是自在自为地不公正的,而是与时代的情况相联系的。""一部刑法典主要是属于它那个时代和那个时代的市民社会情况的。"①这样看来,盛世有刑、乱世重刑,就是基于罪罚相当的公正。因为随着社会稳固程度不同,同样一种犯罪行为对社会所造成的伤害程度不同。

自在的法被自觉意识并制定为法律体系,这个法律体系通过法院司法实现。自在的法、法律体系、法院,就构成黑格尔法律的自在、自为、自在自为的三个环节。

3. 司法:法律的实现

a. 司法的公共性。

法律在法院通过法官应用即为司法。公共性以及由公共性所直接引出的不具特殊利益性,是法院、法官的两个内在规定。这也正是黑格尔下面一段论述中所包含的重要思想:"在特殊场合这样地认识和实现法,而且不带有对特殊利益的主观感情,系属一种公共权力即法院的事。"②

公共性是司法的最基本规定。司法的公共性指司法是公共权

---

① 黑格尔:《法哲学原理》,第 228—229 页。

② 黑格尔:《法哲学原理》,第 229 页。

利的存在与公共权力的应用。公共性是司法自身的合理性依据。此公共性规定进一步决定了法院、法官(司法)除了公共利益与公共权利以外,没有任何自己的特殊利益与特殊情感。然而,问题的关键在于:普遍总是以特殊的方式存在。在这里,公共权利以法院法官权力的方式存在,法院法官成为公共权利的代表,但是法官本身又是一个具有自身特殊利益的特殊存在。如何使普遍的公共权利不沦为某种特殊权力的玩偶,如何使法官的公共性活动本身不至成为纯粹形式性的,如何使法官不成为一个"排他性的团体",①这些始终是摆在公共活动领域面前的重大问题。

作为公共性权力与普遍物,法律拥有高据于一切个别、特殊、偶然物之上的地位。或者换言之,没有任何一个个别、特殊、偶然物可以高据于其上,超越于法律,不受法律的管辖。黑格尔就曾从法院诉讼角度揭示了封建社会与近代社会的区别:"在封建制度下,有权势的人往往不应法院的传唤,藐视法院,并认为法院传唤有权势的人到庭是不法的。……在近代,国王必须承认法院就私人事件对他自身有管辖权,而且在自由的国家里,国王败诉,事属常见。"②法治首先是法律权威的这种普遍性。③ 法律的公共性普遍品格及其至上性,对于法院、法官应同样有效。

b. 司法程序正义。

司法审理是在求得法律规定与事实确定性基础之上的法律与

---

① 黑格尔:《法哲学原理》,第 236 页。
② 黑格尔:《法哲学原理》,第 231 页。
③ 法院判决书被拍卖执行,这不仅是对法律公共性与权威性的否定,更是法律的耻辱。法治首先是法律权威的普遍性。

事实的统一。法律规定的确定性,是法律条款的具体适用及其把握;事实的确定性,是对事实真相的准确无误了解。这两种确定性都应当且必须是可以"被证明"的。司法程序正是确保这种确定性证明的客观性手段。正是在此意义上,司法程序正义本身就是自由权利这一实质正义的内在环节。"法律程序使当事人有机会主张他们的证据方法和法律理由,并使法官得以洞悉案情。这些步骤本身就是权利,因此其进程必须由法律来规定,同时它们也就构成理论法学的一个本质的部分"。[1]

由于司法程序本身是作为实质正义的一个内在环节,是保护自由权利的一种必要手段,因而,司法活动过程中就内在地包含着实质与程序、目的与手段之间的紧张。程序、手段有可能因为纯粹固执于自身,而陷于纯粹形式主义。即,程序这一原本保护自由权利的必要手段,有可能通过自身恶的无限性而演化为目的性存在,程序正义演化为纯粹的"形式主义",并以程序正义代替乃至否定司法正义。这就如黑格尔所说,由于证明的步骤"分裂成为越来越零星的行动和权利而无一定界限,原来是一种手段的法律程序,就成为某种外部东西而与它的目的相背。当事人有权从头至尾穷历这些烦琐的手续,因为这是他们的权利,但是这种形式主义也可能变成恶事,甚至于成为制造不法的工具。"[2]

程序正义由于其形式主义可能而会伤及实质正义。虽然我们可能会对这种形式主义的实质正义持有诸多不满,然而,程序正义

---

① 黑格尔:《法哲学原理》,第 231 页。
② 黑格尔:《法哲学原理》,第 231 页。

的这种可能弊端是包含在自由权利保护、司法正义中的某种内容。只要我们选择了法治并通过法律来保护自由权利,那么,我们就无法回避这一弊端。这种弊端内在地包含着这样一种因素:对普遍自由权利的最大可能保护。黑格尔对此问题的具体看法是值得存疑的。他提出可以在道德感之下背离法律程序,可以不坚持法律程序,而去追求实质的"公平"。尽管黑格尔本人对此作了某种限制,只是说对"个别事件"裁判时,然而,问题的关键在于:一方面,任何一个法院审理都是对个别的审理,任何诉讼都是个别诉讼,这样,此个别就事实上演化成了普遍——在个别之下的普遍实践;另一方面,这种违背法律程序的做法在某种特殊情况下,可能事实上会伸张正义,但是,就总体而言,它只会使人们自由权利失却更多的保护,进而更易受到伤害。[①] 广而言之,程序正义是现代法治社会的最重要实践精神之一。遵循法律,依现有规范程序办事,这不仅仅是一种纯粹的程序正义精神,更是一种现代民主政治正义精神。在这种合程序实践过程中实现变迁的社会,才是一个稳定而具活力的社会。

多元社会意味着多元价值,然而,这种多元并不是杂多。多元中有一元,否则,社会就是离散紊乱的。此"一元"至少有两个方面的理解:其一,内容方面是一组基本价值,这组基本价值相互间关系是家族成员关系,具有家族相似性。其二,形式方面是多元间的彼此平等对话,这种对话在既有规范范围内依一定程序进行。这种形式是内形式而不是外形式。

---

① 参见黑格尔:《法哲学原理》,第 232 页。

c. 审判。

法官在法院这一专门地方,依法律程序应用法律审理案件,即为审判。

审判原则。公开是司法审判的一般原则。其基本理由是:其一,一般而言,尽管表面看起来所涉审理内容为个别事件,只涉及当事人的利益,但是,正如前述,这里存在着特殊向普遍的转换。法律的裁决"与一切人有利害关系",①因而,它应当面向所有人。其二,法院法官是以普遍而不是以特殊的身份存在,其所表达的是普遍判断,而不是特殊看法,既然如此,法律的裁决也应当面向所有人。其三,司法所追求的是正义,而只有通过公开才能使公民有理由信服法院法官并没有什么见不得阳光的东西,其判决确实是正义的。②

当然,公开只是司法审判的一般原则,特殊情况亦有例外。诸如黑格尔所说法院成员的合议,③以及因保护未成年人、保护国家机密等情况下的不公开审判。

审判行为。审判行为有两个基本方面:对所诉事件本身真实状况的确定;运用适当法律条款加以判决。④ 对于法院法官而言,

---

①　黑格尔:《法哲学原理》,第 232 页。

②　对此,英译本的相关表达是:"The right of publicity depends on the fact that (i) the aim of the court is justice, which as universal falls under the cognisance of everyone, and (ii) it is through publicity that the citizens become convinced that the judgment was actually just."参见黑格尔:《法哲学原理》,第 232 页。

③　参见黑格尔:《法哲学原理》,第 232 页。

④　参见黑格尔:《法哲学原理》,第 233—234 页。

由于其公共裁决性特质决定了其不诉不审之原则。否则,就难以避免法院法官以公共性身份从事特殊性活动之可能。

　　法院法官审判活动,是从事审判的具体法官以法律的名义对事件做出裁决。这种裁决以法律(客观性、必然性、普遍性)为规定,但是却以主观性的方式呈现。即,法官的主观性在形式上即为法律的客观性。在这里,法官的主观性是法律客观性的呈现,法律的定在就是这种客观性与主观性的统一。然而,这里亦隐藏一种内在紧张:主观性形式与客观性内容不一,甚至法律的客观性有可能变成纯粹主观性的。或者换言之,法官的主观性有可能完全拒斥法律的客观性,将法官的纯粹主观性当作法律的客观性。而司法活动又必须有裁决者的主观确认、确信及其判断。司法正义必须面对这一情况。

　　为了避免法官个人的纯粹主观性,这就产生了陪审团机制。陪审团机制是以众人的确信代替法官个人的确信。尽管陪审团机制并不能彻底消除判断中的主观性及其可能局限性,但是,它却可以大大减少法官个人的纯粹主观性。这里也不能以多个法官的合议之主观性来取代陪审团之主观性。这主要是因为,一方面,法官由于其裁决的职业性有可能形成交易关联团体;另一方面,陪审团的组成具有不确定性的开放性,①这种组成的开放性尽管仍然具有偶然性,但是,在这种偶然性背后却有着更大的必然性之可能。

---

　　① 陪审团成员的偶然性、不确定性,正是为了保持其公正的确定性。固定的陪审团成员制度,是一种特殊的职业法官制度,即,不是职业法官的职业法官制度,或非职业化的职业法官制度,不能避免形成"排他性团体"的困境。

不仅如此,陪审团机制所表达的不仅是以多人的主观性代替法官一人的主观性,更重要的是它表达了法律本身的公开性、人民性。人民并非置身于法律以外、只是被法律所监护的对象,人民亦是司法活动的直接参与者。打破法官对法律的绝对垄断,不至于使法律成为一个"排他性团体"的垄断物,这正是黑格尔特别关心之处。① 黑格尔的这个关心特别深刻。

黑格尔从市民社会私人自由权利出发,在对私人自由权利实现的探求中,由主观、个别、特殊进入客观、社会、普遍,并诉诸于法律使私人自由权利得到真正实现。然而,他却发现,即使作为私人自由权力守护的法律自身亦有着主观与客观、普遍与特殊的内在矛盾,法律亦有可能成为"排他性集团"的垄断物,这样,他就进一步转向由私人自身直接组成的"行业工会"。特殊性与普遍性在这"行业工会"中不再是两极分离的,相反,是统一的,私人的福利在这里被直接考虑并被增进。

而从黑格尔的抽象逻辑过程来看,需要的体系是(私人)主观特殊性,司法是(公共)客观普遍性,行业工会则是特殊性与普遍性的个别、实体性统一。

三、公共权力与同业公会②

黑格尔以"警察和同业公会"为题所讨论的,实质是公共行政

---

① 参见黑格尔:《法哲学原理》,第 235—236 页。

② 在英译本中"市民社会"这一章第三节的标题是"The Public Authorities"。

活动及其对自由权利实现的意义。这里的"公共行政"并不是严格政府行政意义上的,而是广义一般公共组织、公共活动的公共管理意义上的。事实上,只要从事一般公共活动管理,就会有某种形式的公共权力存在。这是我们在理解黑格尔这部分内容时首先要注意的。

在黑格尔的逻辑体系里,需要体系这一环节所关注的是私人福利及其实现的制约,司法这一环节所关注的是对私人福利伤害的消除,公共权利这一环节则关注的是在客观性上统一前二者。这就是如黑格尔所说:"把特殊福利作为法(right)来处理,并使之实现。"① 这表明,公共权力这一部分的主旨在于:公共权力使私人福利(或权利)真正实现,或私人福利在公共权力(的保护)行为中实现。

1. 公共权力②

a. 公共权力的公共性。

在市民社会中,私人福利(或私人权利,用黑格尔的话说是"特殊意志")是公共权力的"原则"。即,在市民社会中,公共权力存在的理由或依据就在于为私人福利或私人权利服务,是"普遍物"为"特殊意志"服务。公共权力通过提供一种"外部秩序"来实现这种服务。③ 这里直接揭示了两个重要内容:其一,公共权力的合理性根据,以及隐含其中的公共权力之权力来源;其二,公共权力的

---

① 黑格尔:《法哲学原理》,第 238 页。

② 英译本中此节的标题是"Police or the Public Authority",英译本的这种表述较之中译本似乎更能准确地表达黑格尔的原意。

③ 参见黑格尔:《法哲学原理》,第 238 页。

职能。

其实,公共利益是私人的共同利益,公共事务亦是私人的共同事务,公共权力的存在缘于私人共同事务及其利益的要求。在这里,为私人的就是为公共的。所以,公共权力机关总是通过面对一个个私人、一个个具体个别事件来面对整个公共领域的。不为一个个个别私人服务的公共权力,不可能为公共服务;不通过为一个个个别私人服务,无法为公共服务。公共是这些个别私人的普遍与抽象,公共通过这些个别私人得到具体存在。

不过,公共权力的服务尽管是直接面对个别特殊私人,但是它所提供的服务本身却是面向普遍(即公众、所有人),它是以面向无差别的抽象私人或普遍私人的方式来为个别私人服务。正是这种以面向普遍的方式来为个别私人服务,才使公共权力本身成为公共的而不是个别的、普遍的而不是特殊的,每一个个别私人才能无一例外地平等享受到它的服务。这些正是黑格尔在第 235 及 236节上半部分所包含的重要内容。①

b. 公共权力职能。

在市民社会领域,公共权力的公共服务就是提供公共产品。此公共产品大致包括三个部分:管理性的,这就是一般的监督、协调职能;物品性的,这就是提供一般公共物品的职能,如巨大工程、公用设施等;保护性的,这就是一般对于私人权利的保护职能。黑格尔着重关注的是公共权力对于私人权利保护这一职能。

在市民社会以前,家庭是个人的实体性存在,个人的特殊性在

---

① 参见黑格尔:《法哲学原理》,第 239—240 页。

家庭这一普遍性中得到实现:个人的生活赡养、财产获得、生命安全保护等,均通过家庭得以实现。市民社会则将个人从家庭这个伦理性实体联系中松动出来,"使家庭成员相互之间变得生疏,并承认他们都是独立自主的人。"它将个人"扯到它自身一边来",使个人成为"市民社会的子女"。① 这即意味着在市民社会中,市民社会取代原有的血亲家庭而成为一个新的伦理性实体,这个伦理性实体是一普遍性的大家庭,个人则成为此新大家庭中的成员。市民社会这个大家庭必须保护其成员的权利,同时,作为成员的个人也必须尊重市民社会的权利并受其约束。市民社会的公共权力职能,正是从这个作为"普遍家庭"存在的伦理实体对其成员权利的保护中,逻辑地引申出。

市民社会的公共权力对个人权利的保护,尤其集中体现在以下两个方面:其一,保护个人的受教育权。具体地说是,一方面,监督父母履行对儿童受教育权利的义务;另一方面,通过提供公共教育的方式使社会成员普遍接受教育。

其二,保护个人免于贫困、享有基本物质生活资料的权利。市民社会仍然有可能存在贫困。这是由于:一方面,贫困本身是一个历史、相对的概念;另一方面,社会财富总量与社会财富分配是两个不同的问题。市民社会的社会物质财富总量较之以往社会有空前的增长,但是,社会物质财富总量的增长并不意味着社会的全体成员都能从中享受到平等的福利。市民社会很可能是一个财富两极分化的社会,在这里富有与贫困并存。市民社会之所以要使个

---

①　参见黑格尔:《法哲学原理》,第 241 页。

人免于贫困,就在于:一方面,贫困意味着作为个人自由权利中最基本内容的生命权将受到威胁,意味着使个人免于贫困即为使个人生命权免于威胁;另一方面,免于贫困意味着可以使社会成员"有能力感受和享受更广泛的自由,特别是市民社会的精神利益"。更为重要的是,贫困有可能进一步导致卑贱。这就意味着使个人免于贫困,就有可能使个人免于贫贱,防止产生"贱民"。[①] 将社会成员的受教育权、免于贫困的权利纳入公共权力的公共产品供给范围,这是一个伟大进步。公共产品不仅仅是一般的社会秩序、公共安全、道路设施等,它还包含着平等地受教育、基本生活条件与尊严这样一些更为重要的内容。公共产品范围的这种扩大,意味着政府在市场面前不应是无为的,而应更加有为。这就如阿马蒂亚·森所说,提供必要的教育与技能培训、防止疾病,帮助社会成员提高自由的能力,这是公共权力应提供的公共产品。

　　贫未必就是贱,但是贫有可能滋生出贱。贫困有时会使人失却做人的人格尊严。"当广大群众的生活降到一定水平——作为社会成员所必需的自然而然得到调整的水平——之下,从而丧失了自食其力的这种正义、正直和自尊的感情时,就会产生贱民"。[②] "贫困自身并不使人就成为贱民,贱民只是决定于跟贫困相结合的情绪,即决定于对富人、对社会、对政府等等的内心反抗。此外,与这种情绪相联系的是,由于依赖偶然性,人也变得轻佻放浪,害怕劳动……产生了恶习,它不以自食其力为荣,而以恳扰求乞为生并

[①] 　参见黑格尔:《法哲学原理》,第 242—244 页。

[②] 　黑格尔:《法哲学原理》,第 244 页。

作为它的权利。"①值得注意的是,所谓"贱民",必须仔细区分是何等意义上之"贱"。是自贱,还是人贱,抑或自贱之人贱?如果是人贱,很可能标识这个社会基于财富占有差别而形成的不同阶层之间的巨大精神、心理、情绪对抗。这是一个阶层对另一个阶层的精神、心理、情绪拒斥与对抗,是在上富有者对在下贫困者的一种心理鄙视。如果是自贱,则是贫困者自身基于物质贫困而进一步形成的精神贫困,是贫困者一系列恶习陋俗的形成。在这种自贱基础之上,亦会为他人所不屑。这就是自贱之人贱。人可贫,但不可贱。而无论在上述何种意义上出现的贱民,对于市民社会本身而言,均是一种病症与不幸,它有可能引起社会自身的分裂、动荡。

现代社会必须正视并努力解决贫困问题。"怎样解决贫困,是推动现代社会并使它感到苦恼的一个重要问题。"②市民社会保护个人免于贫困的权利有两个基本路径:一方面,引导个人养成负责任的生活态度,另一方面,建立起客观的社会福利保障制度。社会要反对挥霍成性、挥金如土的生活习性,引导社会成员养成健康的生活态度与生活方式。与此同时,社会还必须建立一种福利保障制度,使社会成员不再是在偶然、主观的意义上,而是在必然、客观的意义上免于物质贫困。不过,值得注意的是:黑格尔在论及公共权力如何提供公共产品解决贫困问题时,没有考虑到创造并提供就业机会。这是一个重大失误。就业机会,既能使社会成员通过

---

① 　黑格尔:《法哲学原理》,第244—245页。
② 　黑格尔:《法哲学原理》,第245页。

劳动获得满足需要的物质财富,又能使他们体验到存在的价值与尊严。

对于社会生活中的贫困现象,社会成员个人基于同情心、关爱心的慈善行为是重要的。因为这既是市民社会这个伦理性实体中道德情感的定在,亦是这个伦理性实体中普遍善的基础。因而,即使是在一个社会福利保障较为健全的环境中,"这里尽管有着一切普遍的设施,道德仍然大有用场。"①对自己同胞冷漠无动于衷,会使这个伦理共同体趋于消解,并使自己亦陷于孤独之中。然而,这种对于贫困个人的援助将面临两个问题:首先,这种援助的偶然性。这种偶然性在于:它不能保证使所有需要援助的人在必要时都能得到有效援助。它既取决于援助者的主观好恶及物质财富状况,亦取决于需要援助者获得援助信息的能力及其本身信息被周知的状况。其次,这种援助存在着误导恶习的可能性,会使受援助者误以为"用不着以劳动为中介就可保证得到生活资料。"②黑格尔在第 245 节附释中以早年英国为例所着力说明的正是此。

对于社会贫困现象的克服,不仅要有个人同情,更要有社会同情。此社会同情指的是建立一种客观的社会援助制度,即社会福利保障制度体制。尽管社会福利保障制度体制可以有效地克服个

---

①　须注意黑格尔在此的特殊表达:"贫困的主观方面……要求同样一种主观的援助。"这里黑格尔所说"主观"并非我们通常意义上所理解的主观,并非仅仅指一种精神上的关心之类。这里的"主观"指的是个体、个人,说的是个体、个人对于贫困者援助的必要性。正是个体的这种援助才具有偶然性,它才要求有客观普遍物的援助。参见黑格尔:《法哲学原理》,第 243 页。

②　黑格尔:《法哲学原理》,第 245 页。

人援助中存在着的偶然性之局限，但是，它亦会同样面临个人同情所面临的误导恶习之可能性问题。黑格尔事实上以自己的方式感觉到了高福利的社会保障与社会经济发展所存在着的内在紧张之可能。此可能有两个方面：一方面是相关社会成员面对高福利时对于劳动作为获得社会财富途径的冷淡，这是关于社会财富创造的劳动动力问题；另一方面是社会财富面对"贱民"总是不够富足的。这又隐含着两个方面的内容：一是相对于"贫贱"之欲望，既有的财富总是不够的，一是由于"贫贱"者缺失消费能力而导致的财富相对过剩而使物质再生产过程停滞。① 这样看来，社会福利保障制度本身尽管可以一定程度地消除社会物质贫困，但是却无法消除社会精神贫困；社会福利保障对于社会物质财富生产具有依赖性与消极影响可能。社会福利保障制度体制本身亦应有个合理性程度的问题。

值得一提的是，黑格尔认为正是市民社会追求财富的本性，以及市民社会福利保障制度所面临的财富相对不足问题，造成了殖民主义。"市民社会的这种辩证法，把它……推出于自身之外，而向外方的其他民族去寻求消费者，从而寻求必需的生活资料"。"市民社会被驱使建立殖民地"。这是黑格尔对资本主义殖民事业的一种解释。这种解释从市民社会内部对物质财富的贪婪角度，说明现代资本主义经济发展中殖民化的必然性。率先进入现代社会的国家以殖民地扩张增加自己财富的方式今天已行不通，后发国家须寻求另一条现实道路。不过，黑格尔在对市民社会或资本

---

① 参见黑格尔：《法哲学原理》，第 245 页。

主义的这种扩张主义解释中,亦以一种理智的立场认识到殖民地解放的必然性,且这种解放就如同"奴隶解放对主人有莫大利益一样"。① 在市民社会扩张过程中,世界逐渐成为普遍交往的世界,人们亦逐渐进入普遍交往的时代。这个普遍交往的世界,是人类自身通过自由意志活动所创造出的新伦理实体。此伦理实体,就是超越民族国家之上的全人类的伦理实体。

根据黑格尔的逻辑,公共权力通过对"外部秩序和设施"的建立与维护,实现与维护普遍的私人权利。然而,由于普遍物是存在于特殊物中的,是特殊物的普遍物,普遍与特殊是统一的,这个统一体就是市民社会本身中的"行业协会"。黑格尔的这个逻辑有点牵强。但他通过这个逻辑所要表达的"行业协会"是特殊与普遍的现实统一物的思想,即行业协会兼具公共普遍性与私人特殊性利益二重特征的思想,却是值得注意的。

2. 同业公会

同业公会是市民社会成员在市民社会分工体系中,基于特殊劳动、特殊利益而构成的"具体的""普遍物"。② 这里有两个方面值得注意:其一,它是"普遍物"而不是特殊物,不是特殊、个别社会成员的特殊物;其二,它是"具体的"普遍物,而不是抽象的普遍物,即它是现实、确定的普遍物——这是相对于市民社会本身而言的。一般市民社会是一个抽象的普遍,"它同个人及其特殊急需比较疏

---

① 参见黑格尔:《法哲学原理》,第 246—248 页。
② 参见黑格尔:《法哲学原理》,第 248 页。

隔。"在市民社会中,同业公会是其成员的"第二个家庭。"①

在同业公会中,其成员属于一个整体,而此整体本身又是普遍市民社会中的一个环节。一方面,个人通过此整体与普遍社会形成普遍联系;另一方面,个人的特殊利益在同业公会的普遍利益中得到实现。同业公会成员为了行业整体的,就是为了自己的。个人在同业公会的有限限制下从偶然性与任性中解放出来,并将个人的偶然活动"提升为对一个共同目的的自觉活动"。在这里,特殊与普遍得到现实统一。同业公会是市民社会成员自治的现实形式。②

在现代社会,同业公会以及以同业公会所标识的市民自治组织,乃至一般的非政府组织,既是个人参与普遍社会事务的一种具体形式——这是个人自由权利及其实现的一种现实存在,③也是现代社会长治久安的基础。这就如黑格尔所说:"国家的真正力量有赖于这些自治团体。"④

在黑格尔看来,家庭与同业公会是构成作为地上行走的神的国家的两个"伦理根源"。换言之,人的自由权利的普遍实现必须基于家庭与市民社会这两个伦理实体性存在。家庭与同业公会是

---

① 如此看来,伦理实体就是"家"。此家为人(社会性)存在的本根、本源。家庭、以同业公会为标识的自治社团、民族国家等,都是此家的具体存在样式。参见黑格尔:《法哲学原理》,第 249 页。

② 参见黑格尔:《法哲学原理》,第 249—251 页。

③ "在现代国家的条件上,公民参加国家普遍事务的机会是有限度的。但是人作为伦理性的实体,除了他私人目的之外,有必要让其参加普遍活动。这种普遍物不是现代国家所能常提供他的,但他可以在同业公会中找到。"黑格尔:《法哲学原理》,第 251 页。

④ 黑格尔:《法哲学原理》,第 311 页。

个人进入现实社会关系、构成普遍联系的两个基本环节。① 个人通过社团而被组织起来。这种组织，一方面使个人不再作为单个原子存在；另一方面使个人组织成的社会群众，成为一支具有权力的现实的力量。②

同业公会是具体的普遍性（实体），因而，亦是特殊的普遍性（实体），有其局限性。它必须扬弃其自身的局限性，进入真实的无限普遍性。以警察为代表的公共权力是对外部秩序的维护，其具有外在物的形式。它必须扬弃自身的这种外在性，使之成为内在的。这个内外统一、具有真实无限普遍性的实体性存在，就是国家。

黑格尔的这种思辨逻辑有其强烈的现实关照或历史内容。在"伦理"这一领域，黑格尔于家庭、市民社会之下，事实上指涉与考察了自身所处时代的具体社会结构。这个社会城乡二元分立，以工业为基础的城市与以农业为基础的乡村，这两个不同结构同时并存。当时的农村仍然没有摆脱传统的农业生产与生活方式，家庭是社会基本单位，私人及其权利实现仍然依赖于家庭，这是"以自然为基础的伦理的所在地"。当时的城市则建立起现代工业生产及其生产关系，在这里"反思沉入在自身中并进行细分"，个人成为社会基本单位，且个人又总是通过一定的行业与社会形成普遍

---

① "婚姻的神圣性和同业公会的尊严性是市民社会的无组织分子所围绕着转的两个环节。"黑格尔：《法哲学原理》，第 251 页。

② 群众"应成为有组织的，这一点非常重要，因为只有这样，它才成为力量，成为权力，否则它只是一大堆或一大群分散的原子。合法的权力只有在各特殊领域的有组织状态中才是存在的"。参见黑格尔：《法哲学原理》，第 311 页。

联系,并从社会获得自身的物质财富。在这城乡二元分离的存在结构中,"个人与家庭构成两个依然是理想性的环节"。国家正是从这两个环节的统一中逻辑地出现。① 在黑格尔心目中,城市与乡村必须统一,只有二者统一了,社会成员的个人自由权利才真正谈得上有可能普遍实现。而这个统一只有在国家中且通过国家才能实现。在这里,黑格尔对国家寄予无限期望。国家既是他的理想社会,又是他希望实现的理想途径。黑格尔通过"国家"理念表达了自己的一种立场:明确反对市民社会生活与经济生活中的自由放任,反对将一部分人的利益建立在另一部分人利益之上的贫富两极分化与对立,要求社会的普遍自由秩序。②

不过,这种由市民社会到国家的过渡,只是黑格尔权利哲学中国家这个环节出现的一个理由。其另一个理由则是关于人自身自由状态的。在市民社会阶段的个人,还只是市民生活的个人。市民个人间关系是纯粹的利益关系,在这种利益关系中,个人始终是行为的动力与原点。然而,如果一个人只是生活在市民社会中,只是在一种纯粹利益交换的意义上与他人形成联系、发生关系,那么,这个人的存在并不能从根本上摆脱霍布斯所说一个人对所有人的战争状态,不可能获得真正的自由。一个人要真正获得自由,就必须从经济生活进入公民的政治生活领域,成为政治共同体中的现实一员。

---

① 参见黑格尔:《法哲学原理》,第 252 页,尤其是"附释"部分。

② 参见洛苏尔多:《黑格尔与现代人的自由》,丁三东等译,吉林出版集团,2008 年,第 257—261 页。

第 13 讲　国家:公共政治生活与自由实现

　　黑格尔法哲学国家篇讨论的是公共政治生活。① 黑格尔哲学思想中的国家部分,被认为是最保守内容之一。这种保守性主要体现在两个方面:其一,在黑格尔看来国家是伦理精神的真理性存在,且由于他将国家视为与个别性相对应的普遍性,故,事实上隐含着以普遍性消除乃至吞噬个别性这一集权主义思想倾向。其二,黑格尔又将这种真理性存在的国家对应于他所生活于其中的普鲁士国家,他的国家哲学思想事实上就成了普鲁士政府的国家哲学,成为为普鲁士政府辩护的国家哲学。黑格尔国家哲学的这种保守性,与其哲学逻辑体系特质有关。尽管黑格尔自身的否定性辩证法具有开放性、批判性与革命性,但是,黑格尔哲学体系所追寻的绝对真理环节却是封闭性的,它窒息了否定性辩证法的开放性与革命性。凡是以绝对真理自居或自称发现了绝对真理的

---

　　①　在黑格尔这里,家庭、市民社会均不是公共生活:家庭属于血亲情感生活,市民社会则属于私人间物质交换的经济生活。在黑格尔看来,公共政治生活通过国家这一形式存在。因而,黑格尔在国家这一论域中讨论的就是人的自由权利在公共政治生活中的实现问题,其核心是政治哲学与政治伦理问题。

人,总是会以自我否定的方式向人们呈现出其所固有的保守性。黑格尔也不例外。

不过,对黑格尔的国家学说不能持简单化态度。黑格尔的国家学说中同样包含着许多值得注意的重要思想内容。这些思想内容必须被仔细剥离,必须仔细拭去遮蒙其上的尘埃。值得特别一提的是,黑格尔在其青年时期所写的《德意志唯心主义的最早体系纲领》一文中,对专制国家进行了坚决批判。他主张要消灭国家。因为在他看来国家是视自由人为齿轮的机器,"应该消亡"。[①] 对于黑格尔国家学说的把握,取决于解读的方法与维度。如果我们不是在实然的意义上,而是在"国家"理念的意义上理解,如果我们不是过多地注意其关于国家生活的特殊表达方式,而是注意以这种特殊表达方式所承载的一般内容,那么,我们就会从黑格尔的国家学说中获得诸多来自启蒙时代思想家的启示。

事实上,如果我们注意到黑格尔关于作为伦理性存在真理性环节的国家,是"普遍性和单一性相互渗透的统一"[②]的思想;注意到黑格尔强调"在谈到国家的理念时,不应注意到特殊国家或特殊制度,而应该考察理念,这种现实的神本身",强调特殊的国家制度可以是坏的,但国家理念本身却是"现实的神本身"的思想;[③]注意

---

① 参见张世英:《自我实现的历程:解读黑格尔〈精神现象学〉》,山东人民出版社,2001年,第8页。

② 黑格尔:《法哲学原理》,范扬、张企泰译,商务印书馆,1982年,第254页。在这种普遍性与单一性相互渗透的统一思想中,甚至包含了关于国家政治生活价值合理性根据在于公民个人自由权利实现这一革命性结论。

③ 参见黑格尔:《法哲学原理》,第259、261页。

到黑格尔强调在现代国家中"特殊性的权利必须予以保持"的思想;①注意到黑格尔在整个法哲学研究中所表现出的那种普遍性与特殊性、整体性与个别性互相渗透统一的思想、方法、立场;注意到黑格尔对国家做出的"好的"与"坏的"区分②;注意到黑格尔关于人们所要求的国家是"合理性"的国家这一思想③,那么,就应当承认我们的这种解读既没有离开黑格尔,且是有充分根据的。黑格尔通过对"国家"的思考,是要努力表达一种现代宪政思想。在黑格尔看来,宪政保障个人的自由权利,宪法在规定了政府权威的同时,亦对其做了明确限制,宪政是个人抵制政府专横的屏障。④黑格尔的国家思想反对原子式的个人观,认为没有社会以外的个人,个体在其现实性上由社会关系所规定。尽管黑格尔的相关思想有被引向极端、走向极权主义的可能,但黑格尔本人则是拒斥极权主义,反对否定个体、个性的。⑤

　　如果我们能够做出这样一种解读,那么,我们甚至不难体悟到隐藏在黑格尔《法哲学原理》中的一系列政治哲学、国家哲学的重要思想:现代性公平正义良序社会是一个公民自由权利真正实现的社会;现代性社会国家政治生活,必须以公民自由权利为价值合

①　参见黑格尔:《法哲学原理》,第 259、261 页。

②　参见黑格尔:《法哲学原理》,第 280 页。

③　参见黑格尔:《法哲学原理》,第 285 页。

④　参见 Burns,T.,*Natural Law and Political Ideology in the Philosophy of Hegel*. Aldershot:Avebury,1996,p. 140。

⑤　参见所罗门:《大问题:简明哲学导论》,张卜天译,广西师范大学出版社,2008 年,第 341 页。

理性根据;现代性公平正义良序社会实现的基本条件,就是既要有一般的宪法政治正义构建原则(这体现在"抽象法"篇),亦要有相应的公民人格类型与道德精神(这体现在"道德"篇),还要制度化为一系列具体的制度性安排(这体现在"伦理"篇尤其是"国家"部分)。正是在这种理解中,我们甚至发现了黑格尔与罗尔斯的内在联系。①

一、"国家"理念

对于国家现象的理解,比之对于自然现象的理解要困难得多。② 这需要用哲学的穿透眼光来审视、把握人的自由存在的历史方式。黑格尔讨论的国家并不是任意的国家,而是"合理性"的国家。黑格尔强调的是"理念"、"抽象性"的国家,而不是具体生动的国家形式。③

1. 国家是"自由的现实化"

对于国家的规定,黑格尔有一系列形象的说法:"国家是伦理理念的现实",是"绝对自在自为的理性东西……是实体性意志的现实",是"伦理性的整体",是"地上的精神",是"神自身在地上的

---

① 正是在这个意义上,我们惊讶地发现罗尔斯的《正义论》与黑格尔的《法哲学原理》理论逻辑构架上的某种共通性。

② "如果理解自然界是困难的,那么领会国家更是无限地困难。"黑格尔:《法哲学原理》,第285—286页。

③ 黑格尔在讲到古希腊人时认为,他们"没有良心",没有"国家的抽象性",只有"生动的祖国"。可参见黑格尔:《历史哲学》,第261页。

行进"。黑格尔的这些描述无非是试图表达一个思想：国家是"自由的现实化"①，或者换言之，国家是现实存在着的自由。值得注意的是，黑格尔对于国家的上述认识并不是实然意义上的，而是本质、应然意义上的。黑格尔强调："在谈到国家的理念时，不应注意到特殊国家或特殊制度"，②而应该考察国家的普遍本质性规定。黑格尔所要强调的正是这个"理念"应然的考察立场。③

　　然而，黑格尔关于国家的论述，似乎主要地并不是在我们曾一度习惯理解的作为阶级斗争工具的政治国家、国家机器这个意义上而言。这里的国家指的是一个政治上有组织的法治共同体。在这个政治上有组织的法治共同体中，扬弃了目的与手段的差异，每

---

①　参见黑格尔：《法哲学原理》，第 253、254、258、259 页。

②　黑格尔：《法哲学原理》，第 259 页。

③　国家在何种意义上是"自由的现实化"？这可以有一系列的具体理解。其一，人的自由总是具体的，就人的现实存在及其活动而言，人的自由总是通过一定的政治生活关系实现，即使是市民社会的私人间平等经济交换自由，也必须以一定的国家政治制度为前提（在黑格尔的逻辑体系中，就以中立的司法机构存在为前提）。个人在国家这个伦理实体中获得自己"实体性的自由"。一个人在多大程度上能够是自由的，这在总体上由其所生活于其中的政治制度所决定。国家政治制度，一方面，如罗尔斯所说，在总体上决定了社会基本权利义务在社会成员中分配的基本方式；另一方面，规定了社会成员行为正当与否的基本规范性要求。一个人不能离开其所生活于其中的政治制度，奢谈所谓自由。其二，国家作为政治生活的现实制度，将不同社会利益集团统一在国家之中，并在一般意义上努力协调具有不同利益要求的各社会利益集团之间的关系，进而使不同利益集团均获得自身存在的空间。这在现代多元社会的民主政治制度中显得较为突出。其三，自由精神的现实存在。这是理想中的现实状态或现实的理想状态。人们在社会政治生活中总是追求政治正义理想，这种正义的理想正是国家的本质性规定。在这个意义上，马克思所说的自由人联合体也是一种"自由的现实化"的国家形式。

个事物既是目的又是手段。在这里,个体不再是作为纯粹手段存在。① 黑格尔似乎更多的是在一种实体性的伦理精神、理念中的社会政治生活结构意义上而言。即,他通过国家是要表达一种具有理想性的实体性伦理精神,这种伦理精神是伦理实体的普遍性价值精神。②

　　如果说在市民社会、市场交换阶段,主要还只是居于个体存在、个人价值以及通过个人利益的价值意识而达至一种普遍价值意识,那么,在国家这个作为社会共同体存在的伦理实体中,则是要居于一种共同体立场确立起共同价值精神,正是这种共同价值精神使这个社会共同体凝聚成为一个具有生命力的整体。我们现在通常所理解的国家机构,不过是这种共同价值精神的具象性存在而已(这就是黑格尔所说它们是地上行走的神,它们履行公共性职责)。③这种对于国家的普遍性伦理性精神之理解,似乎更能合理解释黑

---

　　① 参见泰勒:《黑格尔》,张国清等译,译林出版社,2002 年,第 594—595 页。

　　② 参见泰勒:《黑格尔》,第 571—573 页。

　　③ 在市民社会、市场交换中,所奉行的是"人人为自己,上帝为大家"法则,并通过人人理性为自己而形成一种普遍的利益交换公正秩序。但是,如果一个共同体仅仅只是一批原子式存在着的追逐自身利益的个人聚积物,仅仅只有经济交换生活,仅仅是"人人为自己,上帝为大家",那么,这个共同体就是一个纯粹的经济怪物,一个离散的聚合体。一个具有生命力的共同体必须有一种普遍性价值精神,必须有公共性特质。以"国家"为指称所代表的正是这种公共性、普遍性价值精神。在一个共同体中,不仅仅要有"人人为自己,上帝为大家"、"人人为我,我为人人"的市场经济交换,还必须有"人人为自己,国家为大家"的普遍性精神与实践。这个国家就是黑格尔所说的作为神的普遍性精神,以及作为公器的国家机构。

格尔的国家思想,并有助于发现其所包含的合理性内容——其中甚至还包含了关于国家自身合理性根据的深刻思想内容:不具有这种普遍性伦理性精神的国家,并不能称之为真实的国家;只有具有这种普遍性伦理性精神的国家,才能成为真实的国家。黑格尔在第267节讲国家"实体性"存在有主观、客观两种方式。"客观"指具有现实性的国家制度有机体,这没有什么难懂处。困难处在于:他为什么讲"主观性"的"实体性"存在且此主观性实体性存在是在讲"政治情绪"(情感)、"爱国心"?此处主观性的实体性存在之要旨是存在于人民心中的国家,此心中存在的国家是人民在现有制度日常经验生活中形成的认知、信念,其核心是国家的价值合理性(根据)。只有存在于人民心中的国家,才是真正富有生命力、具有"现实性"的、人民愿意以生命去捍卫的国家。这种具有主观实体性的国家才具有永恒性。

作为普遍性伦理精神的国家具有普遍性,这个普遍性不能脱离特殊性、单一性而存在。国家这个普遍性伦理精神,以一种特殊方式揭示或标识了人的现实存在方式:这就是人(person)的社会性存在。人并不是孤独单一的存在,而是一种具有历史性规定的社会性存在。

2. 人的社会性存在与国家的普遍性精神:对社会契约论
的一种批判

黑格尔在论述国家关系时批评了卢梭、费希特等的契约论思想,表示出对契约论思想的否定,并强调了这样一个思想:国家对"单个人具有最高权利","成为国家成员是单个人的最高义务"。① 为什么黑格尔在国家问题上否定契约论思想？为什么说"成为国家成员是单个人的最高义务"？这是否就意味着要否定单独个人存在的权利及其意义？这里必须注意把握其思想精髓，而不是简单的字面表达方式。② 黑格尔这里所要表达的实质是：个人存在的社会性，个人不可避免地必定以社会性方式存在，个人总是作为特定社会共同体的一员来到并生活在这个世界上，个人只有作为共同体中的一员才能获得自由。

不能轻视黑格尔在国家问题上对契约论思想的批评，应当注意其所包含的重要思想内容。

黑格尔下面的一段话容易引起争论。他坚决否定将国家的"使命规定为保证和保护所有权和个人自由"，否定"单个人本身的利益……成为这些人结合的最后目的"。③ 黑格尔的这一思想似乎与契约论格格不入，甚至表现出某种否定个人自由权利的专制主义倾向。因为，一个国家（实为一种政治制度以及这种政治制度下的政府）如果不能保护公民的自由权利，这个国家就没有存在的理由。霍布斯、卢梭等的契约论为理解现代国家及其民主政治提供了一种思想武器。这种理论表明：国家不是某个人的，而是人民的，王权不是神授，而是民赋，自由存在的人民为了自身的自由而自由地组建起自己的国家。不过，现在的问题是：为什么黑格尔对这种浅显的启蒙思想会视而不见、置之度外？是否他还有另外值

---

① 参见黑格尔：《法哲学原理》，第 253—255 页。

② 可参见本书稿第 4 讲相关内容。

③ 黑格尔：《法哲学原理》，第 253—254 页。

得注意的思想? 这可能与他洞见契约论中所包含的关于个人存在方式的思想局限性有关。

确实,契约论在国家问题上的解释有其深刻性。一方面,契约论思想以自己的方式表明了个人存在的社会性;另一方面,契约论思想方法能够在抽象的意义上深刻揭示国家的现代性特质,揭示现代国家价值合理性根据之所在。但是,必须注意的是:一方面,契约论所揭示的个人存在的社会性,是指个人不能如鲁滨孙那样孤独存在,个人必须与他人交往、在社会关系中存在,而不是指作为社会活动参与者的个人本身亦是被规定的,是一个历史性的存在,且总是以特定群体一员的身份参加到社会活动中去;另一方面,契约论思想方法的抽象性会使人淡漠自身存在的社会性及其历史性,以为现实存在着的个人可以超越于社群及其历史,进而可以随心所欲。黑格尔以自己的方式洞见了契约论思想的这种内在局限性。

契约论并不能充分合理揭示国家政治生活的本质及其内容。这是因为契约论的解释具有相当的"任性",它是以"单个人的任性、意见和随心表达的同意为其基础"。① 具体言之:

第一,个人不是纯粹的单一存在,个人有其社会历史规定性,个人总是生活在历史中,并以被事先规定的身份参加到社会交往活动过程中。这就是黑格尔通过"个人本身只有成为国家成员才具有客观性、真理性和伦理性……是被规定着过普遍生活的"所要

---

① 黑格尔:《法哲学原理》,第 255 页。

表达的思想。① 这也就是说,个人参与社会契约活动的原初状态,并不是一个如罗尔斯所说的"无知之幕"下的无知之约,而是一个有知之约。这个知,是历史对个人之规定,它既是文化之知,亦是利益之知。这个"有知之约"就是一种历史的延续。契约过程并不是一个由单个人从纯粹零开始的过程,而是一个由既往历史规定的个人活动过程。

第二,契约活动是当事人可以随意自由参加与退出的活动,但是,国家政治生活却并不是当事人能够随意参加与退出的生活。在此意义上,契约论对于国家政治生活的解释力亦是有限的。根据黑格尔的看法,国家不同于市民社会,不能"把国家同市民社会混淆起来"。② 市民社会是一个自由交换的市场活动空间,对于参与其中的个人而言,她/他可以自由选择退出,也可以自由选择协商交易。但是,以国家所标识的个人生活的社会共同体却是个人不可退出的,因为她/他一开始就是以这个共同体成员的身份来到这个世界上,并存在于这个共同体中。这是一个人先在的伦理性规定。这种伦理性规定,是一个人文化意义上的自然规定性。这就如尽管一个人可以选择加入不同的社团,乃至可以选择加入其他国籍,但是他却不可以数典忘宗、不可以背叛自己的祖国一样。

当代个人主义与社群主义的争论,其焦点亦集中在个人存在的社会性上。社群主义并不反对个人的基本价值,但是社群主义不同意个人主义那种离开个人存在的社会性、历史性来一般谈论

---

① 黑格尔:《法哲学原理》,第 254 页。
② 黑格尔:《法哲学原理》,第 253 页。

个人自由及其权利的做法。在黑格尔上述对于契约论的两点批评中，我们不难发现当代个人主义与社群主义之争的先驱。

第三，契约是特殊的普遍性，具有特殊性的排他性。一方面，契约的解释力与有效性范围仅限于参加契约者之间，不能扩大至契约者以外，否则就有强权意志强暴的嫌疑。因而，契约的普遍性是契约者之间的特殊普遍性。另一方面，契约的有效性在原则上不适用于那些未参与契约活动者，那些未参与契约活动者的权益不能被契约承认，亦不能被契约保护。因而，契约这个特殊的普遍性就同时具有特殊性的排他性。这样，在公共生活中就有一个参与契约、争取获得承认的任务。如果一个集团、阶层不能有效地参与社会契约活动，那么，这个集团、阶层的权益就不能得到真实表达，更难以谈得上被承认与尊重。在此意义上，契约论解释要获得普遍有效性，就须进一步引入所有成员普遍参与，以及在此基础之上的委托人与代理人的制度设计这两个方面。

第四，契约的结果是或然的，但国家生活的政治正义秩序却应当是必然的，因为唯有必然的才是正义的。在契约之下可以出现多数人的暴政，多数人的暴政从根本上侵犯了平等的自由权利这一政治正义基本价值精神。契约活动的形式必须以契约活动所承载的平等的基本自由权利这一普遍必然性规定为内容。即，在现代性社会，政治正义并不是由其外表形式决定，而是由其内在平等的基本自由权利这一基本价值精神所规定。

卢梭曾合理地区分众意与公意，并认为契约是公意而非众意。但是，问题的关键在于这个公意仍然取众意一致的形式，离开了政治正义的基本价值前提，就无所谓公意与众意之区分。而政治正义本身却是一个关于"国家的哲学上的认识问题",因而,它就是一个普遍性、必然性、客观性的问题。正义的国家政治制度,不能以"任性"、"想象"为基础,而必须以客观必然性为基础。① 这就是黑格尔强调"在谈到自由时,不应从单一性、单一的自我意识出发,而必须单从自我意识的本质出发"所要表达的真实内容。②

通过黑格尔对契约论思想的批评,我们可以发现,对于"人是社会性存在"这一命题可有两种不同的解释,或者换言之,在"人是社会性存在"命题之下可以包含两种差别甚大的内容:一种是历史的,一种是平面的。这两种解释的根本差别就在于,一个是以具体的、历史的人为出发点,一个是以单个的、原子式的个人为出发点。传统契约论思想是一种平面的解释,而黑格尔以及后来的社群主义则是历史的解释。黑格尔的这种解释由于突出了个人存在的历史性,因而更深刻。

政治正义是人们的普遍价值要求,然而,政治正义首先是一种普遍价值精神,它有其普遍客观的规定性,并不因具体人的意志为转移。我们首先应当把握国家的根本性内容(而不要一开始就将国家的这种根本性内容与国家的具体起源、职能等问题

---

① 黑格尔关于法国大革命的具体论述所表达的正是他的这种认识。"这些抽象推论一旦得时得势,就发生了人类有史以来第一次不可思议的惊人场面:在一个现实的大国中,随着一切存在着的现成的东西被推翻之后,人们根据抽象思想,从头开始建立国家制度,并希求仅仅给它以想象的理性为其基础。又因为这都是缺乏理念的一些抽象的东西,所以它们把这一场尝试终于搞成最可怕和最残酷的事变。"黑格尔:《法哲学原理》,第 255 页。

② 黑格尔:《法哲学原理》,第 258 页。

相混淆①),把握这个时代的政治正义基本内容,以及作为这种基本内容集中概括的基本价值精神,然后才有可能通过自己的现实活动构建起政治正义的现实生活秩序,才有可能对国家这个事物有较为完整准确的把握。这就是黑格尔所说国家政治生活的正义或"合理性按其形式就是根据被思考的即普遍的规律和原则而规定自己的行动"。② 对这种政治正义普遍规律或原则的把握,则须通过反思实现。而黑格尔本人则以一种反思直觉的方式,直接将"自由"作为政治正义的第一原理。

3. 国家理念与国家理念的特殊存在

国家理念,或人类文明演进特定历史阶段政治正义的基本价值精神,是普遍的。这种普遍性有两个基本含义:它的客观必然性或内容的真实性,以及它的普适性或广泛存在性。然而,这种普遍的政治正义价值精神的具体制度性存在,却总是特殊的,总是以各种具体样式呈现在人们面前。这个特殊样式总是与特定民族国家的历史、文化、政治、经济、社会等状况直接相关。一个现实存在着的正义的政治生活,是正义价值精神的普遍性与这个民族国家历史文化政治经济社会状况的特殊性的统一。这种普遍性与特殊性统一,应当成为我们认识政治正义的一种基本思想方法。

---

① 这就是黑格尔所强调的哲学认识与历史社会学认识的区分。这样就可以明白黑格尔下述论述的含义:"现在如果问,一般国家或竟每个特殊国家以及它的法和使命的历史上起源是或曾经是怎样的,又如果问国家最初是从家长制关系,从畏惧或信任,还是从同业公会等等中产生出来的,最后如果问,这种法的基础是怎样地在意识中马上被理解而巩固下来的:是把它看作神物或实定法呢,还是把它看作契约和习惯呢,那么,所有这些问题都与国家的理念无关。"参见黑格尔:《法哲学原理》,第 254 页。

② 黑格尔:《法哲学原理》,第 254 页。

在认识当今人类政治正义时,我们确实应当注意其特殊性,因为如果我们不能注意其特殊性,就不能区分此与彼,不能区分不同的政治制度。然而,这种"特殊性"之区分本身亦有不同的规定:其一,一种普遍性的特殊性,即,它是何种类型的政治文明、政治正义。这里首先应当区分是前现代社会的政治正义,还是现代社会的政治正义,首先应当确定其政治文明、政治正义的历史类型。其二,一种政治文明、政治正义类型的具体存在样式。前一种特殊性区分更具有基础性意义。因为,如果不能确定这种特殊性,就无法把握与理解一个时代,无法把握与理解不同时代之间的区别,无法把握与理解以具体样式存在着的各种政治实体之间的联系与区别——这样,现实就是偶然杂多的堆积。我们必须注意区别不同政治正义文明历史类型,与同一政治正义文明历史类型中的不同具体存在样式这样两类完全不同的问题。其三,具体政治制度中的特殊利益集团及其相互间特殊关系。而这样一种特殊性分析是在前两种特殊性分析基础上才得以存在与展开。离开了前两个意义上的特殊性分析,这种意义上的特殊性分析就是或然、浅薄无根的。这即意味着,当我们在政治正义、国家政治生活这样一些问题上谈论要有历史的、具体的观点时,必须在上述三种特殊性分析统一的意义上而言,否则,我们的认识就不是真正历史的、具体的。①

---

① 这样,我们对于马克思关于国家的唯物史观认识就会有新的收获。马克思批判黑格尔国家学说的抽象性,并不是在前两种特殊性意义上而言,而是在第三种特殊性意义上而言。甚至马克思对于黑格尔国家学说的批判本身,就是以对前两种特殊性意义上的政治文明、政治正义内容的肯定为前提。这样,我们也就不难理解马克思在关于帝国主义对印度、中国殖民地扩张中的所谓道义与历史的"悖论"立场。马克思的认识建立在不同文明历史类型区别基础之上。

黑格尔在第 258 节有这么一段话:"在谈到国家的理念时,不应注意到特殊国家或特殊制度,而应该考察理念,这种现实的神本身。"并认为"根据某些原则,每个国家都可被指出是不好的,都可被找到有这种或那种缺陷,但是国家,尤其现代发达的国家,在自身中总含有它存在的本质的环节"。[①] 黑格尔这里所强调的正是对国家的普遍性本质内容的把握,是对政治文明历史类型及其价值精神的总体性把握。黑格尔要求我们在考察国家政治生活及其政治正义时,首先应当舍去其具体特殊样式而把握其根本性内容:它是现代性的还是前现代性的政治文明,并在现代性政治文明及其价值精神之下具体把握与理解各个不同的国家政治制度。

现代社会不同于前现代社会。现代社会的特质是对宗法、等级、人身依附关系的否定。现代社会政治正义的基本价值精神是平等的自由权利。这就解释了为何自启蒙时代以来平等的自由权利就一直是政治正义的核心内容,并成为社会的旗帜。所以,我们在当代考察国家政治生活及其正义内容,首先应当考察这种现代性政治正义的普遍性内容,即首先应当关注其是否为现代性的政治生活、政治正义,而不应当在一开始就为其特殊性所遮蔽,进而丧失洞察力。

普遍性总是以特殊的方式存在着。人类的政治文明是有普遍的精神而无普遍的样式,它总是以各种具体样式存在着。所谓东方文明、西方文明,只是以地缘所标识的特殊文明样式,这些文明都是全人类的,只不过它们是人类文明以东方或西方的特殊样式

---

① 黑格尔:《法哲学原理》,第 259 页。

存在着。苏格拉底、柏拉图、亚里士多德,既是西方的,也是全人类的。同样,孔子、老子既是东方的,也是全人类的。现代政治文明首先在欧洲出现,并以西方文明的样式存在,但是欧洲或西方政治文明并不仅仅是欧洲或西方的,它们还是全人类的。在欧洲或西方政治文明中存在着作为现代社会人类政治文明的普遍性内容。我们不能因为这些普遍性内容披上的欧洲或西方的面纱,而断然否定这种具有普遍性意义的真理性内容。我们应当以冷静理性的态度对待西方政治文明。当我们从西方先进民族那里学习现代政治生活及其正义秩序构建内容时,我们似乎在学西方的政治文明,其实,我们这是在继承与学习人类普遍的文明财富。黑格尔曾揭示:"找岔子要比理解肯定的东西容易",所以"人们容易陷入错误",在考察国家政治生活时只注意其个别特殊的方面,而忘掉其普遍性内容本身。① 黑格尔的这种批评对于我们具有警示意义。民主制度是人类的普遍追求,这是普遍精神。但是民主制度的具体样式却是多样的,没有成规。不同民族的不同文化、历史、现状,使得民主制度在各民族的具体存在样式各异。

4. 现代国家

黑格尔在《法哲学原理》中所要研究的不是一般意义上的国家,而是现代国家。②

在黑格尔看来,国家是一个生长过程,其自身有一个由不成熟

---

① 参见黑格尔:《法哲学原理》,第 259 页。

② 参见黑格尔:《法哲学原理》,第 260 页。值得一提的是黑格尔此处"国家"这一章三个部分之一的"国家法"的英文本表达是 constitutional law,这隐含有现代国家宪政的意蕴,此亦表明黑格尔所指国家的现代意义。

到成熟过程。现代国家是成熟的国家形态,相对于现代国家的前现代国家形态是"不成熟的国家"形态。既然如此,这就意味着国家是一个历史的产物,它不仅有其孕育、不成熟、成熟的发生阶段,亦有其死亡的必然。

构成现代国家与前现代国家基本区别的主要在于:

a. 特殊权利或独立个体的出现及其自由。

黑格尔认为:"在不成熟的国家里,国家的概念还被蒙蔽着,而且它的特殊规定还没有达到自由的独立性。在古典的古代国家中,普遍性已经出现,但是特殊性还没有解除束缚而获得自由,它也没有回复到普遍性,即回复到整体的普遍目的。现代国家的本质在于,普遍物是同特殊性的完全自由和私人福利相结合的……目的的普遍性如果没有特殊性自己的知识和意志——特殊性的权利必须予以保持,——就不能向前迈进。所以普遍物必须予以促进,但是另一方面主观性必须得到充分而活泼的发展。只有在这两个环节都保持着它们的力量时,国家才能被看作一个肢体健全的和真正有组织的国家。"①"在古代国家,主观目的同国家的意志是完全一致的。在现代则相反,我们要求自己的观点,自己的意志和良心。古人没有这些东西——就其现代意义而言;对他们说来,最终的东西是国家的意志。"②具有独立人格及其权利的个人,这是现代国家与前现代国家的最根本区别。

具体言之,其一,前现代社会的国家是宗法等级制的。在那

---

①　黑格尔:《法哲学原理》,第 261 页。

②　黑格尔:《法哲学原理》,第 263 页。

里,朕即国家(即黑格尔所说"主观目的与国家意志一致"),没有个人与个人意志,没有平等的基本自由权利,只有等级身份、人身占有或依附。现代社会的国家则不是某个人的,而是所有人的,它以独立个人、平等自由权利为基石。这个由前现代向现代国家转变的过程,就是马克思所揭示的由人的依赖关系向人的独立关系的转变过程。人类近代以来所取得的最伟大成就,就是人的解放:人从神(家神或天神)中的解放,以及个人从类中的解放。人不仅发现了自身的存在,而且还发现了独立个体的存在。正是在这个基础之上,才出现了现代意义上的国家。契约论所表达的正是这种基于个体独立及其平等自由权利精神的国家形态。现代国家是以独立个体的存在及其自由权利为前提的国家形态。换言之,没有个人特殊权利,或个人的特殊权利得不到保护、个人利益得不到尊重的国家,不是现代国家。

其二,现代国家政治生活及其制度,是具有平等自由权利的个人实现自身利益的方式。在这里,个人利益与作为普遍利益代表的国家利益,并不处于绝对对立的两极不相容状态。相反,一方面,个人利益在国家政治生活中得到真实实现;另一方面,国家自身亦在个人利益的增进与实现中得到发展。这种国家利益的增进与实现,并不是简单的放水养鱼之类的养民、藏富于民的问题(这种简单化的认识,并没有超越于古代所谓"民本"思想),而在于现代国家就是作为现实存在者的人民的,国家是每个人利益实现的统一体。正是这种个人与国家的关系,使现代社会国家政治生活具有完全不同于前现代社会国家政治生活的价值合理性依据。

国家与个人关系是生命有机体与其组织、器官的关系。国家

是一个生命有机体,这个生命有机体有赖于其各个组织、器官的健
康生长,而各个组织、器官的生长亦有赖于这个生命有机体的整体
状态。不能在分裂、对立的视野中认识与把握国家与个人。所以,
黑格尔才强调作为家庭与市民社会真理性环节的国家,只有当家
庭和市民社会在其自身内部获得发展时,才是有生机的。①

　　b. 权利与义务统一。

　　现代国家政治生活是权利与义务的统一状态,前现代国家政
治生活则是权利与义务的分离状态。根据黑格尔的看法,在不成
熟的前现代国家中,权利与义务被分别"分配在不同的方面或不同
的人身上",而在成熟的现代国家中则相反,"义务和权利是结合在
同一的关系中的"。"权利与义务相结合的那种概念是最重要规定
之一,并且是国家内在力量之所在"。② 为什么说在现代国家中义
务与权利是统一的? 为什么说这种统一是现代国家的"最重要规
定之一,并且是国家内在力量之所在"? 这是对成熟的现代"国家"
的本质性把握。黑格尔笃信:"如果一切权利都在一边,一切义务
都在另一边,那么整体就要瓦解。"只有权利与义务的统一才是"所
应坚持的基础"。③ 在黑格尔看来,现代国家不是某些人的,而是
所有人的,它不是某些人用来支配他人的工具,而是所有社会成员
自由生活的组织方式,它(应当)是消弭了这种权利与义务分裂的
状态,是普遍性与特殊性的统一。国家作为伦理性的存在,是"实

---

① 　参见黑格尔:《法哲学原理》,第 264—265 页。

② 　黑格尔:《法哲学原理》,第 261、262 页。

③ 　黑格尔:《法哲学原理》,第 173 页。

体性的东西和特殊的东西的相互渗透"。① 在这里,特殊是普遍的,普遍是特殊的,普遍与特殊不再处于分裂状态。即,特殊的个人与作为普遍的国家不再是两极分离;不再是一部分人掌握国家,另一部分人被掌握国家的人所支配;不再是一部分人履行义务,另一部分人享有权利。在人类历史的相当长一段时间中,权利与义务一直处于两极分离状态:一部分人专掌权利,另一部分人专司义务,那些专掌权利的人以普遍的名义支配并剥削专司义务者,并由此引发出社会的普遍敌对(这是一部分人与另一部分人的普遍敌对,是一部分人与以普遍身份出现的另一部分人的普遍敌对),在这种普遍敌对中,社会自身处于无休止的轮回毁灭之中。现代民主国家则走出了一条摆脱社会普遍敌对的人类发展新道路。这条道路就是共生共在的道路。无论是后来的马克思,还是罗尔斯、哈贝马斯,均是对这种政治正义类型的理论揭示。现代民主政治正义之所以拥有巨大力量与生命力,就在于这种政治正义历史类型是一种消弭权利与义务两极对立的政治关系历史类型。

人们在政治生活中自然有一系列义务,然而,问题的关键在于这些义务来自于何?人们为什么要履行这些义务?人们履行这些义务与享有自身权利之间是什么关系?是否履行义务就意味着是对自身权利的放弃,或者换言之,是否履行义务必须以对自身权利放弃为前提?黑格尔有这样一段论述:

> 义务的抽象方面死抱住一点,即忽视并排斥特殊利益,认

---

① 黑格尔:《法哲学原理》,第 262 页。

为它不是本质的,甚至是无价值的环节。具体的考察……表明特殊性的环节同样是本质的,从而它的满足是无条件地必要的。个人无论采取任何方式履行他的义务,他必须同时找到他自己的利益,和他的满足或打算。本于他在国家中的地位,他的权利必然产生,由于这种权利,普遍事物就成为他自己的特殊事物。其实,特殊利益不应该被搁置一边,或竟受到压制,而应同普遍物符合一致,使它本身和普遍物都被保存着。个人从他的义务说是受人制服的,但在履行义务中,他作为公民,其人身和财产得到了保护,他的特殊福利得到了照顾,他的实体性的本质得到了满足,他并且找到了成为这一整体的成员的意识和自尊感;就在这样地完成义务以作为对国家的效劳和职务时,他保持了他的生命和生活。从义务的抽象方面说,普遍物的利益仅仅在于把它所要求他的职务和效劳作为义务来完成。①

根据黑格尔的看法,个人之所以要在政治生活中履行义务,原是为了满足自己的需要,以及在满足需要中维护与实现自己的权利。在这里,义务与权利原来是一体两面的东西。

国家政治生活中的权利与义务的统一,并不等同于市民社会中私人利益交换关系中的权利与义务的统一。在市民社会私人利益交换关系中,相互间的权利与义务统一是平等交换的统一:我享

---

① 黑格尔:《法哲学原理》,第262—263页。

有多少权利就履行多少义务；我的权利就是你的义务，你的权利就是我的义务；彼此在平等交换中享有平等的权利与义务，并实现权利与义务的统一，且在这种统一中表现出交换双方的平等身份。但是，在国家政治生活中的权利与义务关系，并不是简单的对等交换关系，其权利与义务的统一亦不是这种简单的交换的统一，而是一种存在的统一。如果我们能够在抽象的意义上将权利与义务关系的统一视为正义，那么，市民社会中私人利益交换关系中的权利与义务统一是交换正义，国家政治生活中的权利与义务统一则是存在正义。

所谓权利与义务的存在统一是指：一方面，我作为国家这个伦理实体中的一员，我本应当具有这种义务，因为离开了这个伦理实体我就无法作为具体特殊的个体存在于这个世界上，这种义务是我作为特殊个体存在与自身普遍本质的关系。这就是黑格尔所说"义务首先是我对于某种……实体性的……绝对普遍东西的关系"。这个义务并不依赖我是否自觉意识或愿意与否，它是一种绝对命令式的设定性要求。另一方面，我履行这种义务表明我是这个作为伦理实体的国家中的一员，仅仅因为我是这个国家中的一员身份，我就享有这个伦理实体给予其成员的平等基本自由权利，或者换言之，我就享有这个伦理实体中的成员所应当享有的权利。这种权利亦是我作为特殊个体存在与自身普遍本质的关系，它所表明的是我这个特殊个体是这个伦理实体的定在或特殊性存在，这个伦理实体通过无数我这样的特殊个体成为具体定在的。这就是黑格尔所说："权利……总是这种实体性的东西的定在，因而也是它的特殊性和个人的特殊自由的方面"。① 在这种权利与义务的存在统一中，作为特殊个体的我可能先天残疾丧失任何劳动能力，不能如其他公民那样履行诸多义务，但是，这并不成为否定我享有与其他正常能力公民一样的平等基本自由权利的理由。我的这种权利亦是一种绝对命令式的设定性安排。这种权利与义务的存在统一是质的统一。它所表示的是：仅仅因为我是这个国家中的一员，我就能够享受与其他成员一样平等的基本自由权利，同样，仅仅因为我是这个国家中的一员，我就理所当然地承担着一系列义不容辞的义务。

这样看来，黑格尔的下述思想是欠严谨的："一个人负有多少义务，就享有多少权利；他享有多少权利，也就享有多少义务。""个人对国家尽多少义务，同时也就享有多少权利。"②这个思想混淆了市民社会与国家、交换正义与存在正义这样具有原则区别的内容。对于黑格尔的上述思想，至少是应当作质的而非量的理解。对于黑格尔"义务与权利的结合具有两个方面：国家所要求于个人的义务，也直接就是个人的权利"的思想，亦应在存在的统一这个维度加以把握。③

由于国家政治生活中权利与义务的统一，不同于市民社会中

---

① 对于黑格尔的这一思想，从来自于伦理实体的规定性层面上看，似乎可以得出国家主义的威权解释，但是，若从伦理实体自身存在的具体定在须通过个体实现这个角度看，却可以得出完全不同的结论。参见黑格尔：《法哲学原理》，第 261 页。

② 黑格尔：《法哲学原理》，第 172—173、261 页。

③ 参见黑格尔：《法哲学原理》，第 263 页。

权利与义务的统一,由于两者分别是存在的统一与交换的统一,因而,这两种统一的区别就是必然性与或然性的区别。交换的统一是或然性的,它依赖于交换当事人;存在的统一则是必然性的,它依赖于制度性安排。这就是说,国家政治生活中由制度性安排所体现的权利与义务的统一,是一种客观的而非主观的政治正义。人们总是在追求权利与义务的统一,并将这种统一视为作为公平的正义的基本内容,人们也总是试图在自己的私人生活中实践这种权利与义务的统一,但是,私人生活中对于这种权利与义务统一的追求,只具有或然性而不具有必然性,只有形式性而不具有实质性。

说市民社会私人利益间的权利与义务统一以及由这种统一所标识的正义,只是一种或然的统一或正义,此或然性有两种含义:

其一,这种权利与义务间的统一或正义,只是一种抽象人格、人身自由意义上的,即每一个人在人格与人身自由上是平等的,因而,在私人利益交换中只是一种平等权利之间的交换关系,这只是交换中的权利与义务的统一或正义,而不是存在的权利与义务的统一。这正如马克思后来在分析劳动力这个特殊商品在交换过程时所着力揭露的那样。这就是黑格尔下面一段论述所包含的合理思想:"在私法和道德的领域,缺乏权利和义务彼此之间关系的现实必然性,因此只存在着在内容上抽象的等同,即在这些抽象领域中,如果对一个人说来是权利,对别人说来也应该是权利,对一个人说来是义务,对别人说来也应该是义务。权利和义务的那种绝对同一,只是在内容上的等同,即在规定上这个内容本身是完全普遍的,是义务和权利的唯一原则,即人类自身自由的原则。"①

其二,私人间的权利与义务统一取决于当事人的主观意愿,以及当事人履行相关权利或义务的能力,而当事人的这种主观意愿及相关能力,或者是依系于主观认识与情感爱好,或者依系于先天自然禀赋或后天种种身外他物的影响,都具有不确定性。用黑格尔的话说,这只是一种应该。而应该并不是现实,应该能否成为现实,则是不确定的。私人关系领域与道德领域都只是应该的领域,而不是现实的领域,都只有或然性而无必然性,因而,私人关系领域与道德领域都是不确定领域。只有既是应该的又是必然的,才是现实的。作为伦理实体性存在的国家及其政治正义,就是使这种应该的成为必然的。一个权利与义务相统一的社会,当然是一个良序社会,良序社会当然不能没有应该所标识的价值与美德,但是,良序社会却不能建立在应该这样一种或然、主观基础之上,而必须建立在客观、必然基础之上。黑格尔之所以在赞美个体自由意志美德的同时,要从道德的主观阶段中走出来进入客观伦理,之所以在市民社会私人利益平等交换之上还要有一个国家政治正义制度,就是要摆脱这种权利与义务统一(或自由,或正义)的或然性,使之成为既是应该的又是客观、必然的。

权利与义务统一的两种类型,揭示了个人及其自由在私人领域与国家政治生活这一公共领域的两种不同存在方式,揭示了私人领域的权利与义务的统一(或自由)以公共领域的权利与义务统一(或自由)为基础或前提。这也正是黑格尔下面一段论述所能给

---

① 　黑格尔:《法哲学原理》,第 262 页。

予我们的重要启示之一："对私权和私人福利，即对家庭和市民社会这两个领域来说，国家一方面是外在必然性和它们的最高权力，它们的法规和利益都从属于这种权力的本性，并依存于这种权力；但是，另一方面，国家又是它们的内在目的，国家的力量在于它的普遍的最终目的和个人的特殊利益的统一，即个人对国家尽多少义务，同时也就享有多少权利。"①

现代国家的独立个体存在及个人权利与义务统一的自由存在方式，就直接隐含着现代国家不同于前现代国家的存在合理性根据。

c. 现代国家政治制度合理性根据。

既然现代国家以独立个体及其自由权利为前提，并是以权利与义务的统一否定权利与义务的分裂状态，且这种现代国家的特质是基于国家自身内在否定性而达于成熟的特质，那么，它们就彰显了现代国家政治制度的合理性根据。这个合理性根据的核心是自由精神，以及在这种自由精神之下的个人自由权利的实现。构成现代国家与前现代国家的具体区别可以从不同维度找到很多，但是，借以区别二者的关键不在于这些具体方面，而在于这个本质、基本价值精神。现代国家区别与前现代国家的最根本标志就在于它的自由精神。这种自由精神不是一个空洞抽象的东西，而是指平等的基本自由权利实践。现代国家中的每一个人，都以平等的基本自由权利主体的身份存在，实践并实现着这种平等的自由权利。

---

① 黑格尔：《法哲学原理》，第 261 页。

现代国家不是凌驾于个人之上、存在于个人之外的怪兽,而是公民的国家,是为了公民每一个人的自由权利实现的神物。这就是黑格尔所说:"个人的特殊目的必须同普遍目的同一,否则国家就等于空中楼阁。……个人目的与普遍目的这双方面的同一则构成国家的稳定性。……国家的目的在谋公民的幸福。这当然是真确的。如果一切对他们说来不妙,他们的主观目的得不到满足,又如果他们看不到国家本身是这种满足的中介,那么国家就会站不住脚的。"①

具体言之,其一,"国家的目的"是"公民的幸福"。国家除了公民的幸福之外,不应当有自身的特殊目的。国家是"特殊利益的实体"。② 正是在这个意义上,国家与公民是"同一"的。如果一个国家除了公民的幸福之外,还有自身的特殊目的性追求,那么,这个国家就必定不是现代国家,因为这个国家不是为了公民的,进而不是公民的。

其二,国家是公民个人满足自身目的性追求的"中介"物,即公民通过国家满足自身的目的性追求。公民之所以成为这个国家的一员,除了存在本体论意义上的不可逃脱外,还在于它是公民个人满足自身需要、实现目的性追求的中介。这可以有不同层次的解释或含义。一方面,人们之所以拥护这种政治生活及其制度,就在于人们认为这种政治制度是人们满足自身利益、实现自身目的性追求,达至自由存在的现实方式。另一方面,在日常生活中,国家能够给人们提供一种秩序与安全,使人们自身的特殊利益得到维

---

① 黑格尔:《法哲学原理》,第266页。
② 参见黑格尔:《法哲学原理》,第269页。

护。这正是黑格尔通过人们夜晚在街头安全行走的举例向我们转达的一种思想信息。没有国家这种普遍物,就有可能缺失社会秩序与安全,就不可能有公民个人的自由生活。[①]

正由于国家是公民的国家,所以公民就会对国家形成一种特殊的"政治情绪",这就是"爱国心"。[②]

5. 爱国精神:自然情感与"政治情绪"

人们在两种基本意义上形成自己的爱国精神,这就是自然情感与黑格尔所说"政治情绪"。爱国精神的这两个维度与对国家的不同理解直接相关。

当人们将国家理解为是一种自然性民族伦理实体,即理解为一个人生命存在的本体论家园时,人们面对这个生于斯、长于斯的生命自然民族家园,怀有深深的敬意与敬畏,并对其有一种近乎自然本能的热爱。在此意义上所形成的,就是作为自然情感的爱国精神。严格地说,这个所谓作为自然情感的爱国精神,所爱的是自己的民族,而不是通常意义上的国家。当人们将国家理解为一种政治伦理实体、一种自我利益实现方式的政治制度时,人们在长期政治生活实践中基于自身利益而对这种政治制度形成一种"信

---

① 换言之,如果一个国家政府不能给公民提供这样一种秩序与安全,则这个国家政府就失缺了存在的合理性根据。一个国家政府存在的合理性由两个基本方面,一方面,是它的人民性,即不为自己谋私利,不是特殊利益集团的工具。通俗的说法就是不贪、不腐败。这是国家政府合理性的质的规定性。另一方面,是它的效率性,即要有所作为,能够给公民提供基本自由的秩序。通俗的说法就是勤政有为。一个虽不贪但无所作为、治理无能的国家政府,亦没有存在的根据。这是国家政府合理性的功能性规定。

② 参见黑格尔:《法哲学原理》,第266页。

任",并愿意为其"作出非常的牺牲和行动",在此意义上所形成的爱国精神,就是作为"政治情绪"的爱国精神。严格地说,此所谓作为"政治情绪"的爱国精神,所爱的是这种实存的政治制度。爱国精神的这两种不同内容,并不总是统一的,有时这二者之间会出现重大冲突。

爱国精神的这两种含义有着非常重要的区别。前者是一种无条件绝对命令式的爱国精神,它与生俱来,不可移易亦无法移易。后者则是一种有条件的爱国精神,它直接取决于这个具体国家具体政治制度本身的合理性。① 我们不能以作为自然情感的爱国精神来投射、遮蔽作为政治情绪的爱国精神,更不能以作为政治情绪的爱国精神来悄悄取代作为自然情感的爱国精神。不能以作为政治情绪的爱国精神为理由,轻率地否定一个人的作为自然情感的爱国精神。以下我们即在作为一种政治情绪的意义上谈论爱国精神。

爱国精神在现代国家政治生活中具有重要价值。根据黑格尔的看法,人们对于国家的感情是"唯一维护国家的东西"。② 现代国家当然不能没有暴力与强权机器,但是暴力与强权机器只能为一种政治制度提供外在强力,而不能提供合理性与合法性。强力可以为强力推翻,暴力可以为暴力取消。水能载舟,亦能覆舟。仅仅依靠暴力与强权维系的政治制度,只是或然、偶存的。现代国家

① 罗尔斯所说"自然义务"与"职责义务"之分,与此两种爱国精神类似。在罗尔斯看来职责义务是有条件义务,它以制度正义为前提。作为"政治情绪"的爱国精神以现实国家制度的正义性为核心。

② 参见黑格尔:《法哲学原理》,第 268 页。

必须建立在深厚的"心力"基础之上。此"心力"是一种政治制度不朽的心中长城。现代国家不能没有爱国精神的支撑,因为爱国精神是一个国家长治久安之基,蓬勃生命之根,因为它标识了人们对于这个国家的价值认同与支持,标识了这个政治制度的合理性与合法性。

那么,这种爱国精神何以形成?这种爱国精神不是灌输的结果,而是现存国家政治生活的结果。用黑格尔的话说,它是"国家中的各种现存制度的结果"。① 人们之所以爱这个国家、这种政治制度,就是因为这个国家、这种政治制度是自己得以自由存在的国家与政治制度,是因为从自己的日常生活经验中感受到这个国家与政治制度值得爱、应当被爱,而不是因为别人告诉我说这个国家与政治制度值得爱、应当被爱。人们从自己的长期日常生活经验中,感受到自己的自由权利在这个国家与政治制度中得到了尊重与维护,进而对这个国家与政治制度产生了一种信任意识。这种信任意识正是爱国精神之根。这就如黑格尔所说,这样一种爱国精神是一种"信任"意识:"我的实体性的和特殊的利益包含和保存在把我当做单个的人来对待的他物(这里就是国家)的利益和目的中,因此这个他物对我来说就根本不是他物。"这种信任意识在"日常生活关系中"形成,且"在日常生活经历的一切情况中获得证实的这种意识,随后就成为作出非常努力的那种志愿赖以产生的根据"。② 人们总是爱值得爱的东西,人们亦总是通过日常生活经验

① 参见黑格尔:《法哲学原理》,第 266 页。
② 黑格尔:《法哲学原理》,第 267 页。

体悟到何种东西可爱,何种东西不可爱。罗尔斯所要努力探求的
"作为公平的正义"的良序社会,其实正是这样一种能够为人们日
常生活经验证实值得信任与爱的伦理实体。

　　人们对于国家政治生活的这种日常体验,是通过国家政治生
活的各个具体方面、通过政治制度的具体实施获得。人们的爱国
精神这一政治情绪,要"从国家机体各个不同的方面取得自己的特
定的内容"。① 这就意味着,一方面,作为"自由的现实化"的国家
理念必须进一步具体化、特殊化,使"自由的现实化"具体呈现为一
系列具体行为、活动、存在;另一方面,政治制度必须进一步通过自
己的具体行政过程呈现自己具体内容。这样,国家行政就成为国
家政治生活、政治制度的一个内在组成部分。国家行政首先是国
家政治的内容,国家行政是国家政治的具体存在。

二、政治制度与国家行政

1. 国家政治制度有机体

　　国家是个有机体,此有机体由不同方面构成,这些不同的方面
"就是各种不同的权力及其职能和活动领域"。国家正是通过这些
不同的权力及其职能活动"保存着自己",再"创造着自己"。② 国
家的这个有机体就是政治制度。即,国家是通过政治制度成为现
实有机体,正是政治制度保存着并创造着国家。这样,政治制度与

---

① 　黑格尔:《法哲学原理》,第 268 页。
② 　参见黑格尔:《法哲学原理》,第 268 页。

国家就是同一个事物①，只不过一个是以抽象的方式存在，另一个是以具体的方式存在，且此抽象是这些具体的抽象，这些具体是此抽象的具体而已。因而，一方面，对国家与政治制度的把握不能分离二者，必须注意二者之间的这种抽象与具体之关系；另一方面，由各种权力及其职能活动所构成的政治制度本身是一整体，这个整体呈现出国家的实质内容。这样，对于这些不同权力及其职能活动亦必须作为整体来把握，离开了这个整体，具体的权力职能活动本身就失却了根据。这正是黑格尔下面一段论述中所包含的基本思想：政治制度"永远导源于国家，而国家也通过它而保存着自己。如果双方脱节分离，而机体的各个不同方面也都成为自由散漫，那么政治制度所创造的统一不再是稳固的了。"②

政治制度也是一个自我创造与发展的有机体。之所以说政治制度也是一个有机体，这有两个理由。其一，政治制度是自我创造与发展着的东西且有其自身特有的发展逻辑。其二，政治制度自身中各种具有独特职能的权力间的有机联系，构成现实的政治制度，而这种权力间的有机联系要求各个特殊权力之间必须耦合成为一严密整体。这正是黑格尔所强调的"机体的本性"："如果所有部分不趋于同一，如果其中一部分闹独立，全部必致崩溃。"③

2. 政治是理性的活动：国家不以宗教为基础

黑格尔对于国家与宗教关系的论述，是直接以欧洲中世纪为

---

① 人们通常所说的国家往往指的就是一种政治制度，而不是作为自然伦理实体的民族国家。
② 黑格尔：《法哲学原理》，第268页。
③ 黑格尔：《法哲学原理》，第268页。

对象，并以对欧洲中世纪政教合一的神权统治的否定为内容。

国家政治制度不以宗教为基础。这是因为：国家政治生活是理性的，而宗教生活则是情感、信仰的；国家政治生活是公民的现实关系，而宗教生活则是与超验绝对物的关系；国家政治生活是现实实在的，这种实在性就在于它始终是普遍性与特殊性的统一，整体的利益在特殊目的中成为实在，而宗教生活则是抽象的，它以绝对普遍的东西否定特殊目的性存在；国家政治生活关注于现实行为而不关注内心世界，并以法律义务的方式提出自己的要求，而宗教生活的"园地是内心生活"，并以精神服从的方式提出自己的要求。宗教具有"任性"与"独断"的特征，不能成为国家政治生活的基础。① 黑格尔通过国家与宗教的关系的论述，实质上是在反对国家政治生活中的政教合一。现代国家是公民的民主政治生活领域，现代国家不能实行国家意识形态垄断，不能将国家意识形态强加给社会成员，国家不能集权力、真理、美德于一身。一个集权力、真理、美德于一身的政教合一的国家，总是摆脱不了愚昧与专制。

现代国家有宗教生活，但并不等于现代国家须以宗教生活为基础；现代国家需要有自己的精神基础，但并不等于现代国家需要以宗教为自己的精神基础；现代国家有自己存在的合理性根据，但并不等于现代国家须从宗教那里获得自己存在的合理性根据。

黑格尔关于国家与宗教关系的分析，强调宗教不能成为国家的基础，向我们传达的最重要信息是：政治生活及其制度是理性的科学活动，而非情绪的冲动。正由于对政治生活及其制度的这种理性

---

① 　参见黑格尔：《法哲学原理》，第 269—283 页。

科学活动性质的认识,才出现了近代以来政治与行政的二分,才出现了现代科层制,才使得人类政治生活及其制度有可能摆脱长期以来由情绪所支配的任意状况,进而成为人们理性的科学实践。

3. 国家权力分立:"公共自由的保障"

根据黑格尔的看法,国家权力作为一个有机体内部存在着"差别",这个差别即是职能分工或"划分"。"这些权力中的每一种都自成一个整体,因为每一种权力实际上都包含着其余的环节,而且这些环节……完整地包含在国家的理想性中并只构成一个单个的整体。"这种划分是"必然"的,且这种必然性依据就在于是对"公共自由的保障"。① 黑格尔上述对国家权力及其分工的认识中包含极为重要的思想内容:

其一,国家权力的公共性品格。国家权力是公共的,国家权力的存在是为了实现与保障公共自由。国家权力的这种公共性品格,一方面在质上规定了国家权力,另一方面则从功能上规定了国家权力的职能目的。国家权力不是某一些人或集团徇私舞弊的工具,亦不是某一些人或集团用来欺压百姓的工具。

其二,国家权力必须分立。之所以说国家权力必须分立,其理由有两个基本方面:一方面,从生命有机体这一系统的维度看,系统总是由要素构成,要素间的系统整合构成系统自身。如果没有要素的分化,就无所谓系统自身。一个复杂系统才是一个自组织系统,才具有自我创造、自我发展的功能。现代国家不再是传统小国寡民的国家,而是由众多人员、广阔空间所构成的具有复杂功能

① 参见黑格尔:《法哲学原理》,第283—284页。

的国家。现代国家权力作为一个生命有机体由不同方面构成,正是这些不同方面的协调一致,才使国家真正成为"自由的现实存在"。这是对国家权力分立来自于系统功能维度的理解。另一方面,公共权力个人履行方面的矛盾。具有公共性品格的国家权力总是通过有关个人履行,但是,公共权力的个人行使自身却存在着悖论:由于个人不仅仅有其特有的利益,而且还有其特有的认识、意志、情感,由于行使公共权力的个人无法彻底摆脱其个人特殊性,即使是那些所谓品性高尚的人在行使公共权力时,也会由于存在着对于宪法、法律、普遍性价值精神、道德规范等的具体理解,对具体情境状况条件认知等的差异,进而会作出不同的价值判断与行为选择。在这里,就出现了公共性权力以个别私人性存在为前提、并通过个别私人性得以履行的悖论现象。这种悖论现象源于人的存在本体论缘由:人既是社会的又是个别的,客观存在由主观活动构成。这是一种人无法摆脱的本体论悖论。人对此唯一能做的就是:不将全部鸡蛋放在一个篮子里并引进监督机制,这就是分权或权力分立。① 这是对国家权力分立来自于公共性维度的理解。

国家权力分立是人类政治文明的进步。分权与分权的特殊实现形式是两个不同的问题。分权究竟以何种方式实现,这是一个普遍性的特殊存在样式问题。分权的特殊实现形式,与每一个国家的历史及现实文化、政治、经济乃至某种偶然事件相关。分权的特殊存在样式是多样性的。它可以是如黑格尔所考察并在欧美国

---

① 绝对的权力导致绝对的腐败,正是对这种状况的另一种揭示。

家普遍存在的三权方式,也可以是如孙中山所提出的五权方式。这里问题的关键不在于是三权、四权或五权,关键在于权力分立及其相互间监督制约。① 每个民族国家都有自己的历史与现实,都有自己的文化与传统,因而,每个民族国家在现代国家政治生活中都可能有自己特殊的权力分立、相互监督制约的具体方式。国家权力的分立,只是为了保证国家权力的公共性品格,保证国家实现其保障公共自由的职能。同样道理,宪政作为现代社会的一个必然,这是每一个民族国家迟早都要走的道路,然而,一个民族国家的宪政究竟取何种形式,却并不简单地仅仅是一个宪政观念的问题,而是一个历史及其演进的具体道路问题。究竟以何种方式建立宪政,宪政的具体样式如何,这在不同民族国家有不同的具体内容。

其三,被分立了的国家权力是由诸多相对独立权力所构成的权力整体。这里有两层含义:一方面,"每一种权力本身必须各自构成一个整体,并包含其他环节于其自身之中。"②另一方面,这些独立权力相互间又构成一个"有生命的统一"整体。③

所谓每一个权力本身必须成为一个整体,指的是每一个权力

————————

① 对于欧美国家政治权力三分的实践,必须注意区别其普遍性与特殊内容。国家政治权力三权分立本身只是一种权力分立的特殊样式,但是,在这种特殊样式背后存在的则是权力分立监督制约这样一种普遍内容。我们既不能将三权分立这种特殊样式误以为是普遍内容,亦不能因为三权分立的这种特殊存在样式,而简单否定其所包含的权力分立监督制约这种国家政治生活的普遍内容。

② 黑格尔:《法哲学原理》,第 286 页。

③ 黑格尔:《法哲学原理》,第 285 页。

自身亦由诸多要素构成,这些要素间必须严密耦合。这种严密耦合的整体,一方面使这个权力成为现实的存在,而不至于成为一种空洞的东西;另一方面,则使这种现实存在的权力的行使科学合理有效,而不至于由于权力本身的疏漏而伤及公共自由。①

所谓独立权力之间须成为一个有机整体,指的是这些独立权力并不是彼此"绝对独立"、"否定"的关系,而是同一整体不同"环节"之间的关系。这些独立权力之间的相互制约监督,也不是一种"彼此之间互相抗衡"、要"造成一种普遍均势"的关系,而是共同保障自由权利的关系。那些以为国家权力中不同独立权力之间是"绝对独立"的观点,那些以为这些不同独立权力"都敌视和害怕其他权力,反对它们像反对邪恶一样;它们的职能就在于彼此之间互相抗衡,并通过这种抗衡而造成一个普遍均势"的观点,都是黑格尔称之为"抽象理智"的陋见。"如果各种权力……各自独立,马上就会使国家毁灭"。其结果是或者"整体崩溃了,或者借助权力统

---

①　诸如法治建设中的立法问题。如果是一种部门当事人自己制定或起草法律法规,那么,这种立法体系本身就有严重疏漏,就会在公共性名义之下行私利。现行的电信、邮电等垄断部门立法严重滞后,在根本上就是这种立法体系的问题。诸如,纪检查办案的问题,这在一定特殊时期内以非常方式查处惩治腐败现象自然有积极意义,但是,这种查处方式本身却在宪法层面上有问题:既存在着违宪之嫌疑,又缺少严格法律意义上的制约监督。以一种游离于法律之外、高居于法律之上的方式存在的特殊权力,很可能伤及自由或民主政治建设本身。再诸如现行宪法不如法律法规,国家法不如地方法、成文法不如单位规章制度、规章制度不如内部文件、公章不如个人批件等现象,由于宪法法律不能落实到底,因而,就从根蒂上否定了法律的权威。这些均系由于自身不成系统整体而导致的问题。

一重新建立"一个有机统一的权力整体。① 人类近代以来的历史曾经出现过这种权力之间的分裂,曾经出现过各种革命,这种权力分裂与革命并没有否证这种权力之间统一性的必要性,它只是表明是这种或那种国家权力的统一性,只是表明是何种权力统一性。

值得注意的是,这种由不同独立权力之间所构成的有机整体,建立在客观而不是主观基础之上。即,它是作为一种客观制度体制存在——在这种客观制度体制中,不同权力之间形成一个维护、保障自由权利的统一权力整体。对自由权利的维护与保障,只能奠基于客观制度,不能寄希望于人们"道德"的善良意志。那种指望国家权力行使者出于善良意志或者"调和"忍让,或者自觉克己不侵犯他人权益的想法,是幼稚、"荒谬的"。② 黑格尔在国家政治权力、政治正义问题上,表现出相当的冷静,他首先重视的是客观制度而不是主观道德操守。

4. 国家制度的历史性

在黑格尔看来,国家制度的形成有其历史根据或"历史制约性",这种历史性正是国家制度特殊性的基本缘由。这种历史制约性就在于:一个国家制度究竟有何种具体内容、这种内容以何种具体形式存在,它由其历史规定。不能离开特定历史去任意确定一个国家的政治制度及其具体存在样式。那种离开特定历史与文化试图输入一种国家政治制度的做法,由于其无根性的主观性而注定会陷入困境。"如果要先验地给一个民族以一种国家制度,即使其内

---

① 参见黑格尔:《法哲学原理》,第 284—286 页。

② 参见黑格尔:《法哲学原理》,第 286 页。

容多少是合乎理性的,这种想法恰恰忽视了一个因素,这个因素使
国家制度成为不仅仅是一个思想上的事物而已(即这个因素使得国
家制度具有如此内容与形式的具体存在的国家制度——引者加)
……每一个民族都有适合于它本身……的国家制度。"①

"拿破仑想要先验地给予西班牙人一种国家制度,但事情搞得
够糟的。其实,国家制度不是单纯被制造出来的东西,它是多少世
纪以来的作品。"一个民族在长期的历史过程中会形成自己特殊的
生活方式及对这种方式的特有情感,正是这种特殊生活方式与情
感,成为这个民族国家政治制度的基础。尽管"拿破仑所给予西班
牙人的国家制度,比他们以前所有的更为合乎理性,但是它毕竟显
得对他们格格不入,结果碰了钉子而回头,这是因为他们还没有被
教化到这样高的水平。一个民族的国家制度必须体现这一民族对
自己权利和地位的感情,否则国家制度只能在外部存在着,而没有
任何意义和价值"。② 一个国家政治制度的具体内容及其存在样
式有其历史根据,这正是黑格尔说"没有一种国家制度是单由主体
制造出来的"真实思想。③

然而,国家政治制度的这种历史性,并不意味着国家政治制度
是一个无须人的自觉努力就会自然来到的东西。一个国家政治制
度的建立,是人们追求自己理想的实践结果,是一些先知精英们不
懈奋斗的结果。华盛顿、林肯、毛泽东、邓小平等亦以自己的实践,
表明了个人以及个人的价值信念在这种国家政治制度形成过程中

---

① 黑格尔:《法哲学原理》,第 291 页。
② 黑格尔:《法哲学原理》,第 291—292 页。
③ 参见黑格尔:《法哲学原理》,第 291 页。

的作用。不过,这里的关键在于:一方面,既有的那种生活方式已经失却了存在的根据,这些先知精英们是在顺乎历史而动;另一方面,这些先知精英们亦须使自己的信念成为全体民族的信念——但这需要时间,[①]且他们所为之奋斗的国家政治制度的具体内容及其存在样式,以及这个国家政治制度的建立过程,都必须从这个民族实际出发。

根据黑格尔的考察,国家制度有三种历史形态:君主制、贵族制与民主制,与这三种历史形态相应的分别是在国家政治中的"一个人,多数人或一切人"的统治。[②] 在国家制度的这三种历史形态中,国家的统一与秩序分别依系于一个人、一些人、所有人。在这个意义上看来,民主制对其公民的要求最高。民主制的稳固有赖于公民的理性精神。孟德斯鸠认为:君主制政治以"荣誉"为原则,贵族制以"节制"为原则,民主制则以"美德"为原则。[③] 对此,黑格尔则给予了历史的解释。在他看来,封建君主制的国家生活建立在特权人格上,维系国家统一的就是君主的荣誉;贵族制国家政治有可能堕入暴政或无政府主义,故维系国家统一的就是反对暴政与无政府主义的贵族的节制;民主制由于建立了个人自由的政治制度,在这里需要防止公民个人的贪婪与纵情,故,维系民主国家稳固统一的就是公民个人美德。不过,对于维系民主国家的稳固统一而言,尽管美德是重要的,但由于美德还只是一种主观精神与

---

① 参见黑格尔:《法哲学原理》,第 292 页。

② 参见黑格尔:《法哲学原理》,第 287—288 页。

③ 参见孟德斯鸠:《论法的精神》上册,张雁深译,商务印书馆,1963年,第 3 章尤其是第 23—30 页。

情绪,具有不确定性,因而,最重要的是合乎理性的客观法律制度形式。①

黑格尔认为,君主制与民主制究竟谁好这样一类问题是"无意义的问题"。如果我们并不过于注意他的表达形式,而是注意他的表达内容,如果我们考虑到在君主制形式之下有君主立宪制这一特殊民主政治形式,那么,就应当承认他所强调的"现代世界是以主观性②的自由为其原则"、"一切国家制度的形式"都必须"容忍自由主观性的原则"这一思想,仍然不失合理。③

5. 国家行政

国家行政权力是被授权贯彻和维护已经制定了的国家法律、制度、规章的权力。这就是黑格尔所说国家行政权力是"贯彻和维护已经决定了的东西,即现行的法律、制度和公益设施等等,这和做决定这件事本身是不同的"。④ 国家行政权力的目的是在"特殊权利中维护国家的普遍利益和法制,把特殊权利归入国家的普遍利益和法制之内"。⑤

在国家行政权力的这种任务与目的性规定中,直接隐含了国家行政权力存在的两个基本前提:其一,国家行政权力的公器性,这种公器性才使它具有维护公共利益之品质。其二,市民社会特殊私利的存在,正由于存在着这种特殊私利,才一方面有一个公共利益存

---

① 参见黑格尔:《法哲学原理》,第 289—290 页。

② 这里的"主观性"指的是个体性、特殊性。它所要表达的实质性内容是:现代世界以个人自由权利为其原则。

③ 参见黑格尔:《法哲学原理》,第 291 页。

④ 黑格尔:《法哲学原理》,第 308 页。

⑤ 黑格尔:《法哲学原理》,第 309 页。

在及其维护的问题,另一方面有一个特殊利益与普遍利益的统一(或用黑格尔的话说在特殊权利中维护国家的普遍利益)问题。

行政官吏(或公职人员)是行政组织中行使行政权力的个人。官吏之所以成为官吏,并不在于其自然方面,而在于其知识与能力方面。[①] "行政事务和个人之间没有任何直接的天然的联系,所以个人之担任公职,并不由本身的自然人格和出生来决定。决定他们这样做的是客观因素,即知识和本身才能的证明"。[②] 官吏的最基本职业要求是"恪尽职守"。[③] 不作为与违反职务要求的乱作为,是官吏的两种"违背职务的行为"。[④] 值得注意的是,官吏的"恪尽职守"职务要求,不仅仅是形式方面的,亦有实质内容方面的。形式方面的是服从行政组织,执行上级命令,履行组织程序;实质内容方面的则是公共自由、公共福利实现这一质的规定性。形式的方面与实质的方面有时会发生冲突。在这种冲突中,官吏直接面对的是组织纪律与个人良知的冲突。

在行政组织中,个人没有自身独特的目的与利益,个人只是作为这个组织职能的履行者存在。[⑤] 国家制度与法律通过具体官吏

---

①　那些以身高、外貌以及户口所在地等为条件录用公务员的做法,毫无道理。那种以为公务员的道德品质具有优越性的看法,亦为无稽之谈。

②　黑格尔:《法哲学原理》,第311页。

③　黑格尔:《法哲学原理》,第312页。

④　黑格尔:《法哲学原理》,第313页。

⑤　"国家职务要求个人不要独立地和任性地追求主观目的"。不过,这并不意味着在行政组织中的个人没有自己独特的人格与尊严,而只是说在这种职业的公共活动中,其不是以私人的身份而是以公共的身份出现,且是为了行使公共权力。参见黑格尔:《法哲学原理》,第312页。

而被实施与维护,公民则通过这些具体官吏具体感受国家制度及其法律的内容,并对国家形成具体的情感体验。因而,行政官吏无论大小,都是以一种政府的(代表)形象出现,并直接决定了人们对政府的印象与态度。所以黑格尔强调:"官吏的态度和教养是法律和政府的决定接触到单一性和在现实中发生效力的一个点。公民的满意和对政府的信任以及政府计划的实施或削弱破坏,都依存于这一个点。"①

履行公共权力的个人,尽管是以行政组织权力定在的公共身份存在,但是,他同时又是一个事实上具有私人利益的特殊存在者。官吏在履行公共权力时,他应当忘掉自己的这种特殊私人利益身份,而仅仅保持公共权力定在的公共身份。然而,官吏双重身份存在本身,就意味着这样一种现实可能:身份错置,以公共身份谋取特殊利益。这正是官吏腐败存在的根本缘由之一。这样看来,只要存在着这双重身份,就有可能出现身份错置,进而就有可能腐败。腐败是与公共权力本身伴随始终的现象。只要存在着公共权力,存在着公共利益与私人利益之分,就存在着腐败可能。腐败现象只能被扼制、克服,但不可能被根本消灭。在这种公共权力行使中的公共性与私人性双重身份存在前提下,有可能出现一个"官吏共同利益""集团",这个共同利益集团会出于各种缘故而对抗"他们的下级和上级",②致使行政权力失却其公共性。

对腐败及滥用公共权力现象的预防与克服,有两个基本渠道:

---

①　黑格尔:《法哲学原理》,第 313 页。

②　参见黑格尔:《法哲学原理》,第 313—314 页。

其一,官吏的吏德操守。恪尽职守的责任心,大公无私、奉公守法的品质,温和敦厚的文明形象,这是吏德不可或缺内容。黑格尔在讲到吏德培养时提出了"伦理教育"与"思想教育"两种教育。他认为:"为了使大公无私、奉公守法及温和敦厚成为一种习惯,就需要进行直接的伦理教育和思想教育,以便从精神上抵消因研究本部门行政业务的所谓科学、掌握必要的业务技能和进行实际工作等等而造成的机械性部分……减轻家庭联系和其他私人联系所占的比重,也可以削弱和麻痹报复心、仇恨心和其他类似的激情。"[1]黑格尔提出的这两种教育很有道理。"伦理教育"是要在伦理关系中理解行政权力,说的是关于公共行政权力来源及其合法性问题。"思想教育"是要在美德立场把握公共权力的行使,说的是关于官吏个人人格修养问题。官吏由于其行使国家公共行政权力,故掌有资源的直接支配权。正由于这种公共性权力在握,使得官吏容易产生混淆:自以为自己是权力的根源,可以对公民们飞扬跋扈,蛮横霸道。其实,官吏的这种公共权力来自于伦理实体,来自于公共生活,来自于人民赋权。这正是人们从社会契约论思想中所能领会到的内容。官吏们如果有了这种"伦理的"观点,就不会自以为高人一等,相反,就会容易滋生为公共服务的意识。思想教育所要解决的是官吏的一般品格修养。一个官吏,既具有良好人格操守修养,又具有为公共服务的意识,那么,一般情况下就能够做到恪尽职守。

其二,权力之间的监督。这种权力之间的监督由不同方面构

---

① 黑格尔:《法哲学原理》,第314页。

成：行政组织内部的，以及来自于行政组织外部的。行政组织内部的监督是基于行政组织自身的完整性与有效性的监督，它又有两个方面：来自于主管部门这一上级的，以及来自于不同权力部门的。来自于行政组织外部的监督是社会的监督，它主要包括各种社团及公共舆论的监督。独立、强大的民间社团组织的存在，将会使官吏"不敢胡作非为"，进而更有利于防止与克服腐败，并保持公共权力的公共性质。所以，黑格尔特别注重公共社团、中间阶层对于现代国家的意义，认为它们的形成与存在"是国家的最重要的利益之一"。①

6. 国家制度变迁

国家制度变迁是一演进过程。"国家制度存在着，同时也本质地生成着，就是说，在它自身的形成中向前运动着。这种前进的运动是一种不可觉察的无形的变化。""一种状态的不断发展从外表看来是一种平静的觉察不到的运动。久而久之国家制度就变得面目全非了。"②

国家制度变迁并无固定模式，它是一个民族在自己发展过程中各种因素综合作用的结果。一切最终导致国家制度根本性变化的变革都是革命。但是国家制度革命未必必定取暴力的方式。黑格尔提到的德国土地所有制的变迁，以及旧时皇帝的审判权向法官的移交，就是这样的非暴力演进。③ 诸如此类情况，在历史上并

---

① 参见黑格尔：《法哲学原理》，第 313、315 页。

② 黑格尔：《法哲学原理》，第 315—316 页。

③ 参见黑格尔：《法哲学原理》，第 315—316 页。

不少见。英国议会制出现的机缘就是一场征税。顾准在分析古希腊雅典民主政治演变时,就曾揭示了由原始王政,经寡头政治、僭主政治再向民主政治的演进线索。[①]　一般说来,国家制度在一种平和、觉察不到的方式中变迁,是一种社会破坏性较少、变迁成本较小的方式。国家制度变迁的这种平和方式,表达了两个方面的基本内容:其一,表达改良的实践模式,而不是推倒重来的彻底否定模式。因而,这是一种有积累的脚踏实地、步步为营的国家政治生活模式。其二,表达法制的理性实践模式,而非反法制的、非理性的情绪化实践。因而,这是一种在法律范围内的有序政治实践。国家制度变迁、国家权力的交接更替,是否能在现有宪法所确立的政治生活制度框架内实现,是否能以一种平和有序的方式进行,这是判断一个国家制度成熟与否的关键。

国家制度的这种平和演进,以社会各阶层利益能够得到有效表达并有效维护为前提。基于社会各阶层广泛组织起来基础之上的各阶层利益表达的渠道畅通,能够彼此承认、尊重,能够理性对话、合理妥协,有规则意识,才能构成国家政治秩序自发演进的条件。

在黑格尔看来,社会组织(诸如同业公会或社团)由于是社会成员有组织表达自己利益、维护自身权益的方式,因而,在国家政治生活演进中具有特别重要的意义:

其一,它将单个的人组织成一个集团,使无组织的存在变为有

---

① 参见顾准:《从理想主义到经验主义》,载《顾准文集》,贵州人民出版社,1994年,第256页。

组织的存在。"各等级的真正意义就是:国家通过它们进入人民的主观意识,而人民也就开始参与国事。"①国家不是无数单个人的集合,而是有组织的政治有机体。无数单个人的集合尽管也具有"总体"的样式,但是,这种"总体"只是"一群无定形的东西"的聚合,"他们的行动完全是自发的、无理性的、野蛮的、恐怖的"。国家"在本质上是由本身就构成了集团的那些成员所组成的"。正是这种有组织性的集团,才使国家政治生活有可能摆脱自发、非理性状态,并拥有有序发展的可能。② 个人总是难以彻底避免情绪性冲动,具有情绪性冲动可能性的个人行为在政治生活中总是不确定、不稳定的。而组织则可以在相当大程度上避免这种单个人的情绪冲动,使之成为一个有理性的存在。惧怕民众的有组织、惧怕社团组织的广泛存在,其结果往往是无组织的情绪宣泄,只能是无数怀有怨气、情绪冲动的"群氓"的"无理性"、"野蛮"与"恐怖"。

通常人们总以为是个人构成了国家,其实国家并不是直接由个人构成,而是由各种特殊集团所构成的"各种特殊集团的整体"。③ 具体的国家政治生活以及由国家政治生活所呈现的权利关系,首先是不同特殊阶层、利益集团之间的关系。国家具体政治结构,是这些不同特殊阶层、利益集团相互间对话博弈的结果。个人只有通过各种利益集团成为如黑格尔所说"充满了特殊性"的存

---

①　黑格尔:《法哲学原理》,第 321 页。

②　参见黑格尔:《法哲学原理》,第 322—323 页。

③　"具体的国家是分为各种特殊集团的整体"。黑格尔:《法哲学原理》,第 326 页。

在,"才不是空虚的,而是充实的和真正有生气的",①才能成为国家政治生活中的有机部分,才能真正拥有自己的自由权利。所谓个人成为"充满了特殊性"的存在,是指个人成为特殊社会阶层、特殊社会利益集团、特殊社会群体组织的一员,进而有其特殊利益及有具体规定性的自由权利。一个没有作为特殊性(集团)存在的个人,无所谓特殊利益与特殊权利,因而总是空洞的。一个没有具体规定、没有特殊利益的人,不是现实的人,不能进行利益协商对话的现实契约活动。正是在这一点上,传统的契约论直接从个人契约构成国家的思想方法,有其自身的局限性。

个人是类(社会)的存在,但这不是至大无边的空泛之类,而是那些直接构成自己现实生活世界并直接生活于其中的类。同样,个人是伦理实体性的存在,此伦理实体亦不是空泛的,个人首先是自己所在家庭、单位、社区、社团等这些具体伦理性实体中的存在。这正是黑格尔下面论述所留给我们的深刻思想。"个人是类,但是他只有作为最近的类才具有自己内在的普遍的现实性。""因此,他首先在他的同业公会、自治团体等领域中达到他的对普遍物说来是现实的和有生气的使命,这些领域的大门对他是开着的,他可以按照自己的才干进入他有资格加入的任何一个领域。"②

其二,社团将"市民生活和政治生活"结合在一起,使政治生活拥有自己"稳固而合理的基础",而不至于"悬在空中"。③ 政治以

---

① 参见黑格尔:《法哲学原理》,第 326 页。
② 黑格尔:《法哲学原理》,第 326 页。
③ 参见黑格尔:《法哲学原理》,第 322—323 页。

利益为基础,政治关系在根本上是利益关系。国家生活在根本上以不同阶层、集团调整彼此利益关系为内容。政治生活就存在于经济生活之中,不同集团、阶层之间的政治关系就存在于彼此的经济关系之中。一个阶层、集团要争得政治上的解放,就必须获得经济上的解放。没有经济解放的政治解放是空幻的。同样,经济上的解放必须上升为政治上的解放,没有政治上的解放,经济解放总是不牢固的。政治生活总有其利益基础,且是这种利益关系的现实存在。没有协调和谐的社会利益关系,就不可能有协调和谐的政治秩序。

有序的市民社会生活,是有序国家生活的基础。市民社会中的平等的经济自由,以及在这种市民社会生活中所透露出的平等的自由精神,必须在政治生活中得到反映。国家不是社会某一集团或阶层的,而是所有阶层、所有社会成员的。因而,一个民主且稳固的国家政治制度必须反映国家的这种政治共同体属性。

黑格尔有这么一段话:"国家制度在本质上是一种中介关系。专制国家只有君主和人民,后者如果起作用的话,仅仅作为破坏性的群众而对国家组织起作用的。但当群氓进入国家而成为有机部分时,他们就采取合法而有秩序的方法来贯彻他们的利益。相反地,如果不存在这种手段的话,那么群众的呼声总将是粗暴的。"①如果我们不是过于专注黑格尔将民众视为"群氓"这类字眼,而是关注包含其中的重要且积极的思想内容,那么,我们就不难领会到:黑格尔此处说国家制度本质上是一种"中介关系",指的是国家

---

① 黑格尔:《法哲学原理》,第 322 页。

的公共性品质。即,在这里,我们对于国家应当在公器及其一般社会公共管理职能的意义上把握,应当在不同利益群体或社会阶层的不同利益要求相互抗争、协调、平衡的政治共同体意义上把握国家。如果我们能够将国家理解为一种公共性的而非偏私性的东西,是公器而非私器,是不同社会利益集团或阶层表达与维护自身利益的现实方式,那么,这个国家就必定不是专制暴政的,生活在这个国家中的人们就会通过法律秩序的方式在国家制度范围内表达与维护自己的利益。无论是法律秩序或无政府动乱,都不过是普通民众表达与维护自身利益的具体方式。大道闭,则小道行。中国古代所谓"逼上梁山"即为其意。如果不是将国家政治制度的稳固建立在维护民众利益、使民众有利益表达与维护的现实通道的基础之上,而是仅仅指望通过强权维护国家秩序的做法,只能维持暂时与表面的政治稳定,不能获得真实持久的政治稳定。要使国家政治秩序长治久安,就要有体制内的利益表达与维护有效渠道,就必须使国家成为人民的,必须使国家政治生活成为社会所有阶层、所有利益集团利益表达与维护的有效场所。一旦体制内缺少这种正常的利益表达与维护渠道,则就会由体制外的利益表达与维护方式来补充。而这种体制外的表达与维护方式,不仅是粗暴、破坏性的,而且是对既有国家政治制度的否定。

7. 政治生活中的委托人与代理人

国家是各种特殊集团构成的整体,个人通过各种特殊集团成为国家政治生活中的现实一员,这就内在地意味着:现代国家政治生活是一种间接民主制,它存在着委托人与代理人的关系问题。

被委托的人"不是个别的人和某种不确定的群众的代表,而是社会生活的某一重要领域的代表,是这一领域的巨大利益的代表"。"代表制的意义就不在于一个人代替另一个人,而在于利益本身真正体现在自己的代表身上,正如代表体现自己的客观原质一样。"①代理人并不是作为自身个别"抽象的单个人"出现,而是作为所代表的特殊群体的利益"伸张"者与代理者出现。② 作为国家政治生活中的代理人,具有的首先是责任而不是荣誉。

现代国家政治生活中的代理人有其内在规定性。这主要是:其一,作为利益的代理者,须"熟悉并亲身体验到"自己所代理的利益群体的"特殊的需要、困难和利益"。不体验到自己所要代理的利益群体的具体生活状况,不了解自己所要代理的利益群体的特殊困难与需要,就不存在作为代理人的前提。③ 其二,须具有完成代理任务的相应能力、智慧与品质,"具有适应……参加处理普遍事务这种任务的品质、见解和意志"。代理人是为其所代表的特殊群体表达与维护利益的,所以,他既要了解他们的特殊利益与需要,还要有足够的能力、智慧、品质(包括坚忍不拔的意志力),以胜任这种表达与维护委托人利益的工作。其三,须为选民们所"信任",而选民的这种信任则建立在对代理人的能力、智慧、品质的了解与笃信基础之上。"我们信任某人,是因为我们认为他会高度理智地、心地纯洁地把我们的事务看成他自己的事务。""我们所给予的信任是对一种事物、对一个人的原则,或一般地对他的行谊、具

---

① 黑格尔:《法哲学原理》,第 329 页。

② 参见黑格尔:《法哲学原理》,第 327 页。

③ 参见黑格尔:《法哲学原理》,第 329 页。

体智能的信任"。① 切身熟悉委托者的利益、具有代理能力、品性可靠,这是能够作为代理人的三个基本要件。

委托人(或人民)对自己的代理人(或代表)有监督的权利与义务。这种监督的基本目的有二:一是避免代理人蜕变,以权谋私,假公济私;一是观察代理人是否尽职胜任,以免自己的利益因代理人的渎职或无能而受到伤害。要使人民真正能够对自己的代理人行使监督权,就必须使人民了解自己代理人在代理事务中的具体活动,即,必须要求自己的代理人向委托人公开自己的活动事务——这就是政治活动的公开性。

这种政治活动的公开性具有极为重要的价值。它是作为委托人的人民具体认识自己的代理人的现实途径,亦是人民自主参加政治活动,并在政治活动过程中提高自己政治素养与智慧能力的有效方式。所以,黑格尔认为公开性"对公民说来具有卓越的教育意义。人民大部分从这里获知他们利益的真实性质"。在他看来,凡是议会会议(或他称之为等级会议)"公开的那个民族,比之没有等级会议或会议不公开的那些民族,在对国家关系上就显出更有一种生动活泼的气象。唯有把它们的每一个步骤都公开,两院才能跟公共舆论的前进步伐一致"。②

8. 国家政治生活中的公共舆论

a. "公共舆论"一般。

"公共舆论"不同于通常所说的"舆论"。公共舆论是公民个人

---

① 黑格尔:《法哲学原理》,第 327 页。
② 参见黑格尔:《法哲学原理》,第 331 页。

自由言论的集合性表达,是"人民表达他们意志和意见的无机方式"。① 公共舆论是公民思想自由(及其表达自由)、言论自由的具体表达形式。舆论是人类自古以来就有的社会现象,公共舆论却是人类近代以来伴随着独立人格、自由身份普遍出现而出现的现象。公共舆论既以每个人的自由存在为前提,又是每个人的自由存在方式。

公共舆论的进一步演化,就内在生长出公共传媒。在欧洲,公共舆论最早在一些知识群体中出现,并形成了所谓公共知识分子这一特殊社会阶层。公共舆论有其表达工具,这个专门的表达工具就是后来的新闻传媒。新闻传媒的公共性品质,在根本上源于其不受政府权力控制的公民自由思想与言论的自由权利,源于其独立于政府权力之外的社会监督。

言论自由、出版自由,是现代国家政治生活的有机构成方面。言论自由以及由言论自由所进一步引申出来的出版自由是"现代世界的原则"。② 言论自由是个人自由权利的具体定在。一个言论自由的政治制度,是一个危险性更小的政治制度。这是因为:一方面,人们能够自由发表自己的言论就会更倾向于容忍与倾听他人的自由言论;另一方面,人们通过自由言论可以表达乃至发泄自己的不满,因而,不至于心生怨恨而采取突然极端手段。黑格尔以法国为例认为:"在法国,一直显得言论自由要比默不作声危险性

---

① 黑格尔:《法哲学原理》,第331—332页。
② 黑格尔:《法哲学原理》,第334页。

少得多,因为后面一种情形,怕的是人们会把对事物的反对意见扼在心头,至于论争则可使他们有一个出口,而得到一方面的满足,何况它又可使事物更容易沿着本身的道路向前推进。"①更为重要的是,言论自由是公民对公共权力行使监督权利不可或缺的手段与工具。

b. 公共舆论:杂多与客观。

由于公共舆论是公民个人自由言论的集合性表达,因而,公共舆论是一种杂多。"在公共舆论中真理和无穷错误直接混杂在一起"。② 就公共舆论是一种公民意见与情绪的直接表达而言,它具有现象性、变幻性这样一类的不确定性特征,甚至公共舆论由于其表现主体人数的众多性与广泛性,而会形成一种政治话语霸权。然而,在公民的意见与情绪中,存在着公民的利益与需要这样一类现实生活内容;在公民意见现象性、变幻性表达方式背后,存在着民心、民意这样一类客观必然性内容。正是民心、民意这样一类客观必然性内容,构成民主国家政治生活的现实内容,并成为具体政治活动的合法性根据。这就如黑格尔所说:"公共舆论不仅包含着现实界的真正需要和正确趋向;而且包含着永恒的实体性的正义原则,以及整个国家制度、立法和国家普遍情况的真实内容和结果。这一切都采取常识的形式,这种常识是以成见形态而贯穿在一切人思想中的伦理基础。"③

---

① 黑格尔:《法哲学原理》,第 334 页。
② 黑格尔:《法哲学原理》,第 333 页。
③ 黑格尔:《法哲学原理》,第 332 页。

正由于公共舆论的这种杂多性与客观性二重特质,所以必须以理性的态度辩证对待公共舆论。既不能冒天下之大不韪,又不能缺少主见被杂见舆论左右。"公共舆论又值得重视,又不值一顾。不值一顾的是它的具体意识和具体表达,值得重视的是在那具体表达中只是隐隐约约地映现着的本质基础。"①

"脱离公共舆论而独立乃是取得某种伟大的和合乎理性的成就(不论在现实生活或科学方面)的第一个形式上条件。"②政治生活中的正义追求与一切科学事业中的真理追求一样,必须要有"走自己的路,让别人去说吧!"的精神气质,必须要有自己的独立主见与判断。"公共舆论中有一切种类的错误和真理,找出其中的真理乃是伟大人物的事。谁道出了他那个时代的意志,把它告诉他那个时代并使之实现,他就是那个时代的伟大人物。他所做的是时代的内心东西和本质,他使时代现实化。谁在这里和那里听到了公共舆论而不懂得去藐视它,这种人绝做不出伟大的事业来。"③

c. 出版自由。

在现代社会,公共舆论自由意味着出版自由。没有出版自由,即无公共舆论自由。然而,与对自由有各种浅薄理解一样,对出版自由亦有各种浅薄理解。这些浅薄理解最终都归结为对出版自由的形式主义理解。黑格尔专门批判了以下观点:"有人说出版自由是要说就说,要写就写的自由,这样一个定义相当于把一般自由看

---

① 黑格尔:《法哲学原理》,第 334 页。
② 黑格尔:《法哲学原理》,第 334 页。
③ 参见黑格尔:《法哲学原理》,第 334 页。

成要做什么就做什么的自由。"在黑格尔看来这种观点是对自由的"形式主义"理解，"这种说法表明思想完全未经教化，还是粗鲁的和肤浅的。"个人的自由权利有其客观内容，总是以一定的责任、义务为其内在规定。①

可能有人会基于这种出版自由的形式主义理解，对言论、出版自由是想说（写）什么就说（写）什么做进一步辩护。在这种人看来，言论与写作只是一种"意见和思维"或"清谈"，而不是一种现实"行为"，所以，言论与写作并不存在、也不会造成对他人的侵害，因而，它不应该受到任何干涉。这种观点并没有看到：伤害不仅仅有对有形财产与身体的伤害，还有对人格这一无形财产的伤害。言论与写作尽管没有造成对他人有形财富与身体的直接伤害，但是，却有可能通过诽谤、诟骂、侮辱等方式损害他人名誉，伤害他人人格；尽管言论与写作不同于暴力行为，但是它却有可能通过煽动、唆使的方式造成对国家法治秩序的破坏。因而，尽管言论与写作本身不是直接的行动，但是，却在一些特殊情况下构成直接行动的一个环节，或者本身就是一个具体行动。不过，需要特别注意的是：必须警惕在不得伤害他人与社会的名义之下控制言论与出版，进而事实上否定思想与言论自由。

三、国家政治生活的伦理精神

关于国家政治生活的伦理精神，这是黑格尔哲学思想中的一

---

① 参见黑格尔：《法哲学原理》，第 335—337 页。

个明显薄弱之处。黑格尔并没有专门谈国家政治生活的伦理精神,即使涉及,也只是在谈到国家的对外关系时才说到这些问题。① 而造成这种状况的基本缘由有二:其一,黑格尔虽然合理地认识到组成国家的个体与构成国际社会的国家并不是一个概念,②但是,黑格尔却无限夸大了彼此间的差别,而未看到二者均是作为构成普遍物的特殊物这一共同性。其二,黑格尔也合理地认为在国际政治生活中,每个民族国家"是具有个体性的"存在,且"这种个体性本质上就是个人",③但是,他却同时认为国家是一个独立存在的具有真理性的伦理实体,而单个的个人则不具有这种独立自在性。在这里,黑格尔陷入了某种思想悖论:在抽象的意义上,个体既是独立自在的,个体又不是独立自在的。其实,既然是在相对于整体、普遍的意义上而言的个体,那么,这种个体就应当有其内在规定性,并有其统一性。正由于黑格尔的这两个失误,致使他未能够清醒地揭示现代民主国家政治生活的基本伦理精神。

---

① 当然,恰如黑格尔在《法哲学原理》"序言"中所说,也可以将其整个《法哲学原理》理解为是对对国家生活的一种解释。不过,我们此处就《法哲学原理》这本书里的专门具体内容而言。

② 尽管"国与国之间的关系是独立主体间的关系",但是,"国家不是私人,……国家是自在的、完全独立的整体自身,所以它们之间的关系与单纯道德的和私法的关系有别。人们往往要从私法的和道德的观点来看待国家,殊不知私人的地位是这样的:他们处于法院管辖之下,而法院使自在的法成为实在的。至于国与国之间的关系……由于现在还没有任何权力来对国家作出裁判……并执行这种裁判,所以就国与国关系说,我们必须一直停留在应然上。"见黑格尔:《法哲学原理》,第 346 页。

③ 参见黑格尔:《法哲学原理》,第 338—339 页。

这是他理论中的一大缺憾。

1. 平等自由精神

平等自由的精神亦可被表述为平等独立的精神。平等的自由精神是一种普遍抽象的自由,即,它是针对所有个体、所有民族国家而言一律平等的自由权利。如果不是抽象普遍的,那么,平等的自由就不是真实必然的,而只是或然的。

平等自由精神有两种不同意义的规定:一是指国家内部每个公民的平等独立身份,一是指每个民族国家间的平等独立地位。

就国家内部政治生活而言,现代社会民主政治生活以平等的自由为其基本价值前提,并以每个公民平等的基本自由权利为前提。甚至黑格尔本人就将"自由"精神作为整个《法哲学原理》不证自明的前提与出发点。正是这种平等自由的精神,才是理解现代民主国家政治生活及其制度的钥匙。无论是启蒙时代的思想家,还是后来的马克思,以及当代的罗尔斯、哈贝马斯等,都以自己的方式揭示与证成了这种平等自由精神对于现代国家政治生活及其秩序的基础性意义。在平等的自由精神基础之上,才会滋生出法治精神与宽容精神。

就民族国家间的国际政治生活而言,"独立自主是一个民族最基本的自由和最高的荣誉。"[①]这种独立自主亦是抽象普遍的独立自主。即,民族国家不论大小强弱,都应当是平等的。世界的永久和平建立在这种独立平等精神基础之上。

---

① 　黑格尔:《法哲学原理》,第 339 页。

国家利益至上，是一个民族国家在国际政治生活中的最高原则。① 一个民族国家的政府，是替本民族国家的人民维护与争取利益的组织，而不是普遍人类的替天行道者——这就是黑格尔所说"政府属于一种是特殊智慧的事而不是普遍天意的摄理"②所包含的意思。人类不存在着一个可以代表人类整体、且能有效安排人类活动的至上的神。人类整体的利益，在每一个人、每一个民族国家维护各自利益的活动中实现。应当警惕在人类利益幌子之下的霸权主义行径。③ 黑格尔在谈到国家利益至上性及其在国际交往中的价值合理性根据时，曾表达过一个思想：一个政府在"对其他国家关系中的目的，以及替战争和条约正义性辩解的原则，也不是一种普遍的（博爱的）思想，而是它的特定的和特殊的、实际受到侵害或威胁的福利"。④ 黑格尔的这个思想，深刻地揭示了国际政治生活中国家利益至上性的价值原则。但是，它往往会给人们造成误解：以为在国际政治生活中可以肆意妄为、赤裸裸地将自己国家的利益强加于他人之上，以为在国际政治生活中没有普遍的价值精神与道德原则，因而，可以置那些人们熟悉的普遍价值精神、道德原则于不顾。在现代国际政治生活中，任何一个国家的国际

---

① "福利是国家在对别国关系中的最高法律。"黑格尔：《法哲学原理》，第 349 页。

② 黑格尔：《法哲学原理》，第 349 页。

③ 国际生活中的环境、生态、资源问题，并不简单地就是环境、生态、资源这样一些纯自然的问题。在这些纷争背后，存在着尖锐的利益冲突。甚至不排除这样一种可能，在保护自然环境、生态平衡的口号下，一个国家对另一个国家的政治斗争与政治控制。

④ 黑格尔：《法哲学原理》，第 349 页。

行为都应当有其道义性基础，否则，就会由于失缺道义与民心而引起世界公愤。自由、人道、民主精神，这是当今人类国际政治生活中的最基本价值精神，也是一个政府为自己国际行为辩护时必须获取的价值依据。不过，一个政府对自己的国际行为作这种价值辩护时，不可失于天真，不可以拱手让出本国人民的实际利益的方式表现自己的善良与慈悲之人道精神，而是要坚持一个原则：为本国人民谋取福利，维护本国的利益，就是在实践这种普遍的价值精神，就是这种价值精神的具体体现，就是在"替天行道"。当然，维护本国利益，并不意味着对其他民族国家利益的不尊重。独立主权及其利益，作为一个普遍法则，对任何一个民族国家都行之有效。

为了获得和平，就必须有武力为基础。任何一个民族国家都不应当称霸，任何一个民族国家为了自己的独立与尊严，可以不惜一切代价。如同在民族国家内部不存在着绝对的自我牺牲精神一样，在民族国家之间亦不存在着绝对的自我牺牲。指望通过自我牺牲以保全自己、获得安全的方式，那是一种委曲求全的幻想。民族国家间关系，不同于国家内部个体间关系。在民族国家间关系的处理上缺少一个如同国家政府的有效公共组织，因而，一个民族为了获得与维护自己的独立自主，就必须拥有保持这种独立自主的能力。"战争不应看成一种绝对罪恶和纯粹外在的偶然性"的东西。① 国际政治中的战争，有时是维护一个民族国家自身独立自主的必要方式。不过，黑格尔在关于战争问题上表现出某种穷兵

---

① 黑格尔：《法哲学原理》，第 340 页。

黩武、侵略扩张的倾向:通过战争掩盖国内矛盾,转移国内视线,通过战争获得国内团结与安宁。①

2. 自我牺牲精神

在国家政治生活中应当有自我牺牲精神,这是为了国家的自我牺牲精神。市民社会是一个有着私利及其矛盾的社会,②它所要求的是基于个人私利的普遍利益交换。市民社会的通行原则是利益平等交换的原则,而不是自我牺牲的原则。平等交换就是市民社会领域中的正义。之所以说在市民社会中不以自我牺牲为原则,这是因为:如果市民社会以自我牺牲为原则,则从根本上否定了个人私利的合理性以及平等利益交换的正当性,进而否定了市民社会领域存在的必要性与必然性。市民社会属于私法领域,私法领域所调节的是私人间平等利益交换的经济关系。

当然,这样说也只是在总体、一般的意义上而言。人们的日常生活经验亦会使人们有另外一种感受:在一些特殊情况下,市民社会私利交换中的当事人会自觉主动放弃自己的某些利益,且这种放弃并不是出于某种长远利益考虑的所谓经济理性的聪明谋划。诸如,农贸市场里的一个善良卖肉人,在得知自己的买主是一位下岗女性,她要用节省下的几元钱买一点肉给几个月未沾肉腥的幼子开点荤时,出于同情与怜悯无偿地送给她一斤肉;一个卖大饼的人看见一个饿得可怜的孤儿,塞给这个孤儿两块饼。这些似乎证

---

① 参见黑格尔:《法哲学原理》,第 341—342 页。

② "市民社会是个人私利的战场,是一切人反对一切人的战场,同样,市民社会也是私人利益跟特殊公共事务冲突的舞台,并且是它们二者共同跟国家的最高观点和制度冲突的舞台。"黑格尔:《法哲学原理》,第 309 页。

明了市民社会并不是一个纯粹私利平等交换的领域,这里也是有自我牺牲的。不过,这种认识有模糊之处。造成这种认识模糊的原因在于:人的生活世界是由现实的人的存在及其活动所构成,而且现实存在着的人有着多种身份与角色。当一个人在以一种身份、一种角色出现并从事某一活动时,并不意味着他此时就不存在着其他身份与角色,就必定不会以其他身份与角色出现——尽管这些其他身份与角色的此时出现,与他当时所从事的具体活动身份角色要求不一,乃至相悖。当一个人在市民社会领域从事市场经济活动时,由于其角色身份的多样性,由于其将非市民社会领域的角色身份置入市民社会活动过程,从而将本属于市民社会领域的活动本身非市民社会领域化——诸如怜悯、捐赠等,就可能有表现出自我牺牲精神的行为。严格地讲,此时,此人的行为已不是严格市民社会领域的行为。因而,人们这种日常生活经验感受,并不能证实市民社会领域以自我牺牲为行为原则。

　　自我牺牲精神存在于非市民社会领域——如黑格尔所说的家庭、国家领域。家庭、国家领域并不是一个私利等价交换的领域,而是一个具有某种自然性前提的伦理实体:这是一个人的生命之根,本体之家。因而,一个人与其所存在于其中的家庭与国家的关系,就不是通常两个平等主体的利益平等交换关系,①而是"实体性关系"。在这个意义上,在家庭与国家中通行的法则,就不是平

---

　　① 当然,在特殊情况下,个人与国家之间的关系也可以成为两个平等权利主体的关系,并受司法调节。如国家的征地、拆迁、补偿、赔偿等。但这已与上述个人与国家关系不属同一个层次。

等交换的私利原则,在这里,自我牺牲精神有了存在的理由。此自我牺牲精神亦是这个伦理性实体中所有成员、"一切人的普遍义务"。① 此自我牺牲义务的普遍性有两个方面的基本规定:一是主体的(抽象性)普遍性。即,它是所有生活在这个伦理性实体中的个人都应当具有的伦理性精神,而不仅仅是一部分人所应当具有的伦理性精神。否则,这种自我牺牲精神就会由于失缺普遍性而失缺存在的理由。二是义务的普遍性。即,它是个人为自己所生活于其中的这个伦理性实体所承担的义务与责任。而这个义务与责任,一方面是这个伦理性实体中所有成员义不容辞的职责;另一方面履行这种义务本身即是为了这个伦理性实体中的所有个人,而不是为了某些人。这正是黑格尔说"把国家只看成市民社会,把它的最终目的只看成个人生命财产的安全"这种识见是一种"误谬"的真实含义。② 根据这种理解,一个人的自我牺牲精神除了如罗尔斯所说"份外义务"意义以外,其有充分理由的领域就是家庭、国家领域。在这两个领域中,个人牺牲自己的财产乃至生命,这是对自身生命本根、对这个伦理性实体的维护。这就是黑格尔所说的为了保存家庭、国家这一类"实体性的个体性"的"实体性义务"。此义务使得个人"有义务接受危险和牺牲,无论生命财产方面,或是意见和一切天然属于日常生活的方面"。③

---

① 参见黑格尔:《法哲学原理》,第 342 页。
② 参见黑格尔:《法哲学原理》,第 340 页。
③ 参见黑格尔:《法哲学原理》,第 340 页。

英勇①是以自我牺牲形式所表现出的"自由的最高抽象"存在形式,是"形式的德"。② 这是一种以舍弃一切的否定性形式而存在的自由。这种舍生取义、舍弃一切(包括财产、名誉、生命)的自我牺牲,似乎并不是人的自由,因为这种自我牺牲是以对个人财产、名誉、生命这一类个人自由存在定在的直接否定。但是,这种自我牺牲本身,却是以(个体财产、生命的)否定性的形式表达了对于(伦理性实体)自由存在的肯定。因为这种自我牺牲,是为了维护作为我生命本根的伦理实体。没有了这个伦理实体,没有了这种具有必然性的伦理秩序,我就没有了自身的自由生命之根,就没有了作为单个人存在的我的(具有必然性的)自由。这正是黑格尔下面一段论述所包含的真实思想:英勇"这种外在现实方式的否定性和作为完成英勇行为的那种舍生取义,就其本身说,不具有精神性质;内心情绪可能是这种或那种英勇行为的理由,而它的实际结果也可能不为自己而只是为别人"。③

英勇不是鲁莽,不是无所顾忌的胆量,而是一种为人的自由存在这样一种普遍目的性而自我牺牲的精神。"动物和强盗的胆量,为荣誉的英勇和骑士式的英勇,都还不是英勇的真实形式。有教

---

① 黑格尔谈英勇实乃讲为捍卫国家主权与安全的军人这一特殊阶层应有的品质。参见黑格尔:《法哲学原理》,第342—344页。

② 参见黑格尔:《法哲学原理》,第343页。

③ 黑格尔这里所说的"不具有精神性质"指的是:这种对于财产、生命等舍弃一切的否定性本身并不是自由自身,并不是自由的本真存在状态。自由的本真存在应当是以对生命、财产的肯定性形式出现。参见黑格尔:《法哲学原理》,第343页。

化民族的真实英勇在于准备为国牺牲,使个人成为只是多数人中的一个。在这里,重要的不是个人的胆量,而是在于被编入普遍物中。"①这和亚里士多德对勇敢的论述如出一辙。

在英勇这种自由的存在形式中"包含着极端尖锐的矛盾:牺牲自己,然而这却是他的自由的实存! 个体性具有最高的独立性,然而同时它的实存在外部秩序和服务的机器中起作用"。②

3. 世界精神:历史进程及其规律

黑格尔在下述意义上使用"世界精神"一词:有限的民族精神辩证发展所产生出的普遍精神。这种世界精神具有无限性与自我创造性,并对各有限的民族精神具有支配作用。③ 黑格尔实际上通过这个概念讲述了人类文明的普遍进程与演进规律。故,我们应在人类文明的普遍进程及其规律这个意义上来把握世界精神概念。

a. 文明演进的规律性。

"历史是精神的形态"。④ 在这里,黑格尔以客观唯心主义表达方式表达了一个极为重要的内容:历史不是时间、纪年的概念,而是人的自由精神生长的概念,历史是精神的现象;一切历史现象不过是人类远离动物界、争取自由的活动;历史是人类争取自由的历史,人类争取自由的历史有其内在规律性。现在的问题在于:人

---

① 黑格尔:《法哲学原理》,第 344 页。

② 黑格尔:《法哲学原理》,第 344 页。

③ 参见黑格尔:《法哲学原理》,第 351 页。

④ 黑格尔:《法哲学原理》,第 353 页。关于这一思想,黑格尔在《历史哲学》"绪论"部分有详细论述。

们根据通常习惯以为,人类历史规律是存在于人之外并支配着人的活动的某种必然性。除非这种认识是直接针对某一个或某些具体人而言,否则这种对历史规律性的理解有神秘主义倾向。历史规律不存在于人之外,它存在于人的活动之中;历史规律亦不是某种先在的东西,它只是人自身活动中所具有的东西,它是人的活动所构成的规律。人类历史是由每一个人的日常具体活动构成。这些具体人的日常活动尽管形态各异,但它们总是以一种特殊方式表达了这些具体个人对自身更好存在状态的追求。这种对更好存在状态的追求,就是对自由的追求。历史有其诡谲性:每个人有目的的活动结果却不合任何一个人的原初目的,个人有目的的活动只是作为偶然性,在这偶然性背后存在着某种深刻的必然性力量。历史的规律正是这种深刻必然性力量。

黑格尔将人类历史比喻为人的一生,并相应地将人类历史的各个时期理解为人生中的各个阶段。在黑格尔看来,自由是人的本性、本质,"世界历史无非是"自由"意识的进展;这一种进展是我们必须在它的必然性中加以认识的。"[1]人类的历史是自由生长的过程。[2] 在这个过程中,"未经管束的天然意志服从普遍的原则,并且达到主观的自由"。从最初的"一个人"的自由,到"少数"人的自由,再到"全体"人的自由,构成了这个历史进程的具体经历与演进方向。[3] 人类历史是一个从愚昧走向文明、从野蛮走向自由的

---

① 参见黑格尔:《历史哲学》,王造时译,上海书店出版社,1999 年,第 19 页。

② 参见黑格尔:《历史哲学》,第 59、66—68 页。

③ 参见黑格尔:《历史哲学》,第 110—111 页。

历程。

　　人类文明历史的这种演进过程,是一个呈现出阶段性的、无限开放的否定之否定性过程,这种开放性在于每一个具体文明形态自身所固有的内在否定性。正是自身的内在否定性因素,构成人类文明演进的动因。汤因比曾揭示:一种政治生活方式及其政治制度,如不能成功应对来自内外部尤其是内部的挑战,那么,这种政治生活方式及其政治制度,就会为另一种政治生活方式与政治制度取代。当基于一种政治生活内部的内在否定性成为社会政治生活的主导方面时,这时,社会既有生活方式及其制度就会发生明显变化乃至"衰颓灭亡"。"衰颓灭亡标志着在这个民族中出现了一个作为纯粹否定它自己的更高原则。"①此时就会出现社会转型。社会转型过程,是社会政治生活方式以及由这种生活方式所表达的社会精神变迁过程,因而,在社会转型过程中就不可避免地会出现所谓"社会失范"现象。社会转型期所出现的社会失范,不同于一般时期的社会失范,它首先标认的是整个生活交往方式及相应社会价值精神的变迁。

　　黑格尔将人类文明演进史划分为四种类型或四个阶段:东方的、希腊的、罗马的、日耳曼的。在他看来,东方文明是基于自然整体关系的家长制文明类型。在这种文明类型中,神权与王权同一,有严格的宗法等级制,无个人独立人格,社会通过习俗礼仪而不是通过法律来治理。② 希腊文明是有个体性但无普遍性、有公民个

---

①　黑格尔:《法哲学原理》,第 354 页。

②　参见黑格尔:《法哲学原理》,第 357—358 页。

人但无统一国家权力的文明类型。罗马文明类型则是既有个人又有统一国家权力，但这二者处于尖锐对立状态的文明类型，这种文明类型贪婪追求权力扩张并在自我分裂中毁灭。[①] 日耳曼文明是个别与普遍、主观与客观实现了统一的文明类型。[②] 黑格尔对于人类文明演进的这种具体分类不免武断，不值得过于重视。[③] 不过，黑格尔通过自己这种特殊表述方式所揭示的人类文明是一个基于内在否定性的演进过程且此过程具有阶段性，以及人类文明演进过程是一个追求个性独立、个体与社会和谐的过程等思想，却是值得重视的。

尽管人们可以对迄今为止的历史做出不同划分与具体表达，然而，人们在总体上均承认人类文明演进的基本趋势：从没有自由到拥有自由，从较少自由到较多自由；从人身依附到人身独立，从对物的依赖到人的自由个性；从古代到近代，从前现代到现代。这些表达方式的差别，只不过是从不同维度、不同侧面对人类文明进程的具体揭示与描述。在人类文明演进的总体趋势中呈现出阶段性特征，每一个阶段，即为人类文明演进的一种具体历史形态。这些具体历史形态之间的关系，是一个更高文明形态对较低文明形态的否定（或生长）关系。正是在此意义上，世界历史精神就是时代精神，即，是一个特定时代的时代精神构成这个时代的世界精神的现实内容。当代人类文明演进在总体上已进入不同于前现代社

---

① 参见黑格尔：《法哲学原理》，第 358—359 页。

② 参见黑格尔：《法哲学原理》，第 359—360 页。

③ 然而，不能否定在这种特殊表达形式背后所隐藏的更为深刻的思想内容。

会的现代社会。以自由为核心内容的现代社会的时代精神,就是我们这个时代的世界历史精神。

人们坚信历史是进步的。这种信念对于支撑人类追求文明、乐观生活,自然极有价值。然而,这种信念本身却并非是无条件的。人类文明历史总是向上的,这只是在人类自身理性学习与适应性的无限可能意义上而言。它以人类理性学习态度与人类历史无限存续、无限开放性为前提。即使不考虑到地球毁灭这一可能因素,如果人类文明由于自己的一时冲动而突然陷于毁灭,以至于人类没有给自己留下反思学习的机会,那么,人类文明就会终结——而当今人类科学技术发展已在客观上使自己具备了这种自我毁灭的客观能力。所以,人类文明的进步性,有赖于人类自身的责任精神,以及基于这种责任精神的理性与节制。我们不能简单地从人类历史总是进步的这个信念中得出结论,以为无论我们自身如何活动、如何肆意妄为,人类文明都能向前发展。

b. 文明演进的普遍规律与特殊实践。

人类文明演进规律的普遍性是指:各民族尽管有不同发展道路与具体演进轨迹,但是都会遵循(或呈现出)基本相同的演进法则;尽管一个民族的文明演进有其具体演进条件与特殊样式,但是在这些特殊样式与具体条件背后,存在着某种各民族共同的演进法则与共同的时代精神。

人类文明演进总是通过各民族的具体活动构成,因而,人类文明演进规律存在于各民族的活动中。这样,各民族的文明历史就不仅仅是这个民族自身的,亦是人类文明整体的;各民族取得的成就就不仅仅是这个民族自身的,亦是人类文明整体的。每个民族

的文明实践均既是普遍的又是特殊的。其普遍性就在于它是人类
文明整体的,包含、实践、体现了人类文明演进的普遍规律。其特
殊性就在于:它是人类文明演进普遍规律在这个民族特殊时空、具
体条件中的实践,因而,有其特殊存在样式。每个民族都有其历
史,都有其文明历史演进的具体内容,且这些具体内容都有特殊的
缘由。每个民族演进的历程,必须到这个民族的历史与现实、物质
生活与精神生活、文化传统与国家制度等全部生活世界中寻找理
解。"在世界精神所进行的这种事业中,国家、民族和个人都各按
其特殊的和特定的原则而兴起,这种原则在它们的国家制度和生
活状况的全部广大范围中获得它的解释和现实性。在它们意识到
这些东西并潜心致力于自己的利益的同时,它们不知不觉地成为
在它们内部进行的那种世界精神的事业的工具和机关。在这种事
业的进行中,它们的特殊形态都将消逝,而绝对精神也就准备和开
始转入它下一个更高阶段。"①

　　如果我们在纵横交错的统一中理解与把握不同民族的具体文
明存在状态,就会发现:尽管各民族的文明演进现实都有其缘由与
根据,尽管各民族都生活、存在于这个世界上,但是,各民族在人类
文明演进总体趋势中所处的阶段,可能会不同。正是那些具有时
代精神的民族的存在状态,标识着人类文明演进迄今达到的最高
形态与演进方向。不过,值得特别注意的是,尽管时代精神与前时
代精神相比具有价值上的优越性,但是,这并不简单地意味着具有
这种时代精神的民族在价值上具有优越性。这种具有时代精神的

---

　　①　黑格尔:《法哲学原理》,第 353 页。

民族,只是因为在人类文明演进历史过程这个维度中居于更高阶段而拥有更高层次的文明类型。但这并不意味着这些民族在价值上就优越于其他类型的民族。这就如同并不能简单地因为成人具有成熟的体魄与智慧就以为可以比儿童、青少年拥有存在的价值优先性,就如同并不能以为智商高者、能力强者就可以较之智商低者、能力弱者拥有存在的价值优先性一样。文明演进的更高形态本身,不能成为一个民族获得存在霸权的理由。这里存在的不是简单的哪个民族具有价值优先性的问题,而是政治正义与文明演进的内生性问题。即,每一个民族拥有平等独立的权利,即使是那些处于文明演进更高阶段的民族,在政治上也不比其他民族拥有更多的权利。时代精神的示范作用,与认真学习并选择适合本民族的具体文明发展道路,这是当代人类政治文明生活应有的基本态度。

然而,一个民族要真正获得发展,并拥有在世界各民族发展中的独特地位,就必须使自己融入文明发展的普遍进程中去。一个民族的发展,只有遵循文明演进规律、拥有时代精神,才真正有可能成功。这正是黑格尔下面一段话所包含的深刻道理:"世界历史的每一个阶段,都保持着世界精神的理念的那个必然环节,而那个环节就在它那个阶段获得它的绝对权利,至于生活在那个环节中的民族则获得幸运与光荣,其事业则获得成功。"①能够成为时代精神承负者的民族②,是居于时代前列的民族,因而是能够引领时

---

① 黑格尔:《法哲学原理》,第 353 页。
② 参见黑格尔:《法哲学原理》,第 354 页。

代的民族。

　　c. 文明历史与英雄人物。

　　"英雄人物"是与"平庸人物"相对应的一个概念。通常将"英雄人物"与"人民群众"概念相对应,这在逻辑上有问题——只有将英雄人物理解为杰出人物、将人民群众理解为普通人物时,这种通常的理解才有可能成立。曾有一种习惯性认识,以为历史不是英雄创造的,而是人民群众创造的。这种认识在三个方面存在明显失误:其一,将英雄搁置于人民之外,人民成了一群无组织、无代表的杂在。因为,只要人民是有组织的存在,这个有组织的存在就必定有自己的代表,那么,人民就必定有自己的英雄。其二,对历史的虚无主义态度。历史总是与一些杰出人物直接联系在一起,尤其在历史重大变迁时期更是如此。其三,英雄往往从大众中产生,草根出英雄。草根向英雄的转化,这是历史辩证法。根据哈耶克的思想,人总是有理性不及的。人多势众不是真理的根据,真理往往总是首先为少数人把握。正是这些少数者作为先知、先驱、先哲,唤醒、引领了其他的多数者。这些事实上起着唤醒与引领作用的少数者,就是改变社会与历史的英雄人物。

　　英雄人物是人民群众中的一员。文明历史由无数个人创造性活动构成。正是无数普普通通社会成员的生动创造性活动,筑成了巨大的历史舞台,绘就了历史的雄浑画卷,并为那些英雄人物一展身姿提供了巨大空间。个人在文明历史进程中的作用并不相同,有些默默无闻,有些声名显赫,有些平庸,有些杰出,有些流芳百世,有些遗臭万年。能够占据历史舞台中心并作为时代标记的,则是那些英雄人物。尽管英雄人物也有欲望激情、图谋追求,①但英雄人物是"居于一切行动也包括世界历史性行动在内的顶点"的人。"他们是世界精神的实体性事业的活的工具"。② 他们是时代的先知与先行者。英雄是"伟大的历史人物",他们所以是英雄,就在于他们是时代精神的代言者与代理人,他们改变了既有时代。"因为他们不是从现行制度所认准的、沉静有常的事物进行中,取得他们的目的和他们的事业,而是取自一个泉源……取自那个内在的'精神',这'精神'依然潜伏在地面之下,它冲击着外面的世界,仿佛冲击一个外壳,把它打成粉碎。因为他自己具有另外一个核心,而不是这一外壳的核心。"他们以自己超出常人的眼光、意志、热情、言论、行动,做了引领时代变迁的"正合时宜"的事情。③他们的远见卓识,他们的坚定信仰,他们的非凡意志,他们的杰出组织能力,在给人们灌输一种新的时代精神的同时,引领人们战胜那些似乎不可战胜的力量,去开创一个新时代。④ 这些英雄人物在历史上常常出现两次,一次是悲剧,一次是喜剧。他们往往首先并不为自己所献身的人们理解与认同,相反,他们往往为自己所献身的人们抛弃。他们也不是人格上的完人,相反,他们很可能在人格上存有这样那样的缺陷——甚至非凡的意志力所固有的执着本

---

① 关于此方面内容可参见本书第 7 讲相关内容。

② 黑格尔:《法哲学原理》,第 354 页。

③ 参见黑格尔:《历史哲学》,第 31 页。

④ 根据牟宗三先生的说法,英雄具有魔性的浪漫,他们具有非凡的意志力、能够代表民众愿望并带领民众前行。参见牟宗三:《政道与治道》,广西师范大学出版社,2006 年,第 60—68 页。

身就可能是一种人格上的缺陷,因而他们人格本身也可能为当时或后来的人们诟病。他们有伟大的心志,因而,他们有超乎常人的道德冲突。他们为了伟大的目标,可以舍弃那些在常人看来极为可贵的东西——包括某些在常人看来值得珍惜的日常生活美德,承受常人难以想象的道德压力,忍辱负重。他们具有伟大的创造力,但是,这亦意味着他们可能具有极大的破坏力。他们在建立一个新世界的同时,有可能毁灭的不仅仅是旧世界,而是某种程度的玉石俱焚。然而,正由于他们引领着人们创造了一个新世界,这个新世界本身就成为他们不朽的纪念碑。

人类世界虽绵延数十万年,但是,在人类文明史上留下不朽印记的寥若晨星。因为有了柏拉图、亚里士多德、孔子、老子、马克思,因为有了基督、佛祖,因为有了培根、洛克、牛顿、康德、爱因斯坦,因为有了秦始皇、汉高祖、拿破仑、亚历山大,因为有了林肯、华盛顿、马丁·路德·金,因为有了罗斯福、丘吉尔、斯大林,因为有了毛泽东、邓小平等这样一些英雄人物,人类才会打开一页页新的历史。人类将永远仰慕他们,并将永远在他们的引领下走向明天。英雄人物是人类历史进步中起引领作用的力量。

不过,黑格尔还表述过这样一个思想:英雄出现在国家出现之前。① 黑格尔的这一思想中隐含着两个值得重视的、极为重要的基本内容。其一,英雄出现于由野蛮向文明的转折期,即,英雄的作用在历史转折时期突现,在历史转折时期,是英雄人物在引领社会前进。其二,在建立起严格法治的现代民主社会中,生活本身的

---

① 参见黑格尔:《法哲学原理》,第 97 页。

稳定、制度化,使得社会在一种规范化的方式中演进,因而,现代社会是一个去英雄的时代。

一个自由的、长治久安的社会,不能建立在英雄及其品德基础之上,而必须奠基于宪法法治制度。如果没有这样一种宪法法治制度,即使时代出现了英雄,也既不能保证其巨大引领力不会给社会带来任何毁坏,亦不能保证其后必定不会出现卑劣者;即使社会会有一时的道德清明,也不能保证其后的社会就一定是朗朗乾坤。一个社会只有建立起一种客观的宪法法治制度,才能不仅保证社会的法治秩序,而且还能保证社会成员秉持道德良知。因而,身处历史变迁时代的英雄们的根本使命,就是建立起这样一种宪法法治制度并捍卫之。他们将因此而永垂史册,并为后来的人们缅怀敬仰。

尾言：自由精神与否定性辩证法

黑格尔《法哲学原理》的全部内容及其全部价值，就在于它所包含的自由精神与否定性辩证法。它们使这本书在人类思想史宝库中熠熠生辉。

自由及其实现是黑格尔全部《法哲学原理》的核心内容。秉持自由的信念，以自由为追求，探究人类自由实现的具体路径与可能，这正是黑格尔《法哲学原理》的思想魅力之一。

自由是当然的时代精神。凡是现实的总是合理的，凡是合理的总是现实的。这个时代精神一定会成为现实。然而，自由并不会自动到来。为了争得自由，人必须挣脱来自于主观与客观、精神与肉体、自然与社会的各种枷锁。当人既不再成为纯粹自然冲动欲望的奴隶、亦不再成为身份等级的奴隶，既不会因为物质上的困窘而丧失做人的基本尊严、也不会因为精神的迷惘而失却做人的高尚，既有个人的独立自主自抉自由意志、又有公正的社会制度体制时，人才有可能真正作为一个理性的主体挺立于世，并获得自由。

自由作为人的现实存在，首先是一种法权人格。人格平等独立、自主意识觉醒，这是启蒙运动的伟大成就。平等的法权人格必须奠基于财产权基础之上。没有私人财产权，就不可能有人格的独立与平等。私人财产权的关键不在于满足私人的物质需要，而在于作为个人独立人格、自由主体的物质基础。仅仅法权人格并不能使人获得自由。人不能没有自己的精神生活。作为一个人存在，不能没有自由意志精神，不能没有心灵世界的精神操守，不能没有良知。良知是善（法）在心中的自由意志精神，它使人能够在享受精神崇高与超越的同时，体验到主体及其自由的存在境界。

然而，无论是个人的法权人格，还是个人的美德操守，即，无论是法权人格自由，还是个人道德自由，都远远超出了个人自身的范围。自由在根本上总是社会、类的。当一个社会、类没有自由时，根本谈不上生活在其中的个人的真正自由。法权人格既须客观化为社会的公平正义制度体制，亦须从社会公平正义的制度体制中获得保障。美德操守既须从社会伦理实体及其秩序中获得义务的具体规定，亦须从社会伦理实体及其秩序中获得滋养。社会的自由才是真实的自由。公平正义的伦理秩序及其制度性安排，既是社会长治久安的基石，也是社会自由的客观存在。一个"合乎人性"（马克思语）生长的社会，是这样一种伦理实体：在这里，权利与义务相统一，平等的基本自由权利成为客观的制度性安排；在这里，个人的即是社会的，社会的即是个人的；在这里，国家政治生活宪法法治化，公共性成为公共权力的唯一品质；在这里，公共权力不仅在性质上成为人民的，而且在结构上亦是一生命有机体，能够得到有效监督制衡，因而，在功能上能够有效地服务人民。为自由而斗争，就是为建立与维护这样一种自由的伦理关系及其秩序而斗争。

个人的自由权利、自由意志精神，只有在自由的关系、自由的秩序中，才能真实实现；自由的关系、自由的秩序，又必须奠基于个人的自由权利、自由意志精神；自由的关系、自由的秩序，是具有自由权利、自由意志精神的人的创造物。真实的自由存在于自由人格、自由精神、自由秩序、自由宪政的统一中。

黑格尔《法哲学原理》中的许多具体思想可能会时过境迁，但是，黑格尔追求人类自由的精神却永远影响、鼓舞、激励着后来者。正如马克思曾评价的那样，黑格尔的思想最抽象，但却又最具体、最深刻。以抽象概念把握历史，在抽象概念体系中充满了历史感与使命感。这是黑格尔以特殊方式留给我们的学者良知与使命精神。

黑格尔关于自由权利及其实现的一些具体论述可能会有诸多缺陷、失误与谬见，但是，黑格尔以自己思辨方式所揭示的自由权利的真实实现，不能没有财产权基础，不能没有个体美德灵魂，不能没有客观的社会正义政治制度，却给生活在诸多迷惘困惑中的人类指点迷津。

黑格尔基于唯心主义思辨方式对自由意志的一些具体思想分析可能存在诸多牵强附会乃至原则性的谬误，但是，黑格尔以自己特有方式所努力揭示的那些人类的自由精神，却不失光彩："成为一个人，并尊敬他人为人"的独立人格精神，"行法之所是，并关怀福利"的美德精神，"权利与义务相统一"①的社会伦理精神。黑格尔以自己特有方式所理解并揭示的这些人类自由精神的基本内

---

①　黑格尔的原话是："权利与义务相结合"，此"结合"实是讲权利与义务二者的"统一"。为了即使单独使用此观点也能准确表达其含义，本文此处将黑格尔原话中的"结合"改为"统一"。

容，无论是来自启蒙还是后启蒙的人类，都会从中获得深刻启迪。

内在否定性辩证法（或内在生长性）是黑格尔《法哲学原理》的另一思想魅力之处。黑格尔《法哲学原理》是一部充满内在否定性辩证法的著作。内在否定性辩证法是《法哲学原理》的基本方法论。内在否定性所表达出的概念的流动性，客观与主观、普遍与特殊、一般与个别、抽象与具体、必然与偶然，这样一类在我们通常哲学教科书中干瘪乏味的概念，在这里变得充满灵气（当然，也不乏黑格尔因为体系本身的要求而出现的生硬、牵强附会）。它们成为我们具体认识、理解、把握事物的得力而灵巧工具。

黑格尔《法哲学原理》中的许多具体思想可能会时过境迁，但是，其内在否定性辩证法本身却永具魅力。近年来，在世俗物质主义滥觞之下，人们已对哲学思维失却了兴趣与热情，人们对否定性辩证法亦不甚了了。人们甚至不仅羞于提及否定性辩证法，视辩证法为变戏法，而且视否定性辩证法为消极与反动，以为讲否定性辩证法，就是否定一切，就是对抗现实。其实，作为一种思想方法的否定性辩证法中之否定，本身就包含着肯定。它是肯定中的否定。这种思想方法的核心，并不是否定本身，而是事物的内在矛盾性、生长性，以及基于这种内在矛盾性、生长性的肯定性。事物的内在矛盾性即是否定性，这种否定性既是事物的生长动力，亦构成事物运动的内在节律性。这种否定性辩证法思想方法，是对事物洞察的一般思想方法。

任何事物都具有内在矛盾性，正是这种内在矛盾性构成事物自身运动的内在动力。对事物真理性的认识，以对事物的真实、客观、全面把握为前提。要达到此真实、客观、全面，就要深入事物内部,揭示事物联系的所有相关方面,既要把握事物的肯定性因素,亦要把握事物的否定性因素。这个否定性因素,不是通常那种彻底否定、摧毁意义上的,而是内生的、向对立面转化的建设性的因素。两极对立,两极相通,两极一体。

任何一事物都集同质性与异质性于一身,同质性使其成为其所是,异质性则使其具有生长性,成为其可能之是,成为其所不是。

事物的生长有其内在节律。正是这种内在节律,不仅使事物本身呈现出所谓的规律性,更使事物具有审美性。事物有其内在逻辑,此内在逻辑不是先在加予的,而是事物内在生长性自身所具有的逻辑。事物生长性的逻辑即是事物自身的逻辑。

认识以概念把握世界。理论研究是要以概念系统理解、解释与把握世界。所谓概念系统,就是由概念流动所构成的逻辑结构体系。一般说来,认识事物的过程,是从特殊、具体到普遍、抽象的过程,①而将这种认识自觉表达出来的过程,则是一个从普遍、抽象到特殊、具体的过程。所谓概念的流动,正是在思维行程中再现事物自身发展过程的自觉概念演进过程。概念的逻辑结构体系,从最抽象、最原初、最一般的概念始,逐步展开其丰富内容。此展开过程,深入事物内部具体分析的过程,就是由一个个概念所构成的概念有机体系的生长过程。概念体系是流动、生长着的。任何概念都不是武断任意的。每一个概念在其逻辑结构体系中都有其

---

① 这个从特殊、具体到普遍抽象的认识过程,是从感性直观具体、经过知性分析、到理性整体把握的抽象性具体的过程。参见王元化:《读黑格尔的思想历程》、《由抽象上升到具体》,载王元化:《读黑格尔》,新星出版社,2006年。

相应的位置。正是这相应位置,使每个概念有了具体规定性与中介性。任何科学体系,都应当是流动的概念体系。

一种思想理论,不仅应有说服力,还应有美感。思想理论的说服力,在于严密的逻辑性与真理性。思想理论的美感,则在于逻辑本身的节律性与概念的对称性。一种哲学人文社会科学理论,如果缺少逻辑与节律,那么,就很难说这个理论真正洞悉了事物自身。

对事物认识的深刻性关键在于通透性。这个通透性,首先是对认识对象高屋建瓴式的洞穿,对其整体、全局的总览。然后,在此基础之上逐一深入各个具体过程、环节,展开具体分析。否定性辩证法的思维方式,并不是如一些人所认为的那样,只是适合于一种宏大叙事式的宏观性把握。其实,它同样适合于微观具体分析。因为内在否定性、异质性是事物存在的普遍特性,这就决定了它在任何认识层面的具体有效性。

黑格尔否定性辩证法是对事实本质及其具体存在的揭示。这种本质主义的思想方法,有助于我们在纷繁复杂的现象中敏锐地把握问题的实质、关键,达至思想的大气与深刻。然而,值得注意的是:本质主义思想方法尽管是重要的思想方法,有其深刻性与合理性,但它并非是唯一合理的思想方法。本质主义思想方法不能拒斥其他思想方法。我们不能以本质主义思想方法的合理性为理由,拒斥其他合理的思想方法,诸如建构主义等。在当今多元民主社会,建构主义思想方法甚至可能既是多元政治民主的本质性要求,亦是理解多元政治民主、洞察多元与一元关系的有效思想方法,它是我们当今思考权利问题时无法回避的一种思想方法。

当然,否定性辩证法不是主观任意的变戏法,不是空洞无物的纯概念推演。当年,当我们以唯物主义、辩证法的名义批判"唯心主义猖獗,形而上学横行"时,恰恰正是唯心主义猖獗、形而上学横行,辩证法被糟蹋、戏弄成变戏法之时。辩证法之所以堕落成变戏法,不在于辩证法本身,而在于使用这个方法的人们离开了历史、客观事物本身。没有客观、历史内容的辩证法,难免堕落成为纯文字游戏的变戏法。否定性辩证法是客观对象的客观逻辑在主观精神中的存在。因而,认识、思维的概念有其客观内容。当我们在运用否定性辩证法去认识社会历史现象时,这些抽象概念总是承负着现实的历史内容,总是有着强烈的历史感。一个没有历史感的哲学人文社会科学理论,没有生命力。这些正是黑格尔在《法哲学原理》中所留给我们的珍贵精神宝藏。

用否定性辩证法的思想、眼光,深入现实具体生活过程,揭示自由的现实内容与矛盾,寻找与发现走向自由的现实道路,满怀信心,坚忍不拔,勇往直前,一个自由的新天地必将来临。

主要参考文献

A 类:

1. Hegel, G. W. F., *Hegel's Philosophy of Right*. http://www. marx-ists. org/reference/archive/hegel/works/pr/index. htm.

2. Hegel, G. W. F., *Elements of the Philosophy of Right*. Cambridge: Cambridge University Press, 1999.

3. Hegel, G. W. F., *Phenomenology of Spirit*. Oxford: Oxford University Press, 1977.

4. Herbert, G. B., *A Philosophical History of Rights*. New Jersey: New Brunswick, 2002.

5. Burns, T., *Natural Law and Political Ideology in the Philosophy of Hegel*. Aldershot: Avebury Press, 1996.

6. Cullen, Bernard, *Hegel's Social and Political Thought: An Introduction*, London et. al.: Gill and Macmillan, 1979.

7. Kojève, A., *Outline of a Phenomenology of Right*. Lanham: Rowman &. Littlefield Publishers, 2000.

8. Pelezynski, Z. A., *The State and Civil Society: Studies in Hegel's Political Philosophy*. ed. Cambridge: Cambridge University Press, 1984.

B 类:

9. 黑格尔:《法哲学原理》,范扬、张企泰译,北京:商务印书馆,1961 年。

10. 黑格尔:《小逻辑》,贺麟译,北京:商务印书馆,1980 年。

11. 黑格尔:《精神现象学》,贺麟、王玖兴译,北京:商务印书馆,1979 年。

12. 黑格尔:《历史哲学》,王造时译,北京:三联书店,1956 年;上海:上海书店出版社,1999 年。

13. 黑格尔:《哲学史讲演录》,贺麟、王太庆译,北京:商务印书馆,1983 年。

14. 黑格尔:《逻辑学》,梁志学译,北京:人民出版社,2002 年。

15. 黑格尔:《精神哲学》,杨祖陶译,北京:人民出版社,2006 年。

16. 黑格尔:《哲学科学全书纲要》,薛华译,上海:上海世纪出版集团、上海人民出版社,2002 年。

17. 黑格尔:《宗教哲学》,魏庆征译,北京:中国社会出版社,1999 年。

18. 黑格尔:《黑格尔政治哲学著作选》,薛华译,北京:商务印书馆,1981 年。

19. 黑格尔:《黑格尔早期神学著作》,贺麟译,北京:商务印书馆,1988 年。

C 类:

20. 亚里士多德:《政治学》,吴寿彭译,北京:商务印书馆,1997 年。

21. 柏拉图:《理想国》,郭斌和、张竹明译,北京:商务印书馆,1986 年。

22. 樊公裁:《黑格尔的实体学说与当代思潮》,天津:天津人民出版社,1995 年。

23. 菲舍尔:《青年黑格尔的哲学思想》,张世英译,长春:吉林人民出版社,1983 年。

24. 高全喜:《论相互承认的法权——〈精神现象学〉研究两篇》,北京:北京大学出版社,2004 年。

25. 贡斯当:《古代人的自由和现代人的自由》,阎克文等译,北京:商务印书馆,1999 年。

26. 顾准:《顾准文集》,贵阳:贵州人民出版社,1994 年。

27. 赫费:《政治的正义性》,上海:上海世纪出版集团,2005 年。

28. 赫尔曼:《道德判断的实践》,陈虎平译,北京:东方出版社,2006 年。

29. 侯鸿勋:《论黑格尔的历史哲学》,上海:上海人民出版社,1982 年。

30. 洪镰德:《黑格尔哲学之当代诠释》,台北:人本自然文化事业有限公司,2007 年。

31. 胡塞尔:《伦理学与价值论的基本问题》,北京:中国城市出版社,2002 年。

32. 吉登斯:《社会的构成》,李康等译,北京:三联书店,1998 年。

33. 吉登斯:《现代性的后果》,田禾译,南京:译林出版社,2000 年。

34. 葛德文:《政治正义论》,何慕李译,北京:商务印书馆,1997 年。

35. 康德:《道德形而上学原理》,苗力田译,上海:上海人民出版社,1986 年。

36. 康德:《历史理性批判文集》,何兆武译,北京:商务印书馆,1990 年。

37. 康德:《法的形而上学原理:权利的科学》,沈叔平译,北京:商务印书馆,1991 年。

38. 康德:《实践理性批判》,韩水法译,北京:商务印书馆,1999 年。

39. 科耶夫:《黑格尔导读》,姜志辉译,南京:译林出版社,2005 年。

40. 莱奥尼等:《自由与法律》,秋风译,长春:吉林人民出版社,2005 年。

41. 罗尔斯:《正义论》,何怀宏等译,北京:中国社会科学出版社,1988 年。

42. 罗尔斯:《政治自由主义》,万俊人译,南京:译林出版社,2000 年。

43. 罗尔斯:《作为公平的正义》,姚大志译,上海:上海三联书店,2002 年。

44. 罗克摩尔:《黑格尔:之前和之后——黑格尔思想历史导论》,柯小刚译,北京:北京大学出版社,2005 年。

45. 林喆:《权利的法哲学:黑格尔法权哲学研究》,济南:山东人民出版社,1999 年。

46. 卢卡奇:《青年黑格尔》,王玖兴译,北京:商务印书馆,1963 年。

47. 卢梭:《论人类不平等的起源与基础》,李常山译,北京:商务印书馆,1982 年。

48. 卢梭:《忏悔录》,黎星等译,北京:人民文学出版社,1987 年。

49. 卢梭:《社会契约论》,何兆武译,北京:商务印书馆,2001 年。

50. 洛苏尔多:《黑格尔与现代人的自由》,丁三东等译,长春:吉林出版集团有限公司,2008 年。

51. 洛维特:《从黑格尔到尼采》,李秋零译,北京:三联书店,2006 年。

52. 麦克尼尔:《新社会契约论》,雷喜林等译,北京:中国政法大学出版社,1994 年。

53. 麦金太尔:《德性之后》,龚群译,北京:中国社会科学出版社,1995 年。

54. 麦金太尔:《谁之正义? 何种合理性?》,万俊人等译,北京:当代中国出版社,1996 年。

55. 孟德斯鸠：《论法的精神》上册，张雁深译，北京：商务印书馆，1961 年。

56. 孟德斯鸠：《论法的精神》下册，张雁深译，北京：商务印书馆，1963 年。

57. 马克思：《黑格尔法哲学批判》，《马克思恩格斯全集》第 3 卷，北京：人民
出版社，2002 年。

58. 密尔：《论自由》，程崇华译，北京：商务印书馆，1982 年。

59. 梅茵：《古代法》，沈景一译，北京：商务印书馆，1984 年。

60. 牟宗三：《政道与治道》，桂林：广西师范大学出版社，2006 年。

61. 纳斯鲍姆：《善的脆弱性》，徐向东等译，南京：凤凰出版传媒集团、译林出
版社，2007 年。

62. 皮平：《黑格尔的观念论》，陈虎平译，北京：华夏出版社，2006 年。

63. 钱乘旦主编：《现代文明的起源与演进》，南京：南京大学出版社，
1991 年。

64. 森：《后果评价与实践理性》，应奇译，北京：东方出版社，2006 年。

65. 斯退士：《黑格尔哲学》，鲍训吾译，石家庄：河北人民出版社，1987 年。

66. 斯特劳斯：《自然权利与历史》，彭刚译，北京：三联书店，2003 年。

67. 施米特：《政治的概念》，刘宗坤译，上海：上海人民出版社，2003 年。

68. 榊原哲也：《胡塞尔的现象学伦理与伦理现象学》，载《中国现象学与哲学
评论·第七辑：现象学与伦理》，上海：上海译文出版社，2005 年。

69. 泰勒：《黑格尔》，张国清、朱进东译，南京：译林出版社，2002 年。

70. 王树人：《思辨哲学新探》，北京：人民出版社，1985 年。

71. 王元化：《读黑格尔》，北京：新星出版社，2006 年。

72. 魏特林：《和谐与自由的保证》，孙则明译，北京：商务印书馆，1997 年。

73. 萧焜焘：《精神世界掠影》，南京：江苏人民出版社，1988 年。

74. 休谟：《人性论》，关文运译，北京：商务印书馆，1981 年。

75. 徐向东编：《美德伦理与道德要求》，南京：江苏人民出版社，2007 年。

76. 徐向东：《理解自由意志》，北京：北京大学出版社，2008 年。

77. 杨一之：《康德黑格尔哲学讲稿》，北京：商务印书馆，1996 年。

78. 张尚仁：《社会历史哲学引论》，北京：人民出版社，1992 年。

79. 张世英：《黑格尔的哲学》，上海：上海人民出版社，1972 年。

80. 张世英：《自我实现的历程：解读黑格尔〈精神现象学〉》，济南：山东人民

出版社,2001年。

81. 张树栋、刘广明主编:《古代文明的起源与演进》,南京:南京大学出版社,1991年。

82. 周辅成编:《西方伦理学原著选辑》,北京:商务印书馆,1987年。

D类:

83. 高兆明:《道德生活论》,南京:河海大学出版社,1993年。

84. 高兆明:《中国市民社会论稿》,徐州:中国矿业大学出版社,2001年。

85. 高兆明:《制度公正论:变革时期道德失范研究》,上海:上海文艺出版社,2001年。

86. 高兆明:《存在与自由:伦理学引论》,南京:南京师范大学出版社,2004年。

87. 高兆明:《伦理学理论与方法》,北京:人民出版社,2005年。

88. 高兆明、李萍等:《现代化进程中的伦理秩序研究》,北京:人民出版社,2007年。

89. 高兆明:《"制度伦理"与制度的"善"》,《中国社会科学》2007年第6期。

90. 高兆明:《黑格尔国家哲学思想的现代解读》,《伦理学与公共事务》第1卷,长沙:湖南人民出版社,2007年。

91. 高兆明:《论私人所有权实现:黑格尔〈法哲学原理〉读书札记》,《吉首大学学报》2007年第3期。

92. 高兆明:《政治视域中的行政》,《光明日报(理论版)》2007年4月3日。

93. 高兆明:《自由视域中的教育:黑格尔〈法哲学原理〉读书札记》,《中国德育》2006年第9期。

94. 高兆明:《"伦理秩序"辨》,《哲学研究》2006年第6期。

95. 高兆明:《财产权与契约关系:黑格尔〈法哲学原理〉读书札记》,《南京师范大学学报》2006年第2期。

96. 高兆明:《作为自由意志定在的财产权:黑格尔〈法哲学原理〉读书札记》,《吉首大学学报》2006年第1期。

97. 高兆明:《道德:自由意志的内在定在:黑格尔〈法哲学原理〉读书札记》,《伦理学研究》2005年第1期。

98. 高兆明:《罗尔斯与制度正义辩驳:西方现代政治伦理论争》;《清华哲学
    年鉴·2003》,河北大学出版社,2004 年。

99. 高兆明:《黑格尔伦理实体思想探微》;《中国人民大学学报》1999 年第
    4 期。

索　引

（按汉语拼音为序排列）

2010 年版后记

重读黑格尔《法哲学原理》，缘起于对国内伦理学基础理论现状的思考。

上世纪末，恩师宋希仁先生与我，师生二人就中国伦理学理论的现状与未来，常有诸多对话、讨论。师生二人在直面现实、反思既有理论时，总有一种沉重的使命感，觉得作为中国伦理学理论工作者应当有道义与使命担当，应当为中国伦理学理论发展做点基础性工作，为中华民族现代化的历史进程尽点绵薄之力。我们的伦理学理论要无愧于自己的时代，就必须解放思想，必须面向生活、面向实践、面向世界，必须成为时代精神的理论表达。伦理学理论尽管由于自身的特殊性，与意识形态有难以割舍的联系，但是，作为一门科学理论学说，则须以真为灵魂。追求真理，以思想的方式把握世界，这是任何一门人文社会科学的生命之本。

学术对话、理论反思，须借助某个思想平台。马克思主义创始人当年曾表达过一个思想，黑格尔的《法哲学原理》就是其伦理学，再加之黑格尔的思辨哲学思想既博大精深、又富有历史感，于是，我们师生二人约定重读黑格尔的《法哲学原理》。我们在 2003 年秋的一次会面中约定，师生二人南、北同时为自己的研究生开讲《法哲学原理》。从 2004 年起，我在南京师范大学为自己的博、硕士研究生讲授《法哲学原理》。此书稿即为历经多次修改的讲稿。

本讲稿以最笨拙的方式完成。尽管 20 多年前读研究生时,在萧焜焘先生的熏陶下就曾系统读过《法哲学原理》,并以很原始的方式做过许多笔记,但是,决定开讲此书后,仍取最笨拙之路。每讲讲稿均经历以下阶段:先细读原文一篇,再重读,并形成自己的理解与把握纲要,在此基础上根据已形成的把握纲要再读原文,并依据原文逐段边读边写。每写完一讲初稿后,再回过头重读一遍,根据写作讲稿过程中的领悟,重新在整体与细节上做一回溯性把握。每讲讲稿大致要耗时 2—3 周。一年有余,心仅系于此。虽极辛苦,却收获颇多。此后,每讲授一次,均再次重读原著,多有新得,屡做修改。其中不乏思想、观点、结构方面大的修正,甚至面目全非。讲授中每有新得,事后及时补充修正。其甘苦唯有自知。

在重读过程中,宋师希仁先生与我经常就《法哲学原理》中的一些具体问题交换意见,师生二人有着频繁的两地书。在本书稿最后定稿期间,恩师就一些具体的基础性理论问题,提出了一些重要的看法。不仅如此,宋师还对个别章节字斟句酌,提出了非常具体的修改建议。这本书稿,应当说是我们师生二人的心血结晶。

值得一提的是,尽管重读《法哲学原理》直接缘于对伦理学理论现状的反思,但是,笔者是在"哲学"的意义上理解"伦理学",笔者心中的"伦理学"就是"哲学"。这或许正是当年受萧焜焘先生的影响,萧先生所理解的"科学哲学"就是"哲学"。我们在黑格尔的这本书中,不仅能够品味到通常所说伦理学(元伦理学、美德伦理学、规范伦理学等)的内容,更能品味到诸多本体论、认识论、方法论,以及法权哲学、政治哲学、社会哲学、历史哲学、经济哲学等方面的精深内容。

严格说来,此讲稿尚谈不上是对黑格尔相关思想的系统研究,只能说是读书心得。对黑格尔《法哲学原理》的研究,不仅要深入其文本本身,还必须深入黑格尔所生活的时代及其历史。仅就其文本本身而言,必须深入黑格尔在《法哲学原理》出版前曾就相关问题做过多次演讲的那些原始记录文本。但是,由于本人语言能力的缘故,难以涉及。这就注定了这个读书心得的局限性。不过,好在这次重读的主旨不是考据式的,而是思想性的,是借助于黑格尔这个思想平台、通过黑格尔思考一些基础性理论问题本身。这种读书重点定位取向特质,多少可以减少语言局限性的影响程度。

本讲稿写作始于 2003 年底,全部初稿写成于 2005 年 1 月。此后,每年均有一次较大修改。尽管迄今已改五稿,但仍觉不满意,甚至有越改越不满意的感觉。仅就表达方式言,尽管一直自我提醒要从黑格尔的晦涩中走出来,但顺着(文本章节段落)讲这种最初确定的导读性质定位,使得表达在某些地方又往往失于生涩,缺于简明。存有的诸多缺陷,常常令自己怀疑是否有足够勇气将此粗糙之物亮出献丑。但转念间又以“求学”心态自我宽恕:学无止境,识无终处,陋见讨教,能得批评,亦是幸事;若能引玉,活跃思想,促进学术,更是幸事。暂且如此,遗憾留待日后弥补吧。

更为遗憾的是,引领我走进黑格尔的萧焜焘先生已去世 10 年,鼓励我讲解黑格尔《法哲学原理》的周辅成先生亦于年初乘鹤而去。若此小书尚有可取处,则借以告慰二位先生,并表达学生对二位先生的虔诚敬意与仰慕。

本书出版,幸得商务印书馆总经理助理、著作室原主任常绍民

先生的鼎力相助；本书责任编辑王希勇先生为本书面世所表现出
的不辞辛劳、一丝不苟、认真负责的职业精神，令人敬佩。本书稿
的出版见证了我们间的一次愉快合作。我的学生李金鑫、洪峰、孙
海霞、吕寿伟、吴元发、杨建朝、岳丽娟、卡辉、李伟、张廉亚、聂涛，
为书稿校对、索引制作，付出了宝贵劳动。本书稿中的部分内容，
曾先后在《南京师范大学学报》、《伦理学研究》、《中国德育》、《吉首
大学学报》、《伦理学与公共事务》等刊物发表。专此向一切帮助过
本书形成与出版的师长、朋友们，表示由衷谢意。

高兆明

于南京河西愚斋

2009－12－21（17：12）

2019 年版后记

终于在倒计时中完成了此版的修订工作,算是了却一心愿。去年底接王希勇先生希望再版印刷《导读》信件后,原计划准备在今年 4 月份动手,且已做好前期部分准备工作,从网上购得原版新书一本并请复印社切边拆散全部复印好,以便于修订工作。但是,世事无常。一突然意外偶然事件打破了一切既有计划。对于我来说,一切均进入倒计时状态,此小书修订工作甚至在日程表上已算不上什么了。当然,我亦做好了"最差"准备,万一无暇顾及此书修订,也要让此书再版时几处文字必须有所变动,因而,在自己留存的书上相应处写下大段文字,以备必要时直接将它寄给希勇。有好友劝我,此时不要再做此等工作,没有多大意义,多一本书、少一本书对于自己已不重要。不过,我自认为此小书对想读黑格尔《法哲学原理》并思考相关问题者,多少还是有点参考价值,只要有可能还是要逐页过目修订,至少自己有新得处,必须做适当修正。其实,思想、文字永无止境。追求某种完满,也许就是读书人的积癖吧。一辈子了,要改也难。此时已谈不上什么立德、立功、立言了,只是努力"成为你自己",使生命有一点意义而已。当然,也许现在所做的自以为有意义,很可能不过是在自欺、自我安慰而已。然而,人生在世、"成为你自己",总免不了要有某种"意义"的"自欺"

或"自我安慰"。

严格说来，此次谈不上是真正意义上的修订。限于时间与精力，只是逐页过目，在几处做了点补充修改，大多是文字性的润饰。现有的文本仍然留下诸多遗憾，实属无奈。即使是那几处补充修改，也只是概要式的，点到为止，没有做必要的阐述。虽曾动念附录收上两篇尚未发表的相关论文以弥补某种不足，但虑及已是600多页，不能再长了。法、法权、道德、伦理、国家等基本概念本想再说一点新得，也只好打住。更为遗憾的是，原本想对照着邓安庆教授的《法哲学原理》新译本（人民出版社2016年出版的《黑格尔全集》第7卷）仔细推敲文本有关内容，品味黑格尔思想内容因语言翻译差异而隐含的奥秘。但是，却迫于时间与精力而不得不放弃——尽管案头放着安庆的译本，甚至也仔细看过其中的一部分。此时最能感受何谓心有余而力不足，何谓遗憾了。

尽管时下犬儒主义盛行，社会弥漫着各种令人不安的情绪，不过，仍然有一批人在认真读书并思考些真问题。也许我们这些人过于迂腐，使命感与责任感太重，也许曾经的难忘经历，使我们从心底里对某些曾经熟悉的东西持有某种本能的警惕与恐惧。虽说百无一用是书生，我们不能为社会做任何实事，只能务虚，但毕竟我们还有大脑，还可以思考并默默地写下些文字，虽说我们不敢以社会良知自居，但用黑格尔的话说，社会总是要有反思性精神的，也许务虚反思就是我们存在的理由。人生有限，只有将自己融入伦理共同体中，我们的短暂生命才能在某种意义上获得永生。历史总是要继续的，文明薪火总是会传递下去的。在今天看来，黑格尔曾经说过什么本身甚至已变得不那么重要，重要的是黑格尔对自由精神的追求及其强烈历史感，是黑格尔抽象思辨背后的强烈现实关照及其问题意识，是黑格尔那绵密思想与深刻洞察力，是黑格尔以自己方式所提出的人类社会永恒问题及其求索。这些才是我们今天读黑格尔的理由，也是黑格尔思想魅力之所在。

非常感谢那些曾经以各种方式帮助过我的朋友，你们给予我的关怀、帮助、爱，永远不敢忘怀。当然，值此机会再次向商务馆的朋友们，向原商务印书馆总经理助理兼著作室主任、现三联书店副总编辑常绍民先生，后任著作室主任郑殿华先生致谢，尤其要特别感谢责任编辑王希勇先生。我们有过多次很愉快的合作，并在合作中感受到学人间的纯粹友谊与人格魅力。没有希勇的心血浇灌，我的几本小书不可能以现在样式面世。任何一本好书都是作者与编者共同心血结晶。

高兆明

于南京翠屏山愚斋

2019. 11. 11.（15:44）

图书在版编目(CIP)数据

黑格尔《法哲学原理》导读/高兆明著. —北京:商务
印书馆,2010(2020.6 重印)
(西方伦理学名著讲解丛书)
ISBN 978-7-100-06846-8

Ⅰ.黑… Ⅱ.高… Ⅲ.黑格尔,G.W.F.(1770～
1831)—法哲学—研究 Ⅳ.B516.35 D90

中国版本图书馆 CIP 数据核字(2009)第 200967 号

西方伦理学名著讲解丛书
黑格尔《法哲学原理》导读
高兆明 著

商 务 印 书 馆 出 版
(北京王府井大街 36 号　邮政编码 100710)
商 务 印 书 馆 发 行
北京市白帆印务有限公司印刷
ISBN 978-7-100-06846-8

2010 年 8 月第 1 版　　　　开本 880×1230　1/32
2020 年 6 月北京第 3 次印刷　印张 19⅞
定价:52.00 元